Stephan Berndt

Prophezeiungen zur Zukunft Europas

G. Reichel Verlag

G. Reichel Verlag
Reifenberg 85
D-91365 Weilersbach
Tel. 09194-8900
Fax. 09194-4262
e-mail: G.Reichel.Verlag@t-online.de

Umschlagentwurf: Stefan Huber, mit einem Bild vom Bildarchiv Okapia

ISBN 3-926388-40-4

Inhalt

Bilder

Es wird dann ein Licht,
wie ein junger Stern,
aufleuchten am Ende des Himmels.
Das ist des Wasserkrugs sich öffnender Deckel...

Sajaha, babylonische Oberpriesterin zur Zeit Nebukadnezars II, 605-562 v.Chr.

Vorwort

Dieses Buch erscheint nun in der dritten Auflage. Jedes Mal haben wird das Vorwort den aktuellen Gegebenheiten angeglichen. Die wesentlichen Eckwerte aber, die für die weitere weltweite Entwicklung, und insbesondere im Hinblick auf die Prophezeiungen entscheidend sind, haben sich seit 1996/1997 nicht geändert:

Rußland ist nach wie vor ein Krisenherd. Im Nahen Osten ist nach wie vor kein echter Friedenswille zu erkennen. Jugoslawien ist nach wie vor die klaffende Wunde Europas. Und der Globalisierungsprozeß der Weltwirtschaft setzt sich nach wie vor fort. Die Lebensbedingungen der Menschen werden immer weniger von den nationalen Regierungen bestimmt, sondern immer mehr von Menschen, die irgendwo auf dem Globus sitzen und die Fäden der Weltwirtschaft in den Händen halten. Das Geld regiert immer mehr die Welt. - Das sind die Grundtendenzen.

Jetzt - im April 1999 - bombardiert der Westen gerade Jugoslawien - und riskiert damit eine drastische Verschlechterung der Beziehungen zu Rußland, Serbiens traditionellem Verbündeten. Rußland schickt schon einmal ein paar Kriegsschiffe in die Adria. Wäre Jelzin nicht, so würden die Russen vermutlich schon längst Waffen an Serbien liefern.

Somit befinden wir uns definitiv in einer Situation, wie sie sich in mehreren älteren Prophezeiungen wiederfindet, und zwar mit teilweise verblüffender Treffsicherheit.

Gerade jetzt wird im Hinblick auf den Krieg in Jugoslawien und Rußlands Rolle immer wieder gefragt, wie es weitergeht. Viele Zeitschriften befassen sich genau mit dieser Frage. So fragte "Der Spiegel" auf dem Titelblatt vom 5.4.1999 in großen Buchstaben "Wohin führt dieser Krieg?". Ein Frage, die sich u.a. auch unsere Politiker stellen. Und ist es nicht irgendwie beängstigend, daß gerade die Politiker in solch ungeheuer wichtigen Dingen nicht wissen, wie es weitergeht?

Gerade die Politik und Kriege sind Paradebeispiele für die Überraschungen, die einem die Zukunft bereithalten kann. Gerade Deutschland hat in diesem Jahrhundert mit dem Ersten- und Zweiten Weltkrieg zwei äußerst bittere Lektionen absolviert.

Und Ostdeutschland hat dann mit "Der Sozialismus in seinem Lauf, hält weder Ochs noch Esel auf!" noch einen drauf' gelegt. Im gesamten Ostblock ist ein System zusammengebrochen. Abgesehen von Kuba und Nordkorea gibt es praktisch keinen einzigen kommunistischen Staat mehr auf diesem Planeten.

Da hört man dann gelegentlich von Politikern oder politischen Beobachtern den Satz "Ich bin kein Prophet!". Nun gut, das stimmt. Aber - wenn das Wort schon einmal gefallen ist - warum befragt man dann nicht die "Propheten", also jene, die entweder vorgeben, in die Zukunft sehen, oder jene, die es tatsächlich können?

Tatsächlich gibt es immer wieder Berichte von einzelnen Politikern, die sich Rat von Astrologen oder Wahrsagern holen. Eine ganze Reihe von jüdischen Politikern orientiert sich z. B. sehr wohl an den prophetischen Quellen des Alten Testaments.

Doch was immer hier passiert - gerade auch in Europa - für die Öffentlichkeit bleibt es dabei: *Wir sind keine Propheten!* Was die Politiker und Wissenschaftler damit aber eigentlich aussagen, behaupten oder suggerieren, ist: *Es gibt überhaupt keine Propheten!*

Weite Teile der Öffentlichkeit haben nicht den blassesten Schimmer davon, wie es weitergeht. Dumpfe Ahnungen - wenn überhaupt. Die New-Age-Szene macht hier keinen wirklichen Unterschied. Es gibt zwar Erwartungen hinsichtlich einer katastrophalen globalen Umwälzung, doch z. B. wie und wann genau, das weiß keiner. Hin und wieder finden sich Hinweise auf einen Dritten Weltkrieg, doch kaum jemand geht diesen Dingen auf den Grund.

Warum all die Unklarheit?

Es gibt eine große Anzahl unterschiedlichster Quellen, die prophetisch Aussagen über die Zukunft machen. Viele dieser Quellen sind jedoch sehr diffus oder widersprechen einander. Das beste Beispiel hierfür ist Nostradamus, der bekannteste europäische Seher. Was hier veröffentlicht wird, ist selten gut, oft abenteuerlich und manchmal schon fast kriminell.

Das Ganze ist ein bißchen wie im Urwald. Es braucht seine Zeit, bis man sich darin zurechtfindet. Liest man nur *ein* Prophezeiungsbuch, so mag alles noch recht klar erscheinen. Aber schon mit dem zweiten Buch kann die ganze Klarheit wieder dahin sein. Da hilft nur noch eines: Immer weitere Quellen lesen, und schließlich mit zunehmender Datenflut einen Computer zur Hilfe nehmen. Relativ bald beginnen sich dann Dinge herauszukristallisieren, die auch einer kritischen Prüfung standhalten. Es entsteht eine Basis, die immun ist gegen widersprüchliche Vorhersagen einzelner Quellen.

Ich habe nun genau das gemacht und veröffentliche in diesem Buch meine Forschungsergebnisse. Basis für meine Prophezeiungs-Analyse ist eine Datenbank mit über 5000 einzelnen Vorhersagen, die von rund 250 prophetischen bzw. seherischen Quellen stammen.. Auf Grund dieser Datenbasis läßt sich das Profil der europäischen Zukunft bis etwa zum Jahre 2025 erstellen.

Der Hauptteil dieses Buches befaßt sich mit der Zeit von jetzt bis zum Jahre 2000, und die wichtigsten vorhergesagten Ereignisse für die unmittelbar bevorstehende Zukunft werden in sehr detaillierter Form untersucht.

Nach der Analyse dieser rund 250 Quellen läßt sich zunächst einmal feststellen, daß die nähere Zukunft und vor allem die fernere Zukunft erheblich von dem abweicht, was man so allgemein erwartet. Die Menschheit soll keinesfalls auf einem Planeten voller Müll und Feindseligkeit enden. Im Gegenteil! Sie soll sich langfristig geistig weiterentwickeln und mehr und mehr in der Lage sein, in Glück und Frieden zu leben, und zwar auf dem gesamten Planeten. Diese Situation wäre etwa ab 2025 zu erwarten.

Der Weg dorthin soll allerdings mit allergrößten Schwierigkeiten verbunden sein. Das wiederum gälte jedoch nicht für den gesamten Zeitraum von jetzt bis etwa 2025. Zwischendurch, etwa ab 2001, wäre mit einer Reihe von glücklichen Jahren zu rechnen. So gesehen hätte Europa im Moment also lediglich ein Formtief. Es ginge nur vorübergehend abwärts - auch wenn es im Augenblick überhaupt nicht danach aussieht. Zunächst aber wäre mit einer immer größeren Zunahme so ziemlich aller nur erdenklichen Schwierigkeiten zu rechnen.

Ein Aspekt dieses Buches besteht nun darin, den Leser mit Informationen zu versorgen, die ihm helfen sollen, eventuell bevorstehende Situationen besser zu meistern. Das Buch ist konzeptionell so angelegt, daß die angegebenen Informationen überprüft werden können. Als Autor dieses Buches habe ich keinerlei Interesse daran, daß der Leser irgendwelche Informationen ungeprüft übernimmt.

Und noch etwas:

Dieses Buch enthält genaugenommen keinerlei Informationen über die Zukunft. Es informiert lediglich über das, was in den Prophezeiungen steht und was die Seher mitgeteilt haben. Natürlich identifiziert man das alles mit der Zukunft. Und selbstverständlich basiert dieses Buch auch auf der Annahme, daß diese Identifikation Sinn macht. In gewissem Sinne versucht dieses Buch, ein Plan für die Zeit zu sein, ähnlich wie der Stadtplan einer Stadt.

Lassen Sie sich also nicht täuschen! Nach der Lektüre dieses Buches werden Sie die Zukunft noch immer nicht kennen. Wenn Sie nur den Stadtplan einer fremden Stadt in Händen halten, so kennen Sie noch lange nicht die Stadt. Und schon gar nicht die einzelnen Häuser - nämlich die Schicksale einzelner Menschen. Dennoch gibt es einen Unterschied zwischen einem guten und einem schlechten Stadtplan. Möge dieses Buch also ein guter Stadtplan sein. Möge er gesegnet sein. Und möge er Gutes bewirken.

Mögen wir angenehm von der Zukunft überrascht werden. Und hüten wir uns vor dem, was uns der Fähigkeit des angenehm Überraschtwerdens beraubt!

Die unmittelbar bevorstehende Zukunft - ein kurzer Überblick

Da zum Zeitpunkt, an dem ich diese Zeilen tippe (9.4.1999), die Nato seit nunmehr 2 Wochen Serbien bombardiert, man inzwischen immer offener über den Einsatz von Bodentruppen nachdenkt, und Rußland andererseits ganz klar sagt, daß es genau das nicht zulassen will (!), da auf dem Balkan also offensichtlich einiges an Sprengstoff vorliegt, bräuchte es im Hinblick auf die Prophezeiungen wahrlich nicht viel Fantasie, um zu sagen: Diese Sache wird uns irgendwann richtig um die Ohren fliegen!

Andererseits könnte man mit Rückblick auf die letzten Kriege in Jugoslawien auch sagen: Ach - das wird sich schon irgendwann wieder beruhigen!

Sollten die Ereignisse in Jugoslawien aber tatsächlich - so wie in einigen Prophezeiungen vorausgesagt - der Beginn einer allgemeinen Eskalation sein, so wäre mit folgenden sich direkt anschließenden Ereignissen zu rechnen:

Zunächst einmal würde der Sprengsatz auf dem Balkan nicht entschärft. Vielleicht hört man für gewisse Zeit auf, zu schießen, oder schießt etwas weniger. In jedem Falle würde die Lage dort nicht in soweit entschärft, als daß sie nicht später doch vom einen Moment zum nächsten explodieren könnte. Die Waffen würden dort bleiben, und die Truppen auch. Vermutlich würde beides sogar auf beiden Seiten sogar noch verstärkt werden.

Zum Sommer hin würde dieser Konflikt aber von einem weiteren Krisenherd überschattet werden, nämlich im Nahen Osten. Auch dort wäre die Lage so ernst, daß irgendwann intensivste Friedensbemühungen einsetzen.

Etwa zeitgleich mit der Zuspitzung im Nahen Osten, vielleicht etwas früher, vermutlich noch im Frühling, wäre den Quellen nach zudem mit einem katastrophalen Erdbeben in Amerika, vermutlich Kalifornien zu rechnen.

Dadurch ausgelöst, oder zumindest bald darauf folgend, wäre mit einer weltweiten Wirtschaftskrise zu rechnen, die spätestens im Juli in den Staaten Europas die Menschen auf die Straßen treibt. In Italien und Frankreich kommt es zu blutigen Bürgerkriegsszenen.

Etwa zum gleichen Zeitpunkt - etwa Ende Juli - bricht trotz der Nahost-Friedensverhandlungen im Nahen Osten Krieg aus. Die Medien sind voll von Friedensbekundungen und plötzlich heißt es, es wird geschossen. Für einen Moment lang sieht es so aus, als ob dieser Krieg ein lokales Szenario bleibt. Eine direkte Konfrontation etwa Rußlands und der Nato läßt sich nicht zwingend ableiten.

Da explodiert plötzlich auch der Balkan - und dann erfolgt ein urplötzlicher konventioneller (!), nicht atomarer Angriff (!) Rußlands auf Westeuropa, welches völlig überrascht und wehrlos dasteht. Schock - schwere Not! Der Krieg in Europa - hierüber herrscht bei den Quellen eine sehr hohe Übereinstimmung - soll sehr kurz sein und kaum mehr als drei Monate dauern! Und er soll durch eine globale Naturkatastrophe beendet werden. Der Grund dafür soll ein großer Komet sein, welcher der Erde sehr nahe kommt, jedoch nicht mit der Erde zusammenstößt. In Verbindung mit diesem dichten Vorbeiflug soll die Erde in eine giftige kosmische Staubwolke geraten, und es soll zu einem Polsprung kommen.

Sollte der totale Zusammenbruch der Wirtschaft nur wenige Monate vor Ausbruch des Krieges eintreten, so wäre damit zu rechnen, daß all diese Ereignisse in ein und demselben Jahre stattfinden und im wesentlichen beendet sind.

Zu einem großen Teil befaßt sich dieses Buch also mit dem bestimmten ***Jahr X.***

Schon in dem darauffolgenden Jahre soll dann in Zentraleuropa unter maßgeblicher Beteiligung Deutschlands die Reorganisation und der Wiederaufbau beginnen. Und etwa ab dem Jahre 2001 soll man das Gröbste hinter sich haben.

Europa soll sich in einer völlig neuen Situation wiederfinden. Da es kaum noch interkontinentale Verbindungen gibt, ist Europa auf sich alleine gestellt. Und es kommt mit dieser Situation *blendend* zurecht. Außereuropäische Unruhefaktoren sind für eine Reihe von Jahren völlig ausgeschaltet.

Es gibt keinen gobalen wirtschaftlichen Konkurrenzkampf mehr. Das Thema Umweltverschmutzung ist völlig bedeutungslos. Der internationale Drogenmarkt hat aufgehört zu existieren. Keine Spur mehr von einer atomaren Bedrohung. Infolge des Polsprungs ist Deutschland auf die geographische Breite von Italien gerutscht. Der Fallout des Kometen, welcher die ganze Erde bedeckt hat, wirkt über Jahre hin als guter Dünger. Es folgen reiche Ernten.

Der Schock und die Entbehrungen der zurückliegenden Jahre führen zu einer geistigen Wende bei der europäischen Bevölkerung - weg vom Materialismus und Egoismus hin zu Religiosität, Spiritualität und Gemeinsinn. Es kommt eine angenehme Zeit.

Deutschland spielt eine derart herausragende Rolle im Kriege und beim europäischen Wiederaufbau, daß die Schuld des Dritten Reiches vergessen ist. Die Völker vergeben Deutschland - total und für immer!

Nach viel Schlechtem folgt also viel Gutes. Doch auch diese Zeit nimmt ein Ende, und es folgt eine Periode noch größerer Unruhe, die dann wiederum in einer globalen Naturkatastrophe endet.

Und endlich - etwa im Jahre 2025 - beginnt das 1000jährige Friedensreich, das Goldene Zeitalter, das Zeitalter der Erleuchtung, oder wie Christen sagen - das Reich Gottes.

Detailanalyse

Im nun folgenden Hauptteil des Buches wird geprüft, inwieweit das gerade skizzierte Zukunftsbild durch seherische Quellen abgedeckt wird. Hierzu wird die gerade beschriebene Ereignisabfolge in ihre Grundelemente zerlegt, und diese werden einzeln untersucht.

Für das Hauptelement "Dritter Weltkrieg" ergeben sich so z. B. folgende Teil-Elemente:

1. Gegner - Sieger und Verlierer
2. Umkämpftes Gebiet
3. Dauer des Krieges
4. Art des Kriegsausbruches
5. Art des Kriegsendes

Diese Details werden nun daraufhin untersucht, inwieweit sich die Quellen in ihren Aussagen *zu diesen Details* decken.

Bei der Dauer des Krieges beispielsweise erwähnen rund 80 % der Quellen, die Angaben dazu machen, eine Kriegsdauer von unter einem halben Jahr. Der Schwerpunkt liegt bei 3 Monaten.

Und genau das ist schon merkwürdig. Der Erste Weltkrieg dauerte 4 Jahre und der Zweite Weltkrieg 6 Jahre. Dann gab es da noch einen *Siebenjährigen* Krieg, einen *Dreißigjährigen* Krieg und sogar einen *Hundertjährigen* Krieg. Wo bitte ist da eine Tendenz zu 3 Monaten hin?

Drückt man die Wahrscheinlichkeit dieser Zeitangaben von maximal einem halben Jahr in Zahlen aus und legt dabei eine maximal mögliche Dauer für Kriege von 30 Jahren zugrunde, so kommt man rein rechnerisch auf eine Wahrscheinlichkeit von 1:60 für einen halbjährigen Krieg! (30 Jahre unterteilt in je 2 Halbjahre)

Im Grunde funktionieren alle Detailanalysen nach diesem Muster. Eine Gruppe von Quellen wird zu einem bestimmten Detail untersucht, und in der Regel findet sich eine Konzentration hin zu einer bestimmten Variante des Details. Aus übereinstimmenden Details fügt sich dann ein übereinstimmendes Gesamtbild zusammen.

Die Untersuchungen beginnen mit dem Thema Krieg. Zum einen, weil ein Dritter Weltkrieg ein wesentlicher Aspekt in der nahen Zukunft sein könnte, zum anderen aber auch deshalb, weil gerade zu diesem Thema sehr viel Material vorliegt. Mich selbst hat bei diesem Thema natürlich auch interessiert, ob die Russen durch meinen Vorgarten rasseln könnten. Eine schrecklich banale Frage, aber für mich selbst durchaus interessant!

Diese Frage wird im folgenden für zahlreiche Gebiete Deutschlands, und teilweise auch Österreichs und der Schweiz, beantwortet. Die Antworten reichen in ihrer Art von verschwommen bis extrem eindeutig.

Der Begriff *Dritter Weltkrieg* mag etwas klischeehaft wirken. Leicht verknüpft man den *Dritten Weltkrieg* mit einem *totalen Atomkrieg*. Den Quellen nach läßt sich allerdings sagen: Ein totaler Atomkrieg ist nicht zu erwarten! Insbesondere nicht in Mitteleuropa!

Trotzdem könnte es zu einem Krieg kommen, der das "Prädikat" *Dritter Weltkrieg* verdient. Im nachhinein würde man ihn wohl so nennen.

Ähnlich wie im Zweiten Weltkrieg, so ist auch in diesem Krieg davon auszugehen, daß unterschiedliche Gebiete auch unterschiedlich betroffen sein werden. Dies wäre bei einem totalen Atomkrieg anders. Da wäre es mehr oder weniger egal, wo man sich aufhielte. Hier aber nicht!

Kriegsprophezeiungen tauchen in außerordentlich vielen Quellen auf. 72 % aller Quellen beinhalten Angaben zu militärischen Auseinandersetzungen. Allerdings wird oft nur ein sehr begrenzter Ausschnitt oder Aspekt eines Krieges beschrieben.

So gibt es z. B. Quellen, die nur Angaben zu den Gegnern eines zukünftigen Krieges machen. Es fehlen dann aber Angaben zu dem betroffenen Gebiet, der Dauer, etc..

Angaben zu den *Kriegsparteien* finden sich aber in den meisten Prophezeiungen. Oft wird angegeben, wer gegen wen kämpft. Somit sind die *Kriegsparteien* ein naheliegender Identifikationsaspekt für einen Dritten Weltkrieg. Wer immer die Kriegsparteien im Dritten Weltkrieg wären, sie müßten sich in den Prophezeiungen niederschlagen.

Es müßte eine Tendenz hin zu einem bestimmten Angreifer ergeben (Rußland, China, Schwarzafrika, ein islamisches Bündnis, etc.).

Da wir vorgewarnt sind, werden wir natürlich besonders auf Rußland achten.

Verschaffen wir uns eingangs einen kurzen Gesamtüberblick über das, was in den letzten 900 Jahren für Europa vorhergesagt wurde, genauer gesagt, was für die Zeit prophezeit wurde, welche *unsere* Zukunft sein könnte. Was also soll noch geschehen? Welche Ereignisse werden vorhergesagt?

Dazu dient die Tabelle auf den folgenden Seiten 16 und 17. Sie beinhaltet Quellen aus der Zeit zwischen 1081 und 1951.

Näheres zur Quellenbasis siehe am Schluß dieses Buches (Bibliographie und Erklärung der in den Tabellen verwendeten Büchernummern).

Der Krieg in Europa

Das Szenario im Überblick

Bei den Themen der folgenden Tabelle auf den Seiten 16 und 17 handelt es sich um eine Art "Hitliste". Auf den ersten Blick ist hier nichts Besonderes zu erkennen. Kriege und Naturkatastrophen auf der einen, und auf der anderen Seite eine glückliche Zukunft, bzw. eine Friedenszeit. All das scheint lediglich die bisherigen Erfahrungen der Menschheit widerzuspiegeln. Nichts Besonderes! Alles könnte lediglich eine Projektion sein. Eines der Lieblingsargumente von Prophezeiungskritikern.

Wie Sie in der Tabelle in Spalte A sehen können, beziehen sich die meisten dieser Quellen auf einen Krieg. Oft genug wird dieser ohne Zweifel für unsere Zukunft vorhergesagt.

Es gibt aber auch Quellen, die zwar Kriege voraussagen, jedoch auf Grund fehlender Details keine genaue Datierung zulassen.

Bei all diesen Kriegen bzw. militärischen Auseinandersetzungen soll es sich um Kriege handeln, die zumindest teilweise und in wesentlichen Teilen auf europäischem, und insbesondere westeuropäischem Gebiet ausgetragen werden.

Die Frage, ob und wieviele unterschiedliche Kriege hier gemeint sind, klärt man einfach, indem man untersucht, wie die Angreifer bezeichnet werden.

Allgemeine Hinweise zu den Tabellen dieses Buches

Auf den folgenden Seiten finden Sie eine Reihe von Tabellen. Die ersten Spalten sind durch die jeweiligen Überschriften selbsterklärend. So stehen hier in der unmittelbar folgenden Tabelle die Jahreszahlen der Prophezeiungen und in der zweiten Spalte die Quellen.

In den folgenden Spalten finden sich Nummern (z.B. 7.365)

1. die erste Nummer bezieht sich auf die Nummer des Buches (z.B. hier 7),

2. die zweite Nummer bezieht sich auf die Seitenzahl (z.B. hier 365).

Die Bücher sind am Schluß dieses Buches in einer besonderen Liste der Büchercodes aufgelistet. Die Zeilen sind bei einigen Tabellen zur besseren Lesbarkeit oder zur Unterteilung von Zeitabschnitten mit einem Grauraster hinterlegt.

Ein weiterer Hinweis zur Schreibweise: Direkte Zitate der Seher und Propheten sind fast immer *kursiv* gedruckt. Die *kursive* Schreibweise dient außerhalb der direkten Zitate auch der Hervorhebung oder Abgrenzung.

		A	B	C
Zeit	Quelle	Kriege	Natur-kata-strophen	Friede Glück etc.
1081	Hepidannus von St.Gallen	12.208	15. 62	15. 62
1148	Heiliger Malachias	5.167	....	....
1179	Hildegard von Bingen	7.206	7.205	....
1240	Caesarius von Heisterbach	15. 65	15. 65	15. 66
1279	Abt von Werdin	7.216	....	....
1300	Edda	14. 61	14. 59	....
1348	Johann v.Winterthur	22. 33	22. 33	22. 34
1356	Blinder Jüngling von Prag	5.102	5.105	....
1373	Heilige Brigitta	5.120	5.120	....
1431	Windecke, Eberhard	5. 96	....	....
1470	Von Paola, Franz	10. 79	10. 79	....
1484	Amadeus, seliger	15. 40	....	....
1488	Lichterberger, Johannes	5. 58	....	....
1541	Paracelsus	9.247	....	....
1545	Spormaker	5. 97	....	....
1550	Benediktiner a.Maria Laach	8. 79	....	....
1566	Nostradamus	11.181	10. 74	1.449
1590	Korzeniecki, O.P.	28. 16	....	....
1600	Prophezeiung von Koblenz	5. 97	....	....
1605	Bartholom. v. Saluzzo	10.108	....	....
1615	Anonymus	14. 92	....	....
1616	Michalda, Sibylle	8. 36	....	....
1618	Thies	37. 4	....	....
1624	Böhme, Jakob	9.247	....	....
1640	Merlin (Italien)	10. 76	....	....
1642	Holzhauser, Bartholomäus	14.101	14.101	14.101
1656	Des Vallées, Marie	....	....	24.107
1670	Mainzer Prophezeiung	5. 75	....	....
1682	Dionisos v.Lützelbg	7.284	....	....
1700	Hilarion	15. 72	5.119	....
1700	Wallich, Johann	7.285	7.285	....
1701	Mönch von Werl	15. 81	....	....
1701	Prophezeiung v.Birkenbaum	5. 95	....	....
1701	Testament d.11.Papstes	15. 78	15. 78	....
1749	Marienthaler Klosterbuch	24. 23	41.246	....
1750	Tölk	5.105	....	....
1760	Nectou	15. 43	7.304	....
1762	Kapuziner v.1762	5. 98	....	....
1763	Naar	8. 44	....	....
1770	Schlinkert	8. 78	8. 78	....
1779	Kapuziner Pater	10. 76	....	....
1783	Spielbähn	8. 77	15. 76	15. 76
1790	Walraff	24. 66	....	....
1794	Knopp	7.305	....	....
1798	Clarissin v.Fougéres	14. 88	14. 88	7.330
1800	Johannides, Pater	12.207	....	....
1815	Canori, Elisabeth	24. 78	....	....
1816	Schwester v.Belley	14. 90	....	....
1819	Jahenny de la Faudaise	10.154	10.154	....
1819	Kappelmann	5. 77	....	....
1820	Einsiedler Antonius	12.208	....	....
1822	Emmerich	14. 77	18.125	....
1823	Schwester von Lyelbe	88.235	....	....
1825	Mühlhiasl	5. 51	5. 58	7.314
1830	Galtier	88.225	....	....

		A	B	C
Zeit	**Quelle**	**Kriege**	**Natur-kata-strophen**	**Friede Glück etc.**
1831	Geißenkäther	5. 69	....	....
1833	Eilert	8. 73	5. 70	15. 81
1837	Taigi	8.132	7.344	....
1840	Asdente	14. 89	14. 89	7.343
1840	Rocco	7.353	7.353	7.355
1843	Lenormand	15. 84	....	....
1846	La Salette	7.120	15. 93	7.365
1847	Lataste, Maria	24. 65	....	....
1849	Clausi, Bernhard-Maria	7.368	....	....
1849	Eppinger, Elisabeth	5.120	....	....
1850	Lied der Linde	12. 90	14. 87	12. 89
1850	Schwester von Lyon	88.233	88.234	....
1853	Handwercher	12.193	12.198	....
1855	Pegghi, Eugenio	88.263	88.263	88.264
1856	Schweizer Neuoffenbg	....	....	14.107
1857	De Bourg	24. 51	24. 51	....
1857	Orval, Prphz.v...	7.227	5. 54	7.227
1862	Steiner, Agnes	....	....	24. 69
1864	Lorber	9. 66	9. 76	9. 76
1868	Sybille von Prag	14.170	5.111	14.166
1871	Prphz von Piacenza	88.246	....	....
1872	Curique, Abbé	8. 91	....	....
1873	Französische Extatin	88.319	88.322	88.322
1874	Don Bosco	7.394	7.394	....
1875	Bergadieu	88.315	....	....
1878	Baourdi	24. 84	....	....
1879	Anne de la Foi	88.243	....	....
1880	Higginson, Helena	24. 34	24. 34	....
1887	Henle, Anna	....	....	8.261
1887	Schuhmann, Maria Beatrix ...	12. 93	....	....
1896	Pinaud, Madame	88.230	....	....
1900	Elsischer Jüngling	8. 69	....	....
1905	Mesmin, Marie	24. 35	....	....
1907	Johansson	5.109	13. 59	5.133
1909	Papst Pius X	10.112	....	....
1912	Pramstahler	8. 80	8. 81	8. 81
1912	Wudy	12.114	....	....
1914	Feldpostbriefe	12.100	12.100	12.101
1916	Kossuthany	47.407	47.407	....
1917	Fatima	8.199	8.196	8.199
1922	Kugelbeer	12.209	15.105	15.106
1923	Beliante	15. 21	....	....
1923	Pfarrer von Baden	12.208	....	....
1931	Korkowski	32. 28	32.123	32. 32
1933	Scochy, Emelda	....	14. 79	14. 80
1933	Ubaldi, Pietro	10.167	10.168	10.167
1934	Madame Sylvia	14.177	14.179	14.180
1937	Voltago, Maria aus	14. 81	14. 81	....
1940	Böhmischer Seher	8. 45	8. 45	8. 46
1945	Cayce	5.177	5.178	5.179
1948	Kérizinen	8.253	....	....
1949	Bruder Adam	8.218	8.218	8.219
1949	Dyck, Van den	8.213	8.213	....
1950	Onit	14.186	14.187	....
1950	Stockert	12.213	12.218	12.221
1951	Katharina aus dem Ötztal....	8. 88	....	....

Quellen von 1830 bis 1990 Zeit	Quelle	Russen o. plötzl. aus Ost.	aus dem Osten	China	Anti-christ	Arab./ Islam.	unklar	Preußen ohne Russen!
1830	Galtier						88.225	
1831	Geißenkäther						5. 69	
1833	Eilert	8. 73						
1837	Taigi						8.132	
1840	Asdente	14. 89						
1840	Rocco						7.353	
1843	Lenormand						7.336	
1846	La Salette				7.366		7.364	
1846	Maas						8. 84	
1847	Lataste, Maria						24. 65	
1855	Pegghi, Eugenio						88.263	
1862	Steiner, Agnes						24. 69	
1864	Lorber	9. 66			9. 53			
1871	Prophez.v.Piacenza						88.246	
1872	Curique, Abbé		8. 91					
1872	Imelda, Schwester						10.108	
1873	Französische Extatin							88.320
1874	Don Bosco	10.112						
1875	Bergadieu						88.315	
1878	Baourdi						24. 84	
1879	Anne de la Foi						88.244	
1880	Higginson, Helena						24. 34	
1887	Schumann					12. 93		
1896	Pinaud, Madame						88.230	
1900	Elsischer Jüngling						8. 69	
1900	Heiliger Ambrosius						10.107	
1900	Schleswiger Weissagung						5. 70	
1905	Mesmin, Marie						24. 35	
1907	Johansson	5.108		5.116				
1909	Papst Pius X	10.112						
1912	Pramstahler						8. 80	
1912	Wudy						12.114	
1914	Feldpostbriefe	12.100						
1916	Kossuthany	47.407						
1917	Fatima	8.196						
1922	Kugelbeer	15.105						
1923	Beliante		14. 73					
1923	Pfarrer von Baden	12.208						
1931	Korkowski	32.159		32.139		32.139		
1933	Ubaldi, Pietro		10.167					
1934	Madame Sylvia		14.177					
1937	Voltago, Maria aus						14. 81	
1940	Böhmischer Seher	8. 45						
1948	Kérizinen	8.253						
1949	Bruder Adam	8.218						
1949	Dyck, Van den		8.213					
1950	Onit	14.187						
1950	Stockert	12.220						
1951	Katharina aus d.Ötztal						8. 88	
1958	Turzovka						24. 28	
1959	Aiello	10.163						
1959	Irlmaier	7.414						
1959	Karmohaksis	10.100						
1959	Seher a.d.Waldviertel	12.246						
1961	Pater Pio						8.151	
1965	Prokop						8. 47	
1968	Dudde						19. 55	
1970	Da Terni, Frater G.M.	10.255		10.254		10.255	10.254	
1970	Dixon	5.143		6.288				
1971	Eisenberg	8.262						
1972	Lueken	8.239				8.232		
1972	Sabato, Mario de			10.251		6.285		
1973	Helmsauer Marie						12.206	
1973	Leonardi	8.259						
1974	Porto Stefano	8.244						
1975	Stieglitz	12.235						
1976	White, Ron	8.163						
1982	De la Vega	16.214						
1984	Babaji						27. 20	
1984	Biernacki	8.286		8.287				
1986	Bauer, Erich	80.140						
1986	Buchela		40.116*					
1988	Anonymus / Bekh	8.264						
1988	Urban, Renate	106. 7		113. 12		113. 2		
1990	Paulussen	44.154				44.116		

* abhängig von Interpretation

Es ergeben sich folgende Werte:

Aggressoren (aus 249 Quellen)	**%**
1. unklar	37.6
2. Rußland	22.7
3. aus dem Osten	16.5
4. islamisch-arabisch	10.3
5. China	6.2
6. Antichrist	6.2
7. Preußen	0.5

Hinweis: Teilweise gibt es pro Quelle mehrere Aggressoren.

Den Details nach dürften mit *Preußen* ostdeutsche Truppen im Rahmen eines russischen Angriffes gemeint sein.

Gerade wenn man bedenkt, daß ein Großteil der Quellen recht alt ist, dann überrascht, daß hier Deutschland, Frankreich, Großbritannien, Spanien und Italien nicht als Aggressoren auftauchen bzw. bedeutungslos sind. All diese Staaten hatten in ihrer Geschichte eine imperialistische Phase. Entsprechende Antipathien hätten leicht zu Pseudo-Prophezeiungen führen können. Auch die USA fehlen, ebenso wie ein militärischer Eroberungsversuch durch Außerirdische, oder ein im Wesentlichen schwarz-afrikanischen Aggressor.

Bei dem oder den Aggressoren *"aus dem Osten"*, die aber nicht genauer beschrieben werden, zeigt eine Untersuchung der Details, daß oft Rußland gemeint sein muß. So z. B. kann China nicht über Nacht die deutsche Ostgrenze überrollen. In manchen Fällen wird aber auch klar gesagt, daß *China* der Angreifer ist.

Rußland und China sollen jeweils die Hauptkraft in einem großen Krieg sein, der sich bis auf Westeuropa erstreckt. Der russische Angriff soll *vor* dem chinesischen stattfinden. Im Gegensatz zum chinesischen Angriff soll der russische Angriff sehr plötzlich kommen und der Krieg nur sehr kurz sein. Beide Kriege sollen flankiert werden von Kämpfen, in denen islamische Staaten verwickelt sind.

Ein Angriff Rußlands auf Westeuropa ist ziemlich genau das, was man sich im Westen unter einem Dritten Weltkrieg vorgestellt hat und teilweise auch noch vorstellt.

Der russische Angriff wird einerseits konkret vorhergesagt, andererseits finden sich aber auch Vorhersagen, die Rußland zwar nicht erwähnen, jedoch in Details eine deutliche Deckung mit dem russischen Krieg ergeben.

Mühlhiasl - der bekannteste bayrische Seher des 19. Jahrhunderts - beschreibt beispielsweise einen urplötzlichen Angriff gewisser *"Rot-jankerl"*, die aus der Tschechei in den Bayrischen Wald eindringen und dann bis zum Rhein vorstoßen. Mühlhiasl sagt, es seien "*Rote*", jedoch hätten sie nichts Rotes an! Mit *Rotjankerl* könnten kommunistische, chinesische Truppen gemeint sein. Allerdings nicht, wenn diese "Chinesen" urplötzlich aus der Tschechoslowakei bzw. Tschechien kommen.

Es liegt in der Natur der Sache, daß mit zunehmendem Alter der Quellen die Angaben zum Angreifer aus dem Osten undeutlicher werden.

Wie man auf der folgenden Tabelle der Vorhersagen zu einem Angriff von Osten auf (West-)Europa sehen kann, ist ein Überfall des Ostens auf Europa schon seit vielen Jahrhunderten Thema der europäischen Prophezeiungen. Interessanterweise stammen etwa ein Drittel der Quellen, die einen russischen Angriff vorhersagen, von vor 1917 - also aus einer Zeit, als die Russische Revolution und deren weitreichende Folgen noch überhaupt nicht absehbar waren. Nicht einmal Karl Marx (gestorben 1883) rechnete mit einer Revolution in Rußland!

Von rund 250 Quellen sagen 40 % einen Angriff aus dem Osten vorher, 17% konkret einen Angriff Rußlands und 25 % beziehen sich mit Sicherheit, bzw. hoher Wahrscheinlichkeit auf diesen russischen Angriff.

Das Thema *Dritter Weltkrieg* ist also nicht zu trennen vom Thema *"Prophezeiungen zur Zukunft Europas"*.

Wie intensiv man aber auch immer diese Vorhersagen untersucht - niemals wird man mit Sicherheit sagen können: *Dieser Krieg wird stattfinden!*

Im nächsten Kapitel folgt die inhaltliche Zusammenfassung der Vorhersagen zum Ablauf des Dritten Weltkrieges. Im nachhinein werde ich die nun folgenden Details einzeln untersuchen. Keines der Details ist sicher! Es gibt, basierend auf den Quellen, lediglich Wahrscheinlichkeiten! Diese Wahrscheinlichkeiten bewegen sich allerdings in nahezu allen Fällen weit über 50 %, oft über 80 % und mehr. Was Sie jetzt lesen werden, ist also alles andere als irgendeine beliebige Variante von mehreren.

Vorhersagen zu einem Angriff von Osten auf (West-)Europa

Zeit	Quelle	Land	Rußland	allg.aus dem Osten
1081	Hepidannus von St.Gallen	Swz		12.208
1179	Hildegard von Bingen	D		10. 76
1240	Ludmilla	CSFR ..		5.105
1431	Windecke, Eberhard	D		5. 96
1484	Amadeus, seliger	I		15. 40
1541	Paracelsus	D		9.247
1545	Spormaker	D		5. 97
1566	Nostradamus	F	1.377*	
1600	Prophezeiung von Koblenz	D		5. 97
1618	Thies	D		37. 4
1624	Böhme, Jakob	D		9.247
1670	Mainzer Prophezeiung	D		5. 75
1700	Hilarion	Pol. ..		15. 72
1700	Wallich, Johann	Irl. ..	7.285	
1701	Mönch von Werl	D		15. 81
1701	Prophezeiung vom Birkenbaum .	D		5. 95
1701	Testament d.fl.Papstes	D		15. 78
1750	Tölk	Öst. ..		5.105
1770	Schlinkert	D		8. 78
1779	Kapuziner Pater	D	12. 98	
1800	Johannides, Pater	D		12.207
1820	Einsiedler Antonius	D	12.208	
1822	Emmerich	D		5.100
1825	Mühlhiasl	D	5. 58**	
1833	Eilert	D	8. 73	
1840	Asdente	I	14. 89	
1864	Lorber	Öst. ..	9. 66	
1872	Curique, Abbé	F?		8. 91
1874	Don Bosco	I	10.112	
1907	Johansson	Nor. ..	5.108	
1909	Papst Pius X	I	10.112	
1914	Feldpostbriefe	D	12.100	
1916	Kossuthany	Ung. ..	47.407	
1917	Fatima (31.Oktober)	Por. ..	8.196	
1917	**7. November / Ausbruch der russischen Revolution**			
1922	Kugelbeer	Öst. ..	15.105	
1923	Beliante	I		14. 73
1923	Pfarrer von Baden	D	12.208	
1933	Ubaldi, Pietro	I		10.167
1934	Madame Sylvia	D		14.177
1940	Böhmischer Seher	CSFR ..	8. 45	
1948	Kérizinen	F	8.253	
1949	Bruder Adam	D	8.218	
1949	Dyck, Van den	Bel. ..		8.213
1950	Onit	Öst. ..	14.187	
1950	Stockert	D	12.220	
1959	Aiello	I	10.163	
1959	Irlmaier	D	7.414	
1959	Karmohaksis	I	10.100	
1959	Seher aus dem Waldviertel ...	Öst. ..	12.246	
1970	Da Terni, Frater G.M.	I	10.255	
1970	Dixon	USA ...	5.143	
1971	Eisenberg	Öst. ..	8.262	
1972	Lueken	USA ...	8.239	
1973	Leonardi	I	8.259	
1974	Porto Stefano	I	8.244	
1975	Stieglitz	D	12.235	
1976	White, Ron	GB	8.163	
1981	Korkowski	D	32.159	
1982	De la Vega	D	16.214	
1984	Biernacki	Pol. ..	8.286	
1986	Bauer, Erich	D	80.140	
1986	Buchela	D		40.116*
1988	Anonymus / Bekh	D?	8.264	
1988	Urban, Renate	D	106. 7	
1990	Paulussen	D	44.154	
1991	Anna	D	62. 15	

* = Frage der Auslegung ** "Rotjankerl" plötzlich aus Tschechien

Der Dritte Weltkrieg

Ende Juli/Anfang August, in einem Jahr nahe dem Jahre 2000, kommt es zu einem urplötzlichen Angriff Rußlands auf Westeuropa. Entgegen aller Erwartungen bleibt dieser Krieg jedoch weitestgehend frei von Atomwaffeneinsätzen.

Genaugenommen müßte es hier heißen: *"Eine auffallend große Gruppe von Sehern, Prophezeiungen und Visionsberichten deutet darauf hin, daß es Ende Juli/Anfang August, in einem Jahre nahe dem Jahre 2000, ... usw. ..."*

So wie oben verzichte ich in dem nun folgenden Text auf diese oder ähnliche Formulierungen. Später werden viele Teile des nun folgenden Szenarios genau untersucht. Es bleibt also genug Platz für Objektivität.

***

Im Frühjahr desselben Jahres, etwa 3 Monate davor, kam es auf der Erde zeitgleich einerseits zu Naturkatastrophen nie gekannten Ausmaßes und andererseits braute sich im Nahen Osten ein neuer Krieg zusammen, auch gärte es auf dem Balkan.

Europa wurde zusätzlich seit einiger Zeit von einer schweren Wirtschaftskrise geplagt. Im Sommer, kurz vor dem Angriff Rußlands, steigern sich innere Unruhen in Frankreich und Italien zum offenen Bürgerkrieg.

Die Situation in Deutschland, Österreich, England und Spanien ist ähnlich angespannt. Ganz Westeuropa befindet sich in einer der schlimmsten Krisen seiner Geschichte.

Im Rahmen der Ausschreitungen in *Rom* kommt es zu gewalttätigen Übergriffen auf die Geistlichen des Vatikans. Die Situation eskaliert derartig, daß der Papst Hals über Kopf aus Rom und zusätzlich außer Landes flüchten muß.

Wenige Stunden oder Tage, nachdem die Nachricht der päpstlichen Flucht über die Medien verbreitet wird, erfolgt der Angriff Rußlands.

Eine eventuelle Flucht aus den östlichen Teilen Deutschlands könnte zu diesem Zeitpunkt bereits unmöglich sein. Denn sobald der Angriff erfolgt - vermutlich nachts - dürfte es in den östlichen Teilen Deutschlands schlagartig und weitflächig zu gewaltigen Flüchtlingsströmen kommen. Wir wissen, was auf den Straßen los ist, wenn alle auf einmal in den Urlaub fahren. Hier wäre mit einer noch viel extremeren Situation zu rechnen. Zudem wäre damit zu rechnen, daß potentielle Unfallstellen auf den Straßen in dieser Hektik nicht mehr geräumt werden.

Ein EMP-Effekt, also die Zerstörung elektrischer Schaltkreise infolge von Atomexplosionen, ist in der Anfangsphase des Krieges nicht zu erwarten. Man kann also durchaus Autofahren. Vorausgesetzt, man hat genug Benzin im Tank und steckt nicht im Stau.

In den Wochen vor dem Überraschungsangriff Rußlands ist die Welt intensiv damit beschäftigt, die Kriegsgefahr im Nahen Osten zu bannen..

Überall ist in den Medien die Rede vom Frieden. Rußland ist maßgeblich an entsprechenden Friedensverhandlungen beteiligt.

Doch plötzlich - mitten in den Verhandlungen - greift Rußland die Flanke der NATO an: Skandinavien und die Türkei. Gleich danach erfolgt dann der Angriff auf Deutschland und Mitteleuropa mit dem Ziel, die Nordsee und die Kanalküste zu erreichen.

Schon im Frühjahr hatte man in den Machtzentren Westeuropas eine ernste Bedrohung durch Rußland erkannt. Allerdings zu spät! Denn zu lange hatte man nach Ende des Kalten Krieges darauf gesetzt, daß Rußland keine Bedrohung mehr darstellt.

Die USA und Großbritannien hatten sich weitestgehend aus Europa zurückgezogen. 1996 wurde in Deutschland sogar das Bundesamt für Zivilschutz aufgelöst. Bunker bauen? Wozu denn das? Überhaupt war man in Westeuropa froh darüber, Geld beim Militär sparen zu können. Zuletzt war das allerdings keine Frage des *Wollens* mehr, sondern des *Müssens*. Hohe Verteidigungsetats ließen sich angesichts der Wirtschaftslage nicht mehr vor der Bevölkerung rechtfertigen.

Die ganze Verteidigungsmaschinerie in Westeuropa war so weit heruntergefahren und umkonstruiert (Stichwort: schnelle Eingreiftruppe), daß es unmöglich war, bis zum Sommer eine effiziente gesamteuropäische Verteidigung zu organisieren. Den "Rest" gaben dann die inneren Unruhen in den Wochen und Monaten zuvor.

Die russischen Armeen in Mitteleuropa sind in drei große Angriffsspitzen zusammengefaßt. Sie schlagen blitzartig los und dringen tief nach Westen vor.

Im Nordabschnitt kommen sie über Schleswig-Holstein bis nach Dänemark, und südlich der Elbe und nördliches Ruhrgebiet nach Holland bis nach Belgien. Die Nordseeküste wird erreicht.

Im Mittelabschnitt stoßen die Armeen bis zum Rhein vor. Im Südwesten überschreiten sie den Rhein und wollen in den Süden Frankreichs vorstoßen. Auch dringen östliche Truppen über die Alpen nach Italien vor.

In dieser Angriffsphase stoßen sie auf keinen nennenswerten Widerstand.

Aus taktischen Gründen verzichtet die russische Generalität in dieser Anfangsphase darauf, das Alpenvorland östlich des Rheins zu besetzen. Es geht darum, möglichst schnell strategische Schlüsselpositionen zu besetzen. Das Alpenvorland zählt nicht dazu.

Der bis hierher beschriebene Vorstoß ist innerhalb kürzester Zeit erreicht. Und weiter kommen die Angreifer nicht. Denn plötzlich kommt aus Osteuropa kein Nachschub mehr. Kein Material und keine Truppen. Nichts! Der Angriff bleibt am Rhein stecken.

Ursache dafür ist aber kein Atomschlag des Westens. Auch hat es im Osten keine Revolution gegeben.

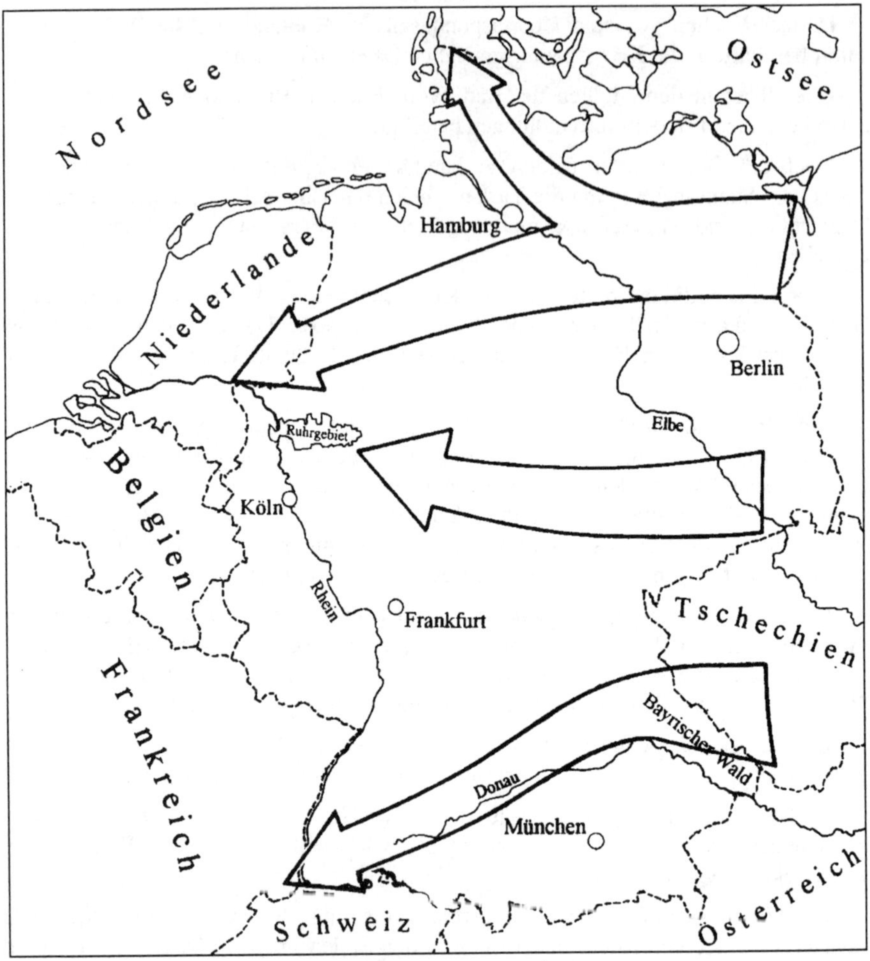

Bild 1: Der östliche Vorstoß in Mitteleuropa

Beide Seiten haben bisher weitestgehend auf den Einsatz von Atomwaffen verzichtet.

Eine Unterbrechung des östlichen Nachschubs mit Atomwaffen würde zwangsläufig eine derartig große Anzahl von Atombomben erforden, daß sofort mit einem massiven atomaren Gegenschlag zu rechnen wäre. Den aber versuchen beide Seiten solange wie irgend möglich zu vermeiden.

Die Unterbrechung des östlichen Nachschubs wird durch die chemische Verseuchung eines sehr langen Streifens im Rücken des Angreifers erzielt. Nachts startet eine große Anzahl westlicher Flugzeuge und wirft am Schwarzen Meer beginnend, über Prag bis hoch zur Ostsee einen gelben Giftstoff ab, der sich auf den

Erdboden absetzt und dort jegliches Leben tötet; Menschen, Tiere und selbst Pflanzen. Das Gras wird welk und schwarz.

Der verseuchte Streifen ist rund 100 km breit, und es ist absolut unmöglich ihn zu durchqueren. Es ist ein völlig neuer Kampfstoff und die Gasmasken und Gasfilter in den gepanzerten Fahrzeugen des Osten sind absolut wirkungslos. Teilweise rollen die Panzer noch weiter, obwohl die Besatzung schon längst tot ist.

Noch schockierender ist aber, daß man eine große Anzahl von Toten unter der Zivilbevölkerung der eigenen Verbündeten (Deutschland und Polen) in Kauf nimmt. Die Bereitschaft dieses hohe Opfer einzugehen, zeigt aber, daß es eine verzweifelte Maßnahme ist, mit der man versucht, den Krieg entscheidend zu beeinflussen ohne aber einen atomaren Holokaust auszulösen.

Bereits mit Beginn des Kalten Krieges, also vor rund 50 Jahren dürften sich die Militärs beider Seiten gefragt haben, wie sie den Nachschub der anderen Seite möglichst effektiv unterbinden können, und zwar ohne eine atomare Eskalation zu provozieren, also ohne eine Vielzahl von Atombomben einzusetzen.

Grundsätzlich spielt der Nachschub in modernen, hochmaschinisierten Kriegen eine besonders herausragende Rolle. Ohne Treibstoff, Munition und Ersatzteile kommt selbst die größte Armee in kürzester Zeit zum Stehen. Panzer sind gewaltige Spritschlucker und haben eine große Anzahl von Verschleißteilen, die alle Nasen lang ersetzt werden müssen.

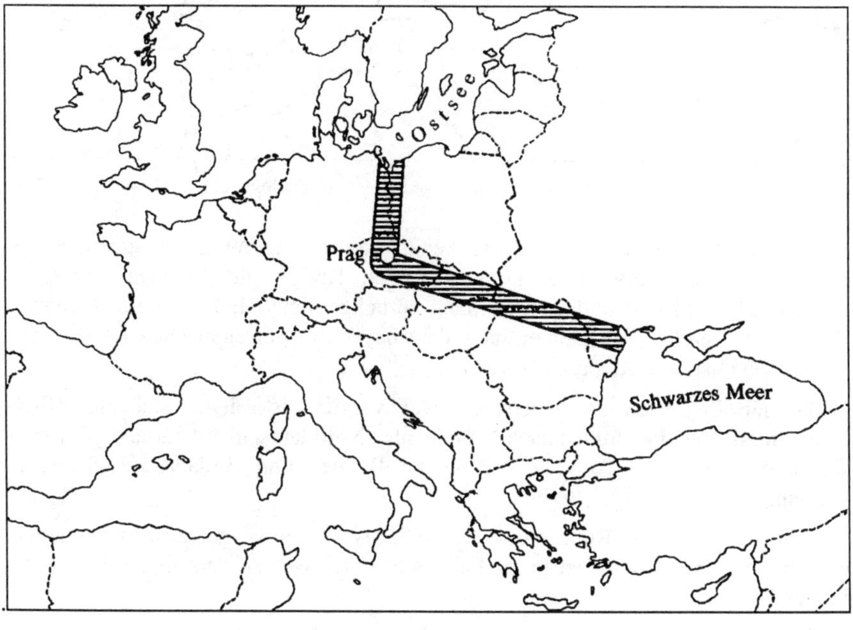

Bild 2: Gelber Strich

Und je größer die Entfernungen sind, über die all das transportiert werden muß, um so verletzlicher sind diese Versorgungsstränge. Was nun die Versorgungsstränge anbelangt, so ergeben sich für Ost und West zwei grundlegend unterschiedliche Situationen.

Der Nachschub des Ostens läuft fast ausschließlich über Land der des Westens zu einem entscheidenden Teil über Wasser. Nämlich einmal über den Kanal (von England auf den Kontinent) und, noch viel wichtiger, über den Nordatlantik (USA nach Europa).

Und wenn sich der Osten nicht nur auf seine U-Boote verlassen will, benötigte er ein ähnlich wirksames Konzept wie der Westen. Auf Wasser aber kann man keinen chemischen Kampfstoff einsetzen. Welche Möglichkeit hier bleibt, wird sich gleich zeigen ...

Der Nachschub des Ostens wird also durch eine chemische Verseuchung unterbrochen, und gleichzeitig wird damit auch der Fluchtweg abgeschnitten

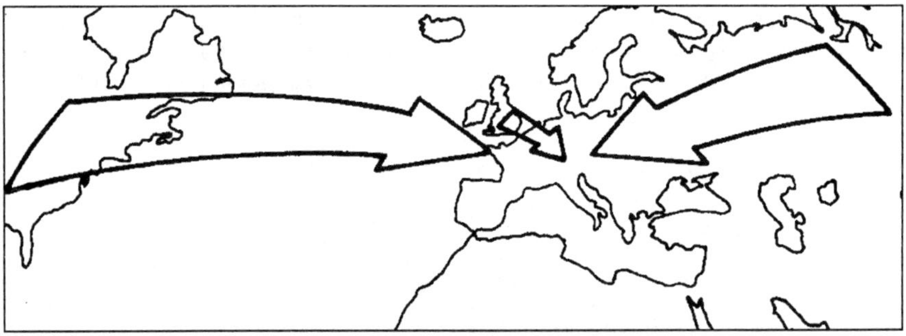

Bild 3: Nachschubwege auf der Nordhalbkugel

Nach dieser Mauer im eigenen Rücken häufen sich für den Osten die Niederlagen im immer noch vorwiegend konventionellen Krieg. Die Truppen werden aus Belgien, Holland und Südost-Frankreich zurückgedrängt. Etwa zeitgleich führt der Westen von südlich der Donau aus - dem bayrisch-österreichischen Raum - einen Gegenstoß ebenfalls Richtung Norden.

Da der Weg nach Osten versperrt, weil vergiftet ist, ziehen sich die östlichen Truppenteile aus dem Süden nach Norden, also Norddeutschland zurück. Dort stoßen sie zu den östlichen Truppen, welche aus Belgien und Holland zurückgeworfen wurden.

Am Ostrand des Ruhrgebietes kommt es zu einer gewaltigen Aufstauung östlicher Truppen. Man sitzt in der Falle. Der Fluchtweg ist versperrt, und man wird immer schwächer.

Von einer Kapitulation abgesehen bleibt nur noch die Chance, Zeit zu schinden - entweder bis die Giftwirkung im Osten nachläßt, oder aber bis ein Korridor geschaffen ist, der groß genug ist, um mehrere Armeen schnell genug hindurch zu lassen.

Sollte es dem Osten gelingen, die vergiftete Zone zu durchqueren, so würde sich diese Zone zu einem Schutzwall wandeln. Denn auch der Westen könnte diese Zone nicht ohne weiteres durchqueren.

Wer weiß? Vielleicht hängt für den Osten alles nur von ein paar Tagen ab.

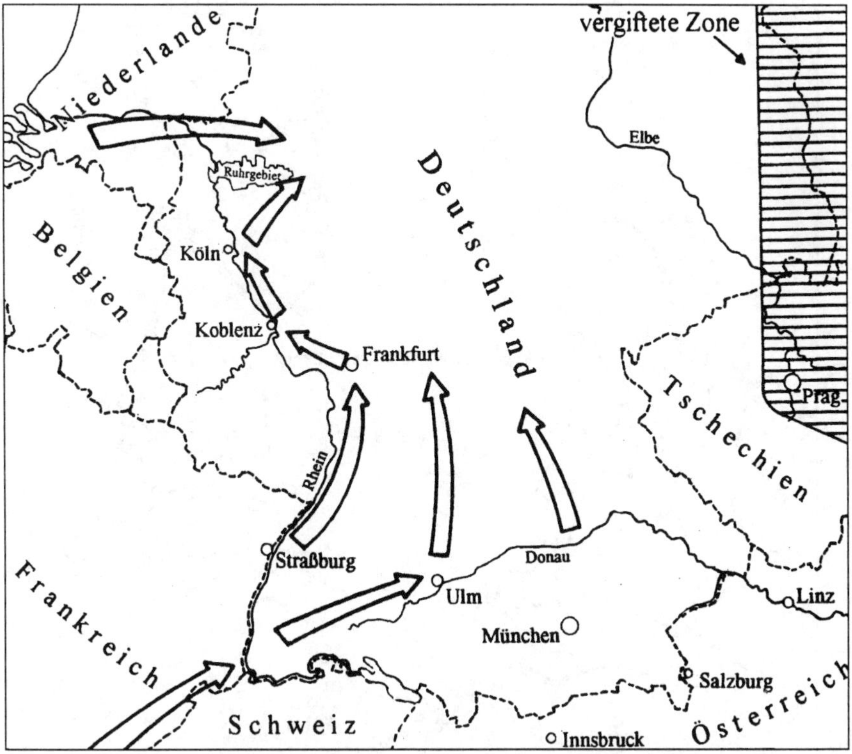

Bild 4: Szenario Rückzug der östlichen Truppen

In dieser Situation entscheidet sich der Osten zum Einsatz einer Waffe, welche vermutlich schon zu Beginn des Kalten Krieges konzipiert wurde: Wenige 100 km nordöstlich der Färöer Inseln, also am Nordrand der Nordsee, 1200 km von der deutschen Nordseeküste entfernt, kommt es zu der Explosion einer Atombombe. Und zwar etliche 100 Meter *unter dem Meeresspiegel.*

Diese Bombe ist mit das Stärkste, was je an Atombomben gebaut wurde, möglicherweise rund 4000 mal so stark wie die Atombombe von Hiroshima.

Das Meer erhebt sich plötzlich wie ein Berg und sackt dann wieder zusammen. Nach allen Seiten rast eine gigantische Wellenfront davon. Die Wassermassen, die hier angeregt werden, sind so gewaltig, daß sich in die Nordsee eine Flutwelle von mehreren 10 m Höhe und ca. 500 km Länge ergießt.

Bild 5: Überflutungen infolge der Explosion in der Nordsee

Wo immer diese Welle die Küste trifft, richtet sie gewaltige Zerstörungen an. In der Norddeutschen Tiefebene reichen Ausläufer dieser Welle bis Berlin. London wird schwer getroffen. Von der Nordsee aus drängen die Wassermassen weiter in den Kanal. Die Wucht ist hier immer noch so groß, daß es selbst noch in Rouen, welches ca. 50 km im Landesinneren an der Seine liegt, zu erheblichen Zerstörungen kommt. Alles was schwimmt, wird versenkt. Kaianlagen sind zerstört. Die Küsten sind weit bis ins Landesinnere überflutet. Mit einem Schlag ist ein Großteil der westlichen Infrastruktur im Hinterland zerstört. Der Westen findet sich in einer ähnlichen Lage wieder wie der Osten. Doch dieser kann die gewonnene Zeit nicht mehr nutzen. Denn nun geraten die Ereignisse vollends außer Kontrolle.

In dieser Situation - der Krieg hat etwa drei Monate gedauert, und es ist Herbst - entschließt man sich jetzt nämlich doch zu einem ausgedehnteren Einsatz von Atomwaffen.

Genau zu diesem Zeitpunkt aber, exakt in jenen Minuten, wo sich die ersten Atomraketen schon in der Luft befinden oder gerade gestartet werden sollen, taucht über dem umkämpften Europa ein sehr großer Komet auf. Er ist so hell, daß das Licht der Sonne davor verblaßt.

Gleichzeitig treten sehr starke elektromagnetische Störungen auf. Diese wirken sich vernichtend auf sämtliche elektronischen Kreisläufe aus. Atomraketen sind nicht mehr zu starten, schon gestartete außer Kontrolle. Ebenso ist die elektronische Zündung der Sprengköpfe außer Kraft gesetzt.

Die Militärs warten vergeblich auf die Meldung der Raketeneinschläge.

Stattdessen setzt eine allmähliche Verdunkelung des Himmels ein. Die Erde gerät in den Staubschweif des riesigen Kometen. Noch vor Anbruch der natürlichen Dämmerung ist es stockfinster.

Sobald diese Staubwolke den Erdboden erreicht hat, setzt ein Massensterben ein. Denn die Wolke enthält giftige Gase. An der freien Luft besteht praktisch keinerlei Überlebenschance.

Innerhalb geschlossener Räume sind die Überlebenschancen dagegen sehr hoch, denn die Konzentration der Giftstoffe ist dort sehr viel geringer und bleibt unterhalb der tödlichen Dosis.

Doch damit nicht genug: Der Himmelskörper schlägt zwar nicht in die Erde ein, doch es kommt zu einer nachhaltigen Destabilisierung des Erdmagnetfeldes. Plötzlich macht der Globus eine Drehbewegung außerhalb der normalen Rotation. Die Erde "eiert".

Die Ozeane und die Lufthülle können der Drehbewegung auf Grund ihrer Trägheit nicht sofort folgen. Es kommt zu gigantischen Stürmen und Überflutungen. Die Flutwellen reichen in den flachen Gebieten Europas weit hinein ins Landesinnere. Ähnliches gilt für die gesamte Erdoberfläche.

Auch die Kontinentalschollen kommen in Bewegung. Überall auf der Welt kommt es zu gewaltigen Erdbeben. Vulkane brechen aus und entstehen sogar neu. Im Atlantik taucht neues Land auf. Anderswo versinkt Land.

Die Finsternis und die zeitgleichen Naturkatastrophen dauern nur drei Tage an. Danach dringt wieder Tageslicht zur Erde durch. In Deutschland ist es plötzlich merklich wärmer. Abgesehen von vereinzelten Erdbeben hat sich die Situation weitestgehend beruhigt. Die Erde ist in Mitteleuropa von einer wenige Zentimeter hohen Staubschicht überzogen. Etwa ein Drittel der Weltbevölkerung ist tot. Der Krieg ist praktisch vorüber.

Die gesamte Infrastruktur ist zerstört. Man ist auf sich selbst gestellt. Maschinen funktionieren nur noch in Ausnahmefällen.

Innerhalb weniger Stunden aber wird Wassermangel zu einem weiteren Problem. Denn das Wasser aus Flüssen und Seen ist durch den Fallout des Kometen so sehr vergiftet, daß man beim Trinken sein Leben riskiert.

Die nächsten Probleme sind dann die zusammengebrochene Versorgung mit Lebensmitteln und die fehlende medizinische Versorgung.

Das Sterben setzt sich nach der dreitägigen Finsternis also noch eine Zeitlang fort.

Allerdings ist das Ausmaß der Not regional unterschiedlich. In manchen Teilen Deutschlands gelingt es schon wenige Monate danach, eine gewisse Grundversorgung und ein gewisses Maß an öffentlicher Ordnung wieder herzustellen. Etwa zwei Jahre nach der dreitägigen Finsternis ist man in Europa aus dem Gröbsten heraus.

Es gälte also vier Phasen zu überstehen:

1. die wirtschaftlichen und innenpolitischen Wirren vor Ausbruch des Krieges
2. den Krieg selbst
3. die Naturkatastrophen und
4. das dann folgende Chaos mit seinem Mangel und seiner Not.

Ist dies alles überstanden, soll es in Europa zu einer Reihe von sehr glücklichen Jahren kommen.

Später folgt dann wieder ein großer Krieg. Es ergeben sich neue globale Machtverhältnisse und Europa wird erneut angegriffen. Auch dieser spätere Krieg wird durch eine globale Katastrophe beendet. Diese zweite globale Katastrophe soll sogar noch vernichtender sein als die erste. Informierte Christen meinen dieses zweite Szenario, wenn sie vom *Jüngsten Gericht* sprechen.

Nach dieser zweiten globalen Katastrophe - deutlich vor der Mitte des 21. Jahrhunderts - soll dann das Goldene Zeitalter, das legendäre *Tausendjährige Friedensreich* beginnen.

Die zentralen Glieder und die meisten Details dieses Szenarios werden von mehreren Quellen vorhergesagt, und es finden sich nach meiner Einschätzung keine Quellen, die diese Vorhersagen ernsthaft in Frage stellen. Auf den ersten Blick tauchen zwar oft Unstimmigkeiten auf, doch diese lassen sich in den meisten Fällen durch eine genauere Untersuchung aufklären.

Dazu gleich ein passendes Beispiel:

Das obige Szenario basiert natürlich auf Quellen, die einen Dritten Weltkrieg vorhersagen, bzw. deren Angaben auf einen Dritten Weltkrieg schließen lassen. Auf der anderen Seite gibt es jedoch auch Quellen, nach denen *kein* Dritter Weltkrieg zu erwarten wäre! Dazu die folgende Tabelle:

(fehlende Angaben zum 3.Weltkrieg hier nur bei Cayce und Snow berücksichtigt.)

Zeit	Quellen	Land	Dritter Welt-krieg*	3.Welt-krieg "möglich"	KEIN 3.Welt-krieg	KEIN Atomkrieg in Europa
720	Heilige Odilie	Frankreich	14. 75			
1081	Hepidannus v.St.Gallen	Schweiz	15. 19			
1179	Hildegard von Bingen	Deutschland	14. 84			
1356	Blinder Jüngling v.Prag	CSFR	8. 24			
1550	Benedikt.a.Maria Laach	Deutschland	8. 79			
1566	Nostradamus	Frankreich	1.257			
1615	Anonymus	Deutschland	14. 92			
1700	Hilarion	Polen	15. 72			
1700	Wallich, Johann	Irland	7.285			
1701	Mönch von Werl	Deutschland	15. 81			
1701	Prophezeiung v.Birkenbaum	Deutschland	5. 94			
1749	Marienthaler Klosterbuch	Deutschland	41.246			
1770	Schlinkert	Deutschland	8. 78			
1820	Einsiedler Antonius	Deutschland	12.209			
1825	Mühlhiasl	Deutschland	5.109			
1831	Geißen Käther	Deutschland	5. 69			
1833	Eilert	Deutschland	8. 75			
1837	Taigi	Italien	8.132			
1840	Asdente	Italien	14. 89			
1843	Lenormand	Frankreich	15. 84			
1846	La Salette	Frankreich	15. 93			
1872	Curique, Abbé	Frankreich ?	8. 91			
1890	Prophez.v.Narabantschi	Tibet	14.111			
1900	Tibetanische Proph.	Tibet	5.173			
1907	Johansson	Norwegen	5.108			
1912	Pramstahler	Deutschland	8. 80			
1912	Wudy	Deutschland	12.114			
1914	Feldpostbriefe	Deutschland	12.100			
1916	Kossuthany	Ungarn	47.407			
1917	Fatima	Portugal	8.198			
1922	Kugelbeer	Österreich	15.105			
1923	Pfarrer von Baden	Deutschland	12.208			
1933	Ubaldi	Italien	10.168			
1934	Madame Sylvia	Deutschland	14.177			
1940	Böhmischer Seher	CSFR	8. 45			
1941	Rabanne	Spanien	34. 21			
1945	Cayce	USA	5.179			
1945	die ersten Atomexplosionen im Zweiten Weltkrieg					
1948	Kérizinen	Frankreich	8.253			
1949	Bruder Adam	Deutschland	8.218			
1949	Dyck, Van den	Belgien	8.213			
1950	Onit	Österreich	14.186			
1951	Katharina aus dem Ötztal	Österreich	8. 88			
1952	Heroldsbach	Deutschland		8.255		
1959	Aiello	Italien	10.162			
1959	Karmohaksis	Italien	10.100			
1959	Seher aus dem Waldviertel	Österreich	12.263			
1968	Dudde	Deutschland	19. 55			
1970	Abrahamsen, Aron	USA		110. 3		
1970	Da Terni, Frater G.M	Italien	10.255			
1970	Dixon	USA	5.143			
1972	Lueken	USA	8.238			
1973	Leonardi	Italien	8.259			
1975	Brinkley	USA	35. 55			
1975	Sai Baba	Indien			93.210	93.209
1975	Stieglitz	Deutschland	12.235			
1976	White	England	8.161			
1982	De La Vega	Deutschland	16.214			
1982	Eisenberg	Österreich	8.262			
1984	Babaji	Indien	27. 30			
1984	Biernacki	Polen	8.281			
1984	Snow, Chet B.	USA			38. 56	
1984	Korkowski	Deutschland	32. 10			32.196
1986	Buchela	Deutschland			40.283 ?	40.283
1988	Anonymus / Bekh	D?	8.264			
1988	Urban, Renate	Deutschland	105. 21			
1990	Kirkwood	USA			31. 15	31. 15
1990	Paulussen	Deutschland	44.154			44.154
1991	Nagel, Karin	Deutschland	29.114			
1992	Sun, Bear	USA			86.177 ?	86.177
1993	Gashweseoma	USA		100. 11		
1993	Uriella	Schweiz	43. 35			43. 35**

* = Krieg + 3täg. Finst./ 3.groß.Krieg i.20.Jh./ Angriff Rußlands ** "teilw.verhindert"

Wie man sieht, deutet die Mehrheit dieser Quellen auf einen Dritten Weltkrieg hin. Natürlich hängt hier das Ergebnis von der Auswahl der Quellen ab. Das sei ausdrücklich hervorgehoben. Eine Auswahl an sich habe ich aber nicht vorgenommen.

Daß es bis etwa 1938 keine Quellen gab, die einen Dritten Weltkrieg verneinen, leuchtet ein. Schließlich war da noch nicht einmal der *Zweite Weltkrieg* ausgebrochen.

Wie Sie sehen, reichen hier die Vorhersagen des Dritten Weltkriegs bis 1993 - praktisch bis zum heutigen Tage. Ein Teil der Seher ist also offenbar unbeeindruckt von dem Wandel in Osteuropa. Dennoch tauchen in den letzten Jahren auch Quellen auf, die einen Dritten Weltkrieg verneinen, bzw. deren Angaben darauf hindeuten, daß er nicht stattfindet.

Wenn Sie sich aber ansehen, von welchem *Kontinent* diese Quellen stammen, so werden sie feststellen, daß dies fast alles nichteuropäische Quellen sind. 3 Quellen kommen aus den USA, eine aus Indien.

Generell gilt für alle Quellen, unabhängig von ihrer Herkunft, daß sie sich vorwiegend auf ihre Heimatregion, ihr Heimatland oder ihren Heimatkontinent beziehen. Allgemein gehaltene Angaben lassen sich nicht ohne weiteres auf andere Länder oder Kontinente übertragen. Ist es in den USA ruhig, so muß dies noch lange nicht für Europa gelten.

Im Falle der USA würde das Ausbleiben eines globalen Atomkrieges so gut wie sicher bedeuten, daß die USA kein Kriegsschauplatz im Dritten Weltkrieg sind. Und eben dieser globale Atomkrieg soll auch ausbleiben.

Zudem soll der russische Angriff in Form eines Blitzkrieges erfolgen und der gesamte Krieg nur wenige Wochen dauern. Die USA hätten also kaum Gelegenheit, Truppen und viel Material nach Europa hinüberzuschicken.

Man muß also berücksichtigen, inwieweit sich gewisse Angaben auf Europa übertragen lassen.

Grundsätzlich sind *Dritter Weltkrieg* oder *Atomkrieg* keine definierten Begriffe, sondern eigentlich nur Oberbegriffe für eine Reihe möglicher Szenarien. Es ist davon auszugehen, daß diese Begriffe unterschiedlich ausgelegt und unterschiedlich angewendet werden.

Darstellung der Untersuchungsmethode

Sicherlich könnte man sich alles folgende "schenken", käme es zu einem totalen Atomkrieg. Doch dieser soll, wie bereits erwähnt, nicht stattfinden. Später werde ich ausführlich darauf eingehen.

Vermutlich befinden Sie sich gerade jetzt, wenn Sie diese Zeilen lesen, irgendwo im deutschsprachigen Raum, in Deutschland, Österreich oder in der Schweiz. Vielleicht stellen Sie sich die Frage, ob eines Tages russische Panzer an Ihrem

Fenster vorbeifahren könnten, oder ob Ihr Wohnort von Kämpfen betroffen sein könnte.

Dann schärfen Sie jetzt Ihre Sinne, denn wir werden anhand von rund 250 Prophezeiungen, Seherzeugnissen und Visionen versuchen, darauf eine Antwort zu finden.

Fangen wir mit einem allgemeinen Überblick an. Für welche Gebiete im deutschsprachigen Raum werden zukünftige Kriegshandlungen im Zusammenhang mit einem *russischen* Angriff vorhergesagt?

Deutschland		**Österreich**	
Baden-Württemberg	4	Kärnten	1
Bayern	6	Nieder-Österreich	1
Brandenburg-Berlin	4	Ober-Österreich	2
Bremen	0	Osttirol	0
Hamburg	1	Steiermark	0
Hessen	4	Tirol	1
Mecklenburg-Vorpom.	1	Vorarlberg	0
Niedersachsen	1		
Nordrhein-Westfalen	11		
Rheinlandpfalz	1	**Schweiz**	3
Saarland	0		
Sachsen	4		
Sachsen-Anhalt	0		
Schleswig-Holstein	2		
Thüringen	2		

Angesichts einer Quellenbasis von fast 250 Quellen scheint dies zunächst geradezu lächerlich wenig zu sein. In diese Grafik sind jedoch nur diejenigen Quellen eingeflossen, welche Rußland konkret als Aggressor erwähnen, oder aber deren Angaben eindeutig auf Rußland hinweisen.

Außerdem sind hier nur konkrete und genaue Ortsbezeichnungen eingeflossen. Logische Schlußfolgerungen (z. B. Gebiete östlich von Nordrhein-Westfalen, wenn Kämpfe in Westfalen stattfinden) sind hier nicht berücksichtigt. Das Gleiche gilt für ungenauere Angaben, wie z. B. *"bis zum Rhein"* oder *"nördlich der Donau"*.

Eine ähnliche Verteilung der Schwerpunkte ergibt sich bei entsprechenden Vorhersagen zu kriegerischen Ereignissen, bei denen der Angreifer nur als *aus Osten* kommend beschrieben wird oder nicht identifizierbar ist.

Ein Vergleich der umseitigen drei Karten führt zu der Vermutung, daß sich zumindest ein Teil der unklareren Vorhersagen ebenfalls auf den russischen Angriff bezieht.

Die Ungenauigkeiten hinsichtlich der Herkunft des Angreifers habe ich bei den später folgenden Zitaten der Quellen berücksichtigt.

Den einzelnen Zitaten sind in vielen Fällen Kennungen beigefügt, anhand der Sie ablesen können, auf welche Art von Angreifer bzw. Krieg sich die jeweilige Quelle mit dem aktuellen Zitat bezieht. Ist keine Kennung beigefügt, so ist der weitere Kontext nicht ganz klar.

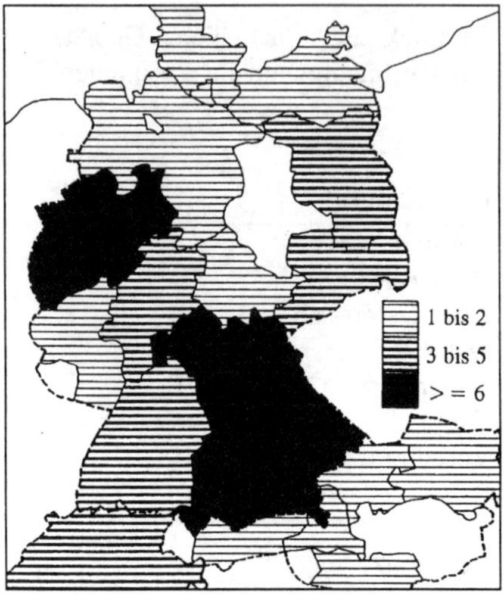

Bild 6: Russen

Bild 7: Osten

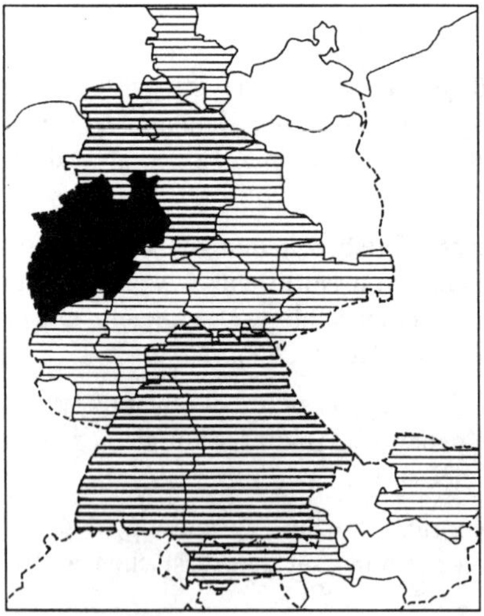

Bild 8: Sonstige

Bedeutung der Kennungen:

(3a) = **definitiv Dritter Weltkrieg**
- ein russischer Angriff - oder
- ein Blitzkrieg aus dem Osten durch *"Rote"*, der nicht lange dauert - oder
- Kämpfe, die sich von Köln nach Westfalen hinziehen - oder
- Könige und/oder eine starke religiöse Rückbesinnung nach einem Krieg

(3b) = **definitiv Dritter Weltkrieg**
- ein dritter großer Krieg (im 20. Jahrhundert, Rußland nicht erwähnt) - oder
- ein Krieg, der mit einer dreitägigen Finsternis endet

(w) = **wahrscheinlich Dritter Weltkrieg**
- Angriff (von Völkern) aus dem Osten oder auch Norden

(u) = unsicher oder nicht Dritter Weltkrieg
- Angriff islamischer oder arabischer Kräfte

Nicht berücksichtigt sind hier Angaben, die sich eindeutig einem Krieg *nach* dem Dritten Weltkrieg zuweisen lassen. In der Hauptsache handelt es sich hierbei um einen Krieg im Zusammenhang mit dem Auftauchen des *Antichristen.* Manche Quellen differenzieren ganz klar zwischen einem Dritten und Vierten Weltkrieg.

Weitere Angaben zu den einzelnen Quellen finden Sie im *"Kleinen Lexikon der Seher, Propheten und Medien"* im hinteren Teil des Buches. Hier finden Sie auch weitere Informationen, die Ihnen Anhaltspunkte für die Glaubwürdigkeit einzelner Quellen bieten.

Der Originalwortlaut einer Quelle wird *kursiv* gedruckt und mit den normalen Anführungszeichen für die direkte Rede gekennzeichnet: ".........".

Handelt es sich um die indirekte Wiedergabe durch einen Autor, so wird das entsprechende Zitat wie folgt gekennzeichnet: >"......."<.

Bei Alois Irlmaier kann eine entsprechende Kennung folgendermaßen aussehen:

***Irlmaier,** 1959 (3a): >"..............."<*

Das bedeutet dann, daß ...

1. die folgende Vorhersage (exakt, ungefähr oder spätestens) aus dem Jahre 1959 stammt,
2. sich auf den Dritten Weltkrieg, bzw. den russischen Angriff bezieht,
3. und die indirekte Wiedergabe durch einen anderen Autor ist.

Am Ende oder Anfang eines jeden Zitates findet sich eine Kennung, die z. B. folgendermaßen aussehen kann:

..."(1/203)

Die erste Ziffer ist die Code-Nummer für das Buch, aus dem das Zitat stammt. Entsprechende Einträge finden Sie auch in den zahlreichen Tabellen. Die zweite Ziffer ist die Seitenzahl.

Wie Sie auf der linken Seite sehen konnten, ergeben sich hier unabhängig von der genauen Bezeichnung des Angreifers im Wesentlichen zwei Schwerpunkte für Kampfhandlungen im deutschsprachigen Raum:

1. Nordrhein-Westfalen und Rheingebiete
2. Bayern und Österreich

In den nächsten zwei Kapiteln werden die Vorhersagen zu diesen beiden Schwerpunkten untersucht.

Nordrhein-Westfalen und die Rheingebiete

Am Rande des Ruhrgebietes soll es beim Rückzug des Ostens zu den schwersten Kämpfen des Dritten Weltkrieges kommen. Kurz zuvor soll es südlich davon, also rheinaufwärts, ebenfalls zu heftigen Kämpfen kommen. Die südlichste Ortsangabe im Zusammenhang mit Kämpfen in unmittelbarer Rheinnähe bezieht sich auf Straßburg.

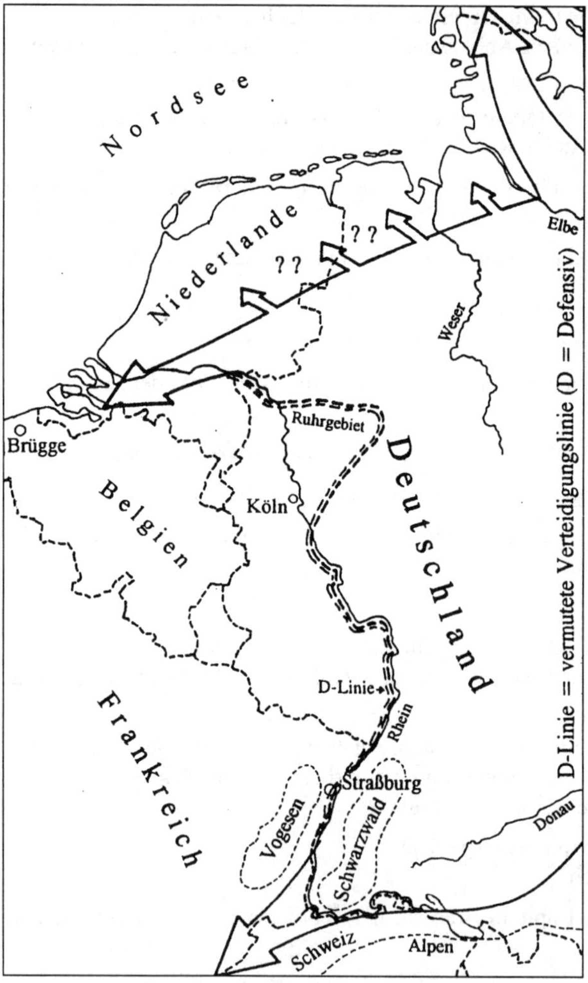

Bild 9: Östlicher Vorstoß im Westen

Die Präsenz östlicher Truppen wäre aber noch weiter südlich, bis kurz vor Lyon, in Betracht zu ziehen. Auf Grund der gegenwärtigen Quellenbasis scheint es sehr wahrscheinlich bis sicher, daß große Gebiete westlich des Rheins nicht besetzt werden.

Nördlich des Ruhrgebietes sollen die östlichen Truppen in Holland einfallen, teilweise auch nach Belgien.

Diese Truppen sollen schnell wieder zurückgeworfen werden.

Auf ihrem Rückzug, etwa zwischen Essen und Münster käme es dann zu den ersten sehr heftigen Kämpfen, welche sich etwa bis Hamm in Westfalen hinziehen.

Anhand der Analyse der Vorhersagen zu diesem Teilszenario werde ich nicht nur versuchen zu klären, was wo mit welcher Wahrscheinlichkeit eintreten soll - könnte - (wird?), sondern ich werde auch die hier angewandte Untersuchungsmethode darstellen.

Der Auswertungsvorgang zu diesem Gebiet

Zunächst einmal muß ermittelt werden, welche Quellen überhaupt für Vorhersagen zu diesem Gebiet in Betracht kommen. Sicherlich sind keine Hopi-Indianer-Prophezeiungen aus Nordamerika darunter. Hier geht es schließlich um europäische Details! Und sicherlich auch keine Seher aus Süditalien, denen es nicht gelungen ist, über die Alpen nach Norden zu *sehen.* In Betracht kommen also nur diejenigen Quellen, welche sich auch auf diesen Teil Europas beziehen.

In die weitere Untersuchung habe ich zunächst jede Quelle einbezogen, die irgendeine Vorhersage zu der potentiellen Zukunft eines der folgenden Staaten (bzw. deren heutigem Territorium) gemacht hat:

Deutschland, Holland, Belgien, Luxemburg, Frankreich und die Schweiz.

Jede dieser Quellen wird nun daraufhin untersucht, ob sie entsprechende Vorhersagen zu diesem Gebiet macht oder nicht.

Bei meiner derzeitigen Datenbasis kommen hier 121 von 249 Quellen in Betracht.

47 Quellen sagen Kampfhandlungen in Nordrhein-Westfalen und/oder den Rheingebieten voraus. 42 dieser Vorhersagen sehen wir uns im Anschluß noch genauer an.

Bild 10: Geografisches Eingangsraster NRW-Rheingebiete

Zunächst interessieren uns aber diejenigen Quellen, die sich auf dieses Gebiet beziehen, jedoch *keine* entsprechenden Kriegsvorhersagen beinhalten.

Im konkreten Falle handelt es sich um 74 Quellen (121 minus 47). Warum also sagen diese 74 Quellen obiges Szenario **nicht** vorher? Oder warum enthalten diese 74 Quellen keine entsprechenden Details?

Grundsätzlich gibt es da zwei Möglichkeiten:

1. Sie haben eine "Lücke" - sind also unvollständig.
2. Sie widersprechen obigem Szenario direkt oder indirekt.

Zu Punkt 1 (Lücken):

72 der obigen 74 Quellen sind sozusagen nur in diese Gruppe "gerutscht", weil das Raster eingangs sehr grob war.

1. 32 Quellen erwähnen keinerlei geographische Details innerhalb dieser Staaten - keine Ortsnamen, Gebietsbezeichnungen oder Namen von Flüssen. Wie kann man da Vorhersagen zu Schlachten in einem bestimmten Gebiet dieser Staaten erwarten?
2. 38 Quellen erwähnen zwar bestimmte geographische Details in diesem Gebiet, jedoch sind diese Gebiete am *äußersten* Rand, z. B. Paris und Marseille in Frankreich, oder der Bayrische Wald in Bayern bzw. Deutschland.
3. 2 Quellen beziehen sich zwar auf Orte und Gebiete sozusagen mitten im Geschehen, nicht aber auf das Geschehen selbst - wohl aber auf ein Ereignis, das indirekt auf das Szenario hindeutet.
   Hierbei handelt es sich um eine *Krönung im Kölner Dom* gegen Ende des Krieges, welche oft auch von denjenigen Quellen erwähnt wird, die sich auf Kampfhandlungen in diesem Gebiet beziehen.

Zieht man die 72 Quellen (von Punkt 1 bis 3) von obigen 74 ab, so bleiben noch ganze 2 Quellen übrig, die man der "vorhersagenden-Gruppe" gegenüberstellen kann. Da bei diesen zwei Quellen aber keine besonders hohe Glaubwürdigkeit vorliegt, erübrigt sich eine weitere Darstellung der Untersuchung dieser beiden Quellen.

Zu Punkt 2 (Widerspruch):

Diese zwei letzten Quellen könnten allerhöchstens dann als Gegengewicht eine Rolle spielen, wenn sie eine besonders hohe Glaubwürdigkeit hätten. Das ist in diesem Falle (Karmohaksis und Rocco) nicht der Fall.

In den zu untersuchenden 74 Quellen ist also kein Szenario auszumachen, das dem Gesamtbild der obigen 47 widerspricht oder es ernsthaft in Frage stellt.

Die obigen vier Teilgruppen und die Anzahl der in ihnen enthaltenen Quellen basieren auf meiner gegenwärtigen Datenbasis und dem gegenwärtigen Stand der Analyse.

Doch auch bei einer Erweiterung meiner Datenbasis und einer Verfeinerung des Auswertungsvorganges rechne ich mit keinen nennenswerten Veränderungen. Vereinzelt mag noch eine Quelle von der Gruppe A zur Gruppe B wandern - aber am Gesamtbild wird sich sehr wahrscheinlich nichts mehr ändern.

So wie in diesem Falle, so existiert in den allermeisten Fällen innerhalb meiner Datenbasis kein ernstzunehmendes alternatives Szenario.

Bliebe als (vermutlich) letzte potentielle "Fehlerquelle" die Möglichkeit, daß hier durchweg von anderen Quellen "abgeschrieben" wurde. Wer weiß? Vielleicht ist ja nur eine einzige dieser Quellen das eigentliche Original?

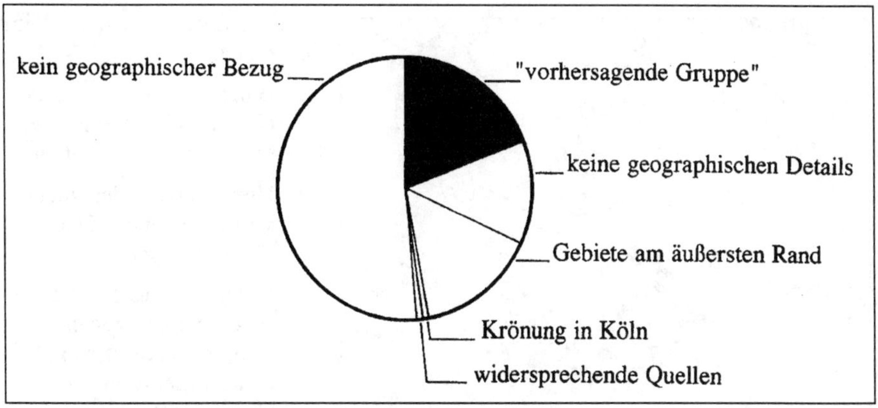

Bild 11: Inhaltliche Gruppierung am Beispiel NRW-Rheingebiete

Dagegen spricht zunächst die Tatsache, daß sich - wie wir im Anschluß sehen werden - nicht wenige dieser Quellen nur auf *Teile* dieses Szenarios beziehen. Erst im Gesamtüberblick auf einer Karte fügen sich die Dinge zusammen.

Auf der folgenden Karte (Bild 12) sind die geographischen Lagen der Herkunftsorte der Quellen eingetragen, die Kampfhandlungen für Nordrhein-Westfalen und das Rheingebiet vorhersagen. Wie man dort sehen kann, sind die Quellen räumlich relativ weit gestreut.

Auch hier ergibt sich soweit kein offensichtlicher Anhaltspunkt für Nachahmungen bzw. Fälschungen.

Eine Häufung von Vorhersagen aus dem betroffenen Gebiet selbst liegt natürlich nahe.

Kämen nahezu *alle* Quellen aus dem gleichen Dorf oder Landstrich - OK. Aber bei nicht wenigen Quellen werden hier Staats- und Sprachgrenzen überschritten. Auch sind in dieser Gruppe, wie bereits erwähnt, sehr viele Quellen mit einer sehr hohen Glaubwürdigkeit vertreten.

Und als letztes Argument dieses spezifische Szenario: Eine solche massive Konzentration von Kämpfen im Zusammenhang mit einem Angriff Rußlands bzw. von "Völkern aus dem Osten" findet sich in dieser Form für *kein anderes Gebiet in ganz Deutschland und ganz Europa!*

Somit wäre der Analysevorgang zu den Kämpfen im Westen Deutschlands skizziert.

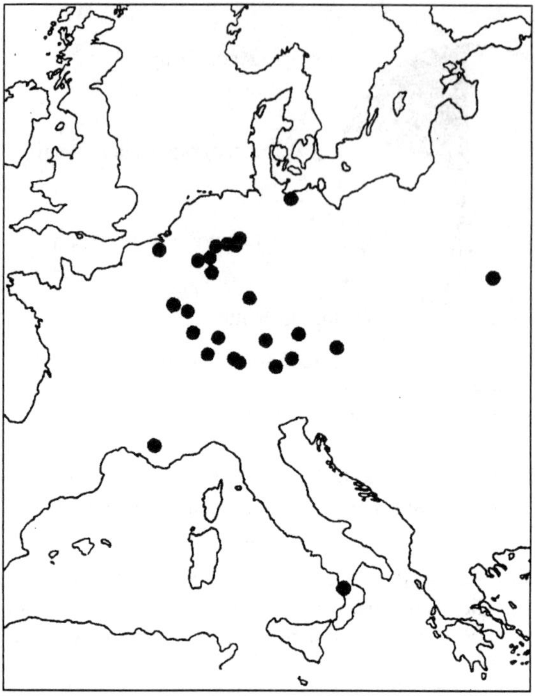

Bild 12: NRW-Rheingebiete, Lage der Herkunftsorte

Die Schritte noch einmal im einzelnen:

1. Eingrenzung aller Quellen über das Gebiet einer bestimmten Staatengruppe
2. Untersuchung der "nicht-vorhersagenden" Quellen ("Anti-Gruppe")
3. Untersuchung der Wahrscheinlichkeit gegenseitiger Beeinflussung bei den "vorhersagenden" Quellen ("Pro-Gruppe")
4. Vergleich mit Vorhersagen zu anderen Gebieten

Selbstverständlich kann man diese Untersuchungsmethode (und andere Untersuchungsansätze in diesem Buch) noch verbessern und verfeinern. Den Prophezeiungen nach hätten wir dafür aber nicht mehr allzuviel Zeit. Insbesondere auch deshalb ist es meiner Ansicht nach absolut gerechtfertigt, die Dinge bereits jetzt und in dieser unvollendeten Form zu veröffentlichen.

Sehen wir uns also an, was die Seher, Prophezeiungen und Medien im Detail an Kriegsereignissen vorhersagen.

Nutzen Sie hierbei auch die Hintergrundinformationen zu den einzelnen Quellen im "Kleinen Lexikon der Seher, Propheten und Medien" im hinteren Teil des Buches.

Der Überfall auf Deutschland

Irlmaier, *1950 (3a): "Massierte Truppenverbände marschieren in Belgrad von Osten herein und rücken nach Italien vor. Gleich darauf stoßen drei gepanzerte Keile nördlich der Donau blitzartig über Westdeutschland in Richtung Rhein vor - ohne Vorwarnung. Das wird so unvermutet passieren, daß die Bevölkerung in wilder Panik nach Westen flieht." (8/60)*

"Es geht über Nacht los. Es geht in drei großen Linien westwärts. Der unterste Heerwurm kommt über den Wald (Bayrischer-, Anm. B.) daher, zieht dann aber nordwestlich der Donau, um in gleicher Richtung wie die zwei anderen Heeressäulen dem Rhein zuzustreben." (8/58)

"Über die Donau geht der Feind nicht, sondern biegt nach Nordwesten ab; (das war der erste Stoß, Anm. B.) ... Der zweite Stoß kommt über Sachsen westwärts gegen das Ruhrgebiet zu, genau wie der dritte Heerwurm, der von Nordosten westwärts geht über Berlin." (12/141)

"An einem Tag, so meinte er, würden die Russen bis in das Ruhrgebiet vorstoßen." (41/186)

Oben war die Rede davon, daß die Russen, nachdem sie durch den Bayrischen Wald gestoßen sind, *nordwestlich der Donau* ziehen und zum Rhein streben. Aus Irlmaiers Blickwinkel (Südostbayern) ist dies (auch entsprechend anderer Quellen) grundsätzlich richtig.

Nur westlich von Regensburg wäre anderen Quellen nach damit zu rechnen, daß ein bedeutender Teil der östlichen Armee zum Oberrhein strebt. Also Richtung Rhein aber *Süd*westen, Richtung französische-schweizer Grenze.

Mühlhiasl, *1825 (3a): „Über den Hühnerkobel, über den Falkenstein und über den Rachel werden sie kommen ..." (7/313)*

„Die Rotjankerl werden auf den neuen Straßen hereinkommen. Aber über die Donau kommen sie nicht - So viel Feuer und so viel Eisen hat noch kein Mensch gesehen - Alles wird dann durcheinander sein. ... Aber das wird nicht lange dauern." (7/319)

Der Einmarsch aus Böhmen in den Bayrischen Wald. An anderer Stelle erklärt Mühlhiasl, daß es zwar *Rote* sind, sie jedoch keine roten Uniformen tragen. Auf die Donau, als Begrenzung nach Süden, kommen wir noch zurück.

Stockert, *1950 (3a): "Diese Panzer werden von Osten kommen und mit großer Schnelligkeit gegen Westen fahren ... In drei Zügen ziehen sie nach Westen, an der Nordsee, nach Mitteldeutschland und im Süden entlang der Alpen, soweit ich mich noch erinnern kann. ... Die Panzerzüge der Russen werden bis zum Rhein kommen."(12/220)*

Erna Stieglitz, *1975 (3a): "Gegen Ende Juli stoßen die sowjetischen Angriffskeile blitzartig gegen Westeuropa vor." (12/235)*

"Der Mittelangriff gegen Westeuropa erfolgt in drei gewaltigen Stoßkeilen. Der erste wird aus dem Raum Stettin-Berlin nach Lübeck, Hamburg und in die Niederlande vorstoßen, der zweite aus dem Raum Sachsen und Dresden ins Ruhrgebiet. Der dritte Stoßkeil wird aus Böhmen nach Bayern hereinbrechen und zum Oberrhein streben." (12/235)

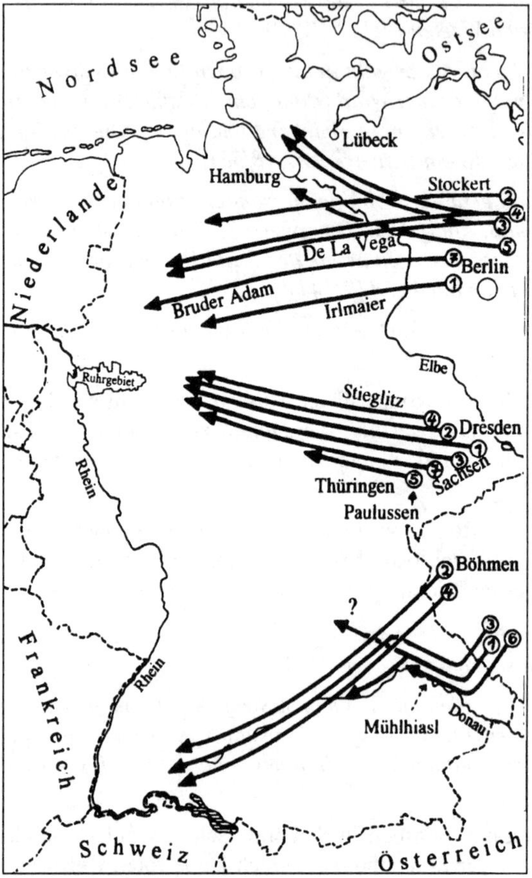

Bild 13: Die unterschiedlichen Quellen zu den drei Angriffskeilen

Garcilaso de la Vega, *1982 (3a): "Die 3 Panzerspitzen - Der gespleißte und gespaltene Pfeil, der gerade durchstoßende Pfeil, der scheinbar gebrochene Pfeil." (16/214)* Diese Angabe entspricht den anderen Quellen.

Der gespleißte Pfeil: über Nordostdeutschland Richtung nord- und ostfriesische Küste, bzw. Dänemark und Holland. Die Spaltung ergibt sich aus der sehr breiten Elbmündung.

Der gerade durchgestoßene Pfeil: Gerader Ost-West-Durchstoß Richtung Ruhrgebiet aus dem sächsischen Raum.

Der scheinbar gebrochene Pfeil: Richtungsänderung im Süden, "Aussparung" von Gebieten südlich der Donau. *Scheinbar gebrochen* kann eigentlich nur bedeuten, daß die Truppen ihre Richtung *ändern*, nicht aber, daß der Angriff zum Stehen kommt.

Hier war immer wieder von drei Angriffskeilen die Rede. Im Zweiten Weltkrieg gab es eine Offensive, die sich damit vergleichen läßt: Die Ardennenoffensive der Deutschen in Belgien, kurz vor Ende des Krieges.

Das strategische Konzept einer solchen Offensive besteht darin, den Gegner in zwei Blöcke aufzuspalten (A), so daß diese beiden Hälften auf sich alleine gestellt sind und sich für sie offene Flanken (B) ergeben. Gleichzeitig mit dem Angriff wird der Nachschub des Gegners unterbrochen oder zumindest erschwert. Besonders vielversprechend ist ein solcher Angriff dann, wenn der Gegner eine Küste im Rücken hat.

Angreifer = schwarz / Verteidiger = schraffiert

Bild 14: Schematische Darstellung: Durchbruch und offene Flanken

Bruder Adam, *1949 (3a): "Gleichzeitig werden Teile des russischen Heeres durch Westpreußen, Sachsen und Thüringen zum Niederrhein vorstoßen, um schließlich von Calais aus die Kanalküste zu beherrschen." (8/218)*

(*"um ... die Kanalküste zu beherrschen."* Hier wird letztlich nicht klar, ob nur eine *Absicht* oder ein tatsächliches Ereignis gemeint ist.)

Paulussen, *Juni 1989 (3a) "Es wird ein Gesamtdeutschland geben. Man geht praktisch durch das Land, das von Russen besetzt war, durch. Man marschiert durch Erfurt durch und besetzt den Teil Deutschlands, den man jetzt als BRD bezeichnet." (44/114)*

"Die Russen kommen. Es gibt zwei Einmarschpunkte in Deutschland. Oben im hessischen und im Kasseler Raum. Einen weiteren Einmarschpunkt gibt es von der Tschechoslowakei. Die Punkte sind schon fixiert." (44/115)

Dieser obere Einmarschpunkt wurde von der US-Army mit *"The Fulda-Gap"* (die Fulda-Lücke) bezeichnet. Die strategische Bedeutung dieses Gebietes ist bekannt. Als sich die US-Army im Frühjahr 1994 aus dieser Region zurückzog, wurde darüber im Fernsehen berichtet. In dem Bericht tauchte dann auch eine Karte auf, die darstellte, wie der Westen sich einen russischen Angriff an diesem Punkt vorgestellt hatte.

*"Ein Heereszug kommt über Berlin und geht in nordwestlicher Richtung auf das Wasser zu und wird die Häfen mit großen Verlusten unter der Bevölkerung besetzen. Ein zweites Heer kommt über Thüringen und zieht durch dies Eisen- und Kohlegebiet weiter in südliche Richtung ..." (44/150) (*Richtung Frankreich*).*

Im Hinblick auf die anderen Quellen scheint es aber sehr unwahrscheinlich, daß die Truppen wirklich *durch* das sehr dicht bebaute Ruhrgebiet ziehen. Wenn, dann wohl eher (dicht) daran vorbei. Im Ausgangs- und Zielpunkt deckt er sich hier mit anderen. Dazwischen sind die Angaben etwas unklar.

... bis zum Rhein

Hepidannus von St.Gallen, *1081 (w) "Zwischen dem Rhein und der Elbe und dem morgenwärtsfließenden [nach Osten fließenden; AG] Strome Donau wird ein weites Leichenfeld sich ausdehnen, eine Landschaft der Raben und Geier." (41/90)*

(Damals gab es in Deutschland noch Geier...)

Testament des fliehenden Papstes, *1701 (w): "In Ost und West wird ein großes Ringen sein und viele Menschen vernichten. .. Hungersnot, Seuchen und Pest werden mehr Opfer fordern als der Krieg. .. Das Volk des Siebengestirnes wird in das Ringen eingreifen und dem bärtigen Volke in den Rücken fallen und sich von der Mitte abwenden. Der ganze Niederrhein wird erzittern und erbeben; er wird aber nicht untergehen." (7/297)*

Der potentielle Bezug zum Dritten Weltkrieg ergibt sich in diesem Ausschnitt u.a. durch die Angabe zu *Ost und West, der Hungersnot und den Seuchen.* Fraglich ist, ob hier Erdbeben oder Kämpfe oder beides gemeint ist. Sowohl Erdbeben als auch Kämpfe werden oft (etwa zeitgleich) für dieses Gebiet vorhergesagt.

Das *"bärtige Volk"* ist ein klarer Hinweis auf Rußland. Bis 1698 hatte jeder russische Mann einen langen Bart. Das war einzigartig in ganz Europa. Doch dann kam Zar Peter der Große nach einer langen Reise aus Westeuropa zurück und ordnete an, die Bärte abzuschneiden. Diese Prophezeiung soll im Jahre 1701 aufgetaucht sein und könnte demnach aus der Zeit stammen, als die Russen für ihre Bärte bekannt waren..

Interessant ist hier auch, daß das "Volk des Siebengestirns" offenbar erst später in die Kämpfe eingreift und dem bärtigen Volke in den Rücken fällt. Das wäre die Eröffnung einer zweiten Front! ... und deckt sich mit den Angaben anderer Quellen zum Angriff Chinas auf Rußland. China wird auch als „Land der Mitte“ bezeichnet (*... von der Mitte abwenden*).

Mönch von Werl, *1701 (w): "Auf der einen Seite werden alle Völker des Westens, auf der andern alle des Ostens stehen. ... Lange wird man mit unentschiedenem Glücke kämpfen, bis man endlich in die Gegend des Rheines kommt. Dort wird* *man kämpfen drei Tage lang, so, daß das Wasser des Rheines rot gefärbt sein wird, bis es bald nachher zur Schlacht am Birkenbäumchen kommt." (15/79)*

"Lange wird man mit unentschiedenem Glücke kämpfen ..." Obwohl hier von langen Kämpfen die Rede ist, ist kaum klar, *wie* lange diese dauern. Aus der Perspektive des 18. Jahrhunderts betrachtet wären Kampfhandlungen, die sich kontinuierlich und ohne Unterbrechung über mehrere Wochen hin erstrecken, durchaus als lang zu bezeichnen. *Lang* muß also keinesfalls zwingend *mehrere Jahre* bedeuten.

Der *Birkenbaum* (*-bäumchen*) dient bei mehreren deutschen Quellen als Ortsangabe für eine große Schlacht, bzw. eine Entscheidungsschlacht oder Endschlacht. Den Quellen nach wäre dieser Birkenbaum in Westfalen zu suchen. Bei Mühlhiasl aus dem Bayrischen Wald ist vom *Kalten Baum* die Rede. Birken haben im Gegensatz zu anderen Bäumen eine verhältnismäßig glatte Rinde. Diese fühlt sich tatsächlich kühl an. Sicherlich ist es auch kein Zufall, daß es gerade ein *weißer Baum* ist, an dem der *christliche Westen* siegt (bzw. siegen soll). Vermutlich stammt dieses Bild sogar noch aus vorchristlicher Zeit.

Auch das Detail, daß die Schlacht am Birkenbaum in Westfalen erst *nach* den Kämpfen am Rhein stattfindet, deckt sich mit anderen Quellen. Das würde bedeuten, daß der Osten in der Angriffsphase Westfalen ohne größere Schlachten durchqueren kann.

***Thies** (1618, Druckschrift, Stadtarchiv Hannover):* Dieser Seher beschreibt einen Krieg, den nichtdeutsche Völker vom Zaune brechen. Hierbei sollen sich Kampftruppen von Osten der Stadt Hannover nähern, und Hannover selbst soll als Steinklumpen enden. Verwechslungen mit dem Zweiten Weltkrieg oder früheren Kriegen sind ausgeschlossen, da Hannover bisher nur im Zweiten Weltkrieg entsprechend zerstört wurde - dort aber kamen die Truppen von Westen.

Der Seher sagt, daß die Truppen urplötzlich in Burgdorf bei Hannover auftauchen. (*... daß man kaum denken kann.*) Ein Indiz für motorisierte Truppenverbände, und somit ein Hinweis auf einen modernen Krieg.

***Prophetische Sage über Koblenz,** um 1700 (w): "Wehe! Wehe! Wo Rhein und Mosel zusammenfließen, wird gegen Türken und Baschkiren eine Schlacht geschlagen werden, so blutig, daß der Rhein bis auf fünfundzwanzig Stunden Wegs rot gefärbt sein wird." (5/97)*

Noch heute gibt es eine baschkirische Teilrepublik in Rußland, ca. 1000 km östlich von Moskau. Hier findet sich also ein deutlicher Hinweis auf Rußland. Auf diese "Türken" werden wir noch zurückkommen.

***Buch des Marienthaler Klosters,** 1749 (3a): "Es werden nicht nur sterben viele Krieger auf und unter den Wällen, sondern auch viele Kinder und Greise und Frauen überall, wo der Atem des großen Krieges weht. Der Atem wird unrein sein und die Nacht bedeuten, aber auch wieder den Tag nach einer langen Nacht. ..." (41/246)*

Im Ersten Weltkrieg wurde kein Giftgas gegen Zivilisten eingesetzt. Im Zweiten Weltkrieg in Europa überhaupt keines. Der *"unreine Atem"*, der *"die Nacht bedeutet"* aber auch *"den Tag nach einer **langen Nacht**"* deutet ziemlich deutlich hin auf die Dreitägige Finsternis - und damit auf den Dritten Weltkrieg. Eine Verdunklung des Himmels infolge von *nur* Giftgas kann man wohl ausschließen; ebenso wie Fallout von Atombomben. Denn hier fehlen die sonstigen Details von Atombombenexplosionen.

"Viele Städte und Dörfer links und rechts des strömenden Wassers werden jedoch verschont bleiben, wie sie schon öfters verschont geblieben sind in schweren Zeiten und Schrecken des Krieges. Den Hauptschlag werden Städte und Dörfer und ganze Länder jenseits des fließenden Wassers treffen, und alle Hauptstädte werden dort versinken in Nebel und Trümmern und Asche. Die Schrecken des großen Krieges werden nicht mehr in Gallia sein, sondern über dem großen Strom ..." (41/246)

Diese Angaben werden verständlich, sieht man auf die Karte:

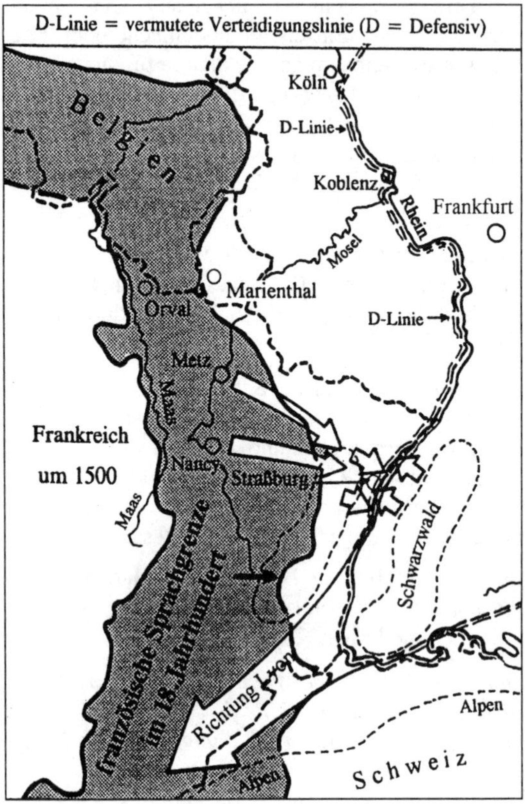

Bild 15: Nordost-Frankreich / „Gallien“

Marienthal liegt westlich des Rheins. Daß der Rhein gemeint ist, wird aus den *Hauptstädten jenseits* des Stromes deutlich. Die liegen alle im Osten. Der Rhein trennt hier den Westen vom Osten.

Gallia darf man nicht automatisch mit dem heutigen Staat Frankreich gleichsetzen. Vielmehr wird hier Frankreich in der Ausdehnung zur Zeit der Vorhersage (spätestens 1749) gemeint sein.

Diese Prophezeiung wurde 1749 erstmalig veröffentlicht - und zwar in spätmittelalterlicher Versform. Im Jahre 1660 z. B. gehörten das Elsaß, Lothringen und

Burgund noch nicht zu Frankreich. Wenigen Quellen nach wäre im südlichen Elsaß bis hinunter nach Lyon noch mit Kämpfen zu rechnen.

"Glücklich werden diejenigen sein, welche den großen Wald erreichen, denn hinter ihm ist der Friede, vor ihm aber der Krieg bei Tag und bei Nacht. Es werden Kämpfe sein hüben und drüben und in der Luft und in der Erde und ganze Städte jenseits und diesseits des fließenden Wassers werden ohne Menschen sein, die da fortziehen aus der Zone des Todes." (41/246)

Da hier offensichtlich von Kampfhandlungen westlich des Rheins die Rede ist - vermutlich nur Artilleriebeschuß -, dürfte es sich bei dem großen Wald um die Vogesen handeln. *Krieg bei Nacht* deutet hin auf einen modernen Krieg.

***Prophezeiung vom Kloster Orval** (16. Jh.): "Der große Strom führt sein von Blut gerötetes Wasser ins Meer." (7/228)*

Hier könnte die Maas oder der Rhein gemeint sein. Siehe Karte. Der Rhein ist natürlich eindeutig der größere von beiden Flüssen.

***Kapuziner Pater,** 1762 (w): "Ein schwerer Krieg wird im Süden entbrennen, sich nach Osten und Norden verbreiten. Wilde Scharen werden Deutschland überschwemmen und bis an den Rhein kommen." (5/98) (*Süden = *Nahen Osten?)*

***Stockert,** 1950 (3a): "Die Panzerzüge der Russen werden bis zum Rhein kommen." (12/220)*

***Bruder Adam,** 1949 (3a): "... während der von Gott bestimmte große Monarch die im Norden am Niederrhein stehende Armee angreifen und mit modernsten Waffen, wie sie kein anderer Staat besitzt, niederkämpfen wird." (8/219)*

Sicherlich ist uns noch ein Großteil der militärtechnischen Entwicklungen seit Ende des Zweiten Weltkrieges unbekannt. Überraschungen aus dieser Richtung dürften so sicher sein wie das Amen in der Kirche. Es versteht sich von selbst, daß die Großmächte bisher in den vielen kleinen Stellvertreterkriegen nicht alle Trümpfe ausgespielt haben. Neue, bisher unbekannte Waffen dürften eine herausragende, vermutlich sogar kriegsentscheidende Rolle spielen.

Im Prinzip ist das nichts Neues. So basierte die von Deutschland erfundene und im Zweiten Weltkrieg erstmalig angewandte Blitzkrieg-Strategie auf der Vollmotorisierung von Bodentruppen. So konnte Frankreich in wenigen Wochen überrollt werden.

Auf der anderen Seite kürzten die USA den Pazifik-Krieg durch die Atombomben auf Japan ab.

Schlachten oder ganze Kriege wurden in der Geschichte schon oft durch neue Waffen oder Kampftechniken entschieden.

***Irlmaier,** 1950 (3a): "Rechts vom Rhein ist alles kaputt." (41/186)*

***Elena Aiello,** 1959 (3a), Süditalien: "Und wenn die Menschen ... nicht zu Gott zurückkehren wollen, wird ein weiterer Krieg kommen von Ost nach West, und*

Rußland wird mit seinen Waffen gegen Amerika kämpfen und Europa überrollen, und vor allem der Rhein wird voll Leichen sein." (4/180)

Man beachte - sogar eine Seherin aus Süditalien hebt die Ereignisse am Rhein hervor.

Biernacki, *1984 (3a): "Den nächsten Schlag wird die Rote Armee gegen Westdeutschland führen, genau bis zur Grenze nach Frankreich. Am Ende ihres Vorstoßes wird sie drei Viertel westdeutschen Gebietes besetzt haben. Die Rote Armee wird in ihren Angriffen von der tschechoslowakischen Armee unterstützt." (8/284)*

Gerade Tschechien wäre sehr unwahrscheinlich, da es derzeit besonders westlich orientiert ist!

Anna, *Deutschland, 28. 2. 1990 (3a): "Wenn der Osten aufbricht, bleibt alle im Westen des großen Flusses, so ihr dies könnt. Dann aber über Nacht wird durch Urgewalt gestoppt das Heer der Eindringlinge."*

(Also auch noch heute werden die dortigen Ereignisse "gesehen". *"Stern der Erleuchtung Nr. 3"*, S. 15, H. J. Andersen Verlag)

Rheinland

Benediktiner von Maria Laach, *16. Jh. (3b): "Das zwanzigste Jahrhundert wird Tod und Verderben bringen. ... Es wird das Jahrhundert von drei großen Kriegen, die in Abständen von Jahrzehnten immer verheerender und blutiger werden und nicht nur das Rheinland, sondern zum Schluß alle Grenzländer in Ost und West in Trümmern legen.*

Nach einer schrecklichen Niederlage Germaniens folgt bald der nächste große Krieg. ... Giftige Wolken, von Menschenhand gemacht, senken sich, alles vernichtend, herab." (8/79)

Hier bestätigt sich noch einmal das Detail aus dem Marienthaler Klosterbuch: *Nach* einer Niederlage Deutschlands, wird in großem Umfang Giftgas eingesetzt. Folglich kann hier nicht der Erste Weltkrieg gemeint sein - und im Zweiten Weltkrieg wurde, wie gesagt, kein Giftgas eingesetzt. Abgesehen davon ist oben eindeutig von drei! großen Kriegen die Rede.

Den Quellen nach wäre also im Dritten Weltkrieg zumindest gebietsweise mit Giftgaseinsätzen zu rechnen.

Spielbähn, *Siegburg, Rheinland, 1783 (3a): "Es wird Gift regnen auf das Feld, wodurch ein großer Hunger ins Land kommt, also daß viele Tausende über dem Gewässer eine bessere Heimat suchen." (7/293)*

Mit *"das Feld"* dürften Gebiete nahe seiner Heimat gemeint sein. Was mit *"dem Gewässer"* gemeint ist, ist unklar. Etwa der Rhein? Die zeitliche Einordnung dieser Textstelle ist nicht ganz klar. Möglicherweise bezieht sie sich nicht auf das Szenario Dritter Weltkrieg.

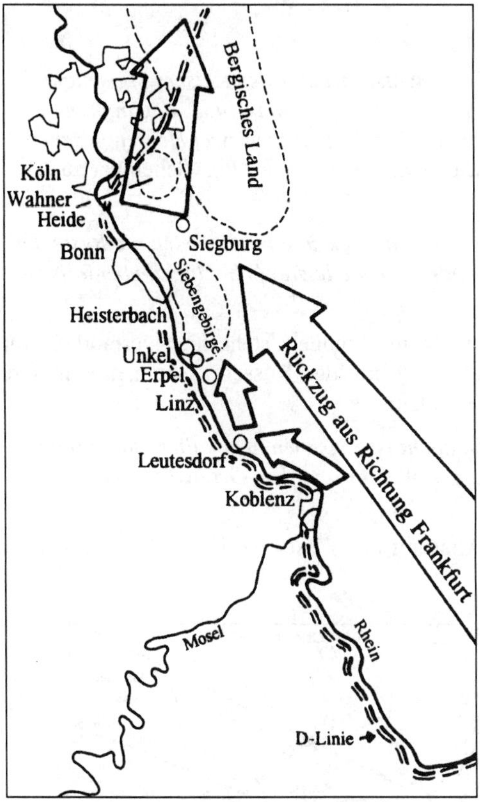

Bild 16: Östlicher Rückzug im Rheinland

"Die Fremden haben den schwarzen Tod mit ins Land gebracht. Was das Schwert verschont, wird die Pest fressen. Das Bergische Land wird menschenleer sein und die Äcker herrenlos. Als daß man ungestört von der Sieg bis zu den Bergen wird pflügen können." (7/295)

Einsiedler Antonius, *1820, (3a): "In einer abermaligen Schlacht bei Frankfurt wurden die Preußen wieder geschlagen. Sie zogen sich bis Siegburg zurück, wo sie zum russischen Heere stießen. Die Schlacht bei Siegburg war etwas noch nie Dagewesenes an Schrecklichkeit. Ähnliches wird nie mehr gesehen werden. Nach einigen Tagen zogen sich die Preußen und Russen zurück und gingen eineinhalb Meilen unterhalb Bonn auf das linke Rheinufer. Stetig vom Feind bedrängt, zogen sie sich nach Köln zurück. Die Stadt wurde beschossen, nur ein Viertel der Stadt blieb unversehrt. .." (15/99)*

Knopp, *1794 (3a): "Kriegsvolk wird den Rhein besetzen. ... Und es wird ein Krieg sein, wie vordem nicht erlebt worden, aber er wird nicht lange dauern. ... Es wird hart hergehen, besonders bei Koblenz. Von Leutesdorf bis Unkel wird es noch leidlich sein, wiewo es auch hier hart hergeht." (7/305)*

"Die Linzer werden viel leiden und viele alles verlassen und im Gebüsch wohnen, müssen aber dabei noch Gott danken. Aber bei Unkel und vom Siebengebirge an wird das Blut in Strömen fließen." (7/305)

Kugelbeer, *1922 (3a): "Die Rheinlande werden zerstört, mehr durch Flugzeuge, als durch Heere." (15/100)*

Pfarrer von Baden, *1923 (3a): "Es werden dann schwere Kämpfe mit den Franzosen am Niederrhein stattfinden, wobei auch Köln schwer heimgesucht wird." (12/208)*
(Frankreich kämpft auf westlicher Seite gegen östliche Verbände.)

Westfalen - Ruhrgebiet

Eberhard Windecke, *1431: >"... der Geschichtsschreiber des Kaisers Sigismund (Kaiser des Hl. Römischen Reiches, starb 1437) berichtete 1431, daß man in Westfalen eine Vision einer furchtbaren Schlacht zwischen zwei Heeren gesehen habe, die "zween Tag und zwo Nacht gedauert habe."< (5/96).-* Scheinbar auch hier eine überregionale Bedeutung ...

Einsiedler Antonius, *1820 (3a): "Stets auf dem Rückzuge retteten sich die Reste der preußischen Armee nach Westfalen. Dort war die letzte (!) Schlacht, ebenfalls zu ihren Ungunsten." (15/99)*

... Der Rückzug aus dem Kölner Raum. Preußen steht hier vermutlich für Ostdeutschland, da selbige dieser Quelle nach mit den Russen zusammen kämpfen. Hier ebenfalls die letzte Schlacht in Westfalen.

Mühlhiasl, *ca.1825 (3a): "Die letzte Schlacht ist zwischen dem kalten Baum (kalter Baum = Birke, Anm. B.) dem schwarzen Wasser und dem Ort, wo die Kirche verkehrt steht." (5/64)*

In Freyungen hat die Kirche den Altar auf der Westseite. Das Schwarze Wasser ist vermutlich das Schwarze Meer.

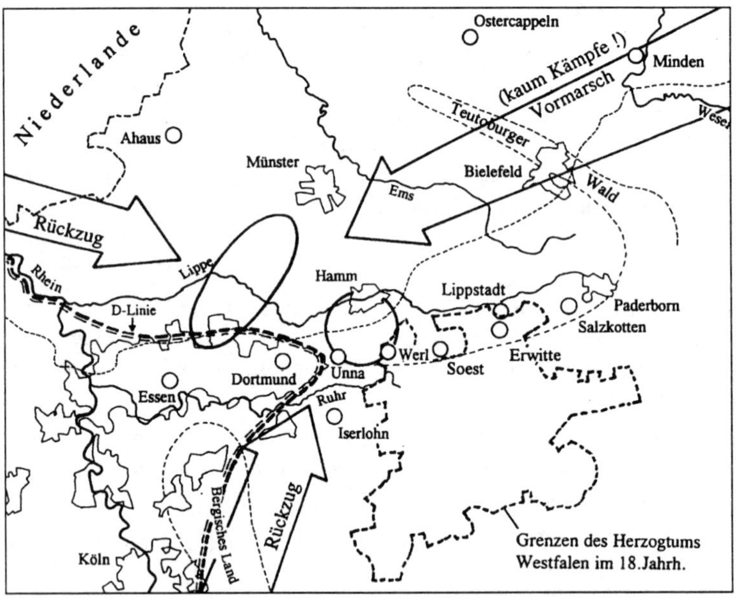

Bild 17: Kämpfe in Westfalen - Ruhrgebiet

Pfarrer von Baden, *1923 (3a): "Der Norden Deutschlands wird bolschewistisch werden. Auch Westfalen wird in die Hände der Bolschewiki fallen. ..."(8/208)*

Offenbar geht die "Bolschewisierung" von nordöstlich Westfalens aus.

Seher vom Waldviertel, *1959 (3a): "... breche der letzte Abschnitt der Apokalypse an. Das Ruhrgebiet, in dem noch mehr Menschen am Leben seien als in seiner eigenen Heimat, gleiche einer Ruinenlandschaft. Hier werden die Reste der russischen Armee aufgerieben." (12/264)*

Erna Stieglitz, *1975 (3a): "Die Verteidigungsräume heißen: Ruhrgebiet und Niederlande, sodann Bayern, die Alpen und die Schweiz sowie das südfranzösische Rhonegebiet." (12/236)*

Spormaker*, ein Chronist der Stadt Lünen in Westfalen, berichtete 1545 von einer Schlachtenvision auf der Ülzer Heide bei Unna., (5/97)*

Mönch von Werl *(1701 (w): "An einem Bache, der von Abend nach Morgen fließt, wird das Hauptmorden sein. Wehe, wehe Budberg und Söndern in diesen Tagen! Nach dem Kampfe wird der kriegerische Feldherr in der Kapelle zu Schaffhausen an der Haar eine Anrede halten." (15/80)*

Mit *Söndern* dürfte das Dorf *Sönnern* gemeint. Der Name hat sich vermutlich in 200 Jahren etwas gewandelt.

Prophezeiung vom Birkenbaum, *Fassung von 1701 (w): >"... Prophezeiung über den fürchterlichen Kampf des Südens und Nordens und über eine schreckliche Schlacht an den Grenzen des Herzogtums Westfalen in der Nähe von Bodberg. ... Es wird ein fürchterlicher Krieg kommen. Auf der einen Seite werden alle Völker des Westens, auf der anderen alle des Ostens stehen. ... Mitten in Deutschland werden sie aufeinandertreffen ... Am Birkenwäldchen nahe bei Bodberg wird dieses schreckliche Treffen beginnen." <(7/286)*

Hier findet sich in ein und demselben Text eine Trennung nach Nord-Süd und Ost-West. Süd und West sind hier gleichzusetzen, ebenso wie Nord und Ost. *Südwest* kämpft also gegen *Nordost.*

Die nicht konsequente Gewichtung der Himmelsrichtungen in früheren Zeiten zeigt sich z. B. auch in den Wörtern *Abend*-land und *Morgen*-land. *Abend* und *Morgen* entsprechen *West* und *Ost*. Fast die Hälfte des Morgenlandes aber - Nordafrika - liegt eindeutig südlich von Europa. Die Hälfte des Morgenlandes wäre genaugenommen in Wahrheit das *Mittags*land, Nordeuropa entsprechend das *Mitternachts*land.

Prophezeiung vom Birkenbaum, *mündl. Überlieferung (w): "Wehe! Wehe! Budberg und Söndern in jenen Tagen." (7/288)*

Schlinkert*, 1770: >"Am Birkenbaume werden die Armeen des Westens nach einer schrecklichen Schlacht einen blutigen Sieg über die des Ostens erringen ... welche völlig vernichtet werden. ..."< (8/78)*

Schlinkert erwähnt auch noch eine *"letzte große Schlacht auf deutschem Boden bei dem Dorf Schmerlecke am sogenannten Lusebrinke."* (8/78)

Westfälischer Volksglaube, *18. Jh: >"... Entscheidungsschlacht zwischen den Völkern des Westens und denen des Ostens auf dem Wüllner Esch bei Wüllen (Kreis Ahaus). Dabei herrscht die Überzeugung vom Sieg des Westens vor."< (5/96)*

Die ganze Gegend zwischen Ems, Lippe und Ruhr, vom Rhein bis an die Weser, wird der Schauplatz eines blutigen Kampfes werden, und fast keine Stadt, kein Dorf wird von den Schrecknissen des Krieges verschont bleiben.

Paderborn, Soest, Unna, Hamm, Dortmund, Rittberg, Minden, Münster haben Sagen und Vorgesichte von großen Bränden und blutigen Kämpfen daselbst. Bei Lippstadt, Erwitte und Salzkotten wird eine große Schlacht geschlagen. Unna wird so in Brand geraten, daß die Soldaten um die Stadt herumziehen müssen. Auch über Dortmund ist eine ähnliche alte Sage, den nordöstlichen Stadtteil betreffend, bekannt ... Der Stadt Iserlohn wurde ein schweres Unglück auf Himmelfahrt vorausgesagt." (5/98)

Volksglaube, *18. Jh.: Die große Schlacht soll auch bei Bornhöved oder auf der Kropper Heide in Holstein, bei Ostercappeln in Hannover (im* Land *Hannover bei Osnabrück, Anm. B.) ... stattfinden. (5/95)*

Elsischer Jüngling, *18. Jh., Elsen bei Paderborn (w): Dieser Seher beschrieb Kämpfe im Raum Paderborn und Salzkotten. Abschließend heißt es: "Das Kloster [Abdinghof] wird wiederhergestellt, und es wird besser sein, hier im Lande Schweinehirt zu sein, als dahinten im Preußenlande Edelmann." (7/310)*

Das erneute Aufleben eines alten Klosters deutet hin auf eine religiöse Rückbesinnung - und damit auf die Zeit *nach* dem Dritten Weltkrieg.

Emmerick, *1822 (w): "Es steigt ein Engel auf zwischen Morgen und Mittag mit einem Schwert, und er hat am Griff des Schwertes wie eine Scheide voll Blut, die er hier und da ausgießt, und er kommt bis hierher, und gießt Blut aus in Münster auf dem Domplatz." (5/100)*

(*Morgen* und *Mittag* = Ost und Süd)

Eilert, *1833 (w): "Die Schlacht wird am Birkenbaume zwischen Unna, Hamm und Werl stattfinden. Die Völker der halben Welt werden dort sich gegenüberstehen." (7/307)*

Hier hätten wir die genauste Ortsangabe zu besagtem Birkenbaum.

Kugelbeer, *1922 (3a): "Ebenso wird Münster mitgenommen." (15/100)*

Pfarrer von Baden, *1923 (3a): "Aus dem Süden wird ein aus Bayern und Österreichern gebildetes Ordnungsheer anrücken, das, anfangs klein, immer mehr Zulauf bekommen wird. Im Verein mit den rheinischen und französischen Truppen wird es die Bolschewiken, Russen und Preußen vollständig niederwerfen. Die letzte Schlacht wird zwischen Essen und Münster stattfinden." (12/208)*

Preußen **zusammen** mit Bolschewiken: Damit ist der Fall klar.

Nördlich des Ruhrgebietes Richtung Kanalküste

Nostradamus, *1556 IV; 81, Übersetzung Bouvier, (42,245)*

> *"Eine Brücke wird man machen sogleich aus Booten,*
> *Überholt (übersetzt) die Armee des großen Prinzen belgisch:*
> *In die Tiefe geht sie (gehen sie) und nicht weit von Brüssel,*
> *Hinüber setzt sie (hinübergesetzt) hackt sie die Sieben in Stücke (in Fetzen)."*

Das Schöne bei Bernand Bouvier ist, daß er Nostradamus möglichst dicht am Originalwortlaut übersetzt. Das ergibt zwar eine holprige Sprache, hat aber den Vorteil, daß man nicht durch Interpretationen des Autors bevormundet wird.

Der Schlüssel liegt hier in *"die Sieben"*, eine Bezeichnung, die Nostradamus öfters benutzt und mit der er sehr wahrscheinlich die Warschauer-Pakt-Staaten meint: (1. Rußland, 2. Polen, 3. DDR (Ostdeutschland), 4. Tschechoslowakei, 5. Ungarn, 6. Rumänien, 7. Bulgarien.)

Demnach würden hier die östlichen Truppen wieder aus Belgien über den Rhein zurückgeworfen und dort, auf der Ostseite des Rheins, vernichtend geschlagen.

Kurt Allgeier allerdings erkennt in seinem Buch bei diesem Vers keinen Zusammenhang mit dem Dritten Weltkrieg.

Westfälischer Volksglaube, *18. Jh. (w): "Ein gewaltiger Völkerzug wird kommen von Osten nach Westen. Die Soldaten werden durch Westfalen nach Holland ziehen, von wo sie geschlagen wieder zurückkommen.*

Dagegen wird sich erheben der ganze Westen und Süden. Die Heere werden zusammentreffen in der Mitte von Westfalen." (5/97)

Auch hier wieder die Schlacht erst beim Rückzug in Westfalen. Offenbar erfolgt der Vorstoß des Ostens in diesem Gebiet ohne große Gegenwehr.

Van den Dijck, *1949 (3a): "Größtes Elend" wird es auch in Flandern geben; mit Ausnahme von Brügge: "Dort wird es immer ruhig zugehen." (16/198)*

Volksglaube, *18. Jh.: Die große Schlacht soll auch ... auf dem Sint Pietersvield bei Brügge ... stattfinden. (5/95)*

Onit, *1948 (3a): "Zehn Millionen Mann werden mit 800 Panzerdivisionen von Osten gegen Westen aufbrechen und bis Calais und Italien vormarschieren." (14/187)*

Typisch für diese Quelle: Die Ortsangaben decken sich mit anderen Quellen, der Rest "riecht" nach Spinnerei. 200 Divisionen wäre realistischer.

Bruder Adam, *1949 (3a): "Gleichzeitig werden Teile des russischen Heeres durch Westpreußen, Sachsen und Thüringen zum Niederrhein vorstoßen, um schließlich von Calais aus die Kanalküste zu beherrschen." (8/218)*

Sieht so aus, als ob die Russen tatsächlich einen Großteil des Weges bis nach Calais schaffen (bzw. schaffen sollen).

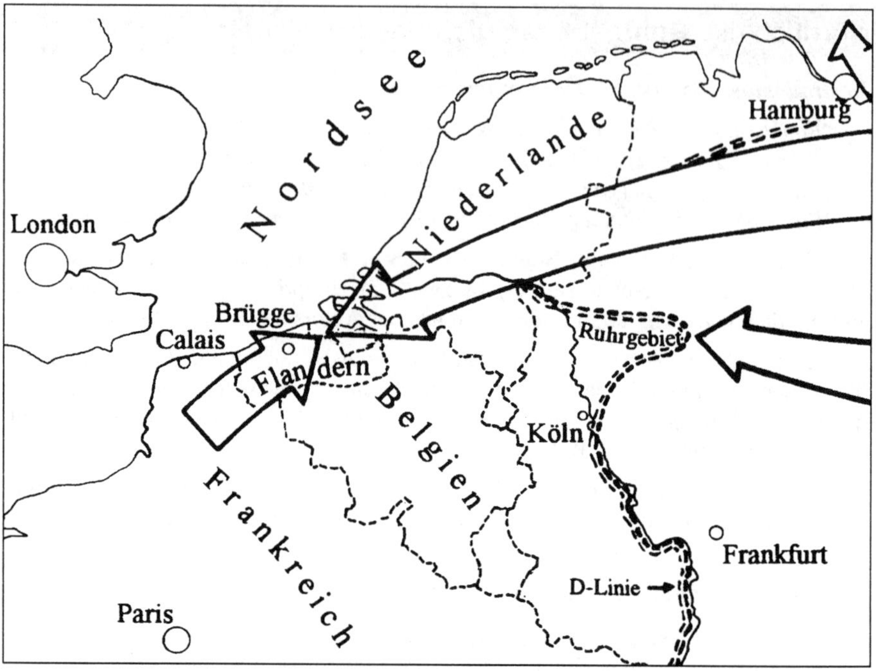

Bild 18: Östlicher Vorstoß in Richtung Kanalküste

Frontstadt Köln

Oben wurden öfters Kämpfe im Kölner Raum erwähnt. Soweit mir bekannt, gibt es in ganz Europa keine einzige Stadt, für die sich so viele Schlachtenvorhersagen finden, wie für Köln. Allerdings ergeben sich hier gewisse Unstimmigkeiten, was die Bezeichnung der angreifenden Partei anbelangt:

***Einsiedler Antonius,** 1820 (3a): "Stetig vom Feind bedrängt, zogen sie (die Russen und Preußen) sich nach Köln zurück. Die Stadt wurde beschossen, nur ein Viertel der Stadt bleibt unversehrt." (15/99)*

***Feldpostbriefe,** 1914 (3a): "Dann sagte er, daß der regierende Papst dabei sei beim Friedensschluß, er muß aber zuvor aus Italien fliehen, da er als Verräter hingestellt wird. Er kommt nach Köln, wo er nur einen Trümmerhaufen findet. Alles ist kaputt." (12/97)*

***Pfarrer von Baden,** 1923 (3a): "Es werden dann schwere Kämpfe ... am Niederrhein stattfinden, wobei auch Köln schwer heimgesucht wird." (12/208)*

***Irlmaier,** 1950 (3a): "Um Köln wird die letzte Schlacht sein." (7/413)*

***Nostradamus,** 1555, Bouvier (42/280, 340):*

*"Der große aus **Magog** um seinen großen Durst zu löschen.*
Er wird seiner großen Würde enthoben,
*Die von **Köln** werden sich lauthals beklagen,*
*Daß die große (Heeres)gruppe in den **Rhein** geworfen wird." (V/43)*

"Der große Untergang der Geweihten ist nicht mehr fern.
Provence, Neapel, Sizilien, Seez und Panza.
*In **Deutschland am Rhein** und zu **Köln**,*
*Zu Tode gequält von denen aus **Magog**." (VI/40)*

Zweimal **Köln, Rhein und Magog** bei Nostradamus!

Gog und Magog kennt man aus dem Alten Testament: Ein unheilbringendes Volk, welches von Israel betrachtet im Norden lebt.

Auch in der arabischen Welt ist Gog und Magog schon seit langer Zeit bekannt. Auf arabischen Weltkarten des 12. Jahrhunderts beispielsweise wurde die Heimstätte von Gog und Magog im äußersten Nordosten eingetragen - klar zu unterscheiden von China, welches dort ebenfalls - etwas südlicher - eingetragen ist. Gog und Magog müßten also aus dem Gebiet der früheren UdSSR stammen.

Soweit handelte es sich bei dem Aggressor immer um Rußland, bzw. eine Macht aus dem Gebiet der ehemaligen UdSSR (Magog). Bei den folgenden 5 Quellen ist merkwürdigerweise von Türken oder Wüstensöhnen die Rede:

***Eilert,** 1833 (1.Fassung) (w): "Bei Köln wird die letzte Schlacht stattfinden, wodurch der Türke einige Zeit Herrscher über uns wird." (7/306)*

In der 2. Fassung ist die Rede von Russen, Köln taucht aber nicht auf.

***Chronik des Johann von Winterthur,** 1348 Winterthur bei Bonn: "mitler zeit soll dieser Keiser vil und mancherlei anstöß haben, von viel nationen angefochten, ... und soll der Türck bei Cöln uff der Agripischen erden erschlagen werden, und dann soll die provecei, die vor langer zeit beschriben, bei dises Kaisers zeiten erfült werden ..." (22/33)*

Dieser Kaiser taucht bei sehr vielen Quellen auf. Wir kommen noch darauf zurück. Bemerkenswert, daß schon 1348 von einer *alten Prophezeiung* die Rede ist.

***Prognosticatio,** 1527 (u): daß ..."die Wüstensöhne der Welt Kreise einnehmen werden im Land des Mondes acht Jahre lang ... Aber bei dem goldnen Apfel zu Cöln werden sie umkommen und vertilget werden." (5/86)*

"Acht Jahre lang" ... das paßt nicht zum Dritten Weltkrieg.

***...eine weitere Quelle aus Prognosticatio**: "Der türkische Baum wird grünen, die Türken werden Deutschland erobern", aber "am letzten wird der letzt vor Cöln erschlagen." (5/58)*

Und wie immer finden sich dann auch noch Quellen, bei denen völlig unklar ist, woher der Aggressor stammt:

***Volksglaube,** ca.18. Jh.: "...auf der Wahner Heide im Rheinland ...." (5/95)*
(zwischen Köln und dem Flughafen Köln-Bonn!)

***Spielbähn,** 1783 (3a): "Die Stadt Köln wird sodann eine fürchterliche Schlacht sehen ... Viel fremdes Volk wird hier gemordet, und Männer und Weiber kämpfen für ihren Glauben. ... Und es wird von Köln, bis dahin noch eine Jungfrau, eine fürchterliche Verheerung nicht abzuwenden sein." (7/295)*

Im Zweiten Weltkrieg wurde Köln zwar schwer zerbombt, jedoch fand keine große Schlacht vor den Toren Kölns statt, ganz zu schweigen von Männern und Frauen (!), die dort für ihren Glauben kämpften. Dennoch kann man durchaus feststellen, daß Köln im Zweiten Weltkrieg seine *"Jungfräulichkeit"* verloren hat.

Der Bezug zum Dritten Weltkrieg ergibt sich im weiteren Text u.a. durch die Wahl eines Bauern zum Kaiser von Deutschland, einer Pest, die dem Krieg folgt, und einem großen Monarchen in der Folgezeit.

***Knopp,** 1794 (3a): "Wenn die Brücke zu Köln fertig sein wird, wird Kriegsvolk gleich drüber gehen. ... Kriegsvolk wird den Rhein besetzen, und alles Mannsvolk muß mit, was nur eine Mistgabel tragen kann. Und es wird ein Krieg sein, wie vordem nicht erlebt worden, aber er wird nicht lange dauern. ... Aber bei Unkel und vom Siebengebirge an wird das Blut in Strömen fließen." (7/305)*

***Geißen Käther,** 1831: >"Und ein Krieg werde kommen, der die ganze Welt in Flammen setzen und nicht eher enden würde, als bis zu Köln am Rhein Menschen und Pferde im Blut waten." <(22/187)*

Dieses Ereignis sollte nach ihr *vor* dem Jahre 1940 stattfinden, wenn erneut ein Krieg ausbricht. Diese Vorhersage läßt sich hier also nur weiter verwenden, wenn man die Datumsangabe außer acht läßt. Allerdings passen auch die Pferde nicht in einen modernen Krieg. Es sei denn, dies ist hier symbolisch gemeint.

Konkret war hier also von Russen und Türken bzw. Wüstensöhnen die Rede; innerhalb einer einzelnen Quelle sogar einmal von Russen und einmal von Türken.

Etwa ab dem 19. Jahrhundert wird klar gesagt: "Rußland" oder aber die Indikatoren deuten stark darauf hin. Im Gegensatz dazu dominieren bei den älteren Quellen islamische Aggressoren.

Wie ließe sich das erklären? Ein Lösungsansatz findet sich bei Eilert: Hier tauchen sowohl Russen als auch Türken auf. Das gleiche Element findet sich auch bei der folgenden Quelle:

***Prophetische Sage über Koblenz,** um 1600 (w): "Wehe! Wehe! Wo Rhein und Mosel zusammenfließen, wird gegen Türken und Baschkiren eine Schlacht geschlagen, so blutig, daß der Rhein bis auf fünfundzwanzig Stunden Wegs rot gefärbt sein wird." (5/97)*

Die Baschkiren sind ein kleines Volk, welches etwa im 5. Jh. nach Christus nördlich des Kaspischen Meeres lebte. Mitte des 18. Jh. hatte sich ihre Heimat dann etwas weiter nördlich verlagert - etwa 1000 km östlich von Moskau. Es war Teil des Zarenreiches! Zur Zeit der UdSSR gab es eine Baschkirische Teilrepublik. *Baschkiren* deutet also auf Rußland.

Bei einem Angriff Rußlands wäre in jedem Falle mit einem Angriff eines *Völkergemisches* zu rechnen. Dies wäre unbedingt zu beachten. Fraglich wäre allerdings, in welchem Umfang und an welchen Frontabschnitten nichtrussische Truppen eingesetzt würden.

Irlmaier z. B. erwähnt, daß die östlichen Truppen, welche sich über den Chiemgau und Salzburg nach Osten zurückziehen, aussehen wie Chinesen, jedoch keine Chinesen sind.

Wenn also die östliche Generalität an unterschiedlichen Frontabschnitten unterschiedliche Nationalitäten einsetzt, so ließen sich aus den "Türken vor Köln" Soldaten "machen", welche aus turkmenischen GUS-Staaten stammen. Ein anderer Erklärungsversuch liefe darauf hinaus, daß die Türken aus einem anderen Krieg stammen, daß also eine ganz andere Zeit gemeint ist.

Edward Korkowski, *1978 (3a): "Ich sah mich plötzlich auf dem Kölner Dom. Auf der anderen Rheinseite waren alles Ruinen, es brannte noch alles. Die Krieger waren ein gemischtes Volk, jedoch keine Polen oder Ostdeutschen. Viele sprachen russisch und hatten asiatische Gesichtszüge. Die meisten aber waren Chinesen ... einige waren Afrikaner. Hier und da sah ich einige größere Bauten mit Kuppeln, wie man sie von Moscheen her kennt." (32/152)*

Russen und Chinesen zusammen - und die Chinesen in der Überzahl? Den Quellen nach wäre das der Vierte Weltkrieg. Daraufhin deuten auch die Bauten in der Form von Moscheen. Man hat sich hier offensichtlich "gemütlich" eingerichtet. Diese Zeit dürften die Angreifer im Dritten Weltkrieg kaum haben.

Wenn Sie mich fragen, dann reichen die vier bis fünf Quellen, welche im Zusammenhang mit einem russischen Angriff große Zerstörungen in Köln vorhersagen.

Irlmaier und die Feldpostbriefe sind Quellen von hoher Qualität, und auch der doppelte Hinweis von Nostradamus ist sicherlich kein Zufall.

Süddeutschland und Nachbarstaaten

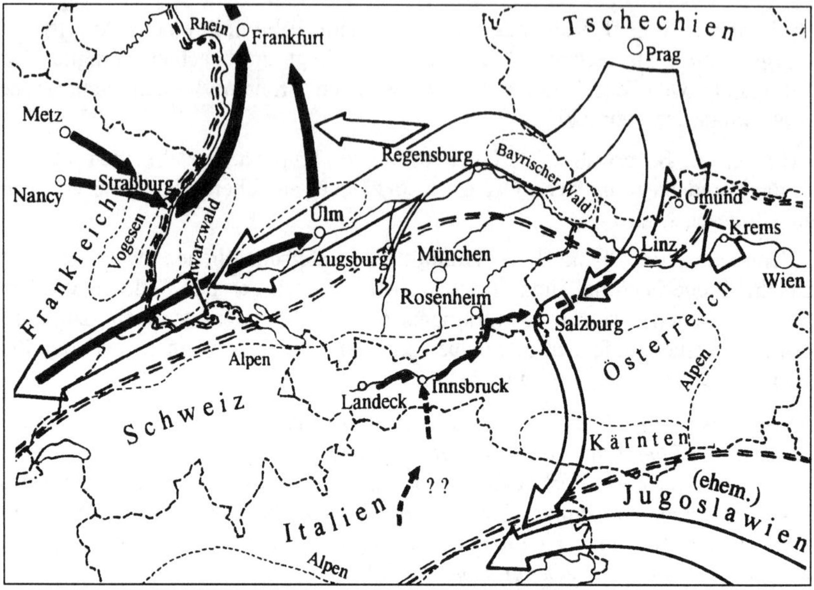

Bild 19: Östlicher Vorstoß und Rückzug in Süddeutschland und Nachbarstaaten

Die Vorhersagen zu diesem Gebiet unterscheiden sich deutlich von denen zu Nordrhein-Westfalen und der Rheinzone. Derartig massive Zusammenballungen kämpfender Armeen wie oben findet man hier nicht.

Die östlichen Truppen sollen über Süddeutschland nach Westen zum Rhein und zur französisch-schweizerischen Grenze vorstoßen. Große Teile des Gebietes zwischen der Donau und den Alpen, also das Alpenvorland, sollen nicht besetzt oder in Kampfhandlungen verwickelt werden.

In der Tschechischen Republik soll es gegen Ende des Krieges zu gigantischen Explosionen kommen. Wahrscheinlich sind dies Atomexplosionen, vielleicht aber auch Meteoriteneinschläge. Diese Explosionen sollen sich auf grenznahe Gebiete in Bayern und Österreich auswirken.

Ein weiteres Element im Süden sind östliche Truppenbewegungen zwischen ihren Herkunftsländern und Italien: Einmal ein Vorstoß aus der Tschechischen Republik östlich der deutsch-österreichischen Grenze Richtung Italien, und zum anderen auf dem Rückzug zurückflutende östliche Truppen, welche sich durch das obere Inntal, den Chiemgau über Salzburg zurückziehen. Teilweise soll es auch innerhalb der Alpen zu Kämpfen kommen. In der Endphase des Krieges soll dann aus dem bayrisch-österreichischen Raum ein bedeutender Gegenstoß des Westens erfolgen.

Johansson, *1907 (3a): > "Der Angriff aus dem Osten wird den Voraussagen zufolge auf breiter Front zwischen Nordskandinavien, Deutschland und Norditalien erfolgen."< (5/108)*

Sowohl Nord- als auch Süddeutschland wären also betroffen.

Mühlhiasl, *1825 (3a): "Die letzte Schlacht ist zwischen dem kalten Baum, dem schwarzen Wasser und dem Ort, wo die Kirche verkehrt steht." (5/64)*

In Freyungen hat die Kirche den Altar auf der Westseite.

Seher vom Waldviertel, *1959 (3a): > "Erst wenn China eingreife ... weite sich der Krieg auf die Bundesrepublik aus, insbesondere auf Bayern. ... China helfe zum Westen."< (12/263)*

"Insbesondere" heißt noch lange nicht *"ganz"*. Insgesamt könnte man den Quellen nach von einer maßgeblichen Beteiligung Chinas im Dritten Weltkrieg ausgehen. Chinesische Truppen sollen weit nach Westen vordringen. Allerdings nicht bis nach Deutschland.

Unklar bleibt allerdings die Intention bzw. die Rolle der Chinesen. Man kann aber wohl davon ausgehen, daß China schwerpunktmäßig eigene Interessen verfolgt - also nicht nur eine "Hilfstruppe" des Westens darstellt.

Stockert, *1950 (3a): "Diese Panzer werden von Osten kommen und mit großer Schnelligkeit gegen Westen fahren. ... In drei Zügen ziehen sie nach Westen, an der Nordsee, nach Mitteldeutschland und im Süden entlang der Alpen, soweit ich mich noch erinnern kann..." (12/220)*

Volksglaube, *ca. 19. Jh.: >"Die große Schlacht soll auch ... am Untersberg bei Salzburg, bei Teck in Schwaben und im Salzburger Land und in Tirol stattfinden." < (5/95)*

Madam Sylvia, *1934 (3a): "In ganz Europa wird die Verständigung eintreten ... , sobald man allgemein erkennen wird, daß der Deutsche als Siegfried gegen den Drachen mit dem Schwert in der Hand, gegen den Bolschewismus, zu Felde ziehen soll."*

>"In Österreich sieht sie ein Haupt als Führer der südöstlichen Mächte, die das zukünftige Byzanz verkörpern sollen, sich ebenfalls gegen Rußland wenden." < (14/179)

Folglich können Deutschland und Österreich nicht restlos besetzt sein.

DaTerni, *1971 (3a): "... Österreich und Westdeutschland werden von Truppen, unter dem Geleit sowjetischer Panzer, besetzt." (10/255)*

Besetzt ja - doch von *vollständig* ist nicht die Rede!

Feldpostbriefe, *1914 (3a): "Rußland überfällt den Süden Deutschlands." (12/100)*

Auch hier sprachliche Verwirrung. Man schlußfolgere nicht, daß der Norden nicht überfallen werde. Diese Quelle hat lediglich nur Süddeutschland im Blickfeld.

Bis zur Donau

Hepidannus von St. Gallen, *1081 (w): "Ein mächtiges Reich wird in jenen Tagen zugrunde gehen und ein mächtigeres (!) an seine Stelle treten." (41/90)*

Nach der Niederlage des Deutschen Reiches wurde die UdSSR Supermacht und dehnte ihren Einfluß auf Osteuropa aus. Es folgten 40 Jahre Kalter Krieg und das Gleichgewicht des Schreckens.

Hepidannus fährt fort: *"Von Osten her weht ein Sturm, und aus Westen heult der Wind: Wehe allem, das in den Bereich dieses furchtbaren Wirbels geraten wird. Tausendjährige Herrschersitze werden herabsinken aus ihrer Höhe ... Zwischen dem Rhein und der Elbe und dem morgenwärts fließenden Strome Donau wird ein weites Leichenfeld sich ausdehnen, eine Landschaft der Raben und Geier. Und wenn dereinst wieder der Landmann seinen Samen ausstreuen wird und dieser emporkeimt, Ähren tragend und Früchte, dann wird jeder Halm in einem Menschenherzen stehen und jede Ähre in eines Menschen Brust ihre Wurzel haben." (41/90)*

Im Ersten Weltkrieg fanden innerhalb Deutschlands keine Kämpfe statt, und im Zweiten Weltkrieg gab es in diesem Gebiet bei weitem nicht so viele Tote. Natürlich ist hier die Angabe zu der Anzahl der Opfer nicht wörtlich zu nehmen.

Zwischendrin findet sich ein Element vom Ersten Weltkrieg: Deutschland und Österreich wurden infolge des Krieges Republik.

Hilarion, *17. Jh. (w): "Im Nordosten werden die Völker in großen Haufen ausziehen und bis an das mittägliche Meer viele Reiche überschwemmen. Sie werden aufwärts des Stromes wandern, welcher sich in sechs Armen in den Pontus Euxinus ergießt (die Donau ins Schwarze Meer), sowie niederwärts des Stromes von Rom, der sich in das mittägliche (mittelländische) Meer wendet." (7/282)*

Mühlhiasl, *ca.1825 (3a): "Der erste Heerwurm geht vom blauen Wasser (Donau) nordwestlich bis an die Schweizer Grenze. Bis Regensburg steht keine Brücke mehr über die Donau. Südlich vom blauen Wasser bleiben sie weg." (5/109)*

Nordwestlich verwirrt hier etwas, da die Schweiz natürlich *westlich bis südwestlich* des Bayrischen Waldes liegt.

Mit *nordwestlich* dürfte folgendes gemeint sein: Nachdem die östlichen Truppen aus dem Bayrischen Wald zur Donau vorgestoßen sind, marschieren sie am Nordufer der Donau entlang Richtung Nordwesten - also Richtung Regensburg - biegen dann aber hinter Regensburg nach Südwesten in Richtung Schweiz um.

Irlmaier, *ca. 1959 (3a): "Über die Donau geht der Feind nicht, sondern biegt nach Nordwesten ab ..." (12/141)*

"Der unterste Heerwurm kommt über den Wald (Bayrischer Wald, Anm. B.) daher, zieht sich dann aber nordwestlich der Donau, um in gleicher Richtung wie die zwei anderen Heeressäulen dem Rhein zuzustreben. Es geht sehr rasch." (8/58)

>"Alles, was sich nördlich der Donau befände, komme ums Leben und nur, wer ein schnelles Fahrzeug besitze, könne sich noch über den Fluß retten, so unerwartet würde der Krieg hereinbrechen." < (41/186)

***Erna Stieglitz**, 1975 (3a): "Die Hauptgefahr für das Gebiet, das ungefähr von den Städten Mindelheim und Altötting, Pfaffenhofen und Weilheim begrenzt wird, also für den mittelbayrischen Raum, besteht in Zerstörungen, die Terrorismus, Plünderung, Brandstiftung, Mord und Totschlag anrichten. Das Faustrecht kehrt wieder, die Gesetzlosigkeit! Hungernde Großstädter werden zu Räubern an den Bauern! ... Es ist ein nie vorher, außer vielleicht im Dreißigjährigen Krieg, dagewesener Schrecken! Und endlich dann die Giftwolke, die auch hier ein Drittel der Menschheit dahinrafft!" (12/237)*

Anhand der Giftwolke ergibt sich die genauere Datierung. Diese Unruhen finden noch vor Kriegsende statt.

Das Element "Bayern (teilweise) sicher" taucht hier in indirekter Form auf: Besteht hier die Hauptgefahr in Bürgerkrieg, dann findet hier folglich der eigentliche Krieg nicht statt.

***Garcilaso de la Vega,** 1982 (3a): "Die 3 Panzerspitzen - Der gespleißte und gespaltene Pfeil, der gerade durchstossende Pfeil, der scheinbar gebrochene Pfeil." (16/214)*

Scheinbar gebrochen deutet hin auf den Knick bei Regensburg, bzw. auf die Umgehung des Alpenvorlandes. Wohlgemerkt nur *gebrochen*, und nicht *abgebrochen* oder *durchgebrochen*.

Bayern

So wie oben schon Erna Stieglitz, so sagen auffallend viele Quellen voraus, daß Bayern, bzw. Teile Bayerns von Kampfhandlungen verschont werden. Indirekt zeigt sich das auch in den Vorhersagen zu dem Gegenstoß, der aus dem bayrisch-österreichischen Raum erfolgen soll. Eine derartige Häufung positiver Vorhersagen ist meines Wissens absolut einzigartig. Grundsätzlich wirken diese Vorhersagen vertrauenswürdig. In den Details stecken aber stellenweise Widersprüche.

***Blinder Jüngling von Prag**, 1356 (3b): "Und das Land der Bayern hat viel zu leiden." (8/24)*

Das deckt sich mit anderen Quellen, erzeugt aber einen falschen Eindruck. Es sei ihm verziehen. Denn für das bayrische Gebiet zwischen der tschechischen Grenze und der Donau dürfte er Recht haben.

Handwercher, *1853 (3a):*

> *Schwarze Wetterwolken sah ich*
> *Ganz Europa rings umschleiern;*
> *Doch der Himmel strahlt heiter*
> *Einzig auf dem Lande Bayern.*
>
> *Doch auf einmal hat auf Bayern*
> *Sich das Wolkenmeer ergossen*
> *Und der Sturmwind kam geflogen*
> *Und es fielen schwere Schlossen. (12/191)*

Die *schwarzen Wetterwolken* symbolisieren m. E. den Krieg. Das *Wolkenmeer* deutet auf die globale Dreitägige Finsternis. *Sturmwind* im Zusammenhang mit *schwere Schlossen* deutet m. E. auf die Dreitägige Finsternis, zu der es zeitgleich zu Meteoriteneinschlägen kommen könnte. In den Feldpostbriefen findet sich ein Hinweis, der sich möglicherweise auf ein solches Ereignis bezieht.

Feldpostbriefe, *1914 (3a): "Am Schluß kommt noch Rußland und fällt über Deutschland her, wird aber zurückgeschlagen, weil die Natur eingreift, und da wird in Süddeutschland ein Platz sein, wo das Ereignis sein sollte, wo die Leute von der ganzen Welt hinreisen, um zu schauen."(12/96)*

Auch wenn diese Touristen nicht aus der ganzen Welt kommen, sondern nur aus Europa, so müßte es sich hier um ein Ereignis handeln, das einzigartig in ganz Europa ist, bzw. einzigartige Spuren hinterläßt.

Auch von daher wäre ein Vulkanausbruch unwahrscheinlich. Erstens gibt es schon Vulkane in Europa, und zweitens, wie sollte ein einziger Vulkanausbruch eine Armee aufhalten, die von der Nordsee bis zu den Alpen kämpft?

Lange Rede kurzer Sinn: Es dürfte sich um den riesigen Krater eines Meteoriteneinschlages handeln. Meteoritenkrater sind in der Tat extrem selten. Der einzige große Meteoritenkrater weltweit, der noch nicht größtenteils durch die Erosion eingeebnet wurde, befindet sich in Arizona/USA: der Barringer-Krater.

Letztlich stellt sich natürlich die Frage, *wo* man in Süddeutschland damit rechnen könnte, und was genau mit *Süddeutschland* gemeint ist?

Bruder Adam, *1949 (3a): "Bayern wird als Kriegsschauplatz verschont bleiben. Aber wenn Bayern sich nicht bekehrt, wird es von gewaltigen Naturkatastrophen heimgesucht werden. " (8/218)*

Auch hier wieder das Problem: Bayern ja - nicht jedoch alle Teile.

Pater Johannides, Daten unbekannt *(w): "Von Osten wird ein gelber Nebel aufsteigen und an dem großen reißenden Strome haltmachen." (12/207)*

"Isar" ist Altgermanisch und heißt: *Die Reißende*. Auf Grund von Baumaßnahmen hat die Isar viel von ihrem früheren Charakter eingebüßt.

Sepp Wudy, *1912, bayrisch-böhmische Grenze (3a): "Das ist nicht der letzte Krieg,* (der Erste Weltkrieg, Anm. B.) *hat er gesagt, denn dann wird bald wieder einer sein, und dann kommt der letzte. Einer wird schrecklicher als der andere ... Der Böhmerwald wird einmal versengt werden wie ein Strohschübel. Rennt nicht davon, wenn die grauen Vögel fliegen, woanders wird es noch schlechter sein." (12/113)*

"Es steht gegen Norden ein Schein, wie ihn noch niemand gesehen hat, dann wird ringsum das Feuer aufgehen. Geh nach Bayern, da hält die Muttergottes ihren Mantel über die Leut, aber auch dort wird alles drunter und drüber gehen. ... Bauer, sag es deinen Kindern, sie sollen dem Berge zurennen, wenn es kracht." (12/115)

Das anschließend überall ausbrechende Feuer deutet auf eine Atomexplosion. Dem Lichtblitz folgt die Hitzewelle, die alles anzündet.

Der *letzte Krieg* könnte eine Interpretation dieser Quelle sein, vorausgesetzt, es gäbe irgendwann einen Vierten Weltkrieg, und der Seher hatte hierüber keine Visionen.

Nach dem Krachen hat man offenbar nur noch wenige Minuten Zeit, um sich in Sicherheit zu bringen.

Mühlhiasl, *1825 (3a): "Über Nacht wird es geschehen. Über den Hühnerkrobel, den Falkenstein und den Rackel werden die Rotjankerl kommen. Auch auf der Straße Cham-Stallwang-Straubing werden sie dahinziehen."(5/46)*

"Sie werden die Männer töten und die Frauen vergewaltigen. Zunächst werden sie sich in den Städten zwischen Passau und Regensburg festsetzen. Am meisten werden hierbei Straubing, Passau und Deggendorf zu leiden haben. Die Verwüster werden dann zwar nach Westen ziehen, aber bald zurückkommen und ihr Unwesen fortsetzen. In und um Passau werden die Roten alles vernichten, was an das Christentum erinnert ... In Straubing kommt es zu Massenmorden."(5/52)

Genaugenommen widerspricht sich Mühlhiasl hier: Straubing und Passau liegen südlich der Donau. Das Südufer der Donau wäre also wohl auch zu meiden.

Ganz schlimm aber wird es in Deggendorf. Unter den Frauen und Kindern der Stadt wird ein großes Weinen und Wehklagen herrschen. Denn alle Männer und Väter werden verschleppt. Keiner von ihnen kehrt jemals wieder zurück. Alle bleiben für immer verschwunden und verschollen. In Straubing, Passau und Deggendorf werden große Brände gelegt. Die Stadt Landshut wird restlos ein Raub der Flammen. Sie geht unter durch Tod, Feuer, Pest, Hunger und Leid." (5/53)

"Die Städte Straubing, Landshut, Passau, Vilshofen, Deggendorf und Plattling werden restlos zerstört. Dort bleibt kein Stein auf dem anderen. ... Außer den Städten werden auch die Dörfer in Flammen aufgehen." (5/52)

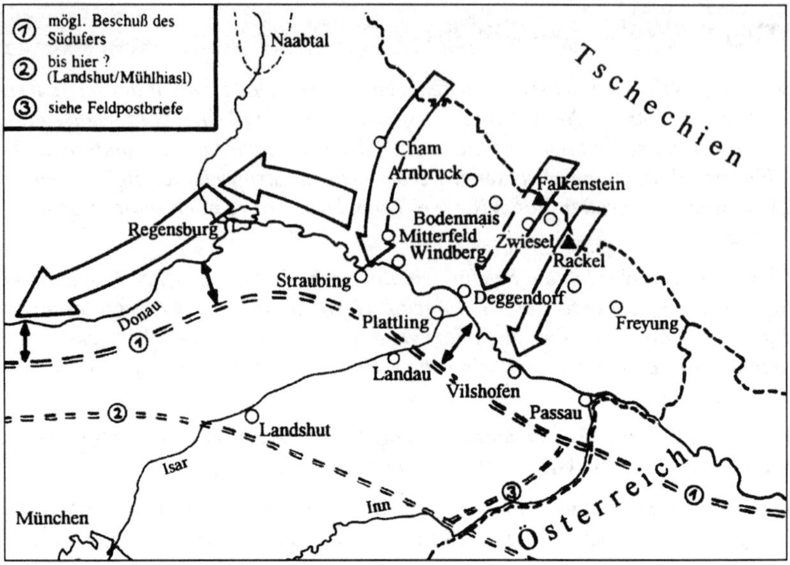

Bild 20: Östlicher Vorstoß in Niederbayern

„Mühlhiasl nennt aber auch Orte, wo man sicher vor den Angreifern sein soll: in den großen Wäldern im Perlbachtal bei Mitterfeld, in den Senkungen bei Buchberg, in den Bergwerken bei Bodenmais, im Alterbachtal bei Arnbruck, die Keller des Klosters Windberg, am Fuchsriegel und Falkenstein kann man sich verstecken, ebenso auf den waldlosen Gäuböden bei Straubing in den Weizenmandln, den aufgestellten Kornstiegen, die Bewohner von Regensburg können überleben, wenn sie die Stadt verlassen.“ (5/53)

Stockert, *1947 (3a): "Die Patrona Bavariae schwebte eine Zeitlang über München. Sie hatte den Tod abgelöst, der durch Bayern nach Norden schwebte. Auch über Bayern sah ich sie mit dem Jesukind schweben." (12/215)*

"Von Osten her kommend floß Blut in Strömen bis an die Grenzen unseres lieben Bayernlandes." (12/222)

Irlmaier, *1959 (3a): "Die Münchener brauchen auch keine Angst haben, unruhig wirds schon sein, aber es passiert nicht viel. Und schnell gehts vorüber." (8/60)*

Vom Oberen Inn über den Chiemgau nach Salzburg

Irlmaier, *ca.1950 (3a): "Südostbayern wird beschützt, da breitet die Liebe Frau von Altötting ihren Mantel darüber." (30/147)*

"Plötzlich stirbt ein großer Mann, und der Krieg hört auf. Lange Kolonnen von Soldaten ziehen durch den Chiemgau nach Salzburg. Sie haben gelbe Gesichter,

daß man glaubt, es seien Chinesen, sind aber keine. Sie bringen niemand mehr um, nur plündern tun sie, daß es so eine Art ist." (41/185)

Nanu, östliche Truppen doch südlich der Donau! Wo kommen die denn her? - Von Süden, aus dem Inntal!

Onit, *1948 (3a): >"Eine der Entscheidungsschlachten jedoch sieht er für Österreich* interessanterweise *zwischen Landeck und Innsbruck ... Von Landeck aus erfolgt erst der Gegenstoß der USA." < (14/188)*

Marcus Varena, der Irlmaiers Vorhersagen sehr wohl kannte, stieß bei Onit offenbar erstmalig auf diese Vorhersagen zum oberen Inntal.

Die östlichen Truppen werden also Inn-abwärts zurückgedrängt. Plötzlich stirbt ein "Großer". Der Krieg hört auf und automatisch kommen die östlichen Truppen auf dem Rückzug dann in Deutschland im Chiemgau an.

Für die Kämpfe bei Landeck findet sich ein weiteres Indiz:

Maas, *1846 (3a): "Prutz verrinnt, Kauns verbrinnt und Zams wird eine Ochsenalm." (8/84)*

Auf Hochdeutsch heißt das: Prutz wird durch eine Überflutung zerstört, Kauns verbrennt und Zams wird dem Erdboden gleichgemacht oder verschüttet. Inwieweit hier Kriegseinwirkungen oder Naturkatastrophen gemeint sind, wird aus dieser Quelle alleine nicht klar. Die Überflutung von Prutz könnte im Zusammenhang mit einem Bersten des Stausees im Kaunertal stehen.

Von dieser Quelle gibt es nicht viel Material, doch das, was es gibt, ist von hoher Qualität.

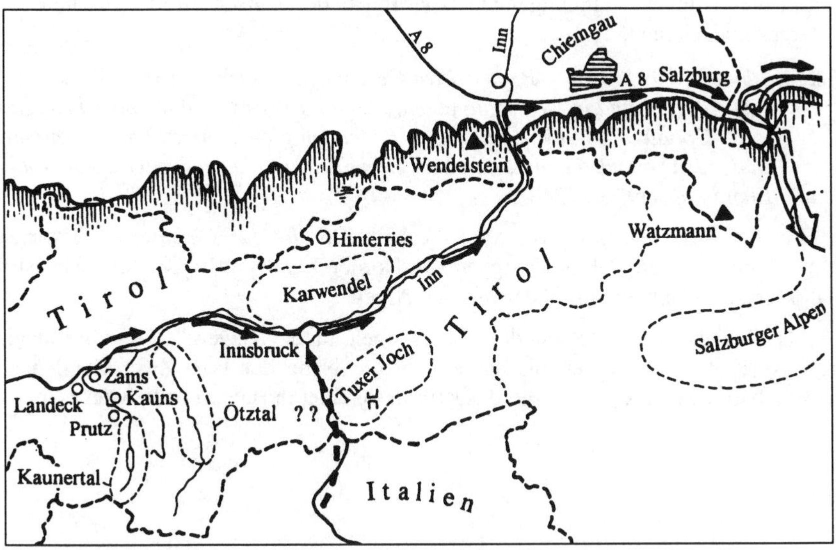

Bild 21: Östliche Truppenbewegungen zwischen oberem Inn und Salzburg

Katharina aus dem Ötztal, *1951 (3b): "...Die Leute sind auf dem Feld, es ist Spätsommer, das Korn schon reif, da kommen sie, ganze Horden schiacher Leute und überfallen alles. Sie bringen um, was sie erwischen - es ist furchtbar. ... Sie morden und rauben, und sogar Einheimische aus dem Dorf laufen mit jenen und plündern genauso.*

Kinder, ihr müßt auf die Berge fliehen. Dort müßt ihr euch etwas zum Essen verstecken und etwas zum Schlafen herrichten. Auf die Berge gehen diese plündernden Horden nicht hinauf. ...

Die Verfolger der Kirche haben eine Zeitlang große Macht. Aber diese kurze Zeit dürft ihr im Glauben nicht umfallen." (8/88)

Das obige Puzzle rundet sich durch das folgende Detail weiter ab:

Über einen Bekannten, der im Chiemgau lebt, habe ich erfahren, daß dort vor einigen Jahren (vermeintliche) Vorhersagen Irlmaiers kursierten, denen nach der Osten auf seinem Rückzug von Italien, entlang des unteren Inntals durch Österreich nach Deutschland etwa bis Rosenheim kommt. Dort soll es ebenfalls zu schweren Kämpfen kommen. Vermutlich sind dies dann aber auch die letzten Kämpfe im Süden Deutschlands.

Auch soll in dieser Zeit ein Stausee bersten und das obere Inntal dadurch verwüstet werden.

Erna Stieglitz, *1975 (3a): "... hinter der Grenze am Unteren Inn fürchterliche Zerstörungen, ebenso am Oberlauf der Donau. Teilweise bis in die oberbayrisch-salzburger Alpen herein kommen die Osttruppen über Österreich und Jugoslawien." (12/237)*

Mit „Unterer Inn“ wird im allgemeinen der Inn an der deutsch-österreichischen Grenze bezeichnet.

Feldpostbriefe, *1914 (3a): >"Beim dritten Geschehen (Geschehen = 3. Weltkrieg, Anm. B) soll Rußland in Deutschland einfallen und zwar im Süden bis Chiemgau ... Bis zur Donau und Inn wird alles dem Erdboden gleichgemacht und vernichtet. ... Von der Isar an wird den Leuten kein Leid mehr geschehen, es wird nur Not und Elend hausen." < (12/100)*

Für sich alleine genommen wäre dieses *"im Süden bis Chiemgau"* verwirrend. Man könnte meinen, daß die Truppen von Norden kommen. Im Kontext aber ist der Fall klar: Sie kommen von Süden aus den Alpen.

"Isar" siehe Pater Johannides weiter oben unter "Bayern". Offenbar reichen gewisse Kampfhandlungen bis an oder in die Nähe der Isar. Zwei Quellen sind natürlich eine ziemlich wacklige Basis für das Gebiet in Bayern östlich der Isar.

Alpen

***Mühlhiasl,** 1825 (3a): "Das Alpenland wird von Norden und Süden ein wenig hineingezogen, aber im Osten des Landes ist Ruhe." (5/109)*

***Onit,** 1948 (3a): >"Erst Höhen von 1.800 bis 2.000 m ab bieten absolute Sicherheit vor der Sintflutkatastrophe, abgesehen allerdings von gigantischen Erd- und Bergrutschen."< (14/187)*

Als sicherste Gegenden vor der Atombombe und den Erdkatastrophen in Europa bezeichnete "Onit" das Alpengebiet, hauptsächlich das Watzmanngebiet, zum Teil den Wilden Kaiser und das Hintere Karwendel bei Hinterries, sowie evtl. das Gebiet um das Tuxer Joch. Eine Flut, die bis 1800/2000 m reicht, wäre so gewaltig, daß man ihre Erwähnung von praktisch allen (!) Quellen erwarten könnte. Diese Vorhersage Onits widerspricht all jenen oft sehr glaubwürdigen Quellen, welche größere Teile Bayerns als sicher bezeichnen. Ein klarer Fall von Übertreibung! Auf die einzelne *Atombombe* kommen wir noch zurück.

***Irlmaier,** 1959 (3a): "...vom Watzmann bis zum Wendelstoa, uns geschieht nichts, weil uns d'Mutter Gottes von Altöttingen schützt, da kimmt keiner her, ... das woaß i ganz gwiß." (8/59)*

***Uriella,** 1993 (3a): "Liebe Kinder! Die Alpen werden zum größten Teil erhalten bleiben, und die Voralpengebiete, - nicht nur in Deutschland, sondern auch in der Schweiz - werden fast ausschließlich verschont bleiben." (43/35)*

Österreich

***Volksglaube,** um 1800: Die große Schlacht soll auch ... am Untersberg bei Salzburg, ... und im Salzburger Land und in Tirol stattfinden. (5/95)*

***Eilert**, 1833 (w): "Österreich wird es gu tgehen, wenn es nicht zu lange wartet." ... "Österreich wird durch bedeutende Siege im Süden und Osten zu neuer Macht gelangen ..." (8/73(75))*

***Rocco,** 1840: "Wien wird veröden und die großen Paläste leer dastehen. Am Stephansplatz wird Gras wachsen und aller Adel aufhören." (7/354)*

***Maas,** 1846 (3a) "Mit Tirol wird dabei wegen des Rosenkranzgebetes milder verfahren werden." (8/84)*

***Lied der Linde,** 19. Jh. (3a):*

Alle Städte werden totenstill,
Auf dem Wiener Stephansplatz wächst Dill. ...
Alles ist verloren!" hier noch klingt
"Alles ist gerettet!", Wien schon singt.
Ja, von Osten kommt ein starker Held,
Ordnung bringend der verwirrten Welt, ... (7/376)

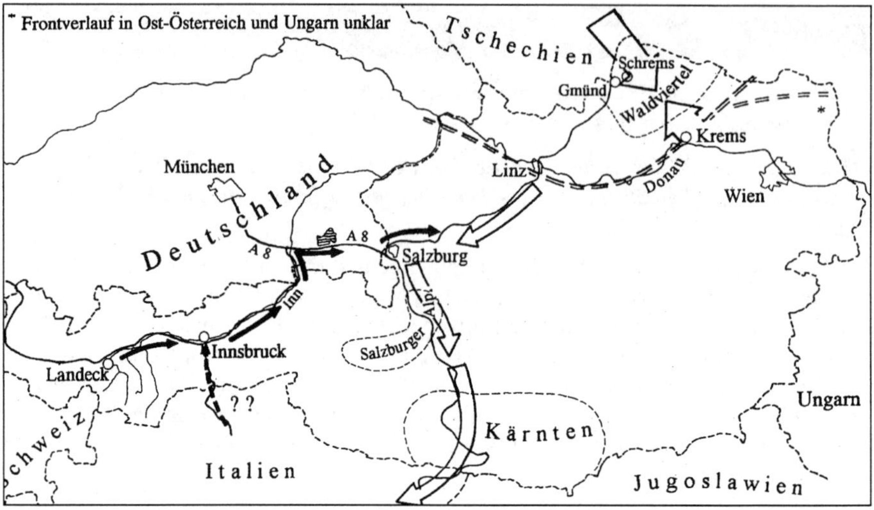

Bild 22: Östliche Truppenbewegungen in Österreich

Der "Held" kommt also von Osten nach Wien, vermutlich aus Ungarn. Wien ist zwar verödet, aber noch immer bewohnt.

Pfarrer von Baden, *1923 (3a): "Aus dem Süden wird ein aus Bayern und Österreichern gebildetes Ordnungsheer anrücken." (12/208)*

Bruder Adam, *1949 (3a): "Die dritte russische Armee, der die Aufgabe gestellt ist, die ausgesparten Gebiete (Österreich und süddeutsche Länder) zu besetzen ... wird nicht mehr zum Einsatz kommen, weil die Armee im Süden infolge der Revolutionen ... in ihrem Vormarsch gehindert ... ist." (8/218)*

Ich vermute, daß hier die Aufstände in Rußland gemeint sind. Die Aufstände als die Ursache des unterbliebenen Einsatzes der Armeen scheint mir aber eine Interpretation der Quelle zu sein.

Seher vom Waldviertel, *1947 (3a): >"Auf dem Höhepunkt der italienischen Wirren marschiere der Russe durch Kärnten nach Italien. ... Bei ihrem Durchmarsch nach Jugoslawien durchquerten die Russen auch das Waldviertel." < (12/263)*

"Es tobte eine riesige Panzerschlacht vom Raum Wien-Krems in Richtung Schrems-Gmünd." (12/246)

"Später ging ich mühevoll in Richtung SSW (vom Waldviertel aus = Richtung Linz! Anm.d.V.) *Die Orientierung fiel mir schwer; es gab kein Haus, keinen Baum, weder einen Strauch oder Halm. Alles war mit Trümmern und Felsbrocken übersäht. Nicht einmal Ruinen fand ich ..." (12/247)*

Als Ursache hierfür sah dieser Seher Berge, die von innen heraus mit Atomwaffen zersprengt wurden.

Irlmaier, *1950 (3a): "... daß im Verlaufe des kommenden Krieges das ganze Gebiet östlich von Linz (nördlich der Donau) eine einzige Wüste werden wird." (12/149)*

">So furchtbar, was kommt<, hat er immer gesagt. >Salzburger<, hat er gesagt, >so furchtbar! Weißt Du, ich sehe ja alles. Ich habe ja alles gesehen, wie es zugeht. Wahnsinnig!< " (41/186)

Schweiz

Johansson, *1907 (3a): "Durch Ungarn, Österreich, Norditalien und die Schweiz wird die rote Sturmflut gegen Frankreich rollen." (5/108)*

Onit, *1948 (3a): "Die Schweiz wird nach "Onit" radikal ausgeräumt, es werden ihr weder Panzersperren, noch die Zehntausende von Kubikmetern Hohlräume in den Bergen als Überlebenden-Unterstand etwas nützen, da die Wohnungen und Geflüchteten gründlich geplündert werden." (14/186)*

Da Terni, *1970 (3a) Schweiz:Genf vom Erdboden verschluckt. (10/255)*

Erna Stieglitz, *1975 (3a): "Eine unvorstellbare Masse von Panzern rollt an den Bergketten der Schweiz vorbei bis hinunter nach Lyon. Die Truppen der NATO sind auf wenige Verteidigungsräume zusammengedrängt." (12/236)*

Nach Erna Stieglitz soll auch die Schweiz *"Verteidigungsraum"* sein.

Paulussen, *1989 (3a): "Welche Staaten werden davon betroffen sein? Ganz massiv Deutschland, ein Zipfel von Dänemark. Österreich wird auch einen Schlag abbekommen, aber nur als Ausläufer zur deutschen Grenze hin. Man kommt sogar nur bis zur Schweizer Grenze, weiter nicht." (44/114)*

"Zipfel von Dänemark" bedeutet natürlich, daß Schleswig-Holstein besetzt wird.

"Ein dritter Zug kommt über die Tschechoslowakei und zieht über das Bayernland, über einen Teil von Österreich, der Schweiz und Italien in mein Heimatland auch ein. Dort in allen genannten Gebieten wird es zu großen Verwüstungen kommen." (44/150)

Hierbei soll es sich um eine mediale Mitteilung von *Nostradamus* handeln. Folglich ist hier Heimatland = Frankreich.

Sun Bear, *1990: "Schweiz und Österreich - In beiden Ländern kann es, vor allem in den südlichen Regionen, zu Erdbeben kommen, außerdem sind Industrieunfälle und Nahrungsknappheit möglich." (86/270)*

Soweit mir bekannt, gibt es von Sun Bear keine Vorhersage zu einem großen Krieg in Europa. Er konzentriert sich bei seinen Katastrophen-Vorhersagen auf *Naturkatastrophen.* Liest man jedoch zwischen den Zeilen, so verdichtet sich der Eindruck, daß er wichtige Dinge verschweigt.

Ostfrankreich - Südwestdeutschland

Einsiedler Antonius, *1820 (3a): "Der Krieg wird einmal im Elsaß von neuem ausbrechen. Ich sah die Franzosen im Besitz des Elsaß; sie hatten Straßburg im Rücken. Ich sah auch Italiener bereit, an ihrer Seite zu kämpfen. Plötzlich kamen von der französischen Seite aus Metz und Nancy große Truppentransporte, worauf eine Schlacht begann und zwei Tage dauerte und mit der Niederlage des preußischen Heeres endete." (15/98)*

Brandt, *1961 (3a): "Ich sah russische Panzer in Rottenburg (Neckar) einmarschieren. Es war an einem trüben Tag, die Straßen waren feucht, Nebel lag über der Landschaft, aber es gab weder Regen noch Schnee.*

... Auch hörte ich das Donnern herannahender Flugzeuge." (16/129)

In Anbetracht einer zunehmenden Unberechenbarkeit des Wetters kann man von solchen Angaben alleine nicht verläßlich auf die Jahreszeit schließen. Diese Angabe deckt sich aber mit einer anderen von Irlmaier *"... dann geht es in einer regnerischen Nacht los."* (Gann, 185). Andererseits sagt Irlmaier auch: *"Es gibt wieder einen Krieg, wenn das Getreide reif ist."* (Gann, 184) Wäre der *Nebel* bei Brandt eher *ein Dunst*, dann wäre folgendes Bild möglich: Es ist Sommer und nicht allzu warm. In der Nacht zuvor hat es geregnet. Am nächsten Tag, möglicherweise am Vormittag, ist der Himmel bedeckt, die Straßen sind noch vom Regen der Nacht (oder auch noch am Morgen) feucht.

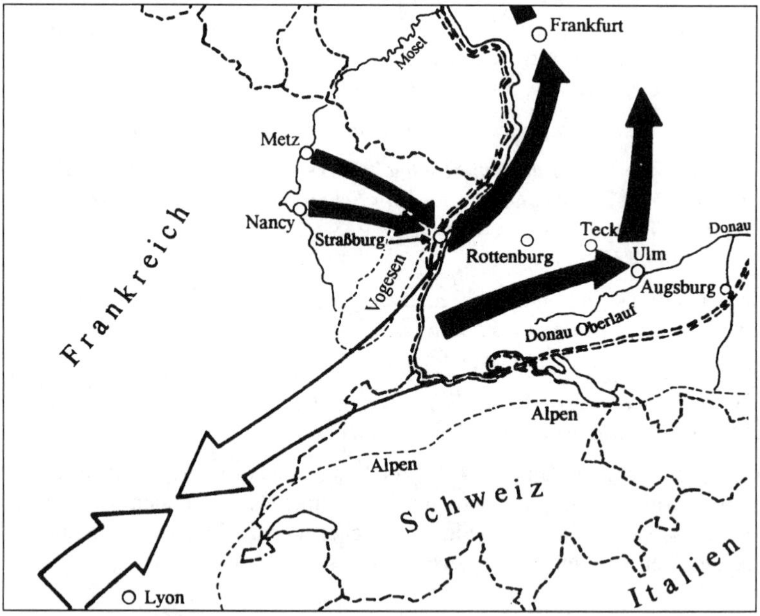

Bild 23: Truppenbewegungen in Ostfrankreich - Südwestdeutschland

Irlmaier, *1959 (3a): "Vom großen Frankfurt bleibt kaum etwas übrig." (16/149)*

In Verbindung mit Irlmaiers zahlreichen Angaben zu der sehr kurzen Dauer des Krieges (max 4 Monate) findet sich hier ein Indikator für eine atomare Zerstörung Frankfurts. Den Quellen nach wäre nämlich zu erwarten, daß die östlichen Truppen Frankfurt in wenigen Tagen erreichen. Viel zu wenig Zeit also, um es mit konventionellem Beschuß oder Bombardements zu zerstören. Nicht ganz auszuschließen wäre allerdings auch ein Meteoriteneinschlag.

Garcilaso de la Vega, *1982 (3a): spricht vom "Zwillingsschicksal Frankfurts und Prags." (16/149)*

Sollte Frankfurt durch einen Meteoriten zerstört werden, so müßte dieser Quelle nach Prag das gleiche Schicksal ereilen. Die Totalzerstörung von Prag - wodurch auch immer - dürfte den Quellen nach so sicher wie das Amen in der Kirche sein.

Mainzer Prophezeiung, *1670 (w): "Und ein großes Unglück wird über unsere Stadt kommen. Sie wird durch Eisen und Feuer zerstört." (14/95)*

Melanchthon, *1538... erwähnte sie (eine Endschlacht bei Straßburg) in einem Tischgespräche mit Luther am 15. Januar 1538: "Es sei eine sehr alte Prophezeiung." (22/171)*

Man beachte: Schon 1538 sehr alt!

Nostradamus, *1558 (3a) Vers VIII; 34*

(Übersetzung/Interpretation von Allgeier, 1/416):
Nach dem Sieg des Löwen[1] bei Lyon
folgt ein Gemetzel in den Jura-Bergen.
Sieben Millionen Schweizer und Piemonteser (stehen sich gegenüber).
Der Löwe stirbt in Ulm und wird dort beigesetzt."

(Übersetzung/Interpretation von Bouvier, 42/412)
Nach dem Siege des Löwen im Löwen[2]
Über dem IVRA-Berg[3] Secatombe[4]
Vertilgte und umzingelte Siebenter eine Million.
Lyon, Ulm und bei Mausol Tod und Grab.

Erna Stieglitz, *1975 (3a): "Der dritte Stoßkeil wird aus Böhmen nach Bayern hereinbrechen und zum Oberrhein streben. Eine unvorstellbare Masse von Panzern rollt an den Bergketten der Schweiz vorbei bis hinunter nach Lyon."(12/236)*

---

1 Der Löwe ist Englands Wappentier (hier England?)

2 Im Löwen = Lyon, oder 24.7. - 23.8. Diese Zeitangabe entspricht den sonstigen Quellen, die Angaben zur Jahreszeit des Krieges machen

3 I = J und V = U ergibt Jura. Im 16. Jahrhundert war die Rechtschreibung noch nicht zwingend vorgeschrieben.

4 Secatombe - Hecatombe = Massengrab

"Bei Ulm gibt es eine gigantische Kesselschlacht gegen die Ostarmee, die ihren Südkeil der Donaulinie entlang zur Schweiz und nach Mittelfrankreich vorgetrieben hatte." (12/237)

"Bayrische und österreichische, schweizerische und französische Truppen werden nach den Vernichtungsschlachten bei Lyon und Ulm nach Norden vorstoßen, um sich an der Schlacht gegen die dort eingekreisten russischen und preußischen (gemeint ist die (Ex-)DDR) Verbände zu beteiligen." (12/236)

Frau aus dem Füssener Raum, *um 1970 (3a): "Umgestürzte, brennende Panzerfahrzeuge mit abgerissenen Türmen auf dem Lechfeld, südlich von Augsburg." (45/45)*

Das Lechfeld beginnt südlich vor Augsburg und erstreckt sich ca. 30 km entlang des Lech nach Süden.

"Flüchtlingskolonnen, die zu Fuß und mit Fahrrädern schwer bepackt von Augsburg aus nach Süden in Richtung Alpen flüchteten. Kein Auto. Auf den Verschiebegleisen des Augsburger Bahngeländes stehen Transportzüge, die Panzer geladen haben. "Merkwürdig", sagt sie, "die Soldaten tragen alle Taucheranzüge. ... Bis Regensburg steht keine Brücke mehr über die Donau."

Rolf Renner schließt von dieser Beschreibung auf schwere ABC-Schutzbekleidung östlicher Truppen. Im Gegensatz zu NATO-Truppen, die den Gasmaskenfilter direkt an der Maske tragen, haben Soldaten des Warschauer Paktes teilweise den Filter an der Koppel.

Folglich ergibt sich ein Schlauch von der Maske zum Körper. Die *"Taucher"* sind also Soldaten des Warschauer Paktes! Augsburg ist in östlicher Hand! - Und damit sind dieser Quelle nach sehr wohl Truppen südlich der Donau - zumindest im Westen, westlich von Regensburg. Auch haben hier Kämpfe stattgefunden. Die Angaben zur Nichtüberschreitung der Donau wären also nicht pauschal zu verstehen. M. E. liegt hier aber kein gravierender Widerspruch vor:

Mühlhiasl, *1825 (3a): "Bis Regensburg steht keine Brücke mehr über die Donau. Südlich vom blauen Wasser (Donau) bleiben sie weg." (5/109)*

Möglicherweise brauchen die Russen die Brücken westlich von Regensburg um nach Süden in Richtung französische-schweizer Grenze vorzustoßen! Ein Vorstoß westlich von Regensburg nördlich der Donau durch die Schwäbische Alb würde deutlich mehr Zeit kosten. Gift für jeden Blitzkrieg.

Volksglaube, *ca. 18. Jh.: >"Die große Schlacht soll auch ... in Teck in Schwaben ... stattfinden." < (5/95)*

Auswertungsergebnis zu "Süddeutschland und Nachbarstaaten"

Berücksichtigt man gewisse Spielräume bei den ungenaueren Angaben der oberen Quellen, so tauchen hier keine wirklich gravierenden Widersprüche auf. Alle Quellen lassen sich ohne große Schwierigkeiten in einem einzigen großen Szenario zusammenfassen, auch wenn sich manche Quellen nur auf lokale Details beziehen. 35 Quellen lassen sich in dieses Szenario einbinden. Davon wurden oben 32 zitiert. So wie im letzten Fall habe ich nun ein Gebiet bestimmt, auf das sich eine Quelle beziehen muß, um hier für eine eingehendere Untersuchung in Betracht zu kommen:

Frankreich, Schweiz, Österreich, Deutschland, ehemalige Tschechoslowakei, Italien, Ungarn und Jugoslawien.

Auf dieses Gebiet beziehen sich insgesamt 154 meiner Quellen. Obige 35 abgezogen, bleiben 119 Quellen. Eine Untersuchung dieser Quellen führt zu folgendem Ergebnis:

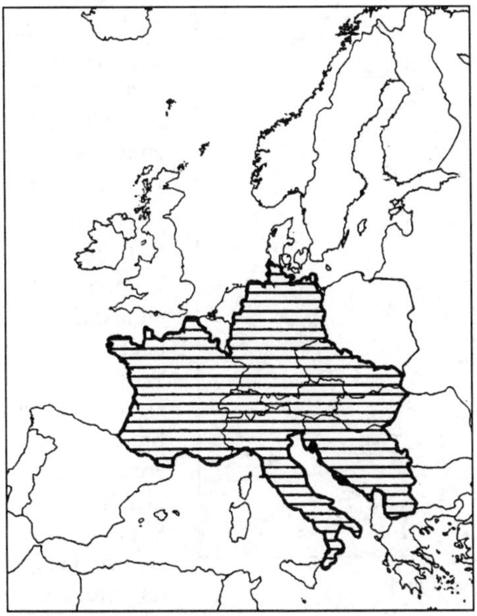

Bild 24: Geogr. Eingangsraster Süddeutschland

Genau wie im vorherigen Falle (Nordrhein-Westfalen plus Rheingebiete) ist es hier so, daß die allermeisten Quellen zunächst nur deshalb in Betracht kommen, weil das Eingangsraster sehr grob ist - bzw. die Quellen keinerlei geographische Details innerhalb der entsprechenden Staaten angeben.

Ebenso wie in der letzten Untersuchung ist hier in den Quellen kein grundlegend anderes Szenario erkennbar. Und auch eine nennenswerte gegenseitige Beeinflussung der Quellen zeichnet sich soweit nicht ab.

Besonders hervorhebenswert ist die Häufung positiver Vorhersagen zu Bayern, bzw. bestimmten Teilen (!) Bayerns. Eine solche Häufung positiver Vorhersagen im Zusammenhang mit kriegerischen Ereignissen ist meines Wissens im deutschsprachigen Gebiet absolut einzigartig.

Sie ist um so überzeugender, als daß auch nichtbayrische Quellen daran beteiligt sind (Feldpostbriefe aus Frankreich und Sepp Wudy aus Süd-Böhmen). Mit übertriebenem Lokalpatriotismus hat das also sicherlich nichts zu tun.

Kriegsgebiete in ganz Europa

Bisher haben wir uns auf Mitteleuropa konzentriert. Aber auch Skandinavien und Südeuropa sollen Kriegsschauplatz im Dritten Weltkrieg sein.

Hier also ein Überblick über die Staaten in ganz Europa, die vom russischen Angriff betroffen sein sollen. Wohlgemerkt *russischer* Angriff! Ungenauere Angaben zu Aggressoren "aus dem Osten" oder islamische Aggressoren sind hier nicht berücksichtigt.

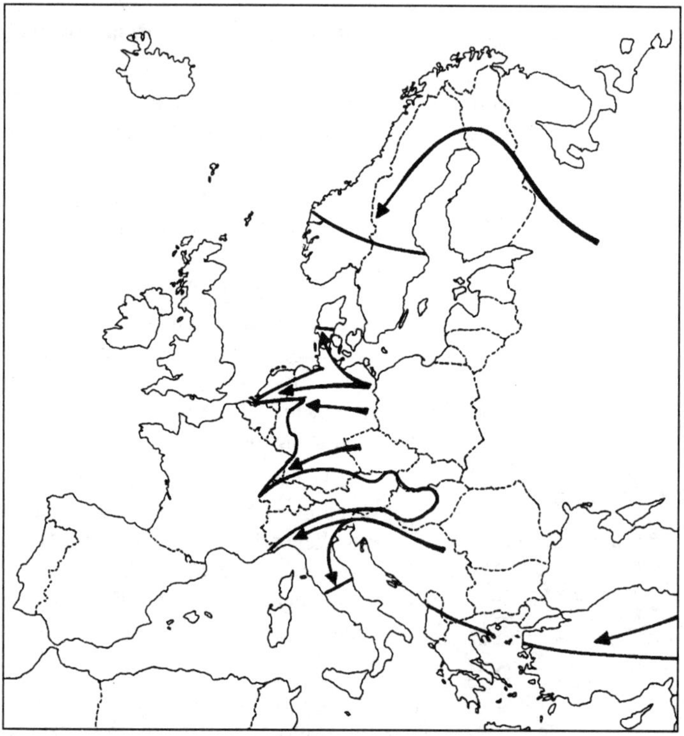

Bild 25: Kriegsgebiete in ganz Europa

In jedem Falle wird überdeutlich, daß es hier um einen Angriff auf *ganz* Europa geht. Das strategische Ziel Rußlands wäre vermutlich eine komplette Besetzung von *ganz Europa.*

Haben die östlichen Truppen erst einmal die deutsche Westgrenze erreicht, so befinden sie sich etwa in der gleichen Situation wie Deutschland im Zweiten Weltkrieg, nämlich erst den europäischen Kontinent besetzen und danach England!

England wäre extrem wichtig, denn es wäre für die USA ein möglicher Brückenkopf für eine Rückeroberung Europas.

Hätte Hitler auch England erobert, dann wäre es nie zur Invasion in der Normandie gekommen. Niemals hätten die USA alleine einen Angriff über den Atlantik gewagt.

NATO-, west- und zentraleuropäische Staaten
(inclusive logischer Schlußfolgerungen, Einzelnennungen von D und CR nicht berücksichtigt)

Quelle	Zeit	D	NL	BL	F	CH	ÖS	CR	GB	IR	IS	DK	NW	SW	FI	PG	SP	IT	GR	TÜ
1. Paulussen	1989	■			■	■	■	■				■						■		
2. Biernacki	1984	■					■	■										■		
3. Ron White	1976	■											■							
4. Stieglitz	1975	■	■		■		■	■				■	■	■	■			■		
5. Da Terni	1970	■					■											■		
6. Irlmaier	1959	■				■		■										■		
7. Aielleo	1959	■																■		
8. S. v. Waldviertel	1959	■				■	■											■		■
9. Bruder Adam	1949	■	■	■	■							■	■	■			■	■	■	
10. Onit	1948	■	■	■	■	■	■											■		
11. Stockert	1957	■			■			■	■											
12. Kugelbeer	1922	■			■													■		
13. Feldpostbriefe	1914	■							■											■
14. Papst Pius X	1909																	■		
15. Johansson	1907	■				■	■						■					■		■
16. Don Bosco	1874																	■		
17. Asdente	1840																	■		
18. Mühlhiasl	1825	■				■	■													
19. Pr.v.Birkenbaum	1800	■	■																	
20. Nostradamus	1558	■		■																
Summen		17	4	3	6	6	8	5	2	0	0	3	4	2	1	0	1	14	1	3

Und wenn Rußland ganz Europa erobern könnte, dann würde es über kurz oder lang seine Macht auf Afrika und ganz Asien ausdehnen. Zentraleuropa wäre also der Schlüssel zu ganz Europa. Und Europa wäre der Schlüssel zur eurasisch-afrikanischen Landmasse.

Es wäre also in Betracht zu ziehen, daß in den Köpfen östlicher Militärs so etwas wie die *Weltherrschaft* herumspukt.

Alles das wäre nichts Neues, ebenso wie eine katastrophale Überschätzung der eigenen Kraft.

Halten wir fest, daß es für Rußland möglicherweise um viel mehr gehen würde, als nur darum, einen großen Teil Europas zu erobern.

Wie Sie in der Tabelle sehen können, ergibt sich für (Nord-)Italien ein ähnlicher Schwerpunkt wie für Deutschland. Und von Italien kann man natürlich auf Österreich und Jugoslawien zurückschließen. Der Landweg von Osteuropa nach Italien führt nun einmal über einen dieser beiden Staaten.

Die besetzten Gebiete Frankreichs lägen im Osten und Südosten.

Ebenso hervorhebenswert sind Norwegen und die Türkei. Zwar wird ein russischer Einmarsch nur von 4 (Norwegen) und von 3 (Türkei) Quellen erwähnt, dies sind aber im Falle Norwegens 45 % aller Quellen, die sich überhaupt auf dieses Land **und** den Dritten Weltkrieg konkret beziehen - bei der Türkei sind dies 43 %.

Das Datenmaterial zu der Türkei ist so dünn, daß es keinen Sinn macht, es besonders darzustellen. Im Falle Norwegens gibt es dagegen schon etwas mehr Material.

Dieses stammt zum großen Teil vom norwegischen Seher Anton Johansson. Aus Platzgründen verzichte ich hier auf eine genauere Darstellung des Prophezeiungsprofils zu Norwegen, bzw. zu Skandinavien.

Zu Dänemark nur soviel:

1994 wurde in Norddeutschland von *Angriffsplänen der Nationalen Volksarmee der DDR* berichtet, die im Zuge der Wiedervereinigung ans Licht gekommen sind. Diese Angriffspläne stammten von der Nationalen Volksarmee der DDR (!) - und sind nur infolge des Chaos in der Wendezeit in westliche Hände geraten.

Das *Time-Magazine International* machte diesen Fund sogar am 4. Juli 1994 zur Titelgeschichte. In dem entsprechenden Bericht heißt es, daß bei einem Manöver des Warschauer Paktes **alleine 76 nukleare Gefechtsköpfe** für (das kleine) Schleswig-Holstein eingeplant waren, größtenteils kleinere Atomsprengköpfe, aber auch ein paar mit enormer Zerstörungskraft. Insgesamt waren bei diesem Manöver 840 taktische Atomwaffen eingeplant. Die größte Sprengkraft, die im Artikel angegeben wurde, betrug 200 Kilotonnen. Das ist über 10 mal so stark wie die Atombombe von Hiroshima, aber nur ein Hundertstel so stark wie z.B. eine SS20 Langstreckenrakete (Strategische Nuklearwaffe), mit der man die USA beschießen wollte.

Massenweise atomare Angriffe in Europa lassen sich aber unmöglich durch die seherischen Quellen belegen.

In diesem Zusammenhang ist es gar nicht nötig, das Material zu Schleswig-Holstein genauer zu untersuchen. Ein solch massiver Angriff mit Atomwaffen würde dann natürlich an allen Frontabschnitten stattfinden - also auch in Bayern, Hessen und Niedersachsen.

Entsprechende Vorhersagen existieren aber nicht!

Auf der anderen Seite deutet dieser Artikel im Time-Magazine daraufhin, daß die Warschauer-Pakt-Staaten - oder Rußland - ein besonderes Interesse daran hatten (bzw. hätten), Schleswig-Holstein zu besetzen.

Das wiederum ist insofern interessant, als daß den Alliierten im Zweiten Weltkrieg Schleswig-Holstein völlig egal war!

Schleswig-Holstein war noch am Tage der Kapitulation "fest" in deutscher Hand.

Für Rußland wäre Schleswig-Holstein deshalb wichtig, weil es auf dem Wege zur Nordspitze Dänemarks liegt. Von dieser aus kann man den Skagerrak und somit den Zugang zur Ostsee kontrollieren.

Es ginge also gar nicht um Schleswig-Holstein, sondern um die Kontrolle der Ostsee.

Die Dreitägige Finsternis - Das Kriegsende

Wie bereits erwähnt, sollen gegen Kriegsende Dinge geschehen, die ohne Beispiel in der gesamten bekannten Menschheitsgeschichte sind. Wohlgemerkt soll es sich hierbei *nicht* um den viel befürchteten totalen Atomkrieg handeln. Zwar sollen Atomwaffen eingesetzt werden, jedoch weit weniger, als man allgemein vermuten könnte.

Liest man die Vorhersagen zum Kriegsende, dann kann einem schnell der Gedanke kommen, daß hier irgendeine Art von Kometeneinschlag beschrieben wird. Vorausgesetzt, man hat ein gewisses Hintergrundwissen. Wenn nicht, dann mutet alles schnell sehr merkwürdig, unheimlich, sehr dunkel und *irrational* an.

Auf den ersten Blick kann es wirklich wie blanker Unsinn anmuten. Doch das Faszinierende ist: Gerade zu diesem merkwürdigen Szenario findet sich ausgesprochen viel Material. Beste Voraussetzungen also, um diesen scheinbaren "Unsinn" zu überprüfen.

Die Prophezeiungen deuten daraufhin, daß zum Kriegsende hin ein großer leuchtender Himmelskörper in die Nähe der Erde kommt, allerdings ohne mit der Erde zu kollidieren. Seine Bahn führt aber bedrohlich dicht an der Erde vorbei.

Derzeit sagt uns die Wissenschaft, daß solch ein Ereignis durchaus möglich ist, und daß es erdgeschichtlich nichts Außergewöhnliches wäre. Mutter Erde wurde schon von vielen kosmischen Geschossen getroffen. Man weiß: Alle paar Millionen oder zig-tausend Jahre ist damit zu rechnen.

Und sobald ein solcher Himmelskörper von Astronomen entdeckt wird, kann man natürlich auch berechnen, ob und wie weit sich dieser Himmelskörper der Erde nähert. Allerdings - das hat sich in den letzten Jahren in konkreten Fällen gezeigt - kann die sich so ergebende Vorwarnzeit auf wenige Monate zusammenschrumpfen. Der "Jahrhundert" -Komet Hyakutake, der Ende März 1996 auftauchte, wurde erst zwei Monate vorher am 31.1.1996 von einem japanischen Hobbyastronomen entdeckt. (2 Monate zuvor von einem *Hobbyastronomen* - das sagt alles!)

Bei einem Kometen, welcher der Erde extrem nahe kommt, wäre zudem in Betracht zu ziehen, daß die Wissenschaftler erst sehr spät genaue Angaben darüber machen können, ob der Komet die Erde nun trifft oder nicht. Die Frage dürfte für einige Zeit unbeantwortet im Raume stehen.

Jemand, der auf Prophezeiungen vertraut - die sollen ja hin und wieder göttlichen Ursprungs sein -, kann dann ganz gelassen sein. Der Himmelskörper soll die Erde verfehlen. Aber dennoch sollen seine Auswirkungen auf die Erde gewaltig sein.

Bevor es also zu einem massiveren Einsatz von Atomwaffen in Westeuropa kommen kann, soll dicht an der Erde dieser hell leuchtende Himmelskörper vorbeiziehen. Kurze Zeit danach, noch am gleichen Tage, soll sich eine dunkle Staubwolke auf die Erde senken. Innerhalb ganz kurzer Zeit - vermutlich nur ein paar Stunden - ist in weiten Teilen der Erde der Tag zur Nacht geworden. Diese Finsternis dauert drei Tage an.

Die Wolke, welche die Erde vollkommen einhüllt, soll extrem giftig sein. So giftig, daß man an der freien Luft innerhalb kürzester Zeit stirbt. Den diesbezüglichen Beschreibungen nach wäre von wenigen Sekunden auszugehen! Wohlgemerkt *an der freien Luft!*

Innerhalb geschlossener Räume soll man einigermaßen sicher sein. Dies wird auffallend oft beschrieben. Offenbar hängt die tödliche Wirkung des oder der Gifte stark von der Konzentration ab. In geschlossene Räume könnten zwar auch noch Gifte eindringen, jedoch würde deren Konzentration nur Bruchteile der Konzentration in der Außenluft betragen. Insofern ergäbe sich von der Giftwirkung her ein grundsätzlicher Unterschied zu militärischen Giftgasen. Letztere zielen daraufhin, schon in allergeringsten Dosen tödlich zu sein.

Möglicherweise sind die Prophezeiungen in diesem Punkt von unschätzbarem Wert. Sie könnten auf Gefahren aufmerksam machen, welche sich nicht durch irgendwelche Hochrechnungen ermitteln lassen. Die Parapsychologie ist meiner Ansicht nach ein unverzichtbares Instrument zur Früherkennung solcher kosmischer Bedrohungen.

Von Kometen weiß man heutzutage, daß über 70 % einen Schweif haben. Genaugenommen unterscheidet man zwischen zwei Haupttypen von Kometenschweifen - erstens den von der Sonne weggerichteten, geraden und leuchtenden Plasmaschweifen und zweitens den *gekrümmten Staubschweifen.* Diese Schweife können bis zu 300 Millionen Kilometer lang sein! Außerdem hat man beobachtet, daß Staubschweife doppelt so häufig auftreten wie Plasmaschweife.

Den Quellen nach wird letztlich jedoch nicht ganz klar, aus welchem Material er besteht, und wie groß er ist. Ein *Komet* besteht aus einem Gemisch aus Eis (Wasser) und Staub, ein *Meteorit* aus Gestein. Meteorite mit einer Masse von mehr als einer Milliarde Tonne nennt man *Asteroiden.*[5]

---

5 Während der Arbeit an diesem Buch fiel uns die folgende kurze Zeitungsmeldung vom 2.12.96 auf: MOSKAU (dpa) - „Der sechs Kilometer lange Asteroid „Tautatis“ ist in der Nacht zu gestern an der Erde vorbeigerast. Der Himmelskörper hätte bei einem Aufprall auf die Erdoberfläche jegliche Zivilisation auslöschen können, berichtete die Nachrichtenagentur Interfax auf Berufung auf den Astronomen Viktor Sokolow, Mitglied der russischen Akademie der Wissenschaften. „Tautatis“ näherte sich auf etwa 5,3 Millionen km, eine nach astronomischem Meßstab relativ geringe Distanz. Er fliegt alle vier Jahre an der Erde vorbei. In acht Jahren soll er sich sogar auf 1,5 Millionen km nähern.

Was die in der Staubwolke enthaltenen Gase anbelangt, so kann man sich möglicherweise an folgenden Beispielen orientieren:

Halleyscher Komet: CN, C_2, OH, C_3, CH, CO, NH, NH_2, C, CS (Tollmann/"Sintflut")

Hyakutake März 96: CN, C_2, OH, HCN, OCS (Star Observer/3/96, S. 16)

Mit anderen Worten: Was in den Prophezeiungen beschrieben wird, entspricht durchaus dem, was die heutige Wissenschaft zu dem Thema beiträgt.

Allerdings wäre diese Giftwolke nicht die einzige Katastrophe oder Bedrohung während der Dreitägigen Finsternis. Denn die Quellen beschreiben häufig eine Fülle gleichzeitiger Naturkatastrophen. Als zentrale Ursache hierfür läßt sich in den Quellen ein Szenario oder Vorgang erkennen, welchen man als Polsprung bezeichnet bzw. bezeichnen kann.

Dieser Polsprung bestünde in einer abrupten außergewöhnlichen Bewegung der gesamten Erdkugel - ausgelöst durch eine Störung des Erdgravitationsfeldes, möglicherweise infolge des sehr dicht an der Erde vorbeiziehenden Himmelskörpers. Dieser zentrale Vorgang - die außergewöhnliche Drehung der Erde, bzw. Störung des Erdmagnetfeldes - wird von 10 meiner Quellen angesprochen.

Bei vielen Quellen findet sich im Zusammenhang mit der Dreitägigen Finsternis jedoch nur eine zunächst kaum zu erklärende plötzliche Häufung von Naturkatastrophen nie gekannten Ausmaßes.

Diese Häufung plötzlicher Naturkatastrophen erklärt sich wie folgt:

Da die Lufthülle, die Meere und auch die Kontinentalschollen auf Grund ihrer Trägheit verzögert auf diese abnorme Drehung der Erde reagieren, kommt es etwas zeitversetzt - ob in Minuten oder Stunden ist mir nicht klar - zu gewaltigen Orkanen (Luft), Überflutungen (Wasser) und Erdbeben (Erde). All diese Naturkatastrophen sollen ein nie gekanntes Ausmaß annehmen und genau in die Zeit fallen, in der die Erde von der Staubwolke in Finsternis gehüllt ist. Die Erdbeben sollen so stark sein, daß Land im Meer versinkt und neues Land aus dem Meer aufsteigt.

Die derzeitige Wissenschaft - das am Rande - hat, soweit ich weiß, "gewisse Probleme" mit dieser Form von Polsprung. Ich selbst kenne dieses Phänomen nur von der parapsychologischen Seite her und kann insoweit nicht viel dazu sagen. Allerdings weiß ich, daß die *Gravitation* selbst für die heutige Wissenschaft noch mit Rätseln behaftet ist.

Wie bitte kann man auf einer solchen Basis kategorisch sagen: *Das* ist nicht möglich!?

Die Finsternis soll nach exakt drei Tagen wieder vorüber sein. Und zwar unabhängig von dem Standort - unabhängig ob nun in Europa oder z.B. Nordamerika!

In Ausnahmefällen können diese drei Tage überschritten werden, dies dürfte aber mit lokalem Vulkanismus zu tun haben. Große Vulkane können ihre Umgebung wochenlang einnebeln.

Innerhalb dieser Zeit soll ein Großteil der Menschheit sterben. Die Opferzahlen werden mehrmals mit einem Drittel angegeben.

Sollte es wirklich zu einem solchen Szenario kommen, dann kann man sicher sein, daß es für die *Überlebenden* eine tiefgreifende Erfahrung sein wird. Denn eine Menschheit, die momentan immer mehr davon überzeugt ist, sich selbst den Untergang zu bereiten, würde plötzlich ausnahmslos von einem Phänomen beherrscht, das nicht menschlichen, ja noch nicht einmal irdischen Ursprungs ist.

Ein weiteres Mal im 20. Jahrhundert würde das Schicksal der Massen eine unerwartete Wende nehmen. Dies gälte insbesondere auch für Deutschland!

Natürlich ist die globale Ökologie durch den Menschen bedroht und man handelt gegen kosmische Gesetze. Doch den Prophezeiungen nach könnte man klar sagen: Das Haupt-"Problem" ist nicht die Ökologie!

Vor diesem Hintergrund könnte man in der Tat feststellen, daß die ganze derzeitige Ökologie-Diskussion letztlich eine irreale, irrelevante negative Vision ist. Es wird nicht die Ökologie sein, die unsere nahe Zukunft bestimmt!

Verstehen Sie mich nicht falsch. Das bedeutet nicht, daß es egal ist, ob und in welchem Umfang wir unsere Umwelt verschmutzen oder zerstören. Nur - egal wie sauber wir jetzt auch leben, im Bezug auf diesen Himmelskörper und seine Auswirkungen wäre all dies ziemlich bedeutungslos.

Nach meiner Ansicht besteht daher das einzig wirklich Substantielle in der Ökologie-Diskussion darin, daß einer Vielzahl von Menschen ein Schuldgefühl eingeimpft wird. Oder aber es wird die Überzeugung genährt, die Menschheit sei schlecht, unfähig und ohne Hoffnung.

Meiner Ansicht nach ist die Idee, wir würden den Planeten zerstören, lediglich eine neue Spielart kollektiver Selbstüberschätzung.

Zu Beginn des Jahrhunderts dachte man, man könne mit Wissenschaft und Technik eine bessere Welt schaffen, ohne von dem Wohlwollen irgendwelcher Götter abzuhängen. Jetzt denken wir, wir hätten zumindest die Macht, die Erde zu zerstören.

Und interessanterweise hat sich inzwischen die Wissenschaft, als Ursprung der Technik und eine Quelle der Inspiration, zum Henker der Hoffnung gewandelt. Bald wöchentlich wird von irgendwelchen Wissenschaftlern veröffentlicht, daß z. B. bei gleichbleibendem Energieverbrauch in soundsoviel Jahren die globale Durchschnittstemperatur um soundsoviel Grad zunimmt - inklusive aller Folgen (Meldung von November 1995: bis 2100 global durchschnittlich maximal drei bis vier Grad).

Die Wissenschaft hat also eine nicht zu unterschätzende Auswirkung auf das Massenbewußtsein. Unterschwellig gibt sie vor, die Zukunft zu kennen. Aber genau das tut sie nicht! Man kann es nicht oft genug sagen!

Letztlich aber zählt nur das, was ***sein wird***, und nicht das, was sein ***könnte*** oder sich hochrechnen läßt.

Prinzipiell richtet sich diese Kritik nicht gegen die Wissenschaft an sich, sondern gegen Strömungen innerhalb der Wissenschaft, die Stagnation fördern. Und die gibt es überall und zu allen Zeiten. Die Geschichte der Wissenschaft ist reich an solchen Beispielen. Doch zurück zu den Vorhersagen.

Langfristig, also in der Zeit nach der Dreitägigen Finsternis, könnte man von gravierenden Wirkungen auf den dann herrschenden Zeitgeist ausgehen. Und diese Wirkung auf das kollektive Bewußtsein wäre möglicherweise langfristig sogar der gravierendste Aspekt dieses Himmelskörpers. Denkt man in diesem Zusammenhang positiv - nicht an die Toten, sondern an die Lebenden - dann ergeben sich andere, genauso wesentliche Aspekte. Auf jeden Fall wird man den Kern dieses Szenarios nicht erfassen, wenn man seine Wirkung auf die Nachwelt übersieht. Dies wäre sozusagen die andere Seite der Medaille.

Manchen Quellen nach ist beispielsweise auch damit zu rechnen, daß die Erde in einer anderen Position als heute zum Stillstand kommt. So ist diesen Quellen nach damit zu rechnen, daß Deutschland in eine klimatische Region rutscht, die dem heutigen Italien entspricht.

Auf jeden Fall finden sich bisher keinerlei Hinweise darauf, daß Mitteleuropa an den Nordpol rutscht - was theoretisch durchaus denkbar wäre und sich dann ebenfalls in den Quellen widerspiegeln müßte.

Weiter wäre den Quellen nach grundsätzlich in Betracht zu ziehen, daß die Erde zusätzlich kopfüber zum Stillstand kommt. Das würde bedeuten, daß die Sonne im Westen aufgeht.

Sie sehen also, daß dieses Szenario Dreitägige Finsternis eine ganze Fülle von Details beinhaltet, die einen dazu verleiten könnten, lauthals "Unfug" zu brüllen. Doch Vorsicht!

Detailanalyse zur Dreitägigen Finsternis

Die Dreitägige Finsternis ist mit Abstand das am häufigsten und genauesten beschriebene Einzelereignis aller rund 250 Quellen, welche ich hier herangezogen habe. Nicht wenige Quellen befassen sich schwerpunktmäßig mit eben diesem Ereignis. Im Folgenden werde ich die herausragende Rolle dieses Vorhersage-Komplexes verdeutlichen.

Zuvor aber eine Beschreibung dieses Szenarios, welche sehr wahrscheinlich aus dem Jahre 1081 stammt.

Die Originalhandschrift der gleich folgenden Prophezeiung ist derzeit nicht auffindbar. Abschriften, bzw. Nachdrucke sind nachweislich um das Jahr 1860 aufgetaucht.

Die Prophezeiung soll im Original mit dem Datum 9. Mai 1081 versehen sein, und als Urheber wird ein Mönch namens *Hepidannus* aus dem Kloster in St. Gallen angegeben. Dieser Hepidannus hatte mehrere Visionen und erzählte sie einem Klosterbruder. Der brachte sie dann zu Papier.

Den Forschungen Alexander Ganns nach hat es um das Jahr 1081 tatsächlich einen Mönch namens Hepidannus im St. Gallener Kloster gegeben. Sehr wahrscheinlich ist diese Quelle also über 900 Jahre alt.

Nicht nur im Hinblick auf die detaillierte und sehr frühe Beschreibung dieses Szenarios ist dies eine Quelle allerhöchster Güte. So z. B. findet sich in ihr an anderer Stelle auch eine unmißverständliche Beschreibung der deutschen Geschichte von Bismarck bis hin zum Ende des Zweiten Weltkrieges. Wo hätte man so etwas vor 900 Jahren *"abschreiben"* können?

"Siehe! Von Mitternacht[6] *gegen Mittag*[7] *ist heute die Erde getrennt, und die Menschen haben sich in zwei Heerlager gespalten gegen Süd und gegen Nord. Und der Norden zieht nach Süden als Feind, der Sohn gegen den Vater, und das Unglück folgt ihm über die Berge wie die Nacht dem Tage. Aber es wird bald ein Tag anbrechen, da wird ein Licht aufgehen um Mitternacht im Norden und heller strahlen wie die Mittagssonne des Südens. Und der Schein der Sonne wird verbleichen vor jenem Lichte.*

Alsbald aber wird sich eine düstere Wolke lagern zwischen jenem Licht und der Menschheit, die danach hinblickt. Ein furchtbares Gewitter wird sich aus dieser Wolke bilden. Es wird den dritten Teil der Menschen verzehren, die dann leben werden. Und der dritte Teil aller Saatfelder und Ernten wird zerstört werden. Auch der dritte Teil der Städte und Dörfer, und überall wird große Not und Jammer sein." (41/85)

Diese Beschreibung kommt den sonstigen Angaben zur Dreitägigen Finsternis schon einigermaßen nahe. Gegen Ende eines großen Krieges in Europa erscheint am Himmel ein hell leuchtender Himmelskörper. Kurz darauf verdunkelt sich der Himmel und es kommt zu Naturkatastrophen, die einem Drittel der Menschen das Leben kosten.

Allerdings ist nicht so ganz klar, was da im Vordergrund für kriegerische Handlungen stattfinden. Wer soll da wen angreifen? Und da das unklar ist, ist der gesamte zeitliche Bezug unklar. Zudem wird kaum etwas über die Länge der Finsternis und deren Intensität gesagt. Von *Dreitägiger Finsternis* ist nirgends die Rede.

Vielleicht ist hier das 22. Jahrhundert oder sonst etwas gemeint.

Im folgenden werde ich diesen Text genauer untersuchen. Das mag für den einen oder anderen etwas mühsam werden. Doch es ist mir wichtig zu zeigen, wie dieses Ereignis der Dreitägigen Finsternis quer durch die Zeiten bei den Sehern und Visionären auftaucht. Und bedenken Sie: Dieser Text ist sehr wahrscheinlich rund 900 Jahre alt. Das ist nicht nur sehr lange her, sondern das ist eine vollkommen andere

---

6 Im Mittelalter war es üblich, die Himmelsrichtungen statt mit Nord, Süd, Ost und West mit Tageszeiten auszudrücken. Mitternacht = Norden, Mittag = Süden, Morgen = Osten, Abend = Westen. Das bekannteste Beispiel hierfür sind Morgenland und Abendland. Allerdings ist hier die Ost-West-Trennung ziemlich ungenau.

7 siehe 1

Welt! Weit, weit zurück ... Damals dachte man noch, die Erde sei eine Scheibe, und irgendwo im Osten läge das Paradies!

Der Autor entstammt also einer völlig anderen Gedankenwelt.

Beginnen wir mit dem, was eindeutig ist:

Die Menschheit hat sich in zwei Heerlager gespalten. Das kennen wir: NATO und Warschauer Pakt (bzw. GUS). Fragt sich allerdings, was mit der *getrennten Erde* gemeint ist?

Für die Spaltung eines einzelnen Landes ist *"getrennte Erde"* ziemlich unzutreffend. Im 11. Jahrhundert hatte man schon Erfahrungen mit Weltreichen, die sich über ganze Kontinente erstrecken. Hier ist also zumindest die Rede von einem *gespaltenen Kontinent.* Und ich vermute einmal, daß ein christlicher Mönch Ende des 11. Jahrhunderts nicht viel mit Asien oder dem noch lange nicht entdeckten Amerika "am Hut" hatte. Sehr wahrscheinlich ist hier also von einem *gespaltenen Europa* die Rede. Ob gleichzeitig auch noch die ganze Welt gespalten ist, kann einem Europäer dann (relativ) egal sein.

Doch schon im nächsten Schritt wird es merkwürdig: Der Norden soll den Süden angreifen. Im Zusammenhang mit Rußland würden wir aber eindeutig von einem *Ost-West-Konflikt* sprechen.

Diese Unstimmigkeit relativiert sich zunächst etwas, wenn man auf die Landkarte schaut.

Vernachlässigt man Skandinavien, so verläuft die alte Grenze zwischen Ost und West von Nordwesten nach Südosten.

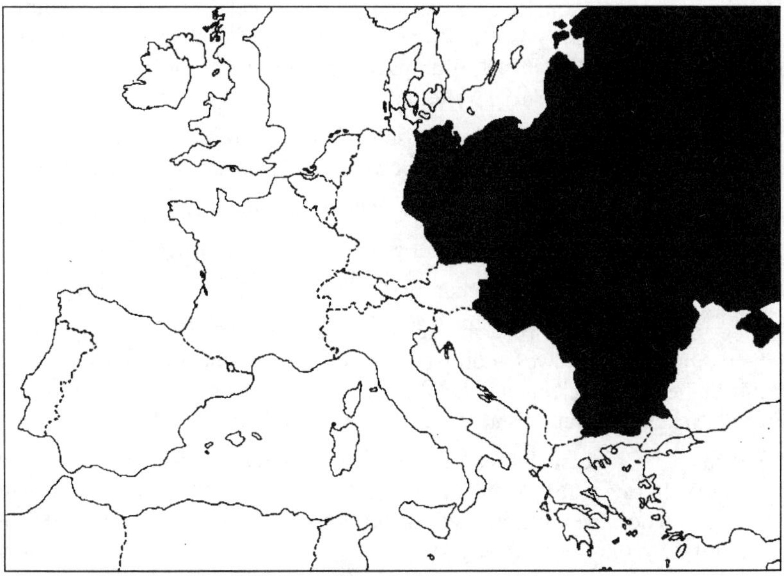

Bild 26: Nordwest - Südost - Verlauf der Grenze im Kalten Krieg

Aus dieser Perspektive könnte man sich quasi aussuchen, ob man von einer Ost-West- oder Nord-Süd-Konfrontation spricht.

In einem prophetischen Text von Jakob Lorber (gest. 1864) heißt es:

"Siehst du nicht, wie der nordische Eisbär sich die Zähne spitzig schleift? Ihn lüstet schon lange nach den Rindern und Schafen des Südens. Bald wird er aus den Zähnen seines Gebisses lauter Reißzähne geschliffen haben, dann wehe den fetten Rindern und feisten Schafen." (9/66)

Weiter muß man berücksichtigen, daß im Mittelalter die Landkarten reichlich unkorrekt waren. Auf Weltkarten des 13. Jahrhunderts z. B. befindet sich das Schwarze Meer über 1000 km zu weit im Norden - etwa auf der Höhe von Schottland. Da das Schwarze Meer aber identisch ist mit der russischen *Südgrenze* folgt daraus: Ganz Rußland, bzw. Osteuropa lag auf diesen Karten über 1000 km zu weit im Norden.

Mit dem *Norden* könnte also durchaus Rußland (plus Osteuropa) gemeint sein. Es finden sich im Text aber noch weitere Indizien:

"Und der Norden zieht nach Süden als Feind, der Sohn gegen den Vater."

Wer sind Vater und Sohn ? Eine biologische Abstammung ist hier nicht gemeint. Es haben nicht irgendwelche Leute Millionen von Kinder in die Welt gesetzt, die dann nach Norden gezogen sind, um später ihre Eltern anzugreifen. Unsinn!

Die Russen sind nicht die Nachkommen der Deutschen und die Deutschen sind nicht die Nachkommen der Italiener. Hier ist nicht eine biologische Abstammung gemeint, sondern - was bleibt - eine geistige Abstammung!

Und damit scheidet ein Krieg zwischen Arabern und Christen aus. Zumindest wäre dies nicht der Kern des Konfliktes. Die Christen wären im Bezug zu den Arabern eindeutig im Norden. Die Europäer sind aber nicht die Söhne der Araber. Somit grenzt sich die Perspektive weiter auf Europa und Asien ein.

Die Verwandschaftsverhältnisse zwischen Europäern und Asiaten sind noch weniger existent, und somit kann man sich wieder voll auf Europa konzentrieren:

Vater und Sohn sind *Europäer*. Der gespaltene Kontinent ist *Europa.*

Und was nun hat der Sohn vom Vater geerbt oder bekommen?

Religion, Staatskunst, Wissenschaft und Technik!

Es liegt nahe, daß Osteuropa mit seiner Randlage viele Entwicklungen erst mit zeitlichem Abstand zu Südwest-Europa durchlief. Das gilt nicht für alles, aber vieles. Es ist mit Sicherheit bezeichnend, daß die Russische Revolution rund 130 Jahre nach der Französischen Revolution stattfand. Das sind volle vier Generationen.

Zar Peter der Große suchte den kulturellen Anschluß an Westeuropa. Bis nach dem Ersten Weltkrieg war Rußland ein Agrarstaat, während Staaten wie Deutschland und England schon weithin industrialisiert waren. Und heutzutage versucht es Rußland mit Demokratie und Kapitalismus - mit über 70 Jahren Rückstand zu Westeuropa.

Wenn man also auf dieser Ebene mit Begriffen wie Vater und Sohn arbeitet, dann kann man in dem Sohn aus dem Norden Europas durchaus Rußland, bzw. die nordöstlichen Völker Europas unter russischer Führung erkennen.

Natürlich stellt sich da gleich ein gewisses komisches Gefühl ein. Die Russen bzw. Nordosteuropäer - als Söhne der Süd- und Westeuropäer? Das Wort "Sohn" wird gewohnheitsmäßig biologisch bzw. familiär verstanden. Eine Übertragung auf die Ebene der Völker ist sehr ungewöhnlich. Und natürlich läuft es dem Stolz eines *jeden* Volkes zuwider, nur Sohn eines anderen Volkes zu sein. Das wäre praktisch die Aufhebung der eigenen Identität.

Im Hinblick auf die kulturelle und religiöse Entwicklung Europas ist klar, daß der Sohn im Norden sitzen muß. Und wenn Europa zweigespalten ist, dann bedeutet dies automatisch, daß Rußland Teil des Nordens ist!

Nach eingehender Untersuchung kann man den Text wie folgt lesen:

"Europa ist in zwei militärische Machtblöcke gespalten. Der eine ist (mehr) im Norden, der andere (mehr) im Süden. Der Norden greift den Süden an. Der Norden hat die Kultur des Südens übernommen."

Bezogen auf die heutige Situation in Europa ist ziemlich klar, daß bei einer Nord-Süd-Teilung Europas Rußland in "seiner" Nordhälfte immer noch eine dominante Rolle spielt. Der Text sagt zwar nichts konkret von Rußland, doch es ist zumindest klar, daß Rußland Teil dieses Nordens sein muß.

Letztlich muß man diese Umschreibung *"Sohn aus dem Norden"* auch vor dem Hintergrund sehen, daß sich der heutige Staat Rußland erst viel später entwickelt hat. Mitte des 15. Jahrhunderts, also vermutlich 4 Jahrhunderte nach dieser Vision, gab es erst ein Großfürstentum Moskau, dessen Grenzen noch nicht einmal die Ostsee erreichten - ganz zu schweigen vom Ural oder dem Schwarzen Meer.

Die bisherigen Indizien deuten also sehr wohl auf Rußland. Vor diesem Hintergrund kann man die letzte geographische Angabe untersuchen.

"... Und der Norden zieht nach Süden als Feind, der Sohn gegen den Vater, und das Unglück folgt ihm über die Berge wie die Nacht dem Tage..."

Der Sohn überschreitet beim Angiff *auf den Vater von Nord nach Süd "ein paar" Berge.*

Da in dieser Vision mindestens ein ganzer Kontinent, also ganz Europa im Blickfeld ist, dürfte mit "Berge" nicht irgendein kleinerer Höhenzug gemeint sein. Bezogen auf Europa wäre das Nächstliegende *die Alpen.* Und genau das wird von anderen Quellen vorhergesagt: Teilen der russischen Armee gelingt die Überquerung der Alpen. Und eine weitere Übereinstimmung: Kurze Zeit nach der Überquerung der Alpen bricht der russische Angriff zusammen. Das Unheil folgt der Überquerung *wie die Nacht dem Tag.* Die Dreitägige Finsternis tritt ein, wenn sich die Niederlage Rußlands abzeichnet.

Eine zweite Möglichkeit, die Hepidannus aber vermutlich nicht meint, wäre der Vorstoß Rußlands Richtung Persischer Golf. Dieser wird ebenfalls vorhergesagt. Hierbei müßte Rußland das Hochland im Westen des Irans überwinden.

"Und der Norden zieht nach Süden als Feind, der Sohn gegen den Vater, und das Unglück folgt ihm über die Berge wie die Nacht dem Tage. Aber es wird bald ein Tag anbrechen, da wird ein Licht aufgehen um Mitternacht im Norden und heller strahlen wie die Mittagssonne des Südens. Und der Schein der Sonne wird verbleichen vor jenem Lichte."

Die Angabe mit dem verblassenden Sonnenlicht deutet daraufhin, daß das "Licht" tagsüber auftaucht.

Auf den ersten Blick könnte dieses *"Licht, heller als die Sonne"* eine Atomexplosion sein. Aber Hepidannus beschreibt, wie die *"Menschheit dahinblickt"*. Bei einer Atomexplosion bzw. deren Lichtblitz reicht es jedoch nicht einmal aus, einfach *wegzusehen*. Man muß seine Augen *zudecken* - um nicht Gefahr zu laufen, zu erblinden. Auf gar keinen Fall wird hier eine Atomexplosion beschrieben!

Zudem deutet *Menschheit* (!) darauf hin, daß dieses Ereignis in einem sehr, sehr großen Gebiet beobachtet werden kann. Vermutlich befindet sich dieses Licht also nicht in Wolkenhöhe, sondern im *erdnahen Weltraum*! Diese Beschreibung deutet stark auf einen leuchtenden Himmelskörper hin.

"Alsbald aber wird sich eine düstere Wolke lagern zwischen jenem Licht und der Menschheit, die danach hinblickt. Ein furchtbares Gewitter wird sich aus dieser Wolke bilden. Es wird den dritten Teil der Menschen verzehren, die dann leben werden. Und der dritte Teil aller Saatfelder und Ernten wird zerstört werden. Auch der dritte Teil der Städte und Dörfer, und überall wird große Not und Jammer sein."

Nach Erfahrungen mit anderen seherischen Quellen, wäre hier nicht ganz auszuschließen, daß das *Gewitter*, als Ursache für die dann beschriebenen Folgen, eine Interpretation der Quelle ist.

Mit *Gewitter* könnte eine Art Meteoritenschauer gemeint sein. Es könnten Teile des großen Himmelskörpers aus diesem herausbrechen und auf die Erde (oder ins Meer) stürzen und entsprechende Folgekatastrophen auslösen. Natürlich kann man *Gewitter* aber auch als weitläufige allgemeine Umschreibung auffassen.

Der *"dritte Teil der Menschen, Saatfelder, Ernten, Städte und Dörfer"* ist hier möglicherweise eine Anlehnung an die Apokalypse des Johannes.

Andererseits gibt es zahlreiche andere Quellen, die denselben Wert (ein Drittel) angeben, oder sogar Werte noch deutlich darüber. Es ist also nicht auszuschließen, daß hier tatsächlich ein Drittel gemeint ist.

Insgesamt ergibt sich nach meiner Einschätzung für diesen Text von Hepidannus nur eine einzige vernünftige Schlußfolgerung:

Hepidannus beschreibt den Dritten Weltkrieg und das Erscheinen eines Himmelskörpers gegen Ende des Krieges. Unmittelbar darauf folgt dann die Staubwolke, und Naturkatastrophen setzen ein.

Die zeitliche Streuung der Quellen

Soviel zu diesem wahrscheinlich 900 Jahre alten Text. Sehen wir uns nun an, über welchen Zeitraum sich die Vorhersagen zu dieser Finsternis erstrecken:

Zönnchen!, Uriella!, Biernacki!, De La Vega!, Dixon!, Luecken!, P.Stefano!, Stieglitz*, Irlmaier!, Stockert!, Aiello!, Korkowski*, Dudde*, Seher v.Waldviertel!, Pater Pio!, Mutter Graf*,	1950 - 1990
Kugelbeer!, Beliante*, Kossuthány*, M.J.Jahenny!, M.Sylvia*, Higginson*	1900 - 1949
Henle!, Bergadieux!, Baourdi!, P.Oria!, Schweizer Neuoffenbarung !, Jakob Lorber!, La Salette*, Lindenlied!	1850 - 1899
Taigi!, Handwercher*, Gründer. d. Kongegration!, De La Faudaise!, Emmerick*	1800 - 1849
	1750 - 1799
Buch des Marient.Klosters*, (großes Licht wird dunkel)..	1700 - 1749
Mongolische Quellen*, (langanhaltende Finsternisse),	1650 - 1699
	1600 - 1649
Nostradamus*, (größte Sonnenfinsternis aller Zeiten)	1550 - 1599
	1500 - 1549
	1400 - 1499
Edda*, (die Sonne verlischt)	1300 - 1399
Cäsarius v.Heisterbach*, (Sonne wird sich verdunkeln)	1200 - 1299
	1100 - 1199
Hepidannus von St.Gallen*, (Wolke nach Komet)	1000 - 1099
	900 - 999
	800 - 899
Heilige Ottilie!	700 - 799
Methodius v.Patara*, (Sonne verwandelt sich in Finsternis)	600 -699

! = klare Angaben zu einer 3 Tage dauernden Finsternis

* = Angabe zur Dauer fehlt, Details deuten aber auf 3tägige Finsternis

In dieser Tabelle sind alle Quellen berücksichtigt, welche entweder

1. eindeutig eine dreitägige Finsternis erwähnen, oder
2. eine Finsternis infolge eines Kometen oder Stern beschreiben, oder
3. eine Finsternis zusammen mit einem sehr großen Krieg erwähnen.

Man sieht hier deutlich, daß die eindeutigen Vorhersagen der Dreitägigen Finsternis über viele Jahrhunderte verteilt sind.

Eine ähnliche Bandbreite ergibt sich bei den Herkunftsorten der europäischen Quellen, welche die Dreitägige Finsternis definitiv oder mit hoher Wahrscheinlichkeit vorhergesagt haben (USA bisher nur eine Quelle).

Diese große zeitliche und räumliche Streuung (man bedenke die Sprachgrenzen) ergeben soweit keinen offensichtlichen Anhaltspunkt für eine gegenseitige Beeinflussung der Quellen.

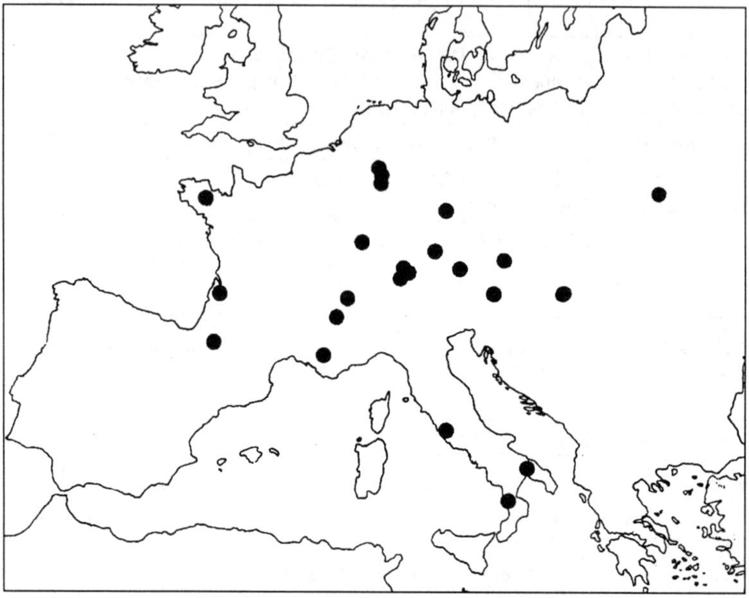

Bild 27: Dreitägige Finsternis / Lage der Herkunftsorte der vorhersagenden Quellen

Doch halten wir spaßeshalber noch etwas fest an der "Abschreiber-Hypothese". Treiben wir die Sache auf die Spitze!

In der Bibliothek der *Ungarischen Akademie der Wissenschaften* in Budapest befindet sich ein Büchlein, welches etwa im 17. Jahrhundert in der Mongolei geschrieben wurde. Und zwar von Mongolen! Dieses Buch hat eine Prophezeiung zum Inhalt. Hierin heißt es:

"Im jenem Zeitalter der Katastrophe[8] *wird ein Stern aufsteigen, genannt der Stern Gottes. Er wird im Osten aufgehen und im Westen untergehen. Er wird so groß sein wie ein Hühnerei, und er wird wundervoll hell sein. Man wird ihn in der ganzen Welt sehen."*

Man muß schon außergewöhnlich ignorant sein, um zu behaupten, eine mongolische Quelle aus dem 17. Jahrhundert sei durch europäische Quellen beeinflußt ...

Bei Hepidannus, von der Schweiz aus gesehen, taucht dieser Stern im *Norden* auf, aus mongolischer Sicht im *Osten.* Diese Abweichung könnte etwas mit dem Standort des Betrachters und der Bahn des Sternes zu tun haben. In beiden Fällen

8 calametry (auch Unglück)

scheint man die Sterne auf der ganzen Welt zu sehen. Das *"wundervoll hell"* in der mongolischen Quelle würde in der Praxis bedeuten, daß die Menschen das Schauspiel beobachten - so, wie von Hepidannus beschrieben. Vermutlich ist der Stern hier ebenfalls heller als die Sonne. Die Angabe zu seiner Größe (*Hühnerei*) deckt sich mit der Angabe eines derzeitigen deutschen Mediums, welches diesen Stern mit einer *Apfelsine* verglich. Diese Angaben sind vermutlich so zu verstehen, daß ein Ei, bzw. eine Apfelsine, die man am ausgestreckten Arm hoch hält, dem Betrachter in etwa gleich groß erscheinen wie der Himmelskörper.

Eine spirituelle Komponente dieses Himmelskörpers (Stern Gottes) taucht ebenfalls bei einer europäischen Quelle auf. Hier ist der Bezug jedoch Jesus Christus. (San Damiano, 1961 (16/175))

In dem Buch "Political prophecies in Mongolia in the 17-20th century" von Alice Sárközi, aus welchem obiges Zitat stammt, heißt es weiter zum inhaltlichen Vergleich der mongolischen Prophezeiungen:

"Lang anhaltende Finsternis[9] *oder, gerade das Gegenteil, das Erscheinen mehrerer Sonnen, können eine globale Katastrophe ankündigen."*

Auch hier also der "merkwürdige" Zusammenhang von Finsternis und auftauchender sonnenähnlicher Himmelskörper. Auch in Europa gibt es Quellen, welche mehr als einen solchen Himmelskörper erwähnen. Allerdings ist mir hier die Datengrundlage zu dünn, als daß ich genauer darauf eingehen möchte.

Möglicherweise aber sind mit den "mehreren Sonnen" in den mongolischen Quellen Szenarien gemeint, welche nur Nord-Ostasien betreffen. Möglicherweise sind mit *Sonnen* besonders große Kometen gemeint, die in Asien, aber außerhalb der Mongolei, einschlagen. Vielleicht kann man von der Mongolei nur den Anflug, nicht aber mehr den Einschlag selbst beobachten.

Abschließend wäre noch auf eine Anmerkung der Autorin Alice Sárközi hinzuweisen - daß nämlich diese mongolischen Prophezeiungen von der Asien-Forschung bisher weitestgehend vernachlässigt wurden.

Diese Informationen, insbesondere die Übersetzungen aus dem Mongolischen ins Englische, sind erst seit 1992 im Westen zugänglich.

... doch zurück zu den westlichen Quellen:

Viele Quellen sagen konkret, daß diese Finsternis drei Tage andauert. Was die Anzahl der Tage angeht, so ergibt sich eine extrem hohe Übereinstimmung. Diese Übereinstimmung ist sogar so signifikant, daß man unweigerlich auf den Gedanken kommt: Die haben alle abgeschrieben! Dieser Eindruck schwindet aber um so schneller, je intensiver man sich mit diesem Material auseinandersetzt. Offenbar beginnt die Finsternis tatsächlich innerhalb eines ganz bestimmten Tages auf dem ganzen Globus und hört ebenso gleichzeitig auf.

---

9 darkness (auch Dunkelheit)

Und genau daraus ließe sich ableiten, daß der Himmelskörper die Erde eben nicht trifft, bzw. es ließe sich ableiten, daß die Staubwolke nicht von dem Einschlag eines Himmelskörpers auf die Erde herrührt.

Seit wenigen Jahren nämlich - seit Anfang der Neunziger - verfügt die Wissenschaft über genügend gesicherte Daten, um das Szenario eines größeren Einschlages eines Himmelskörpers zu rekonstruieren. Sehr detailliert und plastisch wurden entsprechende Forschungsergebnisse in dem Buch „Und die Sintflut gab es doch" von Alexander und Edith Tollmann dargestellt.

Was die Ausbreitung der Staubwolke infolge eines Impaktes (= Einschlag eines Kometen oder Asteroiden) anbelangt, so haben Berechnungen ergeben (Tollmann, S. 194), daß diese Wolke etwa eine Woche brauchen würde, um rund um den ganzen Globus zu wandern. Fände der Einschlag in Nordamerika statt, so würde sich die Staubwolke von dort aus ausbreiten und erst zwei bis drei Tage später Europa erreichen.

Entsprechend dieser Berechnungen würde die Verfinsterung der Erde zudem mehrere Wochen andauern - ganz zu schweigen von einer Normalisierung der Lichtverhältnisse.

Eine auf drei Tage begrenzte Finsternis mit „Sonnenschein am vierten Tag" ist diesen Berechnungen nach völlig ausgeschlossen.

Andererseits sind die Angaben der Seher und Prophezeiungen zu eindeutig, als daß man dort eine deutlich längere Verfinsterung herausinterpretieren könnte. Die Seher und Prophezeiungen beschreiben ganz offensichtlich ein anderes Szenario.

Gerät die Erde in eine kosmische Wolke, so könnte die Finsternis mehr oder weniger schlagartig gleichzeitig auf dem ganzen Planeten beginnen. Die Staubwolke müßte sich nicht erst - ausgehend von einem Ursprungspunkt irgendwo auf dem Planeten - allmählich ausbreiten.

Die drei Tage der Finsternis wiederum würden auf eine sehr winzige kosmische Wolke hindeuten - Indiz für die Staubwolke eines Kometen.

Über 20 der von mir erfaßten Quellen beziehen sich ohne jeden Zweifel auf das Szenario Dreitägige Finsternis. Das ist absolut einzigartig. Um es ganz klar zu sagen: Europäische Prophezeiungen sind nicht zu trennen von der Dreitägigen Finsternis.

Oder anders gesagt: Jedes Werk, das für sich in Anspruch nimmt, europäische Prophezeiungen, bzw. die Prophezeiungen des weißen Mannes eingehender zu behandeln, und *nicht* auf die Bedeutung dieses Ereignisses eingeht, hat eine riesige klaffende Lücke.

Infolge der Giftstaubwolke und der Naturkatastrophen soll schließlich etwa *ein Drittel* der Menschen sterben. Und den Beschreibungen nach würde hierbei der Löwenanteil dem Giftstaub zum Opfer fallen. Gegen den Giftstaub wiederum soll man sich aber, wie bereits erwähnt, durch relativ einfache Maßnahmen schützen können.

Auch Alois Irlmaier, für mich der herausragendste Seher Deutschlands im 20. Jahrhundert, hat sich eingehend zu diesem Ereignis geäußert. Irlmaier ist insofern von Bedeutung, als daß er eine relativ *junge* Quelle ist, (1959 gestorben) jedoch erhaben über den Verdacht der Kopiererei älterer Quellen.

"Während des Krieges kommt die große Finsternis, die 72 Stunden dauert. ... Finster wird es werden an einem Tag unter dem Krieg. Dann bricht ein Hagelschlag aus mit Blitz und Donner, und ein Erdbeben schüttelt die Erde. Dann geh nicht hinaus aus dem Haus! Die Lichter brennen nicht, außer Kerzenlicht, der Strom hört auf. Wer den Staub einschnauft kriegt einen Krampf und stirbt. Mach die Fenster nicht auf, häng sie mit schwarzem Papier zu. Alle offenen Wasser werden giftig und alle offenen Speisen, die nicht verschlossen in Dosen sind. Auch keine Speisen in Gläsern, die halten es nicht ab. Draußen geht der Staubtod um, es sterben sehr viele Menschen. Nach 72 Stunden ist alles wieder vorbei. Aber noch einmal sage ich es: Geh nicht hinaus, schau nicht beim Fenster hinaus, laß die geweihte Kerze oder den Wachsstock brennen. Und betet. Über Nacht sterben mehr Menschen als in den zwei Weltkriegen. ... Kauft ein paar verlötete Blechdosen mit Reis und Hülsenfrüchten. Brot und Mehl hält sich, Feuchtes verdirbt, wie Fleisch, außer in blechernen Konservendosen. Wasser aus der Leitung ist genießbar, nicht aber Milch. Recht viel Hunger werden die Leute so nicht haben, während der Katastrophe und Finsternis." (30/134)

Aus der folgenden Tabelle ist ersichtlich, daß die Vorhersage der Dreitägigen Finsternis im Zusammenhang mit einem Krieg bzw. dem Dritten Weltkrieg um so häufiger wird, je mehr Details von einer Quelle erwähnt werden (mittlere Spalte "Krieg").

Insgesamt läßt sich die Vorhersage der Dreitägigen Finsternis also als Indikator für einen Dritten Weltkrieg einstufen. Wo von der Dreitägigen Finsternis die Rede ist, da ist der Dritte Weltkrieg meist nicht weit.

Bei den letzten chronologischen Feinheiten ergeben sich allerdings bei manchen Quellen Abweichungen. Im Lied der Linde scheint der Polsprung erst kurz nach der Dreitägigen Finsternis stattzufinden.

Möglicherweise kommt es zu mehreren, zeitlich deutlich voneinander getrennten Polsprüngen - ein weiterer Aspekt, der hier aus Platzgründen nicht weiter dargestellt werden kann. Wer sich dafür interessiert, sollte sich die Arbeiten von Hans J. Andersen* ansehen (siehe Bibliographie).

Dr. Kossutthány sah diese Finsternis *vor* dem Kriege, also nicht an dessen Ende. Wolfgang Zönnchen weist auf *mehrere* langanhaltende Finsternisse hin, und auch der erste Engel in der Offenbarung des Johannes scheint mir damit in Zusammenhang zu stehen. Darüber hinaus gibt es noch weitere Quellen.

Diese Abweichungen geben aber mehr eine Richtung für weitere Untersuchungen vor, als daß sie wirklich verwirren. Basierend auf den obigen Quellen kann man von zumindest *einer* Finsternis zum Kriegsende hin ausgehen. Und den Beschreibungen nach dürfte es sich dabei um die mit Abstand katastrophalste Finsternis handeln.

---

* H.J. Andersen, „Polsprung - Prophezeiungen und wissenschaftliche Analysen" erscheint Anfang 1998 neu im G. Reichel Verlag, siehe Beschreibung auf den letzten Seiten dieses Buches

Detailangaben zur Dreitägigen Finsternis

			Daten-	Detailangaben			Krieg				Naturkatastr.						Rat.		
	Quellen	Zeit	sätze	3	F	W	**K**	G	H	P	E	N	Ü	O	D	B	h	S	T
1	Irlmaier	1947	150	■	■	■	■				■	■	■			■	■	■	
2	Biernacki	1984	149	■	■	■	■	■			■		■		■	■	■		
3	Seher v.Waldviertel	1959	79	■	■	■	■				■						■		
4	Dixon	1970	48	■	■		■												
5	Kugelbeer	1922	43	■	■	■	■				■		■		■	■	■	■	■
6	Lueken	1972	38	■	■	■	■	■	■		■		■				■	■	
7	Stockert	1948	36	■	■		■	■			■						■	■	■
8	Lorber	1864	33	■	■	■	■												
9	Aiello	1955	33	■	■		■												
10	Wolfgang Zönnchen ..	1988	33	■	■														
11	Lied von der Linde	1850	29	■	■	■	■	■			■						■	■	
12	Uriella	1993	21	■	■		■												
13	De la Vega	1982	18	■	■		■	■			■		■						
14	Marie J. Jahenny ..	1938	16	■	■						■				■		■	■	■
15	Pater Pio	1961	14	■	■	■					■			■	■		■	■	■
16	Taigi	1837	12	■	■	■	■										■	■	
17	Porto Stefano	1975	8	■	■	■	■	■											
18	Heilige Ottilie ...	720	7	■	■		■												
19	Palma von Oria	1872	6	■	■	■													
20	Marie Bergadieu ...	1875	6	■	■		■												
21	Friede	1948	6	■	■	■										■			■
22	Baourdi	1878	6	■	■														
23	Schweiz.Neuoffenb. .	1856	4	■	■			■											
24	Henle	1890	4	■	■														
25	J. de la Faudaise ..	1819	2	■	■	■					■		■	■					
26	Gründ.d.Kongegrat. .	1837	2	■	■														
27	Heilmann	1949	1	■	■														
28	Nostradamus	1558	548	!	■	!	■	■	!	■	■	!	■	!	!	!	!	!	!
29	Korkowski	1947	178		■	■		■			■		■						
30	La Salette	1846	84	!	■	!	!	■	!	!	■	!	!	!	!	!	!	!	!
31	Erna Stieglitz	1972	50	!	!	■	■	!	!	!	!	!	!	!	!	!	!	!	!
32	Madam Sylvia	1934	24	!	!	!	!	■	!	!	■	■	■	!	!	!	■	!	!
33	Meth.v.Patara	677	20		■						■								
34	Cäs.v.Heisterbach ..	1230	20	!	■	!	■	!	!	!	■	!	■	!	!	!	!	!	!
35	Ital.Sibylle	100	19		■														
36	Hep.v.St.Gallen	1081	18	!	!	■	!	!	■	!	■	!	!	!	!	!	!	!	!
37	Buch d.Marienth.K. .	1749	18		■	■													
38	Lybische Sibylle ..	-200	16		■	■													
39	Edda	1300	14	!	■	!	!	!	!	!	■	■	■	!	!	!	!	!	!
40	Emmerick	1822	13		■														
41	Beliante	1923	11			■													
42	Mutter Graf	1961	10		■	■													
43	Handwercher	1830	8		■														
44	Bertha Dudde	1947	7	!	■	!	■	!	■	!	■	!	!	!	!	!	!	!	!
45	Kossutthány, Dr. ...	1918	6		■		■												
46	Higginson	1880	6		■						■								
47	Kerizinen	1965	3		■						■								
48	Mongol. Quellen ...	1700	2	!	■	!	!	!	■	!	!	!	!	!	!	!	!	!	!
				3	F	W	**K**	G	H	P	E	N	Ü	O	D	B	h	S	T

3 dreitägige Finsternis (wortwörtlich)	P Planeten, Sterne verändern sich	D Donnerschlag beim Beginn der Finsternis
F Erwähnung einer Finsternis	**Naturkatatrophen:**	B Blitze
W große Wolke (giftige Luft, verseucht)	E Erdbeben	**Ratschläge:**
K Kämpfe, Krieg	N neues Land taucht aus dem Meer	h man soll im Hause bleiben
G Störung der Gravitation	Ü Überflutungen der Küsten	S Fenster schließen, nicht raussehen
H Himmelskörper taucht auf	O Orkane	T Täuschungen, Halluzinationen

Ob es sich bei den abweichenden Angaben zum genauen Zeitpunkt bzw. den Angaben zu mehreren Finsternissen um Fehlinterpretationen der Seher handelt, oder vielmehr um tatsächliche potentielle zukünftige Ereignisse, läßt sich im Moment nicht eindeutig beantworten.

Mehrere der Quellen im unteren Teil der Tabelle links sind nur aus formalen Gründen nicht in der oberen Hälfte eingetragen. Es fehlt hier lediglich eine genaue Angabe zur Dauer der Finsternis.

In den mit (!) gekennzeichneten Fällen deuten die Details deutlich hin auf die Dreitägige Finsternis. So z. B. wenn von einer *Störung der **G**ravitation* im Zusammenhang mit einer **F**insternis die Rede ist: Spalte **F** + Spalte **G**.

Oder aber, wenn das *Auftauchen eines **H**immelskörpers* im Zusammenhang mit der **F**insternis erwähnt wird: Spalte **F** + Spalte **H**.

Indirekt könnte der Polsprung auch durch merkwürdige Veränderungen am Sternenhimmel bzw. dem Planetenhimmel angezeigt werden: Spalte **F** + Spalte **P**.

Diese merkwürdigen Veränderungen können auch z. B. in einem *Aufrollen des Himmels, Fallen* - oder *Zusammenstoßen von Sternen* oder *merkwürdiger Bewegungen der Planeten* einschließlich von Sonne und Mond bestehen. In den meisten dieser Fälle kann man von erheblichen Störungen im Gravitationsgefüge unseres Sonnensystems ausgehen.

Ebenso deutet ein *Versinken von Landmassen* im Zusammenhang mit einem *Auftauchen von Landmassen* und einer Finsternis indirekt auf einen Polsprung: Spalte **F** + Spalten **E, N, Ü**.

Was (abgesehen von einem gigantischen Meteoriteneinschlag) könnte solche Energien freisetzen? Bei den Meteoriten stellt sich natürlich die Frage, wo sie auftreffen sollen - und warum es hierüber praktisch keine Vorhersagen gibt.

Prinzipiell gilt dies allgemein für die plötzliche und drastische Häufung von Naturkatastrophen zur Zeit der Finsternis. Woher kommt plötzlich diese gewaltige Energie?

Ebenfalls auf die Dreitägige Finsternis deutet (wie im Falle von Erna Stieglitz) eine Giftwolke während eines Krieges, an der in riesigen Gebieten etwa ein Drittel der Menschen sterben.

Zu dem Himmelskörper selbst, dessen Auftauchen die Dreitägige Finsternis ankündigt, gibt es von mehreren Quellen genauere Angaben. Das Datenmaterial ist jedoch zu dünn, als daß eine genaue Analyse hier Sinn macht. An dieser Stelle seien nur diejenigen Aspekte erwähnt, zu denen sich bei den Quellen eine gewisse Übereinstimmung ergibt.

Der Himmelskörper wird als Ausdruck einer geistigen Dimension betrachtet. Er wird mit Gott (Mongolei) oder Jesus Christus (San Damiano (16/175)) assoziiert.

Am Himmel dürfte er maximal die vierfache Größe des Mondes haben. Sein Licht soll orangerot oder goldorange sein. Möglicherweise kommt er der Erde schon einige Monate vorher sehr nahe, vielleicht im Frühjahr vor der Dreitägigen Finsternis im Oktober.

... ein paar weitere Beschreibungen zu bedrohlichen Himmelskörpern:

In der **Offenbarung des Johannes** (8 und 9) taucht sogar eine ganze Reihe vergleichbarer Himmelskörper auf:

Und der [erste] Engel nahm das Räuchergefäß und füllte es mit Feuer vom Altar und schüttete es auf die Erde. Und da geschahen Donner und Stimmen und Blitze und Erdbeben.

Und der zweite Engel blies seine Posaune; und es stürzte etwas wie ein großer Berg mit Feuer brennend ins Meer, und der dritte Teil des Meeres wurde zu Blut, und der dritte Teil der lebendigen Geschöpfe im Meer starb, und der dritte Teil der Schiffe wurde vernichtet.

Und der dritte Engel blies seine Posaune; und es fiel ein großer Stern vom Himmel, der brannte wie eine Fackel und fiel auf den dritten Teil der Wasserströme und die Wasserquellen.

*Und der Name des Sterns heißt Wermut [russisch : **Tschernobyl**]. Und der dritte Teil des Wassers wurde zu Wermut und viele Menschen starben von den Wassern, weil sie bitter geworden waren...*

Und der fünfte Engel blies in seine Posaune; und ich sah einen Stern, gefallen vom Himmel auf die Erde; und ihm wurde der Schlüssel zum Brunnen des Abgrundes gegeben.

Und er tat den Brunnen des Abgrundes auf, und es stieg auf ein Rauch aus dem Brunnen wie der Rauch eines großen Ofens, und es wurden verfinstert die Sonne und die Luft von dem Rauch des Brunnens."

Engel Nr.1 scheint noch relativ "harmlos" zu sein. Vermutlich schüttet er nicht das ganze Rauchgefäß auf die Erde, sondern **nur den Rauch!** Eine Finsternis im Vorfeld des Dritten Weltkrieges?

Naheliegendste Interpretation: Ein Meteoriteneinschlag! Die blutrote Färbung des Meeres ist ein Nebeneffekt bei Meteoriteneinschlägen. Riesige Mengen von Salpetersäure würden die Meere blutrot, bzw. rotbraun färben.

Im Gegensatz zum vorherigen Szenario wird hier das Trink- bzw. Süßwasser vergiftet. Beim letzten Engel waren es die Meere. Bei Engel Nr. 2 sterben die Fische, hier die Menschen. Unklar bleibt, ob der Stern nur vom Himmel oder auch tatsächlich auf die Erde fällt! Wenn nicht, dann könnte es sich hierbei um die Dreitägige Finsternis handeln. Der Fallout der Giftwolke vergiftet alle offenen Wasser.

Dieser Text muß meiner Meinung nach völlig anders interpretiert werden: Der Stern ist Luzifer, der gefallene Engel. Denn hier wird nur gesagt, daß er ***gefallen ist***, und nicht beschrieben, ***daß er gerade fällt oder wie er fällt.*** Luzifer bzw. der Antichrist bekommt die Kontrolle über eine neue Hoch-Technologie, die noch zerstörerischer als die Atomkraft ist, und wendet diese schließlich an! **Szenario Vierter Weltkrieg!** (siehe Bertha Dudde)

In der Offenbarung des Johannes tauchen also viele der Elemente auf, die auch bei viel späteren Sehern zu finden sind. Möglicherweise entspricht sogar die Reihenfolge der Engel dem tatsächlichen Ablauf der Ereignisse. In diesem Falle müßte es schon im Vorfeld des Dritten Weltkrieges zu Katastrophen kommen, die im Kosmos ihren Ursprung haben.

Natürlich ist all das nur eine Interpretation. Doch von einem Werk wie der Bibel könnte man mit Recht eindeutige Hinweise zu dem Szenario "Dreitägige Finsternis" erwarten. Wir werden sehen ...

Prophezeiung der Hopis *(16. Jh): >"... wenn ein "Kürbis voll Asche" auf die Erde geworfen werde, seien große Verluste an Menschenleben die Folge, und das Ende der "materialistischen Lebensweise" käme bald. Nach Hopi-Deutung ist damit entweder der Atombombenabwurf auf Hiroshima und Nagasaki oder ein atomarer Holocaust im Verlauf eines möglichen Dritten Weltkrieges gemeint." <(38/76)*

Hier könnte es sich auch durchaus um besagten Himmelskörper handeln. Atombomben sind natürlich eine Erklärung, die auf allgemein bekannten Tatsachen beruht. Das Schwanken zwischen *zwei Atomexplosionen* und einem *atomaren Holocaust* zeigt aber deutlich, daß dieser Punkt eine *Interpretation* und keine *Vision* ist.

Lorber, *1864 (u): "Wenn die Zahl der Reinen und Guten wie zur Zeit Noahs sich sehr verringern wird, dann soll die Erde abermals beschickt werden mit einem allgemeinen Gericht, in dem weder der Menschen, noch der Tiere und Pflanzen geschont wird. Es werden da den stolzen Menschen nichts mehr nützen ihre feuer- und todspeienden Waffen, nichts ihre Burgen und ehernen Wege, auf denen sie mit der Schnelligkeit eines Pfeils dahinfahren. Denn es wird ein Feind aus den Lüften angefahren kommen und wird sie alle verderben, die da allzeit Übles getan haben. Und Ich werde zerstören all die Krämer- und Wechslerbuden durch den Feind, den Ich aus den weiten Lufträumen der Erde zusenden werde, wie einen dahinzuckenden Blitz mit großem Getöse. Wahrlich, gegen den werden vergeblich kämpfen alle Heere der Erde!" (9/77)*

Natürlich kämpfen die *"Heere der Erde"* nicht gegen den Feind aus den weiten Lufträumen. Unsinn! Sie kämpfen gerade *gegeneinander*. Und plötzlich kommt dieser Himmelskörper.

Nostradamus *(1555 II; 70) Bouvier (42/123) (deckt sich hier mit Allgeier):*

"Der Speer des Himmels wird seine Bahn ziehen,
Tod während des Sprechens, große Hinrichtung.
Der Stein im Baum zahlt es dem stolzen Volk heim.
Lauter Lärm, die Menschheit wird vom Monster zur Sühne gereinigt."

"*Tote beim Sprechen*" deutet hin auf eine Vergiftung über die Luft bzw. die Atemwege. Und zwar innerhalb von Sekunden! Das deckt sich mit Alois Irlmaier (41/181) und Babaji (27/30).

Der Monat der Dreitägigen Finsternis

Quelle	Zeit	Angaben	Literatur
1. Nostradamus	1558	"Oktober"	1/377
2. Lindenlied	1850	"Winter kommt ..."	7/374
3. Q.v.Beykirch	1622	"im November wird man Wunderdinge sehen"	5/ 77
4. Irlmaier	1952	"regnerisch und Schnee durcheinander"	41/180
5. Pater Pio	1965	"Die Nacht ist sehr kalt."	8/151
6. J.M.Jahenny	1973	"in kalter Winternacht"	8/207
7. Karin Nagel	1992	"im August" (weicht alleine ab)	29/142

Der gemeinsame Nenner wäre hier also *Ende Oktober* bis etwa *Ende November.*

Da man den Quellen nach zur Zeit der Dreitägigen Finsternis wegen der giftigen Außenluft im Hause bleiben soll, man andererseits aber hin und wieder etwas draußen zu tun haben könnte, wäre es natürlich hilfreich, zu wissen, wann genau die Verseuchung der Luft einsetzt.

Was die Jahreszeit anbelangt, so findet sich in den Quellen ein halbwegs eindeutiger Schwerpunkt: Oktober/November, bzw. Herbstende/Winteranfang. Auch ist die Rede davon, daß zu dieser Zeit ziemlich kalt ist. Und es müßte gleichzeitig Krieg herrschen! Vielleicht befinden sich die Russen schon auf dem Rückzug, aber Friede dürfte zu diesem Zeitpunkt noch nicht sein.

Bemerkenswerterweise sind die Quellen etwas verwirrend, was die Tageszeit anbelangt. Bei Irlmaier heißt es "Finster wird es werden an einem Tag unter dem Krieg". (Seite 91) Bei Hepidannus heißt es : "Aber es wird bald ein Tag anbrechen, da wird ein Licht aufgehen ... Und der Schein der Sonne wird verblassen vor diesem Lichte. Alsbald aber wird sich eine düstere Wolke lagern zwischen jenem Licht und der Menschheit, die danach hinblickt ...".

Würde die Erde nicht so wie hier tagsüber, sondern während der Nacht in die Staubwolke geraten, so wäre mit grundsätzlich anderen Beschreibungen zu rechnen. Dann müßte es heißen, daß nach den üblichen Stunden der Nacht keine Sonnenaufgang folgt, und es dunkel bleibt! In sofern kann man davon ausgehen, daß zutrifft, was Irlmaier und Hepidannus beschreiben. Schon tagsüber wird es dunkel!

Etwas verwirrend sind dann Beschreibungen, wie die folgenden:

***Julie Marie Jahenny,** 1873, Bretagne:"Wenn in kalter Winternacht Donner über die Erde rollen, daß die Berge zittern, dann schließet schleunigst die Fenster und Türen ..." (8/208)*

***Pater Pio,** 1961, Italien:"Damit ihr euch auf das Ereignis vorbereiten könnt, gebe ich euch folgendes Zeichen : Die Nacht ist sehr kalt, der Wind braust, und nach einiger Zeit wird der Donner einsetzen. Dann versperrt alle Türen und Fenster ..." (8/151)*

Ganz klar: Hier kann man sich Zeit lassen bis es dunkel wird. Tagsüber könnte man also noch draußen rumlaufen.

Den Quellen vertrauend könnte man diesen scheinbaren Widerspruch folgendermaßen auflösen:

Die dunkle Wolke wird zwar schon tagsüber sichtbar, jedoch braucht sie ein paar Stunden, bis sie den Erdboden erreicht. Ist sie so, wie mehrfach vorhergesagt (z.B. von Edward Korkowski und Bertha Dudde) kosmischen Ursprungs, dann ist es völlig klar, daß sie ihre Zeit braucht, von der äußeren Atmosphäre bis zum Boden!

Sicherlich kann man diesen scheinbaren Widerspruch nicht auflösen, indem man sagt, diese oder jene Quelle, sein glaubwürdiger als die andere. Hepidannus und Irlmaier auf der einen - und Pater Pio auf der anderen Seite sind sozusagen absolute Güteklasse 1A.

Trotzdem: Der Widerspruch bleibt. Auch wenn meine Erklärung schlüssig klingen mag. Damit ist noch lange nicht ausgeschlossen, daß hier nicht vielleicht doch unterschiedliche Szenarien beschrieben werden. (Allerdings vermute ich das nicht.)

J.M.Jahenny und Pater Pio erwähnen überdies sozusagen als allerletztes (!) Warnzeichen "Donner", der Gestalt, "daß die Berge zittern".

Garcilaso de la Vega, *1982, Maria Laach (3a):"Die große Erschütterung und die drei finsteren Tage. Die Erdachse verschiebt sich und die Sonne verändert ihren Himmelslauf." (16/214)*

Hepidannus von St.Gallen, *1081 (w):"Alsbald aber wird sich eine düstere Wolke lagern zwischen jenem Licht und der Menschheit ... Ein furchtbares Gewitter wird sich aus dieser Wolke bilden. Es wird den dritten Teil der Menschen verzehren ..."*

... vermutlich meinen J.M.Jahenny, Pater Pio und Hepidannus nicht normalen Gewitterdonner bzw. Gewitter, sondern Phänomene infolge eines (kleineren) Impaktes. Dessen Knall könnte man tausende Kilometer weit hören. Das muß also nicht gleich in der "Nachbarschaft sein" sein.

Da stellt sich natürlich die Frage, ob es konkrete Voraussagen zu niedergehenden kleineren Meteoriten oder Kometen in Europa gibt. Die Antwort lautet meines Wissens nach: Nein! Lediglich in den Feldpostbriefen findet sich ein diffuser Hinweis, zu einer Naturkatastrophe in "Süddeutschland", deren Spuren später zu einem Touristenziel wird. Da käme nur ein Vulkan, oder ein Impaktkrater in Frage. Und ein Impaktkrater wäre natürlich besonders sensationell, da es in ganz Europa nicht einen gibt, den man mit bloßem Auge erkennen kann ...

Die Staubschicht

Nach den drei dunklen Tagen soll die Sonne wieder scheinen. Die Wolke ist weg. Wohin ? Sie hat sich auf den Erdboden abgesetzt !

Eine interessante Frage ist jetzt, wie hoch diese Staubschicht auf dem Erdboden ist. Wüßte man das, so ließe sich errechnen, wie groß die globale Gesamtmenge des Staubes ist. Und entsprechend ließen sich Rückschlüsse auf die Größe des Himmelskörpers ziehen.

Johannes Friede, *1822: "Wenn am vierten Tage, zur Zeit des Sonnenaufganges euer Tagesgestirn wieder im vollsten Glanze erstrahlen wird, dann wird auf Erden eine Aschendecke liegen wie bei Neuschnee im Winter, nur mit dem Unterschiede, daß diese Asche schwefelfarben ist. Vom Erdboden werden Nebel aufsteigen wie von feurigem Gase erfülltes Licht. ...*

Am siebenten Tage nach dem Wiedererscheinen des Lichtes wird die Asche vom Erdboden aufgenommen sein und eine Fruchtbarkeit erzeugen, wie sie die Menschen noch nicht zu sehen bekamen." (46/84)

Es ist zweifelhaft, ob der Staub wirklich so schnell vom Boden aufgenommen werden kann. Wenn ja, dann kann die Schicht nur sehr dünn sein. Die hier erwähnte Fruchtbarkeit deckt sich mit Ergebissen der Impaktforschung.

Eine entsprechende Höhe der Staubschicht (in Europa) findet sich auch bei Korkowski "nur einige Zentimeter" (115/4), und in Visionen von zwei Bekannten eines Freundes von mir. Dort ist in einen Fall die Rede von "einer 2 - 3 Finger hohen, weißlichen Staub- oder Ascheschicht" (Süddeutschland), im anderen Fall von "einer etwa 3 cm hohen Ascheschicht" (Ostbayern).

Der Polsprung

In der Tabelle auf Seite 92 können Sie sehen, daß 9 Quellen (rund 20 % der Quellen, die sich auf die Dreitägige Finsternis beziehen), eine gleichzeitige Störung der Gravitation vorhersagen.

Rund 70 % der Quellen mit Bezug zur Dreitägigen Finsternis sagen für diese Zeit gleichzeitig sehr schwere Naturkatastrophen wie Erdbeben, Überflutungen und Orkane voraus.

Ein paar wenige Quellen sagen voraus, daß nach diesen drei Tagen im Nordatlantik neues Land auftaucht - nämlich das versunkene Atlantis. Die Küstenlinien sollen sich in vielen Gegenden der Welt drastisch verändern.

Selbst eine Veränderung der Umlaufbahn anderer Planeten im Sonnensystem wird gelegentlich vorhergesagt oder angedeutet.

Und nach der Katastrophe soll es in Deutschland wärmer sein.

All das, und noch andere Details, deuten darauf hin, daß sich die Erde kurzzeitig nicht mehr so durch das Sonnensystem bewegt, wie wir es gewohnt sind.

Jede plötzliche Änderung, sei es die *Rotationsgeschwindigkeit*, die *Richtung der Rotation* oder gar die *Umlaufbahn um die Sonne* selbst, würde sofort zu gewaltigen Naturkatastrophen führen.

Wie auch immer sich die Bewegung der Erde plötzlich ändern würde, die Lufthülle, die Wassermassen und auch die Kontinentalschollen, die auf dem weichen Erdinneren schwimmen, würden auf Grund ihrer Trägheit etwas zeitlich verzögert reagieren.

Die Erde würde sozusagen unter der Lufthülle und den Meeren wegrutschen, das Erdinnere unter den Kontinentalschollen. Daraus ergeben sich schlagartig schwere Stürme, Fluten, Erdbeben, Vulkanausbrüche, Anhebungen und Absenkungen ganzer Gebiete. Und zwar alles in einem bisher völlig unbekannten Ausmaß.

Mehrere der jüngeren Quellen sagen eine plötzliche Änderung der Erddrehung in eindeutiger Form voraus. Doch im Grund reichen schon die Indikatoren in den älteren Quellen aus, um dem Polsprung auf die Schliche zu kommen.

Es fragt sich, wie diese Änderung der Erddrehung genau aussehen könnte.

Eine Änderung der *Umlaufbahn um die Sonne* scheidet aus. Denn nach dieser Katastrophe soll das menschliche Leben auf der Erde weitergehen. Würde sich der Abstand zur Sonne entscheidend ändern, so würde es schnell unerträglich heiß oder unerträglich kalt werden. Außerdem wäre anzunehmen, daß auch der Mond ein solches Manöver nicht klaglos mitmacht.

Es könnten sich also nur 3 Aspekte grundlegend ändern:

1. der Rotationswinkel
2. die Rotationsgeschwindigkeit
3. die Lage der Kontinente im Bezug zu den Polen und dem Äquator

Welche dieser Änderungen *während* der Dreitägigen Finsternis zu erwarten wären, ist schwer zu sagen und im Grunde auch nicht so wichtig. Worauf es vielmehr ankäme, wäre die Lage, in welcher die Erde wieder zur Ruhe kommt!

Was auch immer geschieht - alles müßte sich recht schnell wieder stabilisieren, da sich innerhalb weniger Tage wieder normale Lebensbedingungen auf der Erde einstellen sollen.

Bild 28: Denkbare Änderung der Erddrehung

Die möglichen Stellungsänderungen der Erde

1. Eine extreme Änderung des Rotations-Winkels zeichnet sich in den Quellen nicht ab. Eine solche Änderung könnte theoretisch zur Folge haben, daß ein großer Teil der Erde permanent bzw. nie von der Sonne beschienen wird.
2. Eine Änderung der Rotations-Geschwindigkeit würde die Tage auf der Erde verkürzen oder verlängern. Auch das findet sich soweit nicht.
3. Für eine Änderung der Lage der Kontinente im Bezug zu den Polen und dem Äquator finden sich demgegenüber zahlreiche Hinweise in den Quellen. Genaugenommen ergeben sich hier 2 unterschiedliche Aspekte:

   Erstens eine Verschiebung der Kontinente im Bezug auf ihre Entfernung zu den Polen. Es verschöben sich also global sämtliche Klimazonen.

   Zweitens wird von ein paar wenigen Quellen vorhergesagt, daß die Erde kopfüber zum Stehen kommt, bzw. die Sonne im Westen aufgeht. Diese 180°-Drehung wird auch als Polwende bezeichnet.

Die potentiell zukünftige Lage der Kontinente

Vorausgesetzt, die Polwende, also die 180°-Drehung der Erde, tritt tatsächlich ein und ist einigermaßen exakt, dann dürfte es auf der Erde zu keinen besonders dramatischen Veränderungen der Klimazonen kommen (abgesehen von Meeres- und Luftströmungen (Jet-Stream)), ganz anders als bei einer Verlagerung der Pole nur innerhalb der Halbkugeln. So wäre es theoretisch denkbar, daß die Schweiz an den geographischen Nordpol wandert.

Das sicherste Anzeichen für einen Polsprung wäre eine Verschiebung der Klimazonen und ein leicht versetzter Sonnenaufgang.

Den Quellen nach wäre definitiv mit diesem Szenario zu rechnen. Allerdings ist mir die gegenwärtige Datengrundlage zur Bestimmung der potentiell zukünftigen Lage der Kontinente noch zu dünn. Wer sich mehr dafür interessiert, der lese die Arbeiten von Hans J. Andersen. (Siehe Bibliographie)

Einigermaßen sicher scheint lediglich, daß es in Mitteleuropa spürbar wärmer wird. Alois Irlmaier sagt für Bayern etwa italienisches Klima voraus, und in der Botschaft von La Salette ist die Rede von reichen Ernten, die nach dem Dritten Weltkrieg über Jahre hin (in Europa) eingefahren werden.

Eine dauerhafte Verschlechterung der klimatischen Bedingungen in Mitteleuropa läßt sich den Quellen nach ausschließen. Ein sehr positives Ergebnis also.

Da es sich bei dem Polsprung um ein weltweites Szenario handeln würde, müßte es in vielen Gebieten der Welt entsprechende Vorausschauungen zu Klimaänderungen geben. Man bräuchte diese nur zu sammeln, und sehr bald würde sich ein klares Bild hinsichtlich der neuen Position der Kontinente ergeben.

Und kennt man den Grad der Verschiebung, dann könnte man mit diesen Informationen Computermodelle speisen und so die Aussagen der Prophezeiungen überprüfen.

Wenn aber Mitteleuropa um etwa 10 Breitengrade in Richtung Äquator auf die geographische Breite von Italien rutscht, dann - die Erde ist schließlich eine Kugel - bedeutet dies, daß ein anderer Teil der Erde entsprechend vom Äquator weg Richtung Nord- oder Südpol rutschen muß. Welcher Teil dies nun ist, wäre zunächst einmal völlig offen, da die Erde nicht nur in Nord/Süd-Richtung, sondern auch noch anders verdreht sein könnte.

In bestimmten Gebieten würden sich schlagartig die Bedingungen für die Landwirtschaft verschlechtern. Ein paar Grad weniger, und schon gäbe es Mißernten. Und zwar nicht vorübergehend, sondern für immer!

Völkerwanderungen wären die Folge. Jetzt käme es darauf an: Sind davon nur kleine Völker betroffen oder auch große?

Kleine Völker könnte man notfalls anderswo integrieren. Was aber wäre mit Völkern, die viele Millionen Menschen zählen?

Je größer solche Völker wären, desto wahrscheinlicher wären kriegerische Auseinandersetzungen infolge der Klimazonen-Verschiebung.

Bei einer breiteren Datenbasis könnte man also Untersuchungen anstellen, inwieweit der prophezeite *Vierte Weltkrieg* durch verschobene Klimazonen hervorgerufen oder begünstigt sein könnte. Möglicherweise beendet die Dreitägige Finsternis nicht nur den Dritten Weltkrieg, sondern legt auch den Grundstein für einen Vierten Weltkrieg.

In jedem Falle wäre infolge der Dreitägigen Finsternis mit Auswirkungen auf *sämtliche* Lebensbereiche zu rechnen. Dies schlösse die Weltpolitik mit ein.

Abschließend sei darauf hingewiesen, daß nach den Forschungen von Hans J. Andersen der Polsprung sich in mehreren Etappen entwickeln würde. Entsprechende Vorhersagen finden sich auch im Lied der Linde und bei Edward Korkowski. Eine Darstellung dieses Aspektes muß hier aus Platzgründen entfallen.

Für uns entscheidend ist, daß die frühesten und mit Abstand massivsten Auswirkungen während der Dreitägigen Finsternis zu erwarten wären.

Die Dreitägige Finsternis bei Nostradamus

In den Centurien von Nostradamus sucht man vergeblich nach einer Bezeichnung *"Dreitägige Finsternis"* oder einem Hinweis auf eine drei Tage andauernde Finsternis. Dennoch taucht dieses Szenario bei Nostradamus auf:

In der Vorrede an Heinrich II. (der französische König zur Zeit von Nostradamus), einem weit weniger verschlüsselten Prosatext von Nostradamus, beschreibt der Seher ein Szenario, welches den Details nach als Vierter Weltkrieg identifiziert werden kann.

Direkt im Anschluß an diese Beschreibung des Vierten Weltkrieges macht Nostradamus einen Sprung zurück in die Zeit davor - also in Richtung Gegenwart:

*"Zuvor aber kommt es zu einer **Sonnenfinsternis**.*

Es wird die dunkelste und finsterste seit der Erschaffung der Welt bis zum Sterben und Leiden Jesu Christi und von da bis zum heutigen Tag.

*Im Monat **Oktober** werden einige so große Verschiebungen eintreten, daß man glauben wird, die **Schwerkraft der Erde** hätte ihre natürliche Bewegung verloren und die Erde wäre hinausgeschleudert in die ewige **Finsternis**."*

(Übersetzung von Allgeier (1/377))

Unter anderem fällt hier auf, daß Nostradamus die eigentliche Ursache für diese größte Sonnenfinsternis aller Zeiten nicht erwähnt! Das Gleiche gilt für die *"großen Verschiebungen"*, oder wie N. A. Centurio übersetzt: *"eine große Verlagerung"*.

Es bleibt unklar, was, wie und wodurch verschoben oder verlagert werden soll. Der Text enthält lediglich Indizien. Nostradamus redet um den heißen Brei herum.

Ist man allerdings einigermaßen vertraut mit den europäischen Prophezeiungen, so kommen einem sofort drei Dinge bekannt vor:

1. die große Finsternis,
2. der Monat Oktober (Herbstende/Winteranfang) für den Zeitpunkt der *so großen Verschiebungen* bzw. der Finsternis und
3. die Störung der Schwerkraft der Erde (Polsprung/Polwende).

Genug Indizien, um sich den Text noch genauer anzusehen.

Oben ist die Rede von der *dunkelsten und finstersten Sonnenfinsternis* aller Zeiten. Hiermit kann unmöglich eine totale Sonnenfinsternis gemeint sein. Denn bei einer solchen ist der Schatten, den der Mond wirft, immer gleich groß und gleich dunkel. Schlußfolgerung: Es ist eben *nicht* der Mond, der diese Finsternis verursacht. Was dann? Was sonst könnte die Sonne vollkommen verdecken? Theoretisch gäbe es hier drei Möglichkeiten:

1. ein dunkler Himmelskörper zwischen Erde und Sonne
2. eine dunkle Wolke im Kosmos
3. eine dunkle Wolke in der Atmosphäre

Der dunkle Himmelskörper unterscheidet sich von den dunklen Wolken natürlich dadurch, daß er eine große, kompakte Masse hat. Ist diese Masse groß genug, dann könnte sie Störungen in anderen Gravitationssystemen verursachen: Im Erde-Mond-System, im Erde-Sonne-System oder sogar im gesamten Sonnensystem.

Genau das scheint Nostradamus zu beschreiben: Eine kurze, vorübergehende Störung der Gravitation auf der Erde - verursacht, durch *einige so große Verschiebungen (bzw. eine große Verlagerung,* wie Centurio übersetzt*).*

Was immer da passiert, es muß sich spürbar auf das Magnetfeld der Erde auswirken. So sehr, daß jeder Mensch es wahrnimmt.

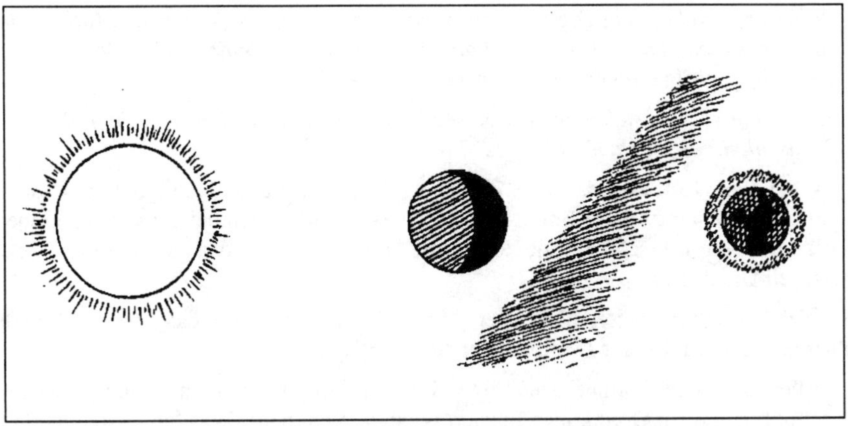

Bild 29: Verfinsterung durch Himmelskörper, kosmische Einflüsse oder Wolke in der Erdatmosphäre

Die einfachste Erklärung wäre ein Himmelskörper, welcher der Erde sehr nahe kommt und ebenso wie der Mond mit eigener Anziehungskraft auf die Erde einwirkt.

Erklärt man dieses Phänomen dagegen nur mit der Schwankung des Erdmagnetfeldes, so hat man sofort zwei unbeantwortete Fragen: Woher plötzlich die Störung des Magnetfeldes? Und woher plötzlich die große Dunkelheit?

Beim Erklärungsmodell mit dem Himmelskörper hätte man zwei Erklärungen für die Dunkelheit. Der Himmelskörper könnte theoretisch so groß sein, daß er die Sonne für drei Tage abdunkelt. Wäre er aber so groß, so würde er sicherlich eine dauerhafte Störung der Erd-Umlaufbahn verursachen.

Viel naheliegender ist die Erklärung durch einen Kometen, welcher der Erde sehr nahe kommt, sie kurzfristig destabilisiert und anschließend mit seinem Staubschweif einnebelt. Nicht ganz auszuschließen wäre auch die Möglichkeit, daß es sich bei dem "Kometen" um etwas ganz anderes als einen Kometen (aus Staub und Eis) oder einen Asteroiden (aus Gestein) handelt.

Warum aber erwähnt Nostradamus die Ursache all dessen nicht? Warum spricht er nicht klipp und klar von einem Kometen? Um, wie er in dem bekannten Brief an seinen Sohn Cäsar schreibt, *"zarte Ohren nicht zu verletzen"*.

Diese Vorsichtsmaßnahme von Nostradamus muß man im Zusammenhang sehen. Schon zu Lebzeiten genoß er als Seher allergrößtes Ansehen. Und heutzutage ist er in Europa der bekannteste Seher. So gesehen ist die Gefahr also recht groß, daß die Vorhersagen in falsche "Ohren" gelangen.

Zurück zum Kometen: Bei Hepidannus von St. Gallen, einem kleinen unbedeutenden Mönch, der frei reden kann, weil ihn niemand kennt, wird der Zusammenhang zwischen Himmelskörper und Wolke viel deutlicher:

"Aber es wird bald ein Tag anbrechen, da wird ein Licht aufgehen um Mitternacht im Norden und heller strahlen wie die Mittagssonne des Südens. Und der Schein der Sonne wird verbleichen vor jenem Lichte.

Alsbald aber wird sich eine düstere Wolke lagern zwischen jenem Licht und der Menschheit, die danach hinblickt ..."

Wäre bei Nostradamus nicht der Hinweis zur Störung der Gravitation, dann könnte man sich jetzt den Kopf darüber zerbrechen, ob es sich bei der verdunkelnden Wolke um eine frei schwebende kosmische Wolke handelt oder gar um eine Wolke irdischen Ursprungs.

Welchen Sinn hätte hier aber ein Erklärungsmodell, das dieses fremde Massezentrum im Kosmos völlig außer Acht läßt?

Alles in allem kommt das obige Szenario von Nostradamus den sonstigen Beschreibungen zur Dreitägigen Finsternis schon recht nahe. Was fehlt, ist eine klare Benennung der Ursache, eine genaue Angabe zur Dauer der Finsternis und die Erwähnung des Giftstaubes und das dadurch ausgelöste globale Massensterben.

Fragt sich, ob Nostradamus überhaupt unsere Zeit meint?

Nostradamus schreibt:

"Dann beginnt die große Herrschaft des **Antichristen** *im Reich des Attila und Xerxes (Rußland/Persien). In riesiger, unübersehbarer Zahl werden seine Anhänger heranstürmen. Das wird so schlimm, daß die Ankunft des Heiligen Geistes, der am 48. Grad herabsteigt, eine allgemeine Flucht auslöst. Man flieht vor den Greueln des Antichristen. Er führt Krieg gegen den Königlichen, der zum großen Stellvertreter Jesu Christi wird, und gegen seine Kirche. Er wird in einer Zeit herrschen, die ihn begünstigt.*

Zuvor aber kommt es zu einer Sonnenfinsternis. Es wird die dunkelste und finsterste seit Erschaffung der Welt ..."(1/377)

Folglich fände die große Sonnenfinsternis statt, *bevor* die Herrschaft des Antichristen beginnt!

Der Krieg des Antichristen wird von mehreren anderen Quellen erwähnt. Vereinfachend ließe sich dieses Szenario als Vierter Weltkrieg bezeichnen. Der Königliche - der Stellvertreter Jesu Christi - kann als der Große Monarch identifiziert werden, jener Staatschef, der gegen oder nach dem Ende des Dritten Weltkrieges die Weltbühne betreten soll.

Ein paar Sätze weiter unten scheint sich Nostradamus erneut auf diesen Großen Monarchen zu beziehen. Nämlich dort, wo er den Blick auf die Zeit direkt nach der *größten Sonnenfinsternis aller Zeiten* lenkt:

"Dann wird aus dem Stamm jener, die so lange unfruchtbar waren, der Mann hervorsprießen, geboren am 50. Breitengrad, der die ganze christliche Kirche erneuern wird. Es wird zum großen Frieden kommen, zur Einigkeit und Eintracht der Kinder, die durch Grenzen verwirrt und getrennt gewesen sind." (1/377)

Die Grenze, welche die (christlichen) Kinder in Europa trennt und verwirrt, müßte der Eiserne Vorhang zur Zeit des Kalten Krieges sein. Dieser verursachte eine räumliche Trennung (Reisebeschränkung) und eine geistige Trennung (Verwirrung = Ideologie des Kommunismus).

Der Mann, der da am 50.Breitengrad geboren wird, und der die ganze christliche Kirche erneuern soll, kann nur der Große Monarch sein, der von einer Fülle anderer Prophezeiungen vorausgesagt wird. Der 50 Breitengrad durchläuft von Westen kommend in Westeuropa zuerst die Spitze von Nordfrankreich, dann die Südspitze Belgiens und Luxemburg. Der mit Abstand größte Teil verläuft durch Deutschland. Im Zusammenhang mit der Idee eines Vereinigten Europas und der Rolle, die Deutschland schon heute in der EU einnimmt, sind Spekulationen erlaubt, daß der Große Monarch aus Deutschland kommt ...

Soweit deuten die Anhaltspunkte durchaus in unsere Zeit. Direkt an die Beschreibung der Sonnenfinsternis und der Störung der Gravitation schließen sich die nun folgenden Zeilen von Nostradamus. Er richtet seinen Blick jetzt auf das, was im Jahr dieser Sonnenfinsternis sonst so auf der Erde geschieht :

"Im Frühling werden diesem Ereignis vorhergehen - und später werden ihm nachfolgen - extreme Veränderungen, nämlich Umgestaltung der Länder (Reiche), und zwar einmal durch schwere Erdbeben, zum anderen durch das Überhandnehmen (Vermehrung) des neuen Babylons, der miserablen Tochter, gestärkt und großgeworden durch die Greuel des ersten Brandopfers (Holocaust). Sie wird sich nicht länger als 73 Jahre und 7 Monate halten können."

(Übersetzung Allgeier (in Klammern = Übersetzung N.A.Centurio))

Die beiden zeitlichen Eckpunkte (Frühling und Oktober), also die zeitliche Konzentration der Hauptereignisse auf innerhalb eines Jahres, entspricht dem, was man auch in anderen Prophezeiungen findet. Dann ist die Rede von Erdbeben, einmal in Frühling und noch einmal nach der großen Finsternis. Auch das fügt sich ins Bild :

Eine ganze Reihe von Sehern beziehen sich nämlich auf starke Erdbeben- und Vulkantätigkeit im Vorfeld des Dritten Weltkrieges. In zahlreichen Quellen ist die Rede vom Versinken von Kalifornien, bzw. von Erdbeben oder Naturkatastrophen, welche die gesamte Welt schocken.

Im hinteren Teil des Buches werde ich noch ausführlicher auf die Vorhersagen zu den Erdbeben und Vulkanausbrüchen eingehen. An dieser Stelle sei nur kurz darauf hingewiesen, daß entsprechende Erdbeben in den USA weltweite Folgen haben könnten: Durch ein solches Ereignis in Kalifornien könnte die Weltwirtschaft einen schweren Schlag erleiden, und je nach dessen Intensität - wenn es beispielsweise zu einem regelrechten Crash kommt - könnte es in direkter Folge zu einer allgemeinen wirtschaftlichen Destabilisierung kommen, mit etwaigen Folgen, was die innere Sicherheit vieler jetzt noch stabiler Staaten anbelangt.

Dies wiederum könnte Rußlands Risikobereitschaft erhöhen. Insbesondere dann, wenn sich die USA kurzfristig nur um sich selbst kümmern

Überdies ist es im Westen bekannt ("Der Spiegel", 43/1996), daß Rußland bis Anfang der 90'er Jahr Experimente durchgeführt hat, bei denen es darum ging, mit unterirdischen Atombombenexplosion gezielt Erdbeben in weit entfernten Regionen auszulösen. Die Aussichten eines solchen Projektes wurden zwar im Westen kritisch beurteilt ("nicht unmöglich, aber doch sehr unwahrscheinlich"), das mögliche Einsatzziel St.Andreas-Graben in Kalifornien aber wurde klar erkannt.

Diese Erdbeben wären also nicht nur ein wichtiger Eckpunkt in der Chronologie, sondern sie deuten auch auf einen inneren Zusammenhang der Ereignisse hin.

Wen oder was nun meint Nostradamus mit dem *Überhandnehmen des Neuen Babylons, der miserablen Tochter, die sich nur 73 Jahre und 7 Monate hält?*

73 Jahre und 7 Monate - Nostradamus stößt aus dem Dunkel hervor und tippt mit seinem Finger auf ein Stückchen Zeitgeschichte: 73 Jahre und 7 Monate nach dem Sturm auf das Winterpalais in St. Petersburg entscheidet die Bevölkerung von Leningrad per Volksabstimmung, daß Leningrad wieder St. Petersburg heißt. Dies geschah am 9.6.1991.

Sturm auf den Winterpalast	7.11.1917
Nostradamus addiert	+ 7. 73
Leningrad =>> St.Petersburg	9. 6.1991

Sehen Sie genau hin! Es ist der *siebte* November und der *neunte* Juni. Fast auf den Tag exakt 73 Jahre und 7 Monate !

Vielleicht ist Ihnen das jetzt zu penetrant und Sie sagen: "Zufall!"

Ist es auch Zufall, daß diese miserable Tochter durch die *Greuel des ersten Brandopfers (Holocaust) großgeworden* ist? Oder *emporwuchert*, wie Centurio übersetzt.

Die Kommunisten in Rußland sind infolge des Ersten Weltkrieges an die Macht gekommen! Die deutsche Generalität hatte den grandiosen Einfall, Lenin nach Rußland einzuschleusen, um den Zaren von unten her aufzumischen. Es hat ja auch irgendwie geklappt. Nur haben Lenin und Konsorten dann über 70 Jahre Ärger gemacht, atomares Wettrüsten und so...

Darf man hier *Brandopfer* mit *Weltkrieg* gleichsetzen? Und *erstes Brandopfer* mit *Erstem Weltkrieg*? Ich finde, man kann!

Soweit, so gut. Was passiert nach den 73 Jahren und 7 Monaten? Was passiert mit der miserablen Tochter ab etwa 1991? Schauen wir uns einfach um! Was machen die Kommunisten in Rußland? Sie wollen wiedergewählt werden! Sie sind noch da. Denn sie sind nicht tot oder sonstwie verschwunden. Nein!

Nostradamus schreibt, daß sie sich nur 73 Jahre und 7 Monate **halten können, bzw. dann den Halt verlieren.** Nun ja, das ist geschehen. Die Kommunisten sind aus der Regierung raus, sitzen aber immer noch im Parlament.

Da hier aber eine *Umgestaltung der Länder* in Zusammenhang gesetzt wird mit dem *Überhandnehmen des Neuen Babylons,* ist zu vermuten, daß die Kommunisten den Weg wieder zurück in die Regierung bzw. an die Macht finden.

Diese Interpretation unterstellt Nostradamus allerdings schon einen fast hinterhältigen Umgang mit der Sprache. Doch das wäre nicht untypisch für einen Seher. Entsprechendes kennt man vom Orakel in Delphi.

In 74;VI schreibt Nostradamus (übersetzt von Bouvier (42/362)):

Der Davongejagte wird zur Herrschaft zurückkehren,
Ihre Feinde werden als Verschwörer befunden.
Mehr als je zuvor wird ihre Zeit triumphieren,
Dreiundsiebzig (Jahre) zum Tode allzu sicher.

Also noch einmal die Zahl 73!

Bernhard Bouvier kommentiert dazu: "Es ist der große Verdienst Centurios, diesen Vers bereits Jahrzehnte vor der Erfüllung enträtselt zu haben. Er sagt: Die Sowjetunion hält nur 73 Jahre bis 1990 zusammen. Das ist das Entscheidende; hier hat er völlig recht. In nicht unwichtigen Teilen ist hinzuzufügen: Die *Davongejagte* ist nicht die Davongejagten = (Verbannten, wie Centurio meint), sondern eigentlich die *(politische) Linke*. Denn die *déchassée* ist eine Linksdrehung beim Tanz. *Chassé* heißt zwar „gejagt" und *de* „von". Ein Wort déchassée = weggejagt gibt es aber nicht, wohl aber déchassée = die Linkswendung. Die Linke wird wieder zur Herrschaft gelangen, lautet also die Botschaft der Zeile 1.

Zeile 2: Gegner werden als Konterrevolutionäre behandelt, also umgebracht, im besten Fall in russische KZs gesteckt. Zeile 3: Jetzt wird der rote Zauber richtig interessant! Zeile 4: Über das Wort *allzu* hat bisher wohl jeder kühn hinweggelesen. Daß das rote Rußland und die Linken *tot* sind, da ist man sich *allzu* sicher. Warten Sie nur ab!"

Entsprechendes gilt für viele Details aus der Vorrede an Heinrich II. Sie tauchen in den Versen der Centurien wieder auf. Dort finden sich z. B. auch Hinweise zu einer großen Verfinsterung und einem Himmelskörper.

Allerdings sind die Hinweise in der Vorrede an Heinrich II viel einfacher zu entschlüsseln. Hier reicht logisches Denken und die Kenntnis anderer Prophezeiungen.

Und wie kritisch man auch immer mit diesem Text umgeht, man kann sich nicht hinstellen und behaupten, bei Nostradamus fänden sich keinerlei entsprechende Hinweise auf die Dreitägige Finsternis.

Abschließend sei noch ein wichtiges Detail hervorgehoben. Nostradamus beschreibt die Zeit, welche auf die Katastrophen folgt:

"Dann wird aus dem Stamm jener, die so lange unfruchtbar waren, der Mann hervorsprießen, geboren am 50. Breitengrad, der die ganze christliche Kirche erneuern wird. Es wird zum großen Frieden kommen, zur Einigkeit und Eintracht der Kinder, die durch Grenzen verwirrt und getrennt gewesen sind."

Die getrennten und verwirrten Kinder sind die christlichen Völker Europas. Geistig durch Kapitalismus und Kommunismus getrennt und räumlich durch den eisernen Vorhang.

Der Mann, der da hervorsprießt, ist der Große Monarch, der Europa unter Einbeziehung der Kirche neu organisieren soll.

Übersieht man aber diese Erneuerung der **ganzen christlichen Kirche**, dann ergeben sich ziemlich abwegige Auslegungen. Die Erneuerung der Kirche kennzeichnet die Zeit *nach* den Katastrophen. Im Moment kann ja wohl keine Rede von einer Erneuerung der Kirche sein.

Die Kirchen sind leer. Und die leeren Kirchen werden seit einiger Zeit sogar vermietet, weil die Kirche kein Geld mehr hat. Noch also ist kein großer Friede.

Hier nochmal der Textausschnitt als Ganzes:

"Zuvor aber kommt es zu einer Sonnenfinsternis. Es wird die dunkelste und finsterste seit der Erschaffung der Welt bis zum Sterben und Leiden Jesu Christi und von da bis zum heutigen Tag.	Dreitägige Finsternis
Im Monat Oktober werden einige so große Verschiebungen eintreten, daß man glauben wird, die Schwerkraft der Erde hätte ihre natürliche Bewegung verloren und die Erde wäre hinausgeschleudert in die ewige Finsternis.	Zeitangabe Oktober: kurzzeitige Destabilisierung des erdnahen Gravitationsgefüges infolge eines fremden Himmelskörpers
Im Frühling werden diesem Ereignis vorhergehen - und später werden ihm nachfolgen - extreme Veränderungen, nämlich Umgestaltung der Länder, und zwar einmal durch schwere Erdbeben, zum anderen durch das Überhandnehmen des neuen Babylons, der miserablen Tochter, gestärkt und großgeworden durch die Greuel des ersten Brandopfers (Holocaust). Sie wird sich nicht länger als 73 Jahre und 7 Monate halten können.	Zeitpunkt 1: Frühling Zeitpunkt 2: etwa Sommer bis Oktober, dazwischen eine Pause Erdbeben Dritter Weltkrieg (?) **1. Indikator für Rußland** (Erster Weltkrieg) **2. Indikator für Rußland** (Revolution - Gorbatschow)
Dann wird aus dem Stamm jener, die so lange unfruchtbar war, der Mann hervorsprießen, geboren am 50. Breitengrad, der die ganze christliche Kirche erneuern wird. Es wird zum großen Frieden kommen, zur Einigkeit und Eintracht der Kinder, die durch Grenzen verwirrt und getrennt gewesen sind.	der Große Monarch Erneuerung der Kirche wahrer Friede **3. Indikator für Rußland** (eisener Vorhang)
Es wird jener Friede sein, in dem der Anstifter und ***die treibende Kraft der Kriegspartei*** *und der religiösen Spaltung im tiefsten Abgrund angekettet bleibt."*	**D i e s e r Friede ist stabil !** **KRIEGSPARTEI ist ein deutlicher Hinweis auf Krieg bzw. Weltkrieg.**

Überflutungen in Nordeuropa

Überflutungen und Erbeben sind die am häufigsten vorhergesagten Naturkatastrophen (Erdbeben 25 %, Überflutungen 24 %).

Von den Details her sind die Überflutungsvorhersagen jedoch deutlich umfangreicher.

Erklären läßt sich dies damit, daß bei optischen Visionen - vergleichbar mit einem Film im Kino - ein Überflutungsgebiet einfacher zu erkennen ist, als ein Erdbebengebiet. Überflutete Gebiete kann man auch noch aus größeren Höhen erkennen. Erdbeben dauern nur Sekunden oder Minuten, Überflutungen können sich über Wochen hinziehen.

Hinsichtlich der Überflutungen zeichnet sich für Nordeuropa folgendes Gesamtprofil ab:

1. Überflutungen vor der Dreitägigen Finsternis

Vor der Dreitägigen Finsternis wäre "nur" die Überflutung infolge der Atombombe in der Nordsee zu erwarten. Der zeitliche Abstand zwischen dieser "Bomben-Flut" und den Überflutungen während der Dreitägigen Finsternis dürfte aber nur Tage oder wenige Wochen betragen.

2. Überflutungen während der Dreitägigen Finsternis

Ebenso wie bei der Flut infolge der Atombombe in der Nordsee wäre hier den Quellen nach mit sehr plötzlichen, sehr hohen Flutwellen zu rechnen, die teilweise weit ins Landesinnere reichen und folglich erhebliche Zerstörungen verursachen.

Verursacht würden diese Überflutungen während der Dreitägigen Finsternis durch den Polsprung, zum einen direkt durch ein Hin-und-Her-Schwappen der Meere infolge der plötzlichen Erdbewegung, und zum anderen durch Flutwellen, welche durch Erdbeben verursacht werden. Versinken plötzlich ganze Teile von England oder taucht Atlantis aus dem Nordatlantik auf, so wird dies nicht ohne zusätzliche Flutwellen geschehen.

3. Überflutungen nach der Dreitägigen Finsternis

Nach dem Polsprung würde sich infolge der Klimazonenverschiebung die bereits jetzt wissenschaftlich nachgewiesene Polschmelze beschleunigen. Der Meeresspiegel stiege also weltweit über lange Zeit hin an. Vorher durch gigantische Flutwellen verwüstetete, aber noch nicht dauerhaft überflutete Gebiete, würden allmählich zu Meeresgrund.

Noch sehr viel später, nämlich dann, wenn sich an den neuen Polen wieder Eiskappen bilden, würden durch die Niederschläge erneut Wassermassen gebunden. Hätten diese neuen Polkappen weniger Kontakt zu den Meeren als die gegenwärtigen, dann könnte der Meeresspiegel sogar unter das heutige Niveau fallen. An den Rändern könnten keine Eisberge mehr abbröckeln.

Aus Platzgründen werden in diesem Buch nur die Überflutungen bis einschließlich zur Dreitägigen Finsternis untersucht. Bei diesen Überflutungen dürfte es sich in der Hauptsache um sehr plötzlich auftretende und sehr hohe Flutwellen handeln. Diese sind für die Nordseeküste absolut untypisch.

Im pazifischen Raum - insbesondere Japan - kommt es relativ häufig infolge von Erdbeben zu solchen Flutwellen. Das Wort *"Tsunami"*, mit dem man diese Flutwellen bezeichnet, kommt aus dem Japanischen. Tsunamis treten um so häufiger auf, je stärker ein Erdbeben ist. Ab einer Stärke von 7,3 auf der Richterskala treten sie zu 100 Prozent auf. Beim Ausbruch des Krakatau 1883 gab es eine 42 m hohe Tsunami-Welle. Die Ausbreitungsgeschwindigkeit von Tsunamiwellen reicht bis zu 600 Kilometer pro Stunde. In Worten: sechshundert Kilometer pro Stunde. Allerdings bauen sich diese Wellen erst in Küstennähe zu ihrer vollen Höhe auf.

Bei Anton Johannson, einem norwegischen Seher vom Anfang dieses Jahrhunderts, wird ein solches Überflutungsszenario recht anschaulich beschrieben.

Abgesehen von der parapsychologischen Zukunftsschau gibt es bisher keinerlei Anhaltspunkte für Überflutungen dieses Typs an den Nordseeküsten. Wer an der Küste lebt und nichts von Prophezeiungen weiß, hätte also praktisch keinerlei Chance, sich auf entsprechende Situationen vorzubereiten.

Für Gebiete sehr dicht an der Küste wäre natürlich die *allererste* Überflutung die Entscheidende. Dies müßte die Überflutung infolge der östlichen Atombombe sein.

Den Quellen nach ist darüber hinaus in Betracht zu ziehen, daß viele Gebiete, die nicht von der Bombenflut erreicht werden, wenige Tage oder Wochen danach infolge des Polsprunges überflutet werden.

Da sich alle diese Überflutungen innerhalb weniger Wochen ereignen müßten, könnte man sie natürlich "in einen Topf werfen". Das habe ich in der grafischen Darstellung der Überflutungsvorhersagen zu Nordeuropa auf Seite 115 auch getan.

Bei den nun folgenden Vorhersagen ist sicher bzw. wahrscheinlich, daß die Zeit der Dreitägigen Finsternis gemeint ist.

***Edda,** Nordeuropa, 13. Jahrhundert: "Die Sonne verlischt, das Land sinkt ins Meer, vom Himmel fallen die leuchtenden Sterne. Feuersbrunst umlodert des Lebens Quelle, himmelhoch steigt die Glut.*

Sehe aufsteigen das Land aus den Fluten zum anderen Mal, frisch erblühend, die Flut ebbt zurück. Es fliegt der Adler und vertilgt auf den Felsen der Fische Zeit." (48/9)

(*"der Fische Zeit"* deutet auf das *Zeitalter der Fische*. Im weiteren Text wird das Goldene Zeitalter genauer beschrieben - das *Wassermannzeitalter)*

Von den Details und vom Zusammenhang her kann hier durchaus die Dreitägige Finsternis gemeint sein. Nicht ganz auszuschließen ist allerdings, daß sich dieser Teil der Edda auf Szenarien im Zusammenhang mit dem Vierten Weltkrieg bezieht.

***Kugelbeer,** 1922 (3a): "Finsternis von drei Tagen und Nächten ... Erdbeben, Donner, Meeresrauschen." (15/101)*

("Meeresrauschen" ist natürlich ziemlich undeutlich.)

Madam Sylvia, *1934 (3a): "Die Erde bebt und kracht in allen Fugen ... Die Tiere fliehen und wollen sich verbergen, und die Berge wanken und die Wälder stürzen. Die Fluten, sie ergießen sich, und die Ewigkeit bricht an. ... Die Erde atmet, wälzt sich um, und es werden Erdteile und Inseln vergrößert wiedererscheinen, unter furchtbaren Katastrophen andere Erdteile in sich zusammenfallen oder weggeschwemmt werden." (14/178)*

Cayce, *vor 1945: >"... ebenso würden die "oberen Teile" Europas "binnen eines Augenblicks" unter Wasser verschwinden."<(6/281)*

Mit den *"oberen Teile"* können nur die nördlichen Teile Europas gemeint sein. Den anderen Quellen nach müßte die Ursache der Polsprung sein. Vermutlich taucht das Land kurz danach wieder auf, wenn die Wassermassen wieder abfließen.

Korkowski, *1984 (3a): "Nach einigen Minuten sah ich drei oder vier Atompilze im Westen und auch im Osten. ... Über Europa waren noch keine Bomben oder sonst etwas gefallen. Nur die Erde schüttelte sich und es war ziemlich dunkel. Der Westen und der Osten waren feuerrot. Über Europa kam als nächstes Sturm. Die schwarzen Wolken bewegten sich schnell von Westen in Richtung Osten. ... Als nächstes sah ich auch das Wasser der Nordsee in hohen Wellen kommen." (33/196)*

"Ich sah Wasser über einen großen Teil Europas rollen: etwa über Belgien, Holland, Westdeutschland und Ostdeutschland, Polen und teilweise Rußland. Es lief Richtung Südost, Richtung Schwarzes Meer. Als ich zurück in meinen Körper kam, sah ich die Stadt Köln noch stehen. Aber die nördliche Seite der Stadt war teilweise überschwemmt, ca. drei bis fünf Meter hoch lief es schäumend zwischen den Häusern. ... Nach einigen Minuten sah ich jedoch vom Fenster, daß das Wasser sich zurückzog. Dann gingen wir auf die Straße und sprachen mit anderen ..." (32/227)

Korkowski vermutet (!) bei dem letzten Zitat als Ursache eine kosmische Katastrophe. Eine nicht untypische Situation. Der Seher sieht zwar etwas, versteht aber nicht die Zusammenhänge.

Möglicherweise beziehen sich Korkowski und Cayce auf ein und dieselbe Flut. Von den Beschreibungen her dürfte es sich um die mit Abstand größte handeln. Ich vermute den Polsprung. Interessant, daß in einem Szenario, bei dem das Meer über die Länder Polen und Rußland Richtung Schwarzes Meer fließt, der Norden von Köln nur 3-5 Meter hoch überflutet wird!

Das deutet daraufhin, daß das Wasser mit großer Geschwindigkeit in hauptsächlich nur eine Richtung strömt.

Garcilaso de laVega, *1982 (3a): >"Nach DE LA VEGA ist das Gebiet auf einer geraden Linie von Brüssel bis zur Insel Rügen von der Flut betroffen."<(16/165)*
Ob Atombombe oder Polsprung bleibt hier unklar.

Biernacki, *1984 (3a): "... als Racheakt werden sie (die Russen, Anm.B.) einen atomaren Bombenteppich über Deutschland abwerfen. Dies wird sich um zwei Uhr morgens ereignen. Zu diesem Zeitpunkt der Auseinandersetzung befinden sich große Munitionsvorräte in allen Teilen Deutschlands. In der sengenden Hitzewelle der atomaren Schläge explodieren alle diese Lager gleichzeitig, und nahezu alle Deutschen werden sterben. Diejenigen, die überleben, werden ertrinken." (8/284)*

Eine solch massive Bombardierung taucht bei keiner anderen Quelle auf. Siehe "Der verhinderte Atomkrieg".

Daß hier nahezu alle Deutschen sterben, beruht auf Biernackis "verquerer" Sichtweise. Ich werde noch darauf eingehen.

Obwohl hier die Ursache des Ertrinkens der Deutschen im Unklaren bleibt, deckt sich dieses Szenario grundsätzlich mit anderen Quellen. Zeitgleich mit einzelnen Atomexplosionen in Europa zum Ende des Krieges hin soll es in Nordeuropa zu gewaltigen Überflutungen kommen.

Caesarius von Heisterbach, *1240, Kloster Heisterbach bei Bonn (w): "Das Meer wird brüllen und sich gegen die Länder erheben und viele Schiffe und Menschen verschlingen."(15/63)*

Erheben deutet auf eine plötzliche und hohe Wellenfront hin. Von der Bonner Gegend aus betrachtet, dürfte mit "das Meer" die Nordsee gemeint sein.

England und Holland

Ein Detail, das mich bei diesen Überflutungsvorhersagen überrascht hat, war der Umstand, daß in den Quellen *England*, und nicht, wie zu erwarten, *Holland* besonders hervorgehoben wird.

Den Quellen nach erklärt sich dies dadurch, daß England nicht nur vom Meer überspült wird, sondern infolge von Erdbeben teilweise regelrecht im Meer versinkt.

Erdgeschichtlich wäre das nichts Außergewöhnliches in Nordeuropa. Vor etwa 7500 Jahren mündete die Themse in den Rhein und England war noch Teil des Kontinentes. Auch die Ostsee ist zum großen Teil durch Landsenkungen entstanden. Allerdings haben sich diese Landsenkungen über Jahrtausende hin erstreckt, und nicht, wie hier anzunehmen ist, innerhalb weniger Tage oder Wochen!

Hilarion, *17. Jahrhundert (w): "Das große Reich im Meer, welches von einem Volke verschiedenen Stammes und Ursprungs (von Kelten, Angelsachsen, Normannen, also England) bewohnt, wird durch Erdbeben, Sturm und Wasserflut verwüstet werden. Es wird in* ***zwei Inseln geteilt*** *werden und dabei zum großen Teile untergehen." (15/70)*

Vermutlich handelt es sich bei den beiden Inseln um das schottische Hochland und das walesische Bergland.

Seherin von Prag, *1658: "Im Nebelland wird ein schönes jungfräuliches Mädchen Königin, welche mit ihren Getreuen ihr Land zu Größe und Reichtum führen wird. ... An 300 Jahre wird diese große Segnung anhalten, aber dann verloren gehen. Das Inselreich wird verschwinden (bzw. im Meer versinken (Varena))." (41/133)*

Hier ist Queen Viktoria I. gemeint. Die 300 Jahre stimmen aber nicht.

Karmohaksis, *1959 (3a): "Allen Ländern Europas wird in kleinerem oder größerem Ausmaß und mehrmals hintereinander das gleiche Geschick widerfahren wie Italien (Erdbeben und Überflutungen durch Erdbeben). Hart getroffen werden sein: Belgien, Holland, Rußland, Deutschland, Frankreich, Spanien und Portugal. England wird* ***fast vollkommen*** *verschwinden." (4/111)*

Paulussen, *1991 (3a): "Großbritannien wird aufhören zu existieren und wird buchstäblich in zwei Abschnitten im Meer versinken. Einem großen Teil der Bevölkerung wird es jedoch gelingen, vorher auf den Kontinent überzusetzen und sich in Sicherheit zu bringen." (44/154)*

Biernacki, *1984 (3a): "In naher Zukunft wird England von Gezeitenwellen überschwemmt werden, und die kleinen Inseln vor der Küste Englands werden für immer untergehen. Ich hatte eine Vision von London und sah, wie es vom Erdbeben und Feuer verschlungen wurde." (8/281)*

*Tidalwave*s wurde wörtlich mit *Gezeitenwelle*n übersetzt, obwohl hier der Ursprung der Flutwellen nicht nur die „Gezeiten" sein dürften. Etwas irritieren tun auch die *kleinen Inseln* vor Englands Küste. Die Shetlands sind wohl zu groß, die Inseln im Norden zu unbedeutend und die anderen Inseln sind zu weit im Süden und Osten.

Erich Bauer, *1986 (3a):* England soll nach ihm um 2006 durchs Meer halb überflutet werden. Auch soll es zu schweren Erdbeben kommen. Um 2009 soll es dann praktisch ganz versinken. (80/131)

Über die Ursache dieser völlig ungewohnten Naturkatastrophen schweigt sich Erich Bauer allerdings aus - vielleicht hat er sie aber auch gar nicht "gesehen".

Sun Bear, *1990: "Die britischen Inseln werden unter Stürmen, Küstenüberschwemmungen und Sturmfluten zu leiden haben. England wird es schlechter ergehen als vielen anderen Teilen der Welt, weil es nicht genügend Lebensmittel produziert. Am besten wird es noch in Schottland, Irland und Wales ausgehen, dort werden die Menschen eher zur Natur zurückfinden." (86/268)*

Hier ist keine Rede von Versinken durch Erdbeben. Doch nimmt man diese Vorhersage ernst, dann kommt man zu dem gleichen Ergebnis: Runter von der Insel! - Oder wenigstens: Ab in höhere Gebiete!

Nostradamus - Auch hier klingt ein Versinken infolge von Erdbeben an: *"Tief gedrückt zu Boden ..."*

Die folgende Tabelle verdeutlicht den "Schwerpunkt-England" im Zusammenhang mit Überflutungen. Erhebliche Überflutungen wären allerdings auch in Holland zu erwarten.

Quelle / Literatur	**Zeit**	**England (Angaben zu ...)**	**HOLLAND (Angaben zu ...)**
Hilarion (7/282)	1700	in 2 Teile geteilt, geht größtenteils unter	*................................
Seherin v.Prag (41/133)	1658	im Meer versunken	*................................
Johansson (13/58),(13/61)	1907	Kein Land wurde von dem HERRN so oft in Verbindung mit Katastrophen genannt	große Teile Hollands schrecklich heimgesucht
Irlmaier (8/58)	1959	England versinkt zur Hälfte infolge eines Erdbebens	*................................
Karmohaksis (4/111)	1959	fast vollkommen verschwunden -	hart getroffen
Paulussen (44/154)	1990	versinkt in zwei Abschnitten im Meer	*................................
Bauer (80/130	1986	um 2009 fast ganz versunken	*................................
Biernacki (8/281)	1984	kleine Inseln vor der Küste gehen unter	buchstäblich von der Landkarte verschwunden
Sun Bear (86/268)	1990	England wird es schlechter gehen, als vielen anderen Teilen der Welt	Möglicherweise große Teile unter Wasser, viele werden in höhere Regionen umsiedeln

*...Hier fehlt die konkrete Nennung von Holland. Oft werden aber Überflutungsfolgen in anderen südlichen Nordseeanrainern (Deutschland, Belgien) erwähnt, so daß sich auf Holland rückschließen läßt.

Versänke England im Meer, dann würden die Erdbeben, die das verursachen, auch Wellen erzeugen, die hoch genug sind, um weit in die anderen Küsten Europas einzudringen. Das Versinken Englands wäre also nur das zentrale Ereignis einer allgemeinen Überflutung sämtlicher Nordseeküsten.

Bild 30: Überflutungsvorhersagen zur südlichen Nordsee und Großbritannien

(1) nach Irlmaier / nicht-überflutete Gebiete in GB / vermutl. Atombombe UND Polsprung

(2) nach Johansson / Überflutung der Ostküste Großbritanniens / "Vulkan" bzw.Atombombe

(3) nach Johansson, Irlmaier / Atombombe (auch Karmohaksis und Biernacki / Polsprung ?)

(4) nach Irlmaier / Atombombe

(5) nach De La Vega / Ursache unklar

(6) nach Korkowski, tlw. Cayce , Onit und anderen / Polsprung

Der verhinderte Atomkrieg

Der Dritte Weltkrieg - das ist ein Thema, mit dem man sich nicht auseinandersetzt. Wozu auch? Wenn überall Atombomben fallen, dann ist es sowieso aus!

Insgesamt deuten die Medien, Seher und Prophezeiungen darauf hin, daß es (zumindest in Europa) zu *keiner* nuklearen Eskalation kommt.

Mit *nuklearer Eskalation* meine ich einen mehr oder weniger unbegrenzten Einsatz von Atomwaffen, in dessen Folge es zu einem nuklearen Winter kommt und die meisten Gebiete unbewohnbar werden.

Bedenken Sie: Wäre dieser Krieg das Ende der Menschheit oder würde er das Ende des zivilisierten Lebens bedeuten - welchen Sinn hätte es dann, dieses Buch zu schreiben?

Bevor ich jetzt wieder in die Details gehe, ist es zweckmäßig, etwas auf ein paar falsche Vorstellungen im Zusammenhang mit Atomwaffen einzugehen:

Atomwaffen gibt es in sehr unterschiedlichen Größenordnungen. Sie können über 1000mal so stark sein, wie in Hiroshima (das war eine Sprengkraft von 13.000 Tonnen TNT), aber auch erheblich schwächer.

Es gibt Interkontinentalraketen und es gibt atomare Sprengsätze, die man sich im wahrsten Sinne des Wortes auf den Rücken binden kann. Über solche "Tornister", die von Infanteristen getragen werden, verfügt z. B. die US-Army seit den sechziger Jahren.

Den Zweiten Weltkrieg bezeichnet man nicht als Atomkrieg. Obwohl Atomwaffen eingesetzt wurden! Es waren aber nur zwei. Vom *Atomkrieg* spricht man also erst ab einer gewissen Anzahl eingesetzter Atomwaffen. Ab wieviel, ist nicht definiert!

Es ergibt sich hier also eine Grauzone, in der manche schon von einem Atomkrieg sprechen würden - andere aber noch nicht. Den Vorhersagen nach ist nun gerade mit einer solchen Anzahl von Atomexplosion zu rechnen.

Ein anderer - oft unklarer - Punkt ist die radioaktive Strahlung. Im Gegensatz zu Reaktorunfällen "Marke" Tschernobyl, bei denen es zu einer extrem langanhaltenden Verstrahlung kommt, baut sich die radioaktive Verseuchung bei Atombomben relativ schnell wieder ab. Wie man weiß, sind Hiroshima und Nagasaki heutzutage belebte Großstädte.

Dennoch müßte man sich natürlich vor der radioaktiven Strahlung der Atombomben schützen. Unmittelbar nach der Explosion ist diese nach wie vor lebenszerstörend. Jedoch kann man, wenn man zum Zeitpunkt der Atomexplosion weit genug entfernt ist, nach einer gewissen Zeit ohne Gefahr den Ort der Atomexplosion betreten. So können Sie heute nach Hiroshima reisen, und nichts wird Ihnen passieren.

Wie Sie auf den nächsten Seiten sehen können, deuten die Quellen insgesamt daraufhin, daß es in Europa nur zu relativ wenig Atomwaffeneinsätzen kommt. Trifft dieses zu, und ließen sich die betroffenen Gebiete lokalisieren, so bestünde hier die sinnvollste Vorsichtsmaßnahme in der Meidung entsprechender Gebiete, und eben nicht in dem Bau von Atombunkern!

Hat man allerdings einen Atombunker, so wäre er ein guter Aufenthaltsort während der Dreitägigen Finsternis, da er bei Erdbeben kaum Schaden nehmen dürfte. Vorteilhaft wäre natürlich auch die Filteranlage für die Atemluft.

Der Einsatz von Atomwaffen *an sich* scheint den Quellen nach sicher zu sein. Unsicherheiten ergeben sich beim Umfang.

Ausgehend von diesen Daten (und den Quellen vertrauend) wäre zu vermuten, daß es in Europa zu kaum mehr als schätzungsweise 10 Atomexplosionen kommt. Es fragt sich, wo diese Explosionen stattfinden sollen bzw. könnten. Im Folgenden werde ich versuchen, diese Frage zu klären.

Die nächste Tabelle verschafft einen Eingangsüberblick. Ob (totaler) Atomkrieg oder nicht - das kann man hier noch nicht ableiten. Dazu muß man sich die Dinge genauer ansehen.

Vielleicht artet das folgende etwas in Arbeit aus. Es lohnt aber die Mühe. Denn ließe sich auf diesem Wege "nachweisen", daß es zu keinem großen Atomkrieg kommt, so wäre das natürlich ungeheuer beruhigend, nicht nur im Moment, sondern auch dann, wenn die Massenmedien plötzlich über den russischen Angriff auf Westeuropa berichten.

Große Teile der Bevölkerung dürften schlagartig paralysiert sein. Sofort der Gedanke: Gleich fallen die Atombomben!

Möglicherweise ein fataler Irrtum!

Zeit	Quelle	Land	Atomexplosionsvision/ -vorhersage	Indikatoren für Atomexplosion.	KEIN Dritter Weltkrieg !	KEIN Atomkrieg (Europa od.Welt)
677	Methodius von Patara	Türkei		5.140		
1356	Blinder Jüngling v.Prag	CSFR		8. 24		
1525	Dürer, Albrecht	D	12.161			
1566	Nostradamus	F		42.129		
1616	Michalda, Sibylle	CSFR		8. 40		
1749	Marienthaler Klosterbuch	D?		41.245		
1763	Naar	CSFR		8. 44		
1819	Jahenny de la Faudaise	F		8.207		
1823	Schwester von Lyelbe	F		88.236		
1830	Galtier	F		88.225		
1843	Lenormand	F		7.336		
1853	Handwercher	D		12.192		
1864	Lorber	Österreich		5.156		
1868	Sybille von Prag	CSFR		14.170		
1875	Bergadieu	F	88.315			
1880	Higginson	GB		7.398		
1907	Johansson	Norwegen		13. 59		
1912	Pramstahler	D		8. 80		
1912	Wudy	D	12.115			
1917	Fatima	Portugal		8.196.		
1933	Ubaldi	Italien.	10.168			
1945	**erste Atomexplosionen im Zweiten Weltkrieg**					
1950	Onit	Öster.	14.188			
1952	Gügel, Grete	D		8.255		
1958	Turzovka	CSFR		24. 28.		
1959	Aiello	Italien.	10.161			
1959	Karmohaksis	Italien.	10.100			
1959	Seher a.d.Waldviertel	Öster.	12.246			
1961	Korkowski	D	32. 28			32.196*
1961	Pater Pio	Italien		8.151		
1965	Garabandal	Spanien		8.222.		
1965	Prokop	D		8. 47		
1970	Da Terni, Frater G.M.	Italien		10.255.		
1970	Dixon	USA	5.143			
1972	Lueken	USA		8.229		
1974	Porto Stefano	Italien		8.241		
1975	Sai Baba	Indien			93.210	93.209
1975	Stieglitz	D	12.235			
1982	De la Vega	D	16.214			
1984	Babaji	Indien	27. 20			
1984	Biernacki	Polen	8.285			
1984	Snow	USA				38. 56
1986	Buchela	D			40.129**	40.129
1988	Anonymus / Bekh	D?		8.265		
1988	Urban	D	113. 30			
1990	Kirkwood	USA			31. 15	31. 15
1990	Paulussen	D				44.154
1991	Nagel, Karin	D	29.153			
1992	Sun Bear	USA	86.261			86.177
1993	Uriella	Schweiz.	43. 35			43.35***

* teilweise widersprüchliche Angaben
** abhängig von Interpretation
*** "..teilweise verhindert.."

Indizien für die ausbleibende atomare Eskalation in Westeuropa

Aus den Quellen heraus ergeben sich mehrere Anhaltspunkte dafür, daß es in Europa zu keiner nuklearen Eskalation kommt:

1. Die Flächendeckung der Seher

Untersucht man die Vorhersagen zu den Atomexplosionen mit konkreten Ortsangaben, so kommt man zu dem Ergebnis, daß die Seher dazwischen wahrscheinlich nichts übersehen haben! Das, was an konkreten Vorhersagen zu Atomexplosionen in Europa vorliegt, scheint auch alles zu sein. Der größte Teil der atomaren Angriffsziele taucht vermutlich in den von mir bisher erfaßten Quellen auf.

2. Die kosmische Kontrolle

Der vielleicht auffälligste Aspekt dieses Krieges wäre seine kurze Dauer. Spirituell oder religiös motivierte Quellen sprechen davon, daß dieser Krieg durch Gott abgekürzt wird. Dafür, daß es eine Art kosmische Instanz gibt, die über die Erde wacht, spricht der Komet, der zum Kriegsende am Himmel erscheint. Genaugenommen wäre damit zu rechnen, daß dieser Komet unmittelbar vor der Entfesselung eines globalen Atomkrieges auftaucht. Möglicherweise nur Stunden oder Minuten vorher.

All das soll nur Zufall sein? Nie war die Menschheit näher dran, sich selbst zu zerstören, und just in dem Moment taucht der große Komet auf. Na - soooo - ein Zufall aber auch!

3. Jüngere Quellen, die diese Möglichkeit ausschließen

Seit dem allgemeinen Bekanntwerden von Atomwaffen im Jahre 1945 finden sich Quellen, die einen totalen Atomkrieg verneinen bzw. keine entsprechenden Visionen gehabt haben.

4. Fehlinterpretation von Vorhersagen, die nur danach klingen

Manche Quellen lesen sich so, als ob sie tatsächlich einen totalen Atomkrieg beschreiben. Sieht man dann genauer hin, so zeigt sich in den meisten Fällen, daß zwar etwas Ähnliches beschrieben wird, ein totaler Atomkrieg jedoch sehr wahrscheinlich nicht gemeint ist.

Die Flächendeckung der Quellen in Europa

Von vielen Sehern, und vor allem von den glaubwürdigeren, liegen unterschiedlichste Vorhersagen zu einer Vielzahl von Orten vor.

Jeder dieser Quellen kann man also ein bestimmtes Gebiet zuordnen, welches sie "gesehen" haben.

Nennen wir dieses Gebiet das *Bezugsgebiet* einer Quelle. In zahlreichen Gebieten ergibt sich eine Überlagerung der Bezugsgebiete der unterschiedlichen Quellen. Zu diesen Gebieten liegen also Vorhersagen von mehreren Quellen vor.

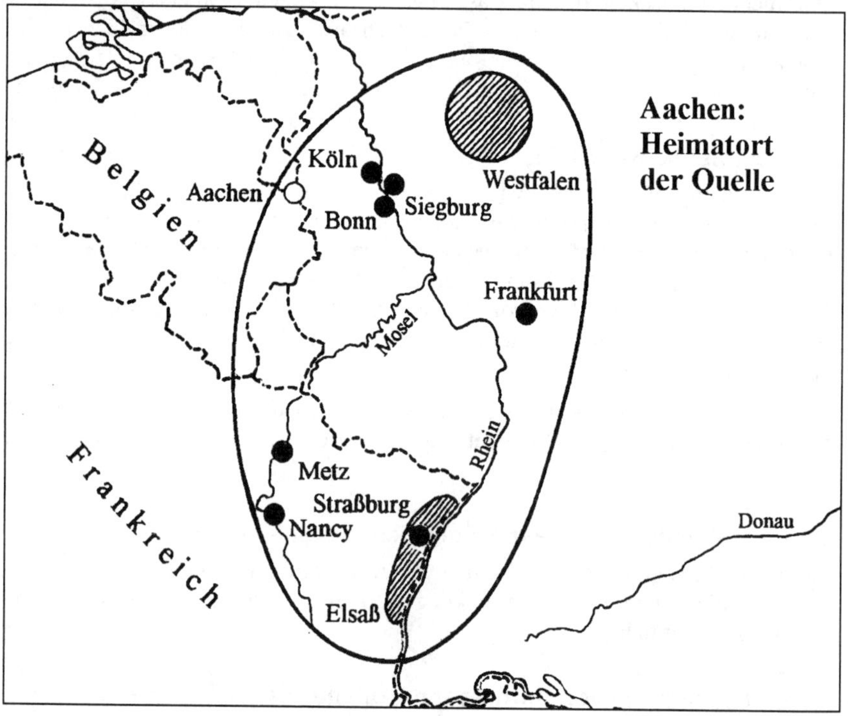

Bild 31: Geografischer Bezug des Einsiedlers Antonius

Zwei dieser "mehrfach abgedeckten" Gebiete sind das *Ruhrgebiet mit dem Kölner Raum* und ein Gebiet, vom *Bayrischen Wald über den Böhmer Wald bis Prag* reichend.

Mir ist derzeit keine Quelle bekannt, die konkret eine Atomexplosion im Raum Köln-Ruhrgebiet-Nordrhein-Westfalen erwähnt. Auch finden sich für dieses Gebiet keine indirekten Hinweise.

Vollkommen anders sieht es im Raum *Bayrischer Wald-Böhmen* aus.

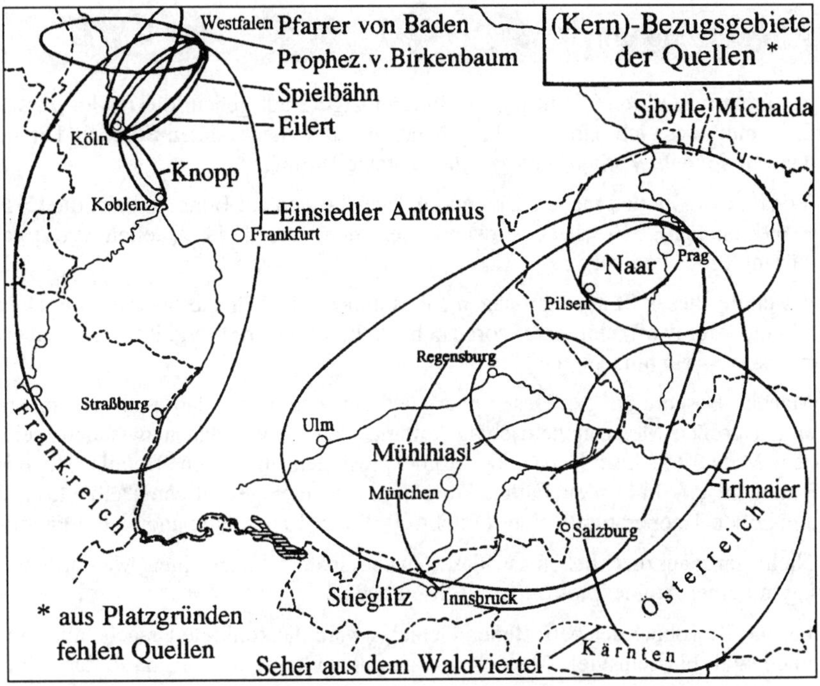

Bild 32: Kernbezugsgebiet der Quellen

Bitte beachten Sie, daß sich beide Gebiete auch von der zeitlichen Streuung vergleichen lassen! Die Vorhersagen sind also in beiden Fällen in gewisser Hinsicht tief verwurzelt.

Zeit	Nordrhein-Westfalen/Rheingebiete	Bayrischer Wald/Böhmen
	Anzahl der Quellen pro Jahrhundert 15 10 9 8 7 6 5 4 3 2 1	Anzahl der Quellen pro Jahrhundert 1 2 3 4 5 6 7 8 9 10 11 12
1000-1099	XX	
1100-1199		
1200-1299		XXX
1300-1399	XX	XXX
1400-1499	XX	XXX
1500-1599	XXXXXXXXXX	XXX
1600-1699	XXXX	XXX
1700-1799	XXXXXXXXXXXXXXXXXXXXXXXX	XXXXXX
1800-1899	XXXXXXXXXXXXXX	XXXXXX
1900-2000	XXXXXXXXXXXXXXXXXXXXXXXXXXXXXXXX	XXXXXXXXXXXXXXXXXXXXXXXXXXXXXXXXXXXXX

Außerdem gibt es mehrere Quellen, die sich auf *beide* Gebiete beziehen und sich mit den lokalen Quellen decken! (Irlmaier, Stieglitz, Stockert, Mühlhiasl, Seher aus dem Waldviertel, Garcilaso de la Vega)

Die Zerstörung von Prag

Sollte es im Dritten Weltkrieg nur eine einzige Stadt geben, die restlos zerstört wird, so müßte es sich dabei um Prag handeln. Zu keiner anderen Stadt finden sich europaweit so viele Vorhersagen zu einer Totalzerstörung.

Von den 21 Quellen meines Datenpools, welche sich auf Böhmen bzw. die CSFR oder die ehemalige Tschechoslowakei beziehen, sagen 11 Quellen die totale Zerstörung Prags voraus!

4 weitere dieser 21 Quellen sagen für Böhmen, also für die weitere Umgebung von Prag, Atomwaffeneinsätze voraus, bzw. beschreiben Ereignisse, die auf ein atomares Szenario hindeuten.

Manche Beschreibungen lassen aber auch den Schluß zu, daß es im Raum Prag zu einem großen Meteoriteneinschlag kommt. Denn - wie man inzwischen weiß - weisen Meteoriteneinschläge und Atomexplosionen in vielen Details Übereinstimmungen auf. In beiden Fällen kommt es zu einer gewaltigen Detonation, zu extrem hohen Temperaturen, einer Druckwelle, einer Rauchsäule und einem Fallout.

Nicht ganz auszuschließen ist, daß manche spätere Seher einen Meteoriteneinschlag mit einer Atomexplosion verwechselt haben.

Für die Bewohner des betroffenen Gebietes wäre die konkrete Ursache allerdings ziemlich egal. Für sehr viele Menschen wäre das vorhergesagte Szenario das sichere Todesurteil.

Nun die Quellen:

Ludmilla, *um 1240: >"Sie sagte die vollständige Zerstörung Prags für eine Zeit voraus, in der es einen selbständigen tschechischen und polnischen Staat geben werde." < (5/105)*

1240 war das Königreich Böhmen (entspricht dem heutigen Tschechien) Teil des Deutschen Reiches. Das dauerte bis ins 18. Jahrhundert. Anfang des 19. Jahrhunderts gehörte es dann nur noch zu Österreich - und zwar bis zum Ende des 1. Weltkrieges.

1918 ist Böhmen erstmalig unabhängig als die eine Hälfte der Tschechoslowakei. 21 Jahre später ist es damit schon wieder vorbei, Hitler marschiert ein.

Inwieweit man die Tschechoslowakei nach dem Zweiten Weltkrieg (als Zwangsmitglied des Ostblocks) als unabhängigen Staat bezeichnen kann, ist fraglich. Erst mit dem Zerfall der UdSSR und des Ostblocks kann man *wirklich* von einem unabhängigen Staat sprechen. Um so mehr jetzt, wo Tschechien und die Slowakei sich getrennt haben.

Blinder Jüngling von Prag, *1356 (3b): "Aber es wird nicht eher Friede in Europa sein, ehe nicht Prag ein Trümmerhaufen ist. Abermals zur Kirschblüte wird Prag vernichtet werden. Eine Sonne wird stürzen und die Erde beben." (8/24)*

Vorher prophezeit diese Quelle das Ende des Zweiten Weltkrieges ebenfalls für die Zeit der Kirschblüte. Tatsächlich endete der Zweite Weltkrieg in Europa Anfang Mai.

Der Mehrheit der Quellen nach dürfte im Dritten Weltkrieg zur Zeit der Kirschblüte - also im Mai, bzw. Anfang Mai - allerdings noch gar kein Krieg sein.

Der Formulierung nach scheint es sich bei der Kirschblüte *nicht* um einen Übertragungsfehler zu handeln. Vermutlich hat der Seher hier tatsächlich etwas gesehen, das zumindest aussah wie Kirschblüten.

Interessanterweise gibt es von Alois Irlmaier die Aussage, er sehe zum Zeitpunkt der Dreitägigen Finsternis **etwas weißes auf den Bäumen**. Ob das aber Schnee oder Blüten wären, vermochte er nicht zu sagen.

Interessant auch, daß es im Dezember 1995 in mehreren Teilen Deutschlands auf Grund des milden Winteranfanges zu einer *verfrühten Kirschblüte* kam. Die *Kirschblüte* beim Blinden Jüngling deutet also nicht zwingend auf das Frühjahr!

Das Bild einer stürzenden Sonne entspricht eigentlich einem fallenden Asteroiden oder Kometen.

Seherin von Prag, *1658: "Die Zeit der Erfüllung ist gekommen. Von der Teynkirche höre ich zehn dumpfe Schläge. Ein furchtbarer Orkan braust über die Stadt. Langsam und trübe wälzen sich die Fluten der Moldau dahin. Graugrüne Schwaden durchziehen die Gassen, Mensch und Vieh winden sich in Krämpfen. Die Erde bebt. Felsen fliegen durch die Luft, Mauern bersten, der Hradschin steht in Flammen. Überall gibt es Feuer. Klüfte öffnen sich, alles versinkt in der Tiefe. Vom Vysehrad wälzt sich ein ungeheurer Feuerball, alles vernichtend, was fleißige Menschenhände geschaffen haben. Die Stadt liegt in Schutt und Asche. Die Erde tut sich auf. Alles wird in die Tiefe gerissen. ... Das Licht ist erloschen, Finsternis herrscht überall, nur das Heulen des Sturmes verdeckt das Unglück. Dort, wo einst der stolze Dom stand, ist nur noch undeutlich der blutrote Ball der untergehenden Sonne zu sehen. Es ist vorbei ... Ein babylonischer Fluch ist in Erfüllung gegangen." (14/157)*

Joseph Naar, *1763 Pilsen, CSFR: "Die Stadt Prag wird zerstört werden. Das ganze Böhmerland wird menschenleer sein. Da werden von weit und breit Leute kommen, um das zu sehen." (8/44)*

"Katastrophen-Tourismus" in der Nachkriegszeit wird auch in den Feldpostbriefen erwähnt. Dort ist zwar von Süddeutschland die Rede, jedoch wird auch gesagt, daß die Schaulustigen von weit her kommen. Es gibt also etwas zu sehen, was es sonst - vermutlich in ganz Europa - nicht zu sehen gibt. Da Atombomben bei Angriffen auf größere Ziele (z. B. ganze Städte) in mehreren 100 Metern über der Erdoberfläche gezündet werden, kann am Boden kein großer Krater entstehen, anders als bei einem Impakt, also dem Einschlag eines Himmelskörpers. Hier entstünde am Boden ein Krater. Und genau diese Impakt-Krater gibt es nirgends in Europa, vielmehr sind sie so stark erodiert, daß nur noch Fachleute sie erkennen können.

Sollte hier eine Atomexplosion gemeint sein, so würde das Auftauchen von Touristen bedeuten, daß Atomexplosionen in Europa im Dritten Weltkrieg eher die Ausnahme sind!

Grundsätzlich deuten Touristen "von weit und breit" daraufhin, daß es den Leuten einige Zeit nach dem Dritten Weltkrieg wieder gut geht. Man hat Zeit und Geld, um zu reisen.

Sibylle Michalda, *1868: "...am härtesten aber wird Prag, wie das stolze Babel, bestraft werden; diese Stadt wird durch Feuer und durch eine große Überschwemmung zugrunde gerichtet werden, und dabei wird sie noch von den Feinden belagert, bedrängt, zerstört und dem Boden gleich gemacht werden. Zu der Zeit wird eine große Pest ausbrechen und dem Krieg ein Ende machen. ..." (8/35)*

Hier finden sich keine Indizien für eine Atomexplosion.

Irlmaier, *ca. 1950 (3a): "Die Goldene Stadt wird zu Staub." (7/413)*

Wegen der vergoldeten Dächer einiger historischer Gebäude in der Altstadt wird Prag auch die *Goldene Stadt* genannt. Wenn Stein zu Staub wird, dann waren ungeheure Temperaturen am Werk. Die treten sowohl bei Atomexplosionen, als auch *bei Impakten* auf! (Impakt = Einschlag eines Kometen oder Asteroiden)

Erna Stieglitz, *1975 (3a): "Prag wird atomar zerstört." (12/235)*

Da die Vorhersagen von Erna Stieglitz über mehrere Mittelsmänner übermittelt wurde, könnte es sich hierbei um eine Interpretation handeln. Also auch hier käme grundsätzlich ein Impakt in Betracht.

Garcilaso de laVega, *1982 (3a): >" spricht vom "Zwillingsschicksal" Frankfurts und Prags."< (16/149)*

... Also die gleiche Ursache. Auf Frankfurt kommen wir noch zurück.

Biernacki, *1984 Polen (3a): "Prag wird nie wieder aufgebaut werden." (8/284)* - Wodurch zerstört, bleibt unklar.

Bei folgenden Quellen finden sich zwei weitere Voraussagen zur Zerstörung von Prag: Michael Tölk (um 1750), (5/105) und das Vaticinium 23 aus Eberhard Windeckes Buch vom Kaiser Sigismund. (1431, 5/106)

Nach 5 dieser Quellen wird Prag *eindeutig* im Dritten Weltkrieg zerstört. Auch bei den anderen Quellen finden sich noch Indikatoren für diesen Zeitpunkt.

Durchgehend ist der Aspekt der vollkommenen Zerstörung. Ob nun durch Atomwaffen oder einen Impakt, läßt sich bei dieser Quellenbasis nicht eindeutig bestimmen. Für die Betroffenen würde das allerdings kaum einen Unterschied machen.

Auch im Umland von Prag, in Böhmen bis hinunter in den Bayrischen Wald, tauchen bei den Quellen Hinweise zu Atomexplosionen auf.

Die Vernichtung Böhmens

Blinder Jüngling von Prag, *1356 (3b): "Ein neuer Krieg wird ausbrechen, dieser wird der kürzeste sein. ... Das Volk in Böhmen wird durch den Krieg vernichtet, und* ***alles im Lande wird verschüttet*** *werden." (8/24)*

Naar, *1763: "Die Umgebung von Pilsen wird eine große Rolle spielen. Wer nicht wenigstens zwei Meilen von diesem Ort entfernt ist, soll auf Händen und Füßen wegkriechen, weil alles* ***weit und breit in Grund und Boden vernichtet*** *wird. ... Das ganze Böhmerland wird menschenleer sein. Da werden von weit und breit Leute kommen, um das zu sehen ..." (8/44)*

Das erinnert doch schon sehr an eine Atomexplosion. Die eigentliche Information steckt hier aber in den zwei Meilen: Hier sind alte *Land-*, bzw. *Geographische Meilen* gemeint: Diese betrugen in dieser Region etwa 7,5 km. (Preußen 7,532 km, Sachsen 7,5 km, Bayern 7,42 km, Österreich 7,586 km). Es ist also davon auszugehen, daß hier ein Radius von etwa **15 Kilometern gemeint ist!**

Nach der Hitzewelle der Atombombe würde von einem auf den anderen Moment die ganze Stadt brennen. Die heiße Luft der Brände würde großflächig schnell aufsteigen und am Rand kühlere Luft nachsaugen. Es käme zu einem Feuersturm, der mit Orkanstärke in *Richtung des Brandzentrums* blasen würde.

Dieses Phänomen wurde das erste Mal im Zweiten Weltkrieg in Hamburg nach einem großen Bombenangriff beobachtet. Durch das Kriechen auf dem Boden verringert man die Angriffsfläche für den Sturm und für fliegende Trümmerteile.

Mühlhiasl, *1825 (3a): "Das Bayernlandl wird verheert und verzehrt, das Böhmerland mit dem Besen ausgekehrt." (7/313)*

"Mit dem Besen ausgekehrt" könnte sich auf ein weitflächiges Abknicken der Bäume infolge einer Druckwelle beziehen. Liegen alle Bäume in derselben Richtung abgeknickt am Boden, dann sieht das natürlich so aus, als ob ein gigantischer Besen darüber gegangen wäre.

"Das Feuer, das alles vernichtet, wird vom Himmel fallen. Das große Sterben wird über das Land gehen."

Hier ist nicht ganz klar, welches Gebiet gemeint ist. Da sich Mühlhiasl aber vorwiegend auf den Bayrischen Wald und Böhmen bezieht, dürfte es sich um dieses Gebiet handeln.

Michalda, *1868: "Außig, Sobieslau und Melnik, wenn sie der Wahrheit Gottes treu bleiben, werden über alle andere Städte gesegnet werden! Wenn sie aber von ... Gottlosigkeit nicht ablassen, so werden sie vernichtet werden. Kuttenberg wird versinken: Pilsen, Saaz und Königgrätz, Kaurjm und Czaslau und andere königliche Städte werden von den Feinden zerstört werden..." (8/35)*

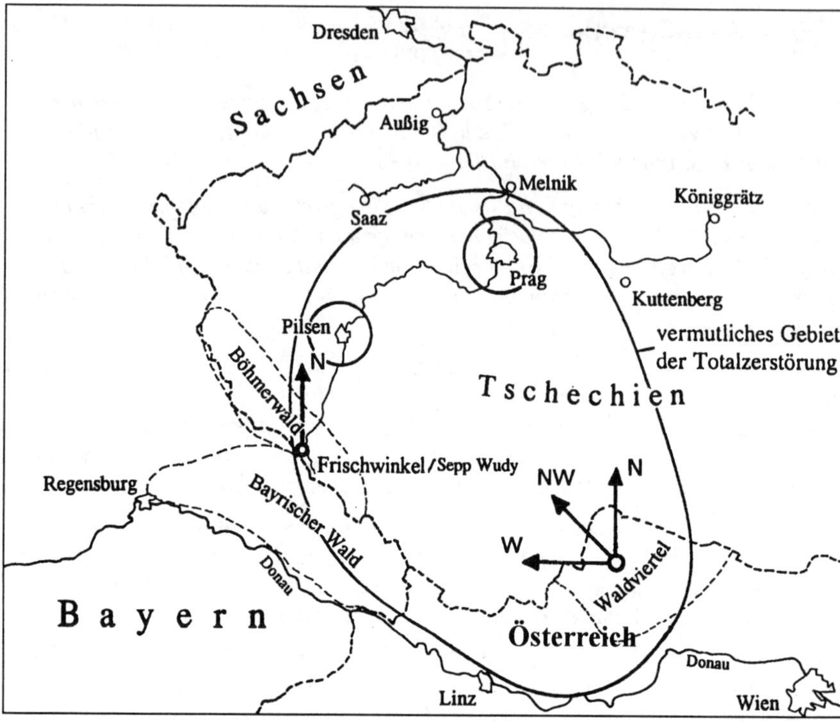

Bild 33: Geografische Details zu Böhmen

Sepp Wudy, *1912 (3b), Frischwinkel im Angeltal, Tschechische Republik, direkt hinter der deutschen Grenze am Hinteren Bayrischen Wald:*

"Das ist nicht der letzte Krieg," (der Erste Weltkrieg, Anm. B.) *hat er gesagt, „denn dann wird bald wieder einer sein, und dann kommt der letzte. Einer wird schrecklicher als der andere. Wenn du es erleben tätest, könntest deinen Vetter in Wien von deiner Stube aus sehen (TV, Anm. B.), und wenn du ihn schnell bräuchtest, könnte er in einer Stunde da sein. (Autos und Schnellstraßen, Anm. B.).*

Der Böhmerwald wird einmal versengt werden wie ein Strohschübel. Rennt nicht davon, wenn die grauen Vögel fliegen, woanders wird es noch schlechter sein. ... Die Luft frißt sich in die Haut wie ein Gift. Leg alles an, was du an Gewand hast, und laß nicht das Nasenspitzl herausschauen. Setz dich in ein Loch und wart, bis alles vorbei ist, lang dauert's nicht, oder such dir eine Höhle am Berg. Wenn dir die Haare ausfallen, hat es dich erwischt." (12/113)

"Nimm ein Kronwittbirl in den Mund, das hilft, und sauf keine Milch, acht Wochen lang." (12/114)

"Es steht gegen Norden ein Schein, wie ihn noch niemand gesehen hat, und dann wird ringsum das Feuer aufgehen." (12/114)

Hier finden sich einige Indizien für Atomexplosionen: Die vorübergehende Verseuchung der Milch, Haarausfall infolge radioaktiver Verseuchung und der gleichzeitige Ausbruch von Bränden nach dem Lichtblitz = Hitzewelle.

Es fragt sich allerdings, inwieweit sich diese Angaben über seine Heimatregion (Böhmer Wald) hinaus übertragen lassen.

Hier also noch eine weitere Quelle, die sich auf den Dritten Weltkrieg bezieht. Frischwinkel liegt am Südrand des Böhmer Waldes, weiter nördlich liegt Prag ... Offenbar spürt man die Auswirkungen bis über die deutsch-tschechische Grenze hinweg.

Prokop, *1965, Bayrischer Wald: "Oamal siehg i, wia da Wind`s Feuer daherbringt und alle Baam brennen wia Zündhölzl, a andermal siehg i, daß drunten alles verkommen is, koa Mensch is mehr da, und koa Haus. Grad mehr Mauertrümmer. Und alleweil wieder kemman Wolk'n, feuerrot, und es blitzt, aber es donnert net. Und amal is alles finster, und drunten auf der Waldhausstr´ geht oana mit an brennend'n Ast und schreit: Bin i wirkli no da Letzt'?" (8/47)*

Der Wind bringt das Feuer ... das entspricht bei einer Atombombe der Druckwelle, welche unmittelbar auf die Hitzewelle folgt.

Blitze ohne Donner sind so ungewöhnlich nicht. Jüngsten Untersuchungen nach treten etwa 10 % aller Blitze ohne Donner auf. Blitzt es allerdings dauernd, und donnert nie, dann müssen sich natürlich atmosphärische Veränderungen ergeben haben.

Seher vom Waldviertel, *1959 (3a) beobachtet vom Waldviertel aus: "Da erfolgte eine gewaltige, kurze weißgelbe Explosion, deren Feuerpilz von W bis über WNW reichte. Gleich darauf schoß eine alles überragende, eruptionsähnliche, qualmende, schwarzrote Feuersäule empor. ... Die Erde bebte. Ich wurde in den Eingang geschleudert und konnte wegen der Erschütterungen kaum Halt finden." (12/247)*

"Bei dem ... Kampf in der CSSR werden erstmals in sichtbarer Weite von unserem Ort in nordöstlicher Richtung massiert stärkste Nuklearwaffen eingesetzt. Es dürfte in der nördlichen CSSR sein. Es ist zur späteren Abendzeit." (12/250)

"Es werden dann (in der Schlußphase des Krieges) gehäuft A-Waffen eingesetzt, ganze Berge weggesprengt, um die anderen zu erschlagen. Da kommt es in der westlichen CSSR zum Platzen der Erdrinde. Der erste Auswurf wird bis zu hundert Kilometer oder weiter geschleudert." (12/254)

Dieses Element der *weggesprengten Berge* taucht in Fragmenten auch beim blinden Jüngling (*"alles im Land wird verschüttet"*) und Joseph Naar (*"alles weit und breit in Grund und Boden vernichtet"*) auf. Nirgendwo sonst in Europa habe ich bisher solche Vorhersagen entdeckt.

Die Atomexplosion in der Nordsee

Eine Atomexplosion in der Nordsee? Sehr merkwürdig! Aber gerade diese Merkwürdigkeit, bzw. deren ziemlich einheitliche Beschreibung legt die Vermutung nahe, daß es in Westeuropa zu keiner atomaren Eskalation kommt.

Zwei Quellen deuten darauf hin, daß diese Explosion im Norden der Nordsee stattfindet, also praktisch am äußersten Rande Europas. Die Vermutung liegt auf der Hand: Wenn die Seher ein Ereignis "so weit draußen" klar genug sehen, dann müßten sie ja eigentlich die Dinge "vor der Haustür" noch deutlicher sehen. Und eben da findet sich - was Atomexplosionen anbelangt - nur sehr wenig.

Diese Atomexplosion am Nordrand der Nordsee wird von vieren meiner Quellen konkret vorhergesagt. Zwei dieser Quellen - *Irlmaier* und der *Seher aus dem Waldviertel* - haben eine sehr hohe Glaubwürdigkeit. *Onit* und *Joseph Stockert* sind nach meiner Einschätzung grundsätzlich auch glaubwürdig. Hierüber ließe sich aber durchaus streiten.

Diese Bombe soll von Rußland gezündet werden. Infolge der Explosion soll es zu einer gigantischen Flutwelle kommen, welche sämtliche Nordseeanrainer oft bis tief ins Landesinnere hinein überflutet.

Stellt sich zunächst die Frage, ob man mit Atombomben überhaupt solche Wassermassen in Bewegung setzen kann?

Die stärkste jemals bekanntgewordene Atomexplosion war die einer sowjetischen Atombombe mit 60.000.000 Tonnen[10] Sprengkraft. Das ist rund 4000 mal so stark, wie die Explosion 1945 in Hiroshima. Nach meinen Berechnungen ließe sich damit eine Wellenfront erzeugen, die auf einer Länge von 500 km Länge und mit einer durchschnittlichen Höhe von 15 Metern in die Nordsee eindringt. Der Explosionsort wäre etwa 200 km nordöstlich der Färöer Inseln zu vermuten, also schon außerhalb der Nordsee. *Nordsee* verdeutlicht hier lediglich die Bedeutung für Nordeuropa.

Irlmaier, *ca.1950, Südostbayern (3a): "Nach den Atombomben der Westmächte wird plötzlich aus dem Osten ein Flieger kommen und* ***über dem großen Ozean bei England*** *etwas fallen lassen. Ein entsetzlicher Wasserstrahl, eine riesige Sturzwelle wird fast ganz England und die europäischen Küstenländer bis nach Berlin mit einer Sturzflut überschwemmen.*

England geht bis auf einige Bergspitzen unter, gleichzeitig erschüttern gewaltige Beben die Erde und ein neues Land erscheint aus dem Ozean, das früher schon mal da war." (14/184)

"Das Meer bekommt große Löcher, und wenn das Wasser zurückkommt, reißt es die Inseln vor der Küste weg." (7/414)

10 May.J./ Greenpeace - Handbuch des Atomzeitalters

"Da (in der Endphase des Krieges, Anm. B.) seh ich aber aon daherfliegen von Osten, der schmeißt was in das große Wasser, na geschieht was Merkwürdiges. Da hebt sich das Wasser wie ein einziges Stück turmhoch und fällt wieder runter, dann werd alles überschwemmt. Es gibt ein Erdbeben und de groß Insel (Großbritannien, Anm. B.) werd zur Hälfte untergehen." (8/58)

... *Über dem großen Ozean* ... damit ist klar, daß sich die Explosion nicht mehr in der Nordsee ereignet. ... *bei England* ... deutet auf die Nähe zur Nordsee hin. Die katastrophalen Folgen für England werden uns noch oft begegnen. Da sich das Wasser hebt wie ein Berg, ist klar, daß die Explosion unter Wasser stattfindet, vermutlich in großer Tiefe.

***Seher vom Waldviertel,** 1959, Österreich (3a): >"Im letzten großen Krieg falle eine Atombombe in die Adria und eine in die Nordsee. Diese sei gegen London gerichtet. Das Meer, das bis zu 80 Meter hoch austrete, verursache riesige Überschwemmungen."< (12/264)*

Auch hier der Schwerpunkt England. Vorausgesetzt, diese 80 Meter beziehen sich auf die Nordsee und nicht die Adria, so hätten wir einen weiteren Hinweis auf einen Explosionsort tief unterhalb des Meeresspiegels. In flacheren Teilen der Nordsee, etwa zwischen England und Deutschland (im Schnitt weniger als 100 Meter tief), hätte man vermutlich Probleme, entsprechende Wassermassen zu aktivieren.

***Stockert,** 1947 (3a): "Von Osten her flog über der Nordsee ein Flugzeug gegen Westen. Als es sich England näherte, sah ich, wie aus dem Flugzeug etwas abgeworfen wurde. Das Flugzeug flog mit großer Geschwindigkeit weiter. Gleich darauf erfolgte eine furchtbare Detonation. Das Wasser des Meeres wurde hoch in die Lüfte geschleudert, und ich sah unter mir nur noch Gischt und schäumendes, dampfendes Wasser. Weit wurde es ins Land hineingetragen und begrub alles unter sich. Von Land sah ich keine Spur mehr; ich glaubte, es sei untergegangen...." (12/221)*

Es ist nicht ganz auszuschließen, daß Stockert hier von Irlmaier abgeschrieben hat.

***Onit,** Österreich, 1948 (3a): >"Die Atommine Rußlands werde das Untertauchen Englands im Meer verursachen ... "Die Sintflut reicht bis zum Erzgebirge, nachdem sie Frankreich, die Beneluxländer und Deutschland überschwemmt haben wird." < (14/188)*

Für diese Quelle ist typisch, daß sie zwar die gleichen Ereignisse erwähnt, bei den Details aber zu übertreiben scheint.

Eine vollkommene Überschwemmung Frankreichs, der Benelux-Staaten und Deutschlands wäre völlig ausgeschlossen. Niemand würde dort überleben. Das müßte sich in sehr vielen Quellen niederschlagen. Und das eben ist nicht der Fall.

Die Angabe mit dem Erzgebirge deckt sich grob mit Irlmaiers Angabe zu Berlin.

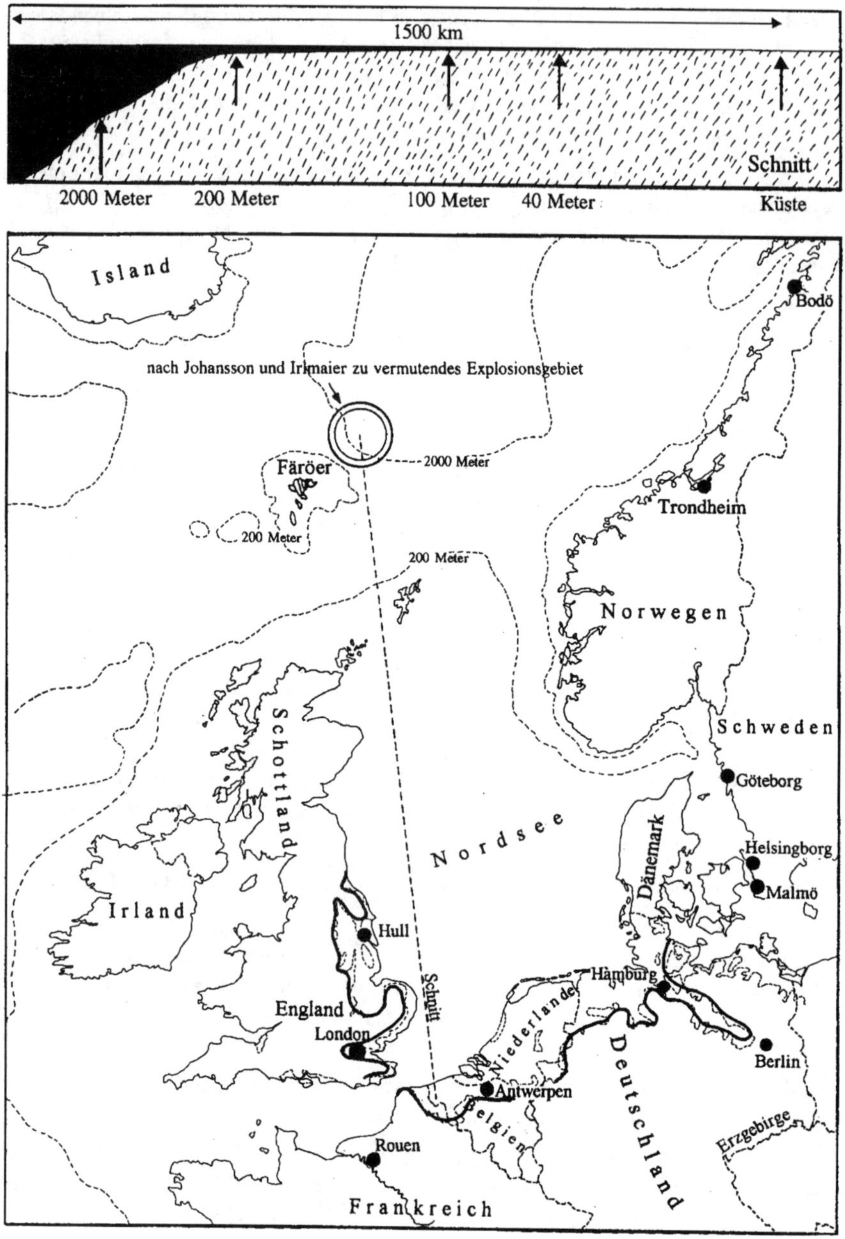

Bild 34: Geografische Details zur „Bomben-Flut“

Sobald ein größeres Ereignis von mehreren Quellen vorhergesagt wird, macht es Sinn, bei Nostradamus nachzusehen, ob sich dort Entsprechendes findet:

***Nostradamus,** 1558, XI/50 (aus den Predictiones, nicht Teil der zehn Centurien!)*

(Übersetzung und Interpretation: Pichon)

*"Ein wenig davor oder danach wird England durch den **Tod des Wolfes** tief am Boden liegen.*
Es wird sehen, wie das Meer gegen das (atomare) Feuer
ankämpfen wird, das es mit Gewalt entzündet,
so wie das Blut unter der menschlichen Haut strömt.
Mangel an Brot, Überfluß an Messern."

(Übersetzung und Interpretation : Max de Fontbrune)

"Etwas später gedrückt zu Boden,
*England durch des **Wolfes Gang zum Toten,***
Übers Wasser sieht das Feuer siegen,
Das es neu nun mit einer Mass entzündet,
Menschenblut von Menschenhaut umrindet
Ohne Brot nun wilder Tanz der Klingen."

"Gedrückt zu Boden" - *"tief am* (Meeres)*Boden"* paßt zu Englands Überflutung infolge von Erdbeben. *Wolf* wird von Pichon als *Rußland*, von Fontbrune als *Deutschland* interpretiert. Wie man sieht, bricht das Chaos bei Nostradamus-Interpretationen schon bei relativ einfachen Fragen aus. Wohlmöglich hat Fontbrunes Interpretation (Deutschland) etwas damit zu tun, daß er Franzose war...

Ich interpretiere *Wolf* folgendermaßen: Da Deutschland (und teilweise auch Rußland) vielen bedeutenderen Quellen nach nicht nur den Dritten Weltkrieg überleben soll, sondern auch eine wichtige positive Kraft in der Zukunft sein soll, kann sich diese Bezeichnung "Wolf" nicht auf das deutsche (oder das russische Volk) als Ganzes beziehen.

Sun Bear, jener in Europa bekannte nordamerikanische Indianer, der sich für einen Ausgleich zwischen Mensch und Natur einsetzte, hatte einmal eine Traumvision: Er sah einen Wolfsschädel in Deutschland. Dieses Bild verstand er als den Tod des militaristischen Geistes in Deutschland.

Vermutlich hatte Sun Bear damit Recht. Im *Der Spiegel* (14/1995) liest man über Adolf Hitler:

*"Als IM der Reichswehr trug er 1919/1920 den Decknamen "**Wolf**", seinen Veitstanz beim französischen Waffenstillstands-Ersuchen 1940 führte er im belgischen Hauptquartier "**Wolfsschlucht**" auf, sein Hauptquartier im ukrainischen Winniza nannte er "**Werwolf**", das im ostpreußischen Rastenburg hieß "**Wolfsschanze**".*

Zu allem Überfluß nannten sich die deutschen Partisanen gegen Ende des Krieges auch noch **Werwölfe**. Und zeitgleich, im Frühjahr 1945, also wenige Wochen vor Ende des Krieges und vor Hitlers Tod bekam die Schäferhund-Dame ("Blondi") des Führers ein paar Junge. Klarer Fall: Eines davon taufte Hitler "**Wolf**".

Als Zentrum des Militarismus in Deutschland ließe sich Preußen, NS-Berlin oder später auch die DDR ausmachen. (Stichwort Wehrerziehung in der DDR)

Den Sehern nach sollen im Dritten Weltkrieg ostdeutsche Truppen auf der Seite Rußlands kämpfen. Man mag davon halten, was man will - hier würde es bedeuten, daß der deutsche Wolf sich nicht wesentlich vom russischen Wolf unterscheidet. Des *Wolfes Tod* wäre also die endgültige Niederlage des östlichen Aggressors. Wohlgemerkt sind hier nur *Kräfte* aus den Ländern, nicht aber die Völker als ganzes gemeint.

Feuer, das Wasser entzündet - mit ihm kämpft - gibt es normalerweise nicht. Die naheliegendste Erklärung wäre ein explosionsartiges Verdampfen durch die Hitze einer Atombombe.

In den von Überflutungen und Erdbeben verwüsteten Gebieten Englands könnten schnell Verteilungskämpfe ausbrechen. Vermutlich brechen diese aber schon vor Beginn des Krieges aus.

Immer dann, wenn eine signifikante Häufung einer bestimmten Vorhersage vorliegt, macht es Sinn, weitere Quellen daraufhin zu untersuchen, ob dort vielleicht ein entsprechendes Szenario in Fragmenten auftaucht.

Wie etwa würde das obige Szenario in den Versen aussehen, wenn die Ursache - die Atombombe - nicht "gesehen" wurde?

***Johansson,** 1907, Norwegen (3a): "Unter den großen Heimsuchungen ... waren besonders zwei von verhängnisvollem Ausmaß. Es handelte sich ... einerseits ... andererseits um ein gewaltiges Erdbeben, das mit einem Vulkanausbruch in der Nordsee im Zusammenhang stand." (13/59)*

"Das Land, das in Verbindung mit diesen Zerstörungen an erster Stelle genannt wurde, war Schottland, danach auch Island. Ich konnte jedoch keine Gewißheit darüber gewinnen, ob das Erdbeben von Land oder vom Meeresgrund der Nordsee ausging. Als der HERR mir diese Namen nannte, war ich sehr verwundert, denn ich wußte ja, daß es in diesen Gebieten der Erde keine Vulkane gibt und auch Erdbeben dort nicht vorzukommen pflegen; aber der HERR nannte die Namen klar und deutlich mehrere Male. Daß ich mich nicht verhört hatte, wurde mir bald darauf klar, als ich die vom Unglück betroffenen Gebiete sah... "

Den Angaben Johanssons nach ergibt sich für das Erdbeben bzw. den Vulkan etwa die gleiche Position, wie bei Irlmaier für die Bombenexplosion: Zwischen Schottland, Island und Norwegen.

Am nahesten zu Schottland, am weitesten entfernt zu Norwegen bzw. - bei Irlmaier im Atlantik bei Schottland. (... an Nordsee *und* Atlantik)

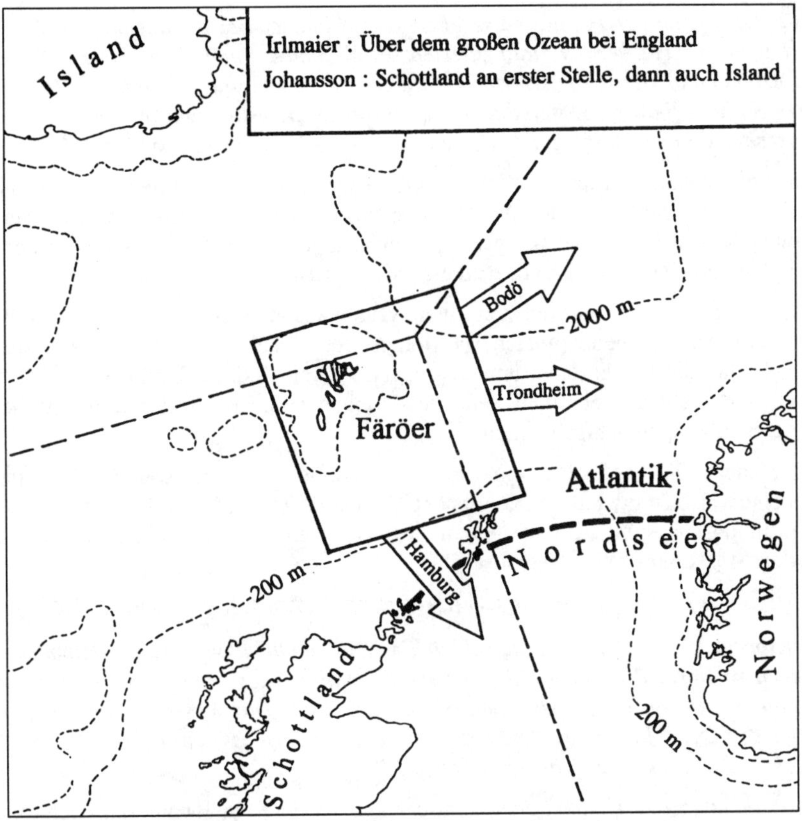

Bild 35: Vermutliches Explosionsgebiet nahe der Nordsee

Interessant auch, daß sich hier Johanssons Zweifel an der *Position* des Vulkans bzw. des Erdbebens entzündet. Seine ganze Vision beschreibt lediglich die *Auswirkungen* des Erdbebens bzw. Vulkans. Den Vulkan selbst sah er offenbar nicht. Dieser wurde nur von einer Stimme erwähnt, die er als Gottes Stimme wahrnahm.

Möglicherweise aber hat noch nicht einmal diese Stimme selbst den Vulkan erwähnt. Vielleicht hat sie nur Formulierungen benutzt, aus denen Johansson einen "Vulkan" herausinterpretierte.

Johansson fährt fort:

"... Alle Nordseestaaten waren fühlbar in Mitleidenschaft gezogen worden, doch kein Land schien so schwer betroffen zu sein, wie Großbritannien und dort besonders die Ostküste..."

"Über allen Nordseestaaten lag Dämmerung. Kein Stern war zu sehen und vom Meer her wehte ein starker Wind. In den norwegischen Gebirgen war noch kein Schnee gefallen. Im Geiste wurde ich in die Nähe von Drontheim geführt. Ich

stand am Strand und schaute über das Meer. Plötzlich begann der Boden zu erbeben. Die Häuser der Stadt zitterten wie Espenlaub, und einige hohe Holzbauten an der Küste stürzten zusammen. Gleich darauf erscholl vom Meer her ein furchtbares Getöse, und eine gewaltige Sturzwelle näherte sich mit rasender Geschwindigkeit der Küste und zerschellte an den Felswänden."

Kennt man die Vorhersagen zur Atombombe, so ist man natürlich geneigt, diese Beschreibung ebenfalls einer Atombombe zuzuordnen. Das wäre durchaus naheliegend, da sich hier keine weiteren Beschreibungen zu austretender Lava oder zu einem Vulkankegel finden (evtl. Bildung einer Insel).

Wenn es sich hier wirklich um einen Vulkanausbruch handeln sollte, so müßte dieser *vor* der Bombenexplosion stattfinden, oder erheblich später, so viel später nämlich, daß die Kriegszerstörungen wieder behoben sind. Im Hinblick darauf, daß ein Dritter Weltkrieg ziemlich nahe bevorstehen soll, erscheint mir ein Vulkanausbruch äußerst unwahrscheinlich.

Trotzdem fällt auf, daß Johansson hier keine weiteren Angaben zu einem möglicherweise zeitgleichen Krieg macht. Andererseits würde die Jahreszeit passen. Denn Johansson gibt an, daß in den norwegischen Gebirgen *noch* kein Schnee gefallen ist. Es müßte also Herbst sein!

Der Gedanke des fragmentarischen Auftretens läßt sich noch weiter verfolgen:

Wellenberg, *1992: "Von der Landseite her schaue ich bei dunkelgrauem Himmel gegen einen Nordseedeich. Plötzlich erscheint hinter dem Deich eine Wasserwand, die um ein Vielfaches höher ist, als der Deich. Das Wasser ergießt sich über den Deich landeinwärts. Er stellt für die Wassermassen nur ein verschwindend kleines Hindernis dar." (119/3)*

Der *dunkelgraue Himmel* entspricht der *Dämmerung* bei Johansson. Hier ist die Ursache der Flutwelle überhaupt nicht mehr erkennbar. Und das ist auch völlig klar, schließlich läge der Ursprung der Welle über 1000 km entfernt.

Die Deiche an der Nordseeküste haben im Schnitt eine Höhe von rund 8 Metern über Normalnull. Wenn der Deich hier nur ein verschwindend kleines Hindernis darstellt, dann kann man davon ausgehen, daß die Welle in der Vision die mehrfache Höhe hatte - also schätzungsweise mindestens 30 Meter!

Johansson *fährt fort: "In den flachen Gebieten rollte die Flut weit ins Land hinein, überschwemmte große Teile von Drontheim und richtete erheblichen Schaden an. Große Speicher und Lagerhäuser barsten auseinander und wurden ins Meer gespült. Die Überschwemmung erstreckte sich über die ganze norwegische Küste, von Süd-Norwegen bis hinauf in die Gegend von Bodö. Ich vernahm die Namen mehrerer dort liegender Städte.*

Weiter wurde ich im Geiste zu den großen Städten an der englischen Ostküste geführt, wo die Naturgewalten den allergrößten Schaden anrichteten. Die ganze englische Ostküste stand bis weit ins Land hinein unter Wasser. Besonders gelitten hatte die Stadt Hull und ihre nähere Umgebung. Schottland mußte einem besonders heftigen Anprall ausgesetzt gewesen sein, denn es schien, als seien große Teile des Landes ins Meer abgesunken. Dann gewahrte ich London. Hier schien die Katastrophe ihren Höhepunkt erreicht zu haben...

Danach zwängten sich die Sturzwellen durch den Kanal und zerstörten dort auf beiden Seiten Häfen und Städte. Besonders schwer betroffen wurde Rouen, aber auch andere Städte der französischen Nordküste litten stark. Der Namen dieser Städte entsinne ich mich nicht mehr. Auch große Teile Hollands, Belgiens und der deutschen Nordseeküste wurden schrecklich heimgesucht. Zu den Städten, die besonders große Schäden aufwiesen, gehörten Antwerpen und Hamburg. Letztere bekam ich zu sehen, und mir schien, sie habe nach London am schwersten gelitten. Es wurde mir gesagt, daß dort riesige Warenvorräte verlorengingen.

Auch die dänische West- und Nordküste und die dort liegenden Städte und die ganze schwedische Westküste - insbesondere Göteborg, Hälsingborg und Malmö - bekamen ebenfalls die Folgen der Katastrophe zu spüren."

Johansson sagte hier, daß es ihm schien, als ob *Hamburg* nach London am schwersten betroffen sei. Wenn eine Flutwelle aus der Nordsee (wie bei Irlmaier) bis nach *Berlin* reicht, dann kann es nur so sein, daß Hamburg schwer getroffen wird. Interessanterweise bezieht sich Johansson konkret nur auf Zerstörungen im Hamburger Hafen, keinerlei Angaben zu Verletzten oder Toten!

Das könnte darauf hindeuten, daß die Flutwelle sich auf den Hafenbereich konzentriert. Doch auch in diesem Falle wäre noch einzukalkulieren, daß große Teile von Wilhelmsburg, also dem Gebiet zwischen Norder- und Süderelbe überflutet werden. Dieses Gebiet liegt im Schnitt ganze 5 Meter über dem Meeresspiegel, ebenso wie das Alte Land und die Vierlande im Süden von Hamburg.

Eine weitere spezifische Untersuchung der Überflutung infolge einer Atombombe in der Nordsee ist bei meiner gegenwärtigen Datenbasis wenig sinnvoll. Die bisherigen Ausführungen zeigen meiner Meinung nach ganz gut, wie deutlich die Seher ein Szenario erkannt haben, welches im äußersten Norden der Nordsee seinen Ursprung haben soll.

Und wenn die Quellen Dinge so weit draußen wahrnehmen, warum sollten sie dann auf einmal einen totalen Atomkrieg mitten in Deutschland "übersehen"?

Der Seher aus dem Waldviertel, Stockert, Irlmaier und Onit stammen aus Nordost-Österreich, Mittel-Bayern, Südost-Bayern und Tirol. Der Norden der Nordsee ist von diesen Gebieten aus um ein Vielfaches weiter entfernt, als z. B. die Mitte Deutschlands.

Sonstige Vorhersagen zu Atomexplosionen in Europa

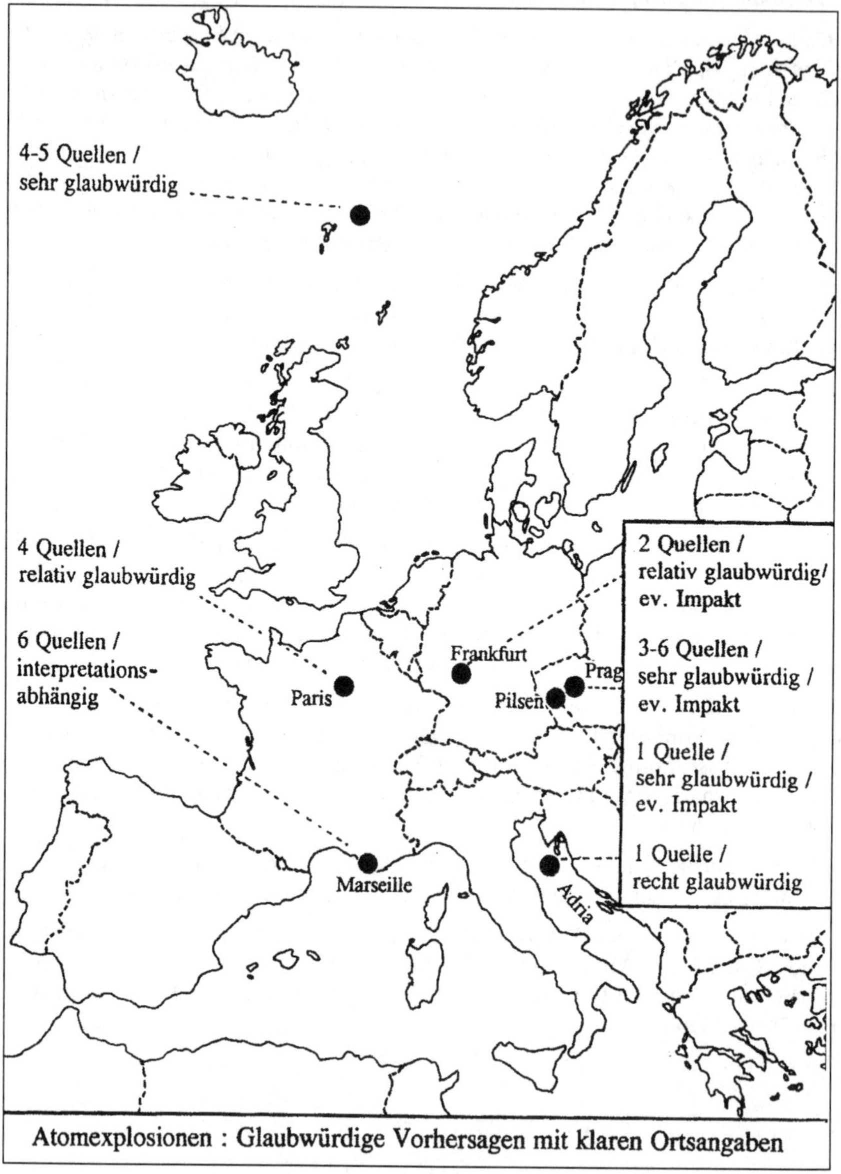

Bild 36: Vorhersagen zu Atomexplosionen in Europa

Paris

20 meiner Quellen beziehen sich auf große Zerstörungen in Paris. 12 Quellen erwähnen konkret (oder deuten auf) eine Totalzerstörung.

Keine Quelle läßt sich definitiv festnageln auf eine atomare Zerstörung.

Beginnen wir mit Nostradamus. Er war Franzose. Paris ist die französische Hauptstadt. Sollte Paris in der Zukunft zerstört werden, so kann man sicher sein, daß Nostradamus das irgendwo kommentiert hat.

In Vers II/93 heißt es (Übersetzung Bouvier) (42/192)

In Avignon nimmt die ganze Regierung
Ihren Sitz, weil Paris zerstört ist.
Auf Tricastin richtet sich der hannibalische Zorn.
Lyon wird durch den Umschwung schlecht getröstet.

Avignon war bisher noch nie französischer Regierungssitz. Bei Lyon soll - ebenfalls nach Nostradamus - ein östlicher Angriffskeil geschlagen werden, bzw. der östliche Vorstoß Richtung Mittelmeer aufgehalten werden. Die Schlacht bei Lyon würde also eine Wende im Krieg kennzeichnen.

In Tricastin, südlich von Lyon befindet sich Frankreichs atomare Wiederaufarbeitungsanlage.

In Vers II/84 steht (Übersetzung Bouvier) (42/129):

Durch Feuer des Himmels die Stadt fast völlig zu Staub gemacht....

Wenn Nostradamus nur von "*der Stadt*" spricht, ist stets Paris gemeint. *Die* Stadt Frankreichs.

Marianne Galtier, *1830: "Die große Prostituierte wird vernichtet werden durch das Feuer. Die Engel des Herren werden die Gerechten von Paris warnen. Niemand wird wissen, von wo das Feuer gekommen ist. Alle Schlechten werden umkommen." (88/225)*

"Niemand wird wissen, von wo das Feuer gekommen ist" - diese Angabe ließe sich in zwei Richtungen interpretieren, zum einen im Hinblick auf die *Himmelsrichtung*, aus der eventuell eine atomare Langstreckenrakete kommt, und zum anderen im Hinblick auf die Urheber, welche dieses Feuer verursachen.

In jedem Falle deutet diese Angabe daraufhin, daß sich in der Nähe von Paris *keine* Front befindet! Würden nahe Paris Russen gegen Franzosen kämpfen, so würde sich die Frage nicht stellen, *wer* die Stadt zerstört hat oder *aus welcher Richtung* das gemacht wurde.

Schwester aus Lyelbe, *1826: "Paris wird vernichtet werden ... Und wenn das Blut geflossen ist, wird das Kind*[11] *zurückkommen. Es wird nicht nach Paris gehen,*

11 Mit dem Kind (an anderer Stelle auch Prinz) dürfte der Große Monarch gemeint sein.

denn selbst die Tiere werden (der Stadt) nicht mehr näher kommen (wollen)." (88/236)

***Marie Bergadieu,** 1875 (3b): "Paris wird gewaschen werden, geläutert im Blute seiner Einwohner. ... Wieviele Feinde! ... Unglückliche Stadt, verfluchte Stadt!* An einem *Tage wird sie verzehrt werden, bis auf den letzten Stein. Wehe, jenen teuflischen Bruderschaften. Ich seh sie, die Elendigen, sie laufen auf uns zu ... was für ein schrecklicher Tumult." (88/315)*

(Im Anschluß ist die Rede von der Dreitägigen Finsternis.)

Frankfurt

Daß hier Frankfurt aufgeführt wird, basiert im Kern auf der Angabe von Garcilaso de la Vega, welcher vom *"Zwillingsschicksal"* Prags und Frankfurts spricht. Von Irlmaier gibt es nur die Angabe, *"daß vom großen Frankfurt nichts mehr übrig bleibt"*, und daß die *"Goldene Stadt zu Staub wird"*. Vielleicht ist hier aber auch ein Impakt gemeint. (16/149)

Eine Atomexplosion über der Adria

Nur eine Quelle, Seher vom Waldviertel. (12/264)

Vereinzelte Atomexplosionen südlich der Donau

Diese werden nur von Erna Stieglitz erwähnt.

Da bei Erna Stieglitz Überlieferungsfehler unterstellt werden können, wären diese Angaben mit größter Vorsicht zu behandeln. (12/237)

London, Manchester und Liverpool

Es findet sich nur eine einzige Quelle (Käthe Niessen). Im Falle von London ist sonst die Rede von Zerstörung durch Erdbeben und Überflutungen. Käthe Niessen befindet sich hier im Widerspruch zu den sonstigen Quellen.

Insgesamt zu unsicher, da nur eine einzige Aussage vorliegt. Von der Qualität her liegt diese Quelle eher im Mittelfeld. (16/199)

Mehrere deutsche und französische Städte

Ebenfalls nur eine einzige Quelle (Erna Stieglitz). Ansatzpunkte zur geographischen Eingrenzung der möglichen Städte bietet ihre Angabe, daß diese Atomraketen von U-Booten abgeschossen werden. Vermutlich operieren diese U-Boote außerhalb des Kanals und der Nordsee, also im Atlantik bzw. im Golf von Biscaya. (12/235)

Interessanterweise interpretiert Kurt Allgeier Centurie V/8 so, daß Paris ebenfalls von einem U-Boot atomar angegriffen wird. (1/243)

Marseille

Im Falle von Marseille finden sich 6 Quellen, welche Marseilles Verschwinden im *Schlamm* vorhersagen.

Schlamm setzt sich zusammen aus Wasser und Erde. Die Erde müßte hierbei aus dem Umland von Marseille stammen - fragt sich, wo das Wasser herkommt. Entweder kommt es vom Meer in Form einer Flutwelle, oder vom Himmel in Form von Regengüssen, welche Flüsse über die Ufer treten lassen.

Allerdings gibt es keinen nennenswerten Fluß, der durch Marseille oder daran vorbeifließt. Insofern wäre eine Flutwelle in Betracht zu ziehen, die vom Meer aus die Stadt überspült und beim Abfließen große Mengen von Erde mit sich reißt. Oder sollte doch die Rhone, die einige Kilometer westlich in das Mittelmeer mündet, sich bis nach Marseille auswirken?

Das Beispiel Nordsee läßt vermuten, daß diese Flutwelle durch eine (kleine) Atombombe verursacht wird.

Wie auch immer - in jedem Falle wäre diese Stadt zu meiden.

Direkte Ausschließung einer atomaren Eskalation für Europa

Die Untersuchungen der Vorhersagen zu Atomexplosionen in Böhmen und der Nordsee haben gezeigt, daß es sich hier nicht um "irgendwelche" Vorhersagen handelt, sondern die Vorhersagen halten durchaus einer genaueren Prüfung stand.

Man bekommt ein Gefühl für eine gewisse "Sehschärfe" der Seher. Die Fülle des Materials legt also die Vermutung nahe, daß die wesentlichen Ereignisse von den Sehern erkannt wurden. Und hinsichtlich der Deutschland betreffenden Atomexplosionen finden sich in der Hauptsache eben nur: die Nordsee, Böhmen und möglicherweise Frankfurt.

Und wenn das Ergebnis dieses Puzzles richtig ist, dann müßte es eigentlich auch Quellen geben, die direkt sagen: Es kommt zu keinem totalen Atomkrieg!

***Buchela,** 1983: "Der letzte Krieg wird nicht kommen. Ihr braucht euch nicht zu ängstigen. Niemals wird eine gewaltige Flamme den Himmel zum Fegefeuer machen und die Hitze euch verbrennen. Aber viele kleine Kriege werden kommen, zwischen Völkern und auch Bürgern eines Landes... Aber niemals wird das Feuer vom Himmel fallen und euch versengen. Ich sage es euch." (40/129)*

Da Buchela in Remagen bei Bonn lebte, dürfte diese Vorhersage insbesondere auch für dieses Gebiet gelten. Also kein Atomkrieg! Meint sie damit aber auch, daß es zu keinem großen Krieg in Europa kommt?

An anderer Stelle äußert sich Buchela zu dem Ausländerhaß in Deutschland. Sie meint, daß prinzipiell die falschen Ausländer verdächtigt werden:

"Es wird, wenn ihr euch nicht ändert, in Kürze die Zeit kommen, in der Nachbarn sich mit Nachbarn schlagen oder sich sogar gegenseitig töten, weil einer nicht am Sonntag (Christen) seinem Gott huldigt, sondern am Freitag (Moslems) oder

Sonnabend (Juden). Und so werdet ihr eine Beute für diejenigen werden, die weder am Sonntag noch am Sonnabend oder am Freitag Zeit für einen Gott haben." (40/109)

"Sucht euch eure ausländischen Freunde richtig aus. Sonst werdet ihr bald von euren gefälligen Freunden nicht nur beherrscht, sondern offen erpreßt. Euer eigener Staat wird machtlos sein. Und bringt die, die ihr als Freunde erkannt habt, näher. Ihr werdet sie während des kommenden großen Kampfes gegen die Nichtbetenden brauchen." (40/116)

Wer sind die Nichtbetenden? Diejenigen, die nicht an einen Gott glauben! Das sind die Atheisten. Einzelne Atheisten sind harmlos. Gefährlich sind nur Atheisten, die sich organisieren. Und organisierte Atheisten sind in der Regel *Kommunisten*.

Und wie könnte ein *großer Kampf gegen die Nichtbetenden* aussehen? ...Ein Kampf, der so groß ist, daß Deutschland Unterstützung von anderen Betenden braucht; insbesondere auch von jenen, die es in Deutschland bisweilen schwer haben. Türken! Buchela meint hier die Türken, bzw. die Türkei! Wenn nicht sogar islamische Staaten weiter im Süden!

Wahrlich! Wenn Deutschland die Türkei braucht, dann ist das in der Tat ein großer Kampf! Und das könnte nur ein wirtschaftlicher oder ein militärischer Krieg sein. Wie aber bitte will Osteuropa Deutschland *wirtschaftlich* in die Knie zwingen?

Natürlich sind wir damit schon tief im Gestrüpp der Interpretation. Meinem Eindruck nach meint Buchela hiermit einen militärischen Angriff osteuropäischer Kräfte auf Westeuropa und die Türkei.

***Edward Korkowski,** 23.3.1984 (3a): "Nach einigen Minuten sah ich drei oder vier Atompilze im Westen und auch im Osten. ... Als nächstes erschienen irgendwelche Zeichen, wie Runenzeichen oder Schriften, vom Süden bis zum Norden über Europa. Als diese Zeichen da waren, kamen keine Raketen oder sonstigen Waffen mehr durch. Das heißt, ich sah, daß die Raketen an der vorderen Spitze plötzlich qualmten oder Funken sprühten. Dann purzelten sie herunter. Die Flugzeuge explodierten alle, sobald sie in die Nähe der Zeichen am Himmel kamen. Über Europa waren noch keine Bomben oder sonst etwas gefallen." (16/196)*

Mit Westen und Osten am Anfang dürften die USA und asiatische Teile Rußlands gemeint sein.

***Sun Bear,** 1990: "Ich habe niemals einen Atomkrieg zwischen den USA und der Sowjetunion vorhergesehen. Aber ich habe erkannt, daß kleinere atomare Kriege zwischen den arabischen Staaten und Israel möglich sind." (86/177)*

Was Europa anbelangt, so deckt sich das mit Korkowski.

***Paulussen,** 1991 (3a): "Der Krieg der Russen wird ein harter Krieg werden, eine Materialschlacht - jedoch kein atomarer Krieg." (44/154)*

(Zur Erinnerung: 2 Atombomben machen noch keinen Atomkrieg!)

***Uriella**, 1993 (3a): Frage: "Wird der Ewige GOTTVATER den Einsatz von Atombomben und Atomraketen im kommenden Weltenbrand verhindern?"*

Antwort: "Teilweise ja!" (DER HEISSE DRAHT, Nr.9, 1993)

Neben diesen beiden Argumente gegen eine atomare Eskalation in Europa (Flächendeckung der Seher und direkte Verneinung) findet sich ein weiterer Anhaltspunkt für ein mögliches Ausbleiben einer Eskalation in Europa:

Die "Notbremse"

Insgesamt deuten die Quellen auf eine Kriegsdauer von nur wenigen Monaten hin (ca. 3 Monate). Mehrfach ist von einem durch Gott abgekürzten Krieg die Rede. Einige Quellen erklären auch, warum Gott diesen Krieg abkürzt: Ein weltweiter Atomkrieg wäre letztlich noch viel folgenschwerer als die Dreitägige Finsternis.

Natürlich begibt man sich in dem Moment, wo man Aussagen über die *Absichten Gottes* (!) macht, auf geradezu hauchdünnes Eis.

Gibt es aber einen Gott, so kann man sicher sein, daß er (sie, es?) in dieser entscheidenden historischen Phase nicht einfach die Hände in den Schoß legt und bloß zusieht.

Letztendlich dreht es sich also wieder einmal um die alte Frage: Gibt es einen Gott? Wenn ja, dann macht er hier wohl eine Vollbremsung!

Scheinbare Atomkriegsvorhersagen

Bis jetzt haben wir eine Reihe von mehr oder weniger überzeugenden Anhaltspunkten dafür, daß es in Westeuropa zu **keiner** nuklearen Eskalation kommt. Auf der anderen Seite gibt es aber sehr wohl ein paar Quellen, welche eben **doch** auf eine atomare Eskalation hindeuten....

Also sehen wir uns die Sachen an:

***Babaji**, 1982 (3a): "Zwischen Himmel und Erde hat eine solche Zerstörung noch nicht stattgefunden. Es wird alles so blitzartig geschehen, daß die Menschen bei ihrer Arbeit, im Schlaf oder im Stehen sterben werden. Menschen werden durch **giftige Gase** umkommen, doch die Gebäude werden stehen bleiben." (27/49)*

*"Der Krieg wird so sein, daß Menschen, die schlafen, sofort sterben. Es wird einen Atomkrieg geben. Die Menschen werden sofort in ihren Häusern getötet werden durch **Giftgas und radioaktive Strahlen**." (27/30)*

Ein blitzartiger Tod, bei dem die Menschen im Stehen sterben - das könnten Atombomben sein. Allerdings nicht, wenn die radioaktive Strahlung die Ursache ist!

Denn bei einer radioaktiven Verstrahlung dauert es bis zum Eintritt des Todes erheblich länger. Außerdem haben Giftgase nichts mit Atomwaffen zu tun!

Zu beachten ist hier auch, daß Babaji *zweimal* von Giftgasen als Todesursache und nur *einmal* von Radioaktivität als Todesursache spricht.

Der Todeseintritt *während man steht* erinnert an eine Stelle bei Nostradamus, wo vom *Tod beim Sprechen* die Rede ist.

Der Todeseintritt beim Arbeiten *und* beim Schlafen deutet zudem daraufhin, daß die Ursache global und gleichzeitig ist, also gleichzeitig auf der Tag- und der Nachtseite des Globus.

All das deutet mehr auf die Dreitägige Finsternis hin als auf einen Atomkrieg. Und *Atomkrieg* bedeutet nicht zwingend *totaler Atomkrieg.*

Ubaldi, *1933, Italien (w): "Und die Stimme hat mir gesagt, daß die ganze nördliche Hemisphäre: Asien, Europa und die USA total zerstört werden wird, durch Atombomben,* ***usw., usw.****, ... Nach der Zerstörung des Materialismus wird es auf der Welt nur mehr* eine *einzige Regierung,* einen *Staat und* ein *religiöses Prinzip geben." (10/168)*

Hier ist die Rede von Atombomben *usw.*! Auch wenn hier die ganze nördliche Halbkugel zerstört werden soll - der Anteil der Atomwaffen daran läßt sich hier nicht genauer bestimmen. Den anderen Quellen nach verursachen vor allem die Naturkatastrophen die Zerstörungen.

Bei einer globalen Katastrophe wäre die Südhalbkugel natürlich ebenso betroffen.

Kerizinen, *1956, Bretagne: "Plötzlich kamen von rechts und links Feuerbälle, welche die Erde trafen und einen großen Brand verursachten. Die Erde schien danach wie zerstückelt. ... Dann kam eine dichte Finsternis." (16/187)*

"Rechts und links" klingt nach "*Ost und West*" - Bei Atombomben gibt es aber genaugenommen keine Feuerbälle, die *fallen* und die Erde treffen. Da steigen Feuerbälle auf!!! Die Finsternis kennen wir von der Dreitägigen Finsternis. Bei den Feuerbällen könnte es sich um größere Meteoriten oder Kometeneinschläge handeln. Wo die Einschläge sein sollen, ist dieser Quelle nach nicht zu erkennen.

Irlmaier, *ca.1950 (3a): "Nach den Atombomben der Westmächte ..."(14/184)*

In Irlmaiers sehr umfangreichem Material zu Mitteleuropa, lassen sich nur 3 Atomexplosionen in Mitteleuropa erkennen: Nordsee, Prag, und eventuell Frankfurt. Diese Angabe bezieht sich also mit hoher Wahrscheinlichkeit auf Osteuropa.

Onit, *1948 (3a): >"Die Russen marschieren unaufhaltsam vor, und ihr Vorstoß werde erst durch die amerikanischen Atombombenteppiche gestoppt, die über Europa und europäisch Rußland gelegt würden."< (14/187)*

Bei Onit ist, wie gesagt, etwas Vorsicht geboten. Die Sache mit den Atombomben als *"Stopper"* widerspricht den sonstigen Vorhersagen zum Giftgaseinsatz des Westens im Rücken der Angreifer. Den Russen soll das Rückgrat durch eben diesen Giftgasteppich gebrochen werden. Aber diese Angabe hier wäre nicht überzubewerten. Wahrscheinlich handelt es sich nur um die Interpretation des Sehers im

Hinblick auf die Ursache der Kriegsbeendigung. Den anderen Quellen nach würde dieser Atomwaffeneinsatz bei Kriegsende stattfinden.

Ein Einsatz amerikanischer Atombomben über Westeuropa scheint mir ausgeschlossen. Mit *Europa* dürfte hier Osteuropa gemeint sein.

Dixon, *1970 (3a): >"Bald darauf werde die Vernichtung der sowjetischen und osteuropäischen Städte sowie der Invasionsarmeen im Nahen Osten erfolgen.*

Infolge der Zerstörung in der Sowjetunion und in Osteuropa - als Gegenschlag zu dem Raketenangriff auf den Westen - würden sich die kommunistischen Truppen im Orient völlig isoliert und von jedem Nachschub aus der Heimat abgeschnitten sehen."< (5/145)

Der Fall Dixon ist ähnlich gelagert wie der Fall Onit. Dixon wird z. B. von dem Seher aus dem Waldviertel scharf kritisiert. Ich selber halte sie ebenfalls für fragwürdig. Ähnlich geht es meinem Kollegen Herrn Bernhard Bouvier. Nun ja. Hier stellt sich natürlich die Frage, was mit *Westen* gemeint ist. Nordamerika? Westeuropa? Oder beides?

Grundsätzlich halte ich es für falsch bis überflüssig, wenn man sich als Europäer zu sehr an amerikanischen oder außereuropäischen Quellen orientiert. Es gibt schließlich genug sehr gute europäische Quellen!

Erna Stieglitz, *1975 (3a): "Die Sowjets sind in Westeuropa in die Verteidigung gedrängt. Als Rache erfolgt der atomare Gegenschlag gegen alle Städte der USA. Gleichzeitig schlagen die USA atomar zurück. Weite Teile der Sowjetunion und die letzten sowjetischen Raketensilos werden zerstört. Als Folge dieser Ereignisse kommt es in der Sowjetunion zu einer Gegenrevolution, die das bisherige System stürzt. Im September gibt es den letzten verzweifelten Versuch sowjetischer Unterseebooteinheiten, Europa atomar zu verwüsten. Bei diesem Angriff werden viele französische und deutsche Städte in ein Flammenmeer verwandelt." (12/235)*

"Erst gegen Ende dieses verhältnismäßig kurzen Krieges kommt es zum Duell mit Atomwaffen. Und schließlich zum totalen atomaren Krieg. Seine verheerenden Auswirkungen entziehen sich jeder Beschreibung. ... Südlich der Donau gibt es vereinzelte atomare Explosionen." (12/237)

Dieser Quelle nach gibt es also erst einen atomaren Schlagabtausch zwischen den USA und Rußland und danach, zum Schluß, einen *verzweifelten Versuch* des Ostens, Europa atomar zu verwüsten. *Verzweifelter Versuch* müßte bedeuten, daß eben das nicht mehr klappt. Es bliebe also ein Versuch. Andererseits ist hier von einem totalen Atomkrieg die Rede.

Rein sprachlich ergibt sich hier zunächst eine gewisse Unstimmigkeit.

Wolfgang Johannes Bekh, der die Prophezeiungen von Erna Stieglitz 1980 als erster veröffentlichte, berichtet in seinem Buch "Das dritte Weltgeschehen", daß er nur über **mehrere** Mittelspersonen, und dann teilweise auch nur andeutungsweise, an den Inhalt dieser Visionen herangekommen ist. Fazit: Diese Quelle klingt zwar schrecklich, ist aber, was den *genauen Umfang* des Atomkrieges anbelangt, nicht weiter verwendbar. Denn man muß einfach größere Übertragungsfehler unterstellen.

Wenn man auf Nummer Sicher gehen will, dann müßte man südlich der Donau potentielle Ziele für Atomangriffe lokalisieren (Kommandozentralen, Flugplätze, Radarstationen etc.).

Biernacki, *1984 (3a) "...als Racheakt werden sie (die Sowjets, Anm. B.) einen atomaren Bombenteppich über Deutschland abwerfen. Dies wird sich um zwei Uhr morgens ereignen. Zu diesem Zeitpunkt der Auseinandersetzungen befinden sich große Munitionsvorräte in allen Teilen Deutschlands. In der sengenden Hitzewelle der atomaren Schläge explodieren alle diese Lager gleichzeitig, und nahezu alle Deutsche werden sterben. Diejenigen, die überleben, werden ertrinken." (8/284)*

Haben Sie's gemerkt? Aus! Ende! Finito! Alle Deutschen sind tot! Warum nur ist das den deutschen Sehern nicht aufgefallen? Und wenn durch Deutschland die Hitze- und Druckwellen der Atombomben rasen - welche Rollen spielen dann noch explodierende Munitionsdepots?

Das deutlichste irrationale Element ist meiner Meinung nach die Vorhersage, *"daß die Überlebenden ertrinken".* Entweder verwechselt er hier Deutschland mit Holland (was auch nicht ganz paßt), oder er weiß schlicht und einfach nicht, daß es Dinge wie den Harz, den Schwarzwald, das Alpenvorland etc. gibt, Gebiete also, die mehrere 100 m über dem Meeresspiegel liegen.

Dennoch deckt sich Biernacki hier insofern mit anderen Quellen, als daß es in der Endphase des Krieges zu gigantischen Überflutungen kommen soll. Innerhalb Deutschlands sollen hier aber nur die Norddeutsche Tiefebene betroffen sein. Möglicherweise hat Biernacki hier also *Deutschland* mit *Norddeutschland* gleichgesetzt. Fraglich allerdings, ob Biernacki es noch verdient, daß man ihm die Sachen zurechtbiegt? An anderer Stelle im selben Text heißt es bei ihm:

"Gleichzeitig wird es einen weltweiten politischen und militärischen Umbruch geben, der seinen Höhepunkt in einem Dritten Weltkrieg haben wird - ***mit begrenztem Einsatz von Nuklearwaffen an bestimmten Orten.*** *" (8/279)*

"Begrenzter Einsatz an bestimmten Orten" und *"atomarer Bombenteppich über ganz Deutschland"* ist ein ziemlicher Widerspruch.

Im Zusammenhang mit den Atomwaffen finden sich bei Biernacki noch weitere "Delikatessen". Aber wie gesagt, Biernacki tut einem leider nicht den Gefallen, nur "Mist" von sich zu geben. In den Basisparametern deckt er sich meistens mit den anderen Quellen. ... So wie hier: Ein begrenzter Einsatz an manchen Orten!

Elena Aiello, *1954 (3a): "Die Welt wird durch einen neuen schrecklichen Krieg erschüttert werden. Tödliche Waffen werden Völker und Nationen vernichten ... Wolken mit Feuerschein werden schließlich am Himmel scheinen und ein Feuersturm wird auf die ganze Erde losschlagen.*

Die schreckliche, in der ganzen Geschichte der Menschheit nie vorhergesehene (?) Geißel wird siebzig Stunden dauern. Die Gottlosen werden zu Staub gemacht werden ... Dann wird man die Macht des Lichtes über der Macht der Finsternis sehen." (10/161)

...Wolken mit Feuerschein und ein Feuersturm, der zum Ende eines Krieges über die *ganze Erde* losschlägt. Das kann eigentlich nur ein weltweiter Atomkrieg sein. Allerdings sagt Elena Aiello, daß dieses Szenario 70 Stunden andauert, und das erinnert doch sehr an die Dreitägigen Finsternis (72 Stunden).

Der Sinn dieses Szenarios Dreitägiger Finsternis besteht aber gerade in der *Verhinderung* eines Atomkrieges!

Damit ist zwar immer noch nicht klar, was dieser Feuersturm (siehe Buchela!) sein soll, doch auch diese Quelle taugt nicht übermäßig zur Untermauerung einer allgemeinen Prophezeiung eines totalen Atomkrieges.

Wie Sie gesehen haben, lohnt es sich bei obigen Quellen, etwas genauer hinzusehen. Keine der obigen Quellen kann als eine wirklich eindeutige und unumstößliche Vorhersage für eine nukleare Eskalation in West-Europa betrachtet werden.

Wo sind wir jetzt?

Anhand der Prophezeiungen, Visionen und Seherzeugnissen läßt sich ein relativ klares Bild für das Szenario eines "Dritten Weltkrieges" erstellen.

Damit ist aber überhaupt noch nicht gesagt, daß wir uns auch tatsächlich auf dem Wege dorthin befinden. Möglicherweise bewegt sich der Planet - aus welchen Gründen auch immer - in eine ganz andere Richtung.

Versuchen wir also anhand der Prophezeiungen auch zu klären, wo wir gerade jetzt stehen und in welcher Richtung wir gerade jetzt gehen. Es folgt also eine Untersuchung der Angaben der Quellen für die Zeit *vor* den Katastrophen.

Die Zeit vor den Katastrophen

In vielen Quellen wird das soweit beschriebene Szenario als die Endphase eines kulturellen Niederganges in ganz Europa beschrieben.

Es gibt Quellen, die in der Französischen Revolution den Anfang des Niederganges sehen, also in dem Beginn des Niedergangs der europäischen Monarchien. Die vielen Prophezeiungen zu einem Großen Monarchen, der Europa nach dem Dritten Weltkrieg ordnen soll, kann man auch in diesem Zusammenhang sehen. Die Monarchien kehren nach Europa zurück.

Was bei älteren Quellen häufig auftaucht, sind Voraussagen zur technologisch-industriellen Revolution in der Zeit vor den großen Kriegen, also in der Zeit vor den Weltkriegen. Dinge wie Autos, Flugzeuge und Fernsehen wurden schon lange vor ihrem tatsächlichen Vorhandensein von Sehern geschaut. Von Jakob Lorber (gest. 1864) gibt es eine ganze Reihe seherischer Vorwegnahmen moderner Erfindungen, z. B. Neonröhren und Röntgenphotographie.

Das alles deutet soweit daraufhin, daß die "große Katastrophe" in unserer Zeit, nämlich der Zeit der Technik stattfindet. Diese Technik-Zeit kann man nun in zwei Phasen unterteilen. Zum einen in eine *Anfangsphase*, in der die Menschen voller Hoffnung und Vertrauen in die Technik waren, und zum anderen in eine *zweite Phase*, wo für mehr und mehr Menschen ersichtlich wird, daß etwas mit dem technologisch-wissenschaftlichen Fortschritt nicht stimmt.

Ich schreibe hier ganz bewußt von einer *zweiten Phase* und nicht einer *Endphase*, denn ich gehe davon aus, daß die *Maschine an sich* überleben wird, nur eben nicht die *zerstörerische Maschine.*

In diese zweite Phase fiele die Überbevölkerung, Atomwaffen und die Umweltzerstörung.

Dinge wie das Waldsterben und Klimastörungen tauchen tatsächlich bei mehreren Prophezeiungen auf. Von daher ließe sich sagen, daß etwa ab 1970 eine Erfüllung der Prophezeiungen zu erwarten gewesen wäre.

Das ist natürlich noch immer ziemlich ungenau. Denn so ergibt sich eine Zeitspanne von mindestens 30 Jahren.

Die Zeit von 1970 bis jetzt läßt sich wiederum in zwei Hälften aufteilen. Die erste Hälfte ist die Zeit bis Gorbatschow (Amtsantritt 1984), also die Zeit bis zum Beginn des *Umbruches in Osteuropa.* Die zweite Hälfte ist entsprechend die Zeit von Gorbatschow bis jetzt.

Nehmen wir also die Prophezeiungen, und machen wir uns auf die Suche nach Hinweisen und Indizien für den Umbruch in Osteuropa.

Der Umbruch in Osteuropa in den Prophezeiungen

Wissen Sie noch, wie jedermann - und vermutlich auch Sie, lieber Leser - überrascht war, als die Mauer fiel?

In einem Interview in *"Der Spiegel"* (40/1994) äußerte sich Michael Gorbatschow zur Unvorhersehbarkeit der gesamten Entwicklung in Osteuropa: *"Wer hätte denn gedacht, daß es die Sowjetunion nicht mehr geben würde? Hat irgend jemand überhaupt diese Möglichkeit in Betracht gezogen? Niemand. Weder im Westen noch im Osten."*

Der Umbruch in Osteuropa und insbesondere der Fall der Mauer bietet sich also geradezu an für eine Nagelprobe der tatsächlichen oder vermeintlichen Seherschauungen.

Und gleich an dieser Stelle sei gesagt, daß sich die Untersuchungen hinsichtlich des Umbruches in Osteuropa etwas schwierig gestalten.

So kenne ich nicht eine einzige Quelle, die einen Reformator wie Gorbatschow vorausgesehen hat. Und für den Fall der Mauer finden sich nur ein paar mehr oder weniger deutliche Hinweise.

Gorbatschow und der Fall der Mauer (die Wiedervereinigung) sind natürlich nur zwei aus einer ganzen Reihe von Aspekten. Der Umbruch in Osteuropa hat sich auf einer Vielzahl von Ebenen ausgewirkt und eine Fülle unterschiedlichster Details hervorgerufen.

Es wäre also damit zu rechnen, daß sich dieser Umbruch in unterschiedlichster Weise in den Prophezeiungen niederschlägt.

In welcher Form könnte das geschehen? Es folgt eine Auflistung möglicher Details und Aspekte:

1. Deutschland: Fall der Mauer, die Wiedervereinigung

2. UdSSR: Zerfall, die Teilstaaten werden unabhängig

In der Folge des Zerfalls der UdSSR ist eine ganze Reihe neuer Staaten entstanden: Estland, Lettland, Litauen, Weißrußland, Ukraine, Moldawien, etc.

3. Tschechoslowakei: Teilung in Tschechien und Slowakei

Die Tschechoslowakei hat sich in Tschechien und die Slowakei gespalten. Damit gibt es erstmalig seit rund 1000 Jahren einen eigenständigen tschechischen (böhmischen) Staat.

4. Jugoslawien/Osteuropa/ehem. UdSSR: Kämpfe und Krieg

Auch der Zerfall Jugoslawiens und der dortige Bürgerkrieg muß in diesem Zusammenhang gesehen werden. Voraussetzung für diesen Zerfall war schließlich der Autoritätsverlust der dortigen Kommunisten und die Handlungsunfähigkeit des Warschauer Paktes.

Infolge des Zerfalls des Ostblocks gab es in vielen Gebieten Osteuropas blutige Aufstände und kleinere Kriege, z. B. in Rumänien, Moldavien, Georgien, Armenien, Aserbaidschan und Tschetschenien.

5. Italien: Umbruch in der Parteilandschaft

In Italien verlor eine korrupte Politikerklasse ihre Existenzberechtigung, nämlich die Klasse der Kommunisten. Es hagelte nur so Anklagen gegen diese Leute. Nebenbei löst sich die alte kommunistische Partei auf. Im Jahre 1993 war die Rede von einer friedlichen Revolution in Italien.

Abgesehen davon gibt es seit dem Wandel in Osteuropa starke separatistische Tendenzen in Italien. Viele Norditaliener wollen den wirtschaftlich schwachen, korrupten und von der Mafia durchsetzten Süden nicht mehr mitfinanzieren.

6. Ganz Osteuropa: wirtschaftlicher Umbruch

In allen Staaten des ehemaligen Ostblocks kam es zu einem wirtschaftlichen Umbruch. Man wechselte von Planwirtschaft auf Marktwirtschaft, was eine ganze Reihe von Turbulenzen auslöste. Für große Teile der Bevölkerung in all diesen Staaten zog das eine Verschlechterung der Lebensumstände nach sich. Eine Folge davon ist, daß die alten Kommunisten in fast allen Staaten des ehemaligen Ostblocks mehr oder weniger wieder am Ruder sitzen.

Zu jedem dieser Punkte finden sich in den Prophezeiungen Hinweise. Oft genug wird deutlich, daß diese Änderungen im Zusammenhang mit einem Dritten Weltkrieg stehen. Jetzt fragt sich nur noch, wie eindeutig die entsprechenden Vorhersagen sind.

Die Prophezeiungen deuten auf eine letztendlich unheilvolle Wende in Osteuropa. In den euphorischen Jahren 1989 und 1990 schienen solche Vorhersagen weit hergeholt zu sein. Doch jetzt, nachdem sich in Jugoslawien nach Jahren des Krieges noch immer kein echter Friede abzeichnet, jetzt, wo sich nach Jahren des Chaos in Rußland noch immer keine Wende zum Besseren abzeichnet, und jetzt, wo die blühenden Landschaften in Ostdeutschland in weite Ferne gerückt sind, mag man anfangen, anders darüber zu denken.

Nostradamus, 1558 (3a): Bereits vorher wurde schon auf die besagten 73 Jahre und 7 Monate eingegangen. Zusätzlich ist im gleichen Text die Rede von den *"Kindern, die durch Grenzen getrennt und verwirrt"* waren. Natürlich handelt es sich hier um die Kinder der christlichen, europäischen Familie.

Der Eiserne Vorhang, also die Grenze zwischen den Warschauer-Pakt-Staaten und Westeuropa war in der Tat eine Grenze, welche die Völker physisch getrennt hat. Nur die Polen durften halbwegs frei reisen.

Auch hat diese Grenze eine geistige Verwirrung hervorgerufen, bzw. aufrechterhalten. Denn die meisten Osteuropäer konnten nicht in den Westen fahren und so der heimischen Propaganda eigene Erfahrungen gegenüberstellen.

Was ist mit einem Volke los, das zuerst schreit: "Ein Volk, ein Reich, ein Führer!" und wenig später bereit ist, an der Seite seiner Feinde von eben sich gegenseitig umzubringen? Es ist verwirrt! Es sollte seinem Gott danken, daß diese Verwirrung nicht in seine Selbstvernichtung umgeschlagen ist.

Papst Johannes XXIII., *1933: "Hier ist das verfluchte Buch, geschrieben von dem, der sich selbst und seine Rasse haßte. Hier ist das Buch der Lüge, des Hasses, des Abschaums. Wegen seiner Worte werden Unzählige sterben, ohne zu verstehen, ohne den wahren Autor zu kennen.*

Hier ist das Buch, das den Haß erregt, das die Menschen teilt. Wieviel Böses wird es tun, wieviel Schmerzen wird es bringen, ***wieviel Kriege.*** *Wegen dieses Buches werden neue Waffen hergestellt und so viele Menschen werden sich in sich selbst verkriechen.*

Hier ist die Wahrheit, sie wird in die Parks gerufen, auf die Plätze. Dies ist die reine Wahrheit. Die Erde und ihre Liebe werden niederstürzen. ***Siebzig Jahre*** *wird das Buch in einem Viertel der Welt triumphieren. Heerführer hervorbringen, Völker knechten. Und die Menschen werden Haß und Elend säen.*

Der Stolz, der Traum vom Stolz, das neue Paradies. Die Hölle auf Erden.

Zwischen den Kriegen wird jemand von Liebe reden. Aber auch besiegt, gefälscht, entlarvt wird das Buch immer Anhänger finden, bis ans Ende aller Zeiten." (49/160)

Ganz offensichtlich ist hier von Karl Marx und seinem/n Machwerk/en die Rede. (bzw. von einem Hintermann?)

Die 70 Jahre, die hier erwähnt werden, entsprechen den 73 Jahren und 7 Monaten von Nostradamus. Rund 70 Jahre nach der Oktoberrevolution im Jahre 1917 zeigte sich die Impotenz der kommunistischen Ideologie. Im 70sten Jahr nach der Oktoberrevolution - 1987 - war Gorbatschow schon drei Jahre an der Macht.

Prophezeiung des Blühenden Mandelbaumes (um 1900)

Diese Prophezeiung wurde gegen Ende des Zweiten Weltkrieges in den Ruinen der St. Paulskirche in Berlin gefunden. Sie stammt vermutlich von Anfang des 19. Jahrhundert. Es handelt sich hierbei um eine durchlaufende Liste von Jahreszahlen. Jeder Jahreszahl ist eine Art Motto zugeordnet. Die Liste endet mit dem Jahr 2000.

Ihren Namen verdankt diese Prophezeiung dem Umstand, daß sie den *Tod des Hakenlöwen! vor der dreizehnten Blüte des Mandelbaumes* vorhersagte.

Am 30.1.1933 wurde Hitler durch Hindenburg Reichskanzler, und auf den 30.4.1945 datiert man Hitlers Selbstmord. 1945 ist also das dreizehnte Jahr. Prunus triloba, das *Mandelbäumchen,* blüht bei uns im April-Mai ... Der Krieg endete in Europa am 8. Mai 1945.

Offensichtlich hat hier der Seher nicht nur die Jahre exakt gesehen, sondern auch die Monate. Eine wirklich außergewöhnliche Prophezeiung. Wegen dieser Details sollen die Nazis auch versucht haben, der Prophezeiung habhaft zu werden (Angaben nach A.Voldben).

Zu 1986 heißt es in der Prophezeiung: *"Feuer aus dem Osten"* - 1986 - Tschernobyl. Der Reaktor brennt durch. Eine riesige radioaktive Wolke zieht nach Westeuropa. Zwar kommt im Westen kein *Feuer* an, aber *ein Feuer im Osten* wirkt sich direkt bis hierher aus. Das radioaktive Material, das hier ankam, stammt direkt aus eben jenem Reaktor (*Tschernobyl* bedeutet *Wermut* - Ukrainisch bzw. Russisch).

Noch klarer und verblüffender ist das Motto zu 1989: *"Erwartung des Menschen"*! 1989, das Jahr in dem die Mauer fiel! Und nicht nur das.

In Südafrika zeichnete sich deutlich das Ende der Apartheid ab. Am 5. Juli 1989 kommt es zu einem Treffen zwischen dem immer noch inhaftierten Nelson Mandela und Staatschef Botha. Einen Monat später tritt Botha zurück und Frederik W. de Klerk wird sein Nachfolger. Am 2. Februar 1990 bricht de Klerk in einer historischen Rede mit dem Apartheidssystem. 9 Tage später wird Mandela nach 27 Jahren aus der Haft entlassen.

Und selbst in China gab es 1989 einen zaghaften demokratischen Frühling. Der fand allerdings ein jähes Ende durch das Massaker auf dem Platz des Himmlischen Friedens.

1989 war also definitiv ein Jahr der Erwartung, und zwar genau das, aber nicht viel mehr. Anstelle des Ost/West-Konfliktes ist das Chaos in Osteuropa und der verschärfte internationale Konkurrenzkampf getreten. Deutschland genießt nicht die Friedensdividende, sondern ächzt unter der Globalisierung der Märkte.

Gorbatschow, der Hoffnungsträger, ist schon lange entmachtet und hat keine politische Basis mehr im eigenen Land.

Biernacki, *1984 (3a): "Gleichzeitig wird es einen weltweiten politischen und militärischen Umbruch geben, der seinen Höhepunkt in einem Dritten Weltkrieg haben wird." (8/278)*

Oberflächlich betrachtet scheint dies eine ziemlich ungenaue Vorhersage zu sein. Nur - wie hätte denn solch ein Umbruch überhaupt aussehen können? Was war denn vorher da?

Weltweiter politisch - militärischer Umbruch kann nur bedeuten, daß

1. auf einmal alle Staaten sich vertragen und kooperieren.
   Das bedeutet die Auflösung des Ost/West-Konfliktes, und folglich eine Stärkung der Vereinten Nationen (erprobt im Krieg um Kuwait).
2. keiner kooperiert mehr mit dem anderen,
   z. B. der Zerfall der Sowjetunion, der Zerfall Jugoslawiens, das Wiedererstarken des Nationalismus und Separatismus.
3. Es kommt zu neuen Bündnissen, neuen Polarisierungen.
   Diese wären logischerweise spätestens direkt vor einem Dritten Weltkrieg zu erwarten (z. B. sind Polen, Tschechien und Ungarn jetzt Mitglieder der NATO). Rußland aber war und ist strikt gegen eine Osterweiterung der NATO! ...

Daß Biernacki den Dritten Weltkrieg für 1993/1994 vorhergesagt hatte - der Krieg sollte nach ihm spätestens 1994 vorüber sein - sollte hier nicht zu sehr irritieren. Auch bessere Quellen haben Probleme, richtige Jahreszahlen zu nennen. Eine falsche Jahreszahl sagt relativ wenig über den Wert einer Quelle an sich aus.

Unmittelbar vor dem Übergreifen der Kämpfe auf Deutschland "sah" Biernacki allerdings umfangreiche Kämpfe in Polen zwischen westlichen und östlichen Truppen. Dieses widerspricht allen anderen Quellen, welche ein plötzliches Übergreifen der Kämpfe auf Deutschland vorhersagen. Niemand sonst erwähnt diese Kämpfe in Polen. Allerdings bezieht sich auch niemand sonst *detailliert* auf Polen.

Abgesehen davon "übersah" Biernacki auch die friedliche Wiedervereinigung von BRD und DDR.

Doch obwohl seine Vorhersagen zu diesem nordeuropäischen Detailszenario erheblich irritieren, so deckt er sich in allen wesentlichen "Eckwerten" mit den anderen Quellen:

"Den nächsten Schlag wird die Rote Armee gegen Westdeutschland führen, genau bis zur Grenze nach Frankreich. Am Ende ihres Vorstoßes wird sie dreiviertel westdeutschen Gebietes besetzt haben. Die Rote Armee wird in ihren Angriffen von der tschechoslowakischen Armee unterstützt." (8/284)

Diese Angabe von *dreiviertel besetztem Westdeutschland - genau bis zur französischen Grenze* deckt sich wiederum mit der Mehrheit der sonstigen Quellen:

In Baden-Württemberg ist der Rhein praktisch identisch mit der französischen Grenze. Wo ist dann das *nicht besetzte Viertel?*

Das Voralpenland plus Ruhrgebiet und Teile des deutschen Gebietes westlich des Rheins ergeben ungefähr ein Viertel!

Natürlich läge es nahe, Quellen, die öfters falsch liegen, einfach unter den Tisch fallen zu lassen. Grundsätzlich muß man aber davon ausgehen, daß es Menschen mit echten seherischen Fähigkeiten gibt, die aber eben auch "Fehler" machen.

Und solange noch eine Art roter Faden sichtbar ist, macht es Sinn, auch diese Quellen zu untersuchen. Natürlich ist dieser Quellentyp nicht gerade besonders "werbewirksam". Eine simple Trennung in vollkommen akzeptabel und völlig unakzeptabel wird der Realität aber keinesfalls gerecht.

Und nicht zuletzt geht es mir auch darum, möglichst *alle* Quellen zu berücksichtigen, bzw. zumindest ein repräsentatives Spektrum wiederzugeben.

Emmerick, *1822 (w): "Ich kam über steile Höhen in einen schwebenden Garten. Da sah ich zwischen Mitternacht und Morgen (Mitternacht = Norden, Morgen = Osten, also im Nordosten), wie die Sonne am Horizont, die Gestalt eines Mannes aufsteigen mit langem, bleichem Gesicht. Sein Kopf schien mit einer spitzen Mütze bedeckt. Er war mit Bändern umwickelt und hatte einen Schild auf der Brust, dessen Inschrift ich vergessen. Er trug ein mit bunten Bändern umwickeltes Schwert und schwebte mit langsamem Taubenflug über der Erde, wickelte die Bänder los, bewegte sein Schwert hin und her und warf die Bänder auf schlafende Städte. Und die Bänder umfingen sie wie Schlingen. Auch fielen Blattern und Beulen von ihm nieder in Rußland, in Italien und Spanien.*

Um Berlin lag eine rote Schlinge, von da kam er zu uns (Münster in Westfalen). Nun war sein Schwert nackt, blutigrote Bänder hingen vom Griff, es träufelte Blut auf unsere Gegend. Der Flug war Zickzack, die Bänder wie Kaldaunen." (5/99)

Wie wäre es mit folgender Interpretation:

Von Deutschland aus betrachtet steigt im Nordosten, also in Richtung Rußland, ein Mann auf. Wie die Sonne bedeutet, langsam, gleichmäßig und alles überragend. Der Mann ist bleich, vermutlich alt, auf jedem Fall geht es ihm nicht gut. Die Mütze wird nach oben hin spitz zulaufen, so wie der Hut eines Zauberers. Die Kopfbedeckung deutet auf *Macht* und *den Willen zur Macht*. (Im Gegensatz zur herunterhängenden Zipfelmütze des deutschen Michels.)

Und was ist mit diesen Bändern, die ihn und das Schwert umwickeln? Zwischen den Bändern, die ihn und das Schwert umwickeln, dürfte kein großer Unterschied bestehen. Die Bänder des Schwertes sind bunt ... Stellen Sie sich bunte Chiffonschleifen vor ... Das sieht hübsch aus ... Diese Bänder sind scheinbar angenehme Gedanken, Wünsche und Träume. Damit tarnt der bleiche Mann seine Absichten. Die Heimtücke zeigt sich auch im langsamen Taubenflug.

In den schlafenden Städten fällt man darauf herein. Die Illusionen nehmen den Städten die Kraft zum Handeln. Nachdem Berlin mit sozialistischem Gedankengut hypnotisiert ist, erfolgt der Angriff auf Westdeutschland.

Was mit den Blattern und Beulen gemeint ist, ist mir nicht klar. Die steilen Höhen könnten die Alpen sein und der schwebende Garten könnte das wiedervereinigte Deutschland sein, nicht aber Westdeutschland kurz nach dem Zweiten Weltkriege, *denn da war es kein Garten.* Auch kann es sich nicht um die Zeit des kalten Krieges handeln, denn kalte Krieger sind wachsam, *sie schlafen nicht.*

Seher aus dem Waldviertel, *1959 (3a):* Er erwähnt vor dem Dritten Weltkrieg, Kriege oder kriegerische Handlungen in Jugoslawien und Bulgarien. Gerade Bulgarien, Mitglied des Warschauer Paktes, deutet daraufhin, daß eben dieser Warschauer Pakt nicht mehr existiert. *(12/258)*

Irlmaier, *1959 (3a): "Nach den Wirren auf dem Balkan wird es sein." (20/24)*

"... Der eigentliche Funke wird im Balkan ins Faß geworfen." (16/127)

Also auch bei Irlmaier finden sich Hinweise auf chaotische Zustände auf dem Balkan unmittelbar vor Ausbruch des Dritten Weltkrieges. Diese zweite Angabe Irlmaiers deutet hin auf ein untergründiges Schwelen der Spannungen. Genau das ist momentan, Mitte 1996, die Situation. Es herrscht Friede, aber es schwelt. Und noch ist die UNO vor Ort.

Korkowski, *28.3.1983 (3a): "Laßt Euch nicht täuschen, der Ostblock wird Euch friedliche Nachgiebigkeit vorspielen, sei es mittels Grenzöffnungen und Grenzverschiebungen, sei es durch Paktauflösungen oder durch heuchlerische Neutralisierungsvorschläge. Dann erst, wenn Ihr aus dem westlichen Schutz ausgeklammert seid, wird er Euch plötzlich wie Freiwild überfallen." (32/207)*

Methodius von Patara, *677, Istanbul: >"Es werde viele Wirren und blutige Aufstände geben, bis "das Volk der Barbaren" über Städte und Länder herfallen wird." < (5/139)*

Patara = Istanbul. Von dort aus lagen viele Wirren und blutige Aufstände praktisch vor der Tür: z. B. Bulgarien, Rumänien, Georgien, Moldawien. Beachten Sie, daß hier lediglich von *Wirren und Aufständen* die Rede ist. Also eher kurzlebige Konflikte, keine "richtigen" Kriege.

Soweit die Vorhersagen zu politischen Änderungen im Zuge des Umbruches. Die Quellen sind zwar nicht so eindeutig, wie man sich das wünschen könnte, doch sie sind eindeutig genug. Der Umbruch in Osteuropa zeichnet sich in den Quellen ab.

Warum sich dieses Thema so undeutlich in den Quellen abzeichnet, ist nicht ganz klar. Eine Ursache ist sicherlich folgendes:

In dem von mir benutzten Datenpool stammen nur 13 Quellen, bzw. 5 % aus Osteuropa. Grundsätzlich gilt für alle Quellen, daß sie sich vorwiegend auf ihre Heimat (-region, -land) beziehen. Hat man kaum Quellen aus Osteuropa, so ist nur logisch, daß sich für Osteuropa ein eher unklares Bild ergibt.

Dieses Argument gilt in abgeschwächter Form auch für die innerdeutsche Grenze und den Fall der Mauer. Quellen in Ostdeutschland sind extrem rar.

Teilweise muß man auch berücksichtigen, *wie* diese Zukunftsvisionen grundsätzlich zustandekommen. Oft haben die Seher optische Visionen. Sie sehen Bilder. Für den Fall der Mauer bedeutet dies, daß er innerhalb ganz Westdeutschlands praktisch *keine* unmittelbar sichtbaren Folgen hatte, sieht man mal von den vielen Trabbis ab, die plötzlich in den Straßen auftauchten.

Verglichen mit einem Krieg oder einer Überflutung handelte es sich beim Fall der Mauer also um optisch eher unscheinbare, subtile Veränderungen.

Die Wirtschaftskrise vor Ausbruch des Krieges

Den Quellen nach wäre unmittelbar vor Ausbruch des Krieges mit einer besonders schweren Wirtschaftskrise in Westeuropa und Nordamerika zu rechnen. Vermutlich ist die ganze Welt davon betroffen.

Auch hier ist es so, daß es an klaren und konkreten Vorhersagen mangelt. Am deutlichsten werden die unmittelbaren Folgen der Wirtschaftskrise beschrieben: Blutige Aufstände und Bürgerkriege in Westeuropa. Subtilere Dinge, wie Staatsverschuldung oder hohe Inflation, tauchen eher am Rande auf.

Diese Wirtschaftskrise würde bis zum Ausbruch des Krieges andauern, genauer gesagt, sich bis zum Kriege hin steigern. Insgesamt erwecken die Quellen den Eindruck, als würde es zu einem bestimmten Zeitpunkt zu einem plötzlichen und dramatischen Einbruch der Wirtschaft kommen.

Wann dieser Einbruch zu erwarten wäre, läßt sich kaum ermitteln. Vieles spricht für den Frühling des Kriegsjahres. Möglicherweise findet er aber auch schon im Jahr zuvor statt.

***Buchela**, 1983: "In sechs bis acht Jahren (also 1989 bis 1991, Anm. B.) wird es mit dem Geld böse. Es wird zu einer Inflation kommen, die nicht so schlimm ist, wie die in den zwanziger oder dreißiger Jahren, aber dennoch so, daß man für das Geld nicht mehr viel kaufen kann. Das bedeutet aber nicht, daß die Regierenden in Deutschland das Geld ruiniert haben. Vom Ausland her wird alles kaputtgemacht werden, teils durch die Unfähigkeit der anderen, teils aus Böswilligkeit, um die Deutschen zu demütigen, weil sie ihnen nach dem verlorenen Krieg zu mächtig geworden sind.*

Auch wenn sie euch gegenüber freundlich tun, haben sie nie verziehen oder auch nur vergessen. Sie werden euch in den Abgrund ihrer Unfähigkeit hinabziehen." (40/185)

"Die Mieten werden ins Unmeßbare steigen. Ihr müßt damit rechnen, daß ihr in zehn Jahren fast die Hälfte eures Einkommens an die zahlen müßt, die euch das Dach über dem Kopf gebaut haben, denen die Mauern, der Grund und der Boden und die Parzelle gehören."

"Die fetten Jahre aber werden nie wieder kommen. Und nicht nur in Deutschland wird es bis 1989 eine Zeit des Chaos und der Gärung geben, es wird in aller Welt so sein." (40/207)

Auf jeden Fall richtig ist hier, daß es gleichzeitig in Deutschland und der Welt gärt. Die *gemeinsame Ursache* ist vermutlich der Zerfall des Ostblocks. Obwohl Buchela hier mit der Zeit - 1989 bis 1991 - falsch liegt, so zeigen sich hier deutliche Parallelen zu der augenblicklichen Situation. Selbst für den Fall, daß die Wirtschaft wieder stärker wächst, rechnet man nicht damit, daß die Arbeitslosenzahlen in den nächsten Jahren nennenswert sinken.

Mühlhiasl, *1825 (3a): "Ein gar strenger Herr wird kommen und den armen Leuten die Haut abziehen. Der wird auch nicht lange regieren, denn wenn alles das eingetroffen ist, dann kommt das große Abräumen..." (22/65)*

"Strenge Herren" kommen mit Vorliebe in harten Zeiten an die Macht. Mit dem großen Abräumen sind die großen Zerstörungen gegen Ende des Dritten Weltkrieges gemeint.

"Die hohen Herren machen Steuern aus, die kein Mensch mehr zahlen wird. Viele neue Gesetze werden gemacht, doch nimmer ausgeführt." (22/65)

Offenbar reagiert die Regierung hier auf eine sich weiter verschlechternde Wirtschaftslage (Arbeitslose) mit Steuererhöhungen.

Böhmische Flüchtlingsfrau, *ca.1944 (3a): "Ein großer Mann wird sich in Europa erheben, und Deutschland wird von einem Stiernacken regiert werden." (8/45)*

Stiernacken deutet auf einen kurzhalsigen, kräftigen und etwas primitiven Staatschef hin. Manche meinen, das paßt auf Schröder. Der große Mann, der sich da erheben soll, ist vermutlich ein russischer Präsident. Denn was wäre ein großer Mann wert, wenn er nur ein *kleines Land* beherrscht?

Seher aus dem Waldviertel, *1959 (3a): "Vor dem Ausbruch des großen Krieges hält die Linke einen Siegeszug ..." (12/253)*

Ist eingetroffen. Seit Herbst 1998. Fast alle EU-Staaten haben Links-Regierungen oder Mittelinks-Rgeierungen: Finnland, Schweden, Dänemark, Großbritannien, Holland, Belgien, Deutschland, Österreich, Luxemburg, Italien, Griechenland, Portugal. Ausnahmen: Spanien und Irland.

Katharina aus dem Ötztal, *Österreich, ca.1946 (3b): "Die Not wird immer größer. Und man sagt zueinander: "Es kann nicht mehr gehen, es geht nimmer", und es geht doch noch weiter. Es geht viel länger abwärts, als die Leute zuerst meinten. "Dann plötzlich brichts." (Revolutionen) (8/88)*

Es wäre denkbar, daß die Leute in einer an sich noch erträglichen Situation jammern, daß "es nicht mehr geht."

Die hier angeführten Quellen: Mühlhiasl, Buchela, der Seher aus dem Waldviertel und auch Katharina aus dem Ötztal sind allesamt Quellen mit einer hohen Glaubwürdigkeit.

Unruhen und Bürgerkrieg in Deutschland

Diese Wirtschaftskrise soll kurz vor dem Dritten Weltkrieg in bürgerkriegsähnliche Zustände bzw. Bürgerkrieg übergehen.

Erna Stieglitz, *1975 (3a): >"Die Hauptgefahr für das Gebiet, das ungefähr von den Städten Mindelheim und Altötting, Pfaffenhofen und Weilheim begrenzt wird, also für den mittelbayrischen Raum, besteht in Zerstörungen, die Terrorismus, Plünderung, Brandstiftung, Mord und Totschlag anrichten. Das Faustrecht kehrt wieder, die Gesetzlosigkeit! Hungernde Großstädter werden zu Räubern an den Bauern! ... Es ist ein nie vorher, außer vielleicht im Dreißigjährigen Krieg, dagewesener Schrecken !" < (12/237)*

Man beachte: Der mittelbayrische Raum - das weitere Umland von München - gehört zu den wohlhabendsten Gegenden von ganz Deutschland. Die Bevölkerungsdichte liegt etwa im deutschen Mittel.

Tendenziell wären Unruhen in allen Gebieten Deutschlands zu erwarten, die *ärmer* und *dichter besiedelt sind.* Das wäre praktisch ganz Deutschland!

Natürlich sind diese Überlegungen reine Spekulation. Das gegenwärtige parapsychologische Material läßt keinen "gesamtdeutschen" Bürgerkrieg erkennen.

In jedem Falle deuten Unruhen im Münchner Umland hin auf eine wirklich extreme Wirtschaftskrise in Deutschland.

Korkowski, *1985 (3a): "Ich sah auf den Straßen kämpfende Menschen, turbulente Zustände; wo sie mit Waffen und allen möglichen Gegenständen aufeinander einschlugen und rücksichtslos mordeten. Mit dem geistigen Auge sah ich, daß dies Geschehen vom Ruhrgebiet ausgehend sich bis zur Stadt Köln hin ausdehnte.*

Da rief eine Stimme über mir: " Wenn du dies siehst, dann fliehe so schnell du kannst ... bis fast zur belgischen Grenze in bergige Gegend. Denn in diesem Gebiet wird etwas geschehen, wobei alle sterben werden." (32/246)

Was da geschieht ist unklar. Das Wahrscheinlichste wäre ein Chemie-Unfall - möglicherweise Sabotage oder das Versagen ganzer Sicherheitssysteme infolge von breitflächigem Chaos.

Seher vom Waldviertel, *1959 (3a): >"Er sah einen Bürgerkrieg in Italien und in der Bundesrepublik, östlich vom Rhein."< (12/263)*

Das Ruhrgebiet liegt östlich vom Rhein.

Es läge nahe, daß diese Unruhen zumindest teilweise von gewissen politischen Gruppierungen ausgenutzt werden. Vorausgesetzt, die Wirtschaftskrise ist mit unmenschlichen Härten verbunden, so wäre denkbar - und teilweise auch verständlich - daß sich manche in ihrer Verzweiflung mit östlichen Truppen solidarisieren.

Auffallend oft ist davon die Rede, daß Ostdeutsche oder *"preußische Truppen"* mit den Russen gemeinsame Sache machen.

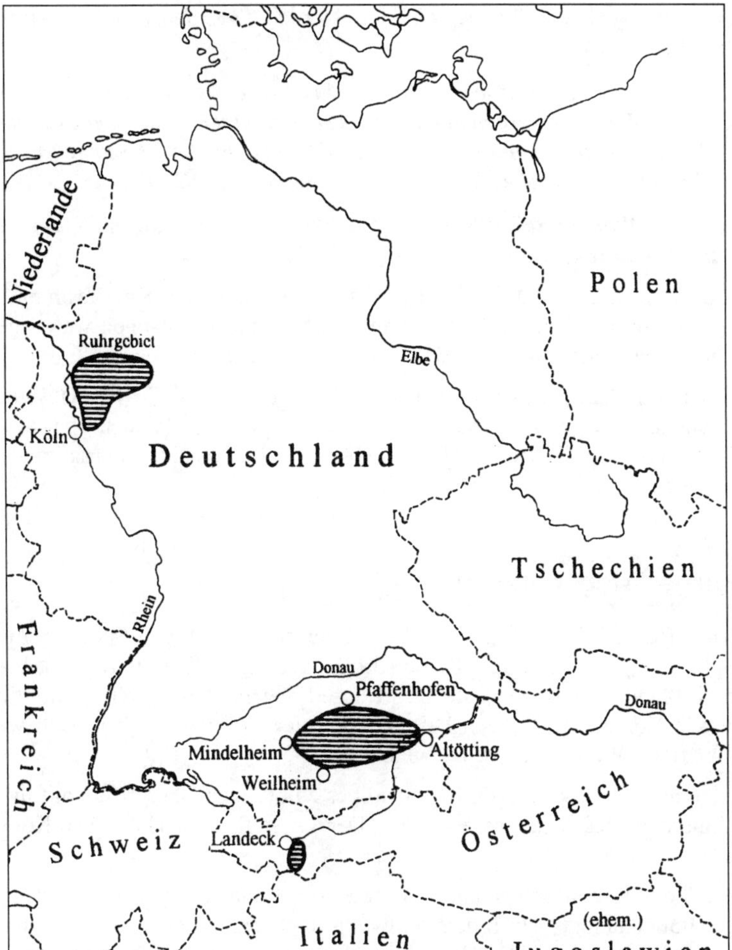

Bild 37: Vorhersagen zu Bürgerkriegsszenen im deutschsprachigen Raum

***Einsiedler Antonius**, 1820 (3a): "Die Russen machten gemeinsame Sache mit den Preußen." (15/99)*

***Johansson,** 1907 (3a): "Deutschland wird von Osten angegriffen. Es entsteht ein Bürgerkrieg. Deutsche werden gegen Deutsche kämpfen." (12/122)*

***Pfarrer von Baden,** 1923 (3a): "Der Norden Deutschlands wird bolschewistisch werden. Auch Westfalen wird in die Hände der Bolschewiki fallen. ... wird es (das westliche Heer) die Bolschewiken, Russen und* Preußen *vollständig niederwerfen." (12/208)*

Hier stellt sich die Frage, ob der Norden *Westdeutschlands* "freiwillig" bolschewistisch wird?

***Stieglitz**, 1975 (3a): "Bayrische und österreichische, schweizerische und französische Truppen werden nach den Vernichtungsschlachten bei Lyon und Ulm nach Norden vorstoßen, um sich an der Schlacht gegen die dort eingekreisten russischen und preußischen Verbände zu beteiligen." (12/236)*

***Seher aus dem Waldviertel**, 1959 (3a): "Die hartnäckigsten und verschlagensten sind die Ostdeutschen." (12/254)*

Das deckt sich damit, daß die DDR immer noch am alten Kurs festhielt, als die Uhren in Osteuropa schon anders tickten. Erich und seine Mannen waren gemeint, als Gorbatschow sagte: *"Wer zu spät kommt, den bestraft das Leben."*

Bei der Auflösung der Nationalen Volksarmee der DDR (NVA) stellte sich heraus, daß diese sogar noch besser für einen Angriff auf Westeuropa vorbereitet war, als die Truppen der Roten Armee selbst! (Time Magazine International, 4. Juli 1994)

Der Bürgerkrieg in Italien

Zu dem Bürgerkrieg in Italien findet sich ausgesprochen viel Material. Innerhalb der Prophezeiungen kommt ihm besondere Bedeutung zu, da er unmittelbar vor dem Angriff Rußlands stattfinden soll. Der Bürgerkrieg in Italien wäre vermutlich das letzte große Vorzeichen für den Dritten Weltkrieg. Wenige Tage danach wäre mit dem Angriff auf Westeuropa zu rechnen.

Infolge des Bürgerkrieges in Italien soll es zu blutigen Übergriffen auf die Geistlichen innerhalb des Vatikans kommen. Der Papst flüchtet Hals über Kopf außer Landes.

Diese Vorhersagen entsprechen im gewissen Rahmen dem, was in den letzten Jahren in Italien abläuft. Nach dem Umbruch in Osteuropa kam es zu tiefgreifenden Änderungen in der Politik. Während des Kalten Krieges profitierte eine korrupte Politikerklasse von der Kommunistenangst. Kaum war diese Bedrohung weg, trat die weitverbreitete Korruption in Regierungskreisen zutage. Es hagelte Anklagen. Die Kommunistische Partei Italiens löste sich auf.

Im wirtschaftlich starken Norditalien gibt es starke separatistische Kräfte. Man hat keine Lust mehr, den korrupten, von der Mafia beherrschten Süden mitzufinanzieren. Gewisse Parallelen zu Jugoslawien sind nicht von der Hand zu weisen.

Verschaffen wir uns jetzt erst einmal wieder einen Überblick darüber, welche Details für diesen Bürgerkrieg vorhergesagt werden.

Wie Sie sehen, wird von 4 Quellen vorhergesagt, daß der Bürgerkrieg in Italien **unmittelbar** vor dem Dritten Weltkrieg ausbricht. Das sind zwar nicht allzu viele

Quellen. Jedoch bedenken Sie: Dies ist ein sehr spezielles Detail. Es wäre zuviel verlangt, diese Information von einer großen Anzahl von Quellen zu erwarten!

Von 80 Quellen, welche sich aus meiner gesamten Datenbank auf Italien beziehen, sagen 24 Quellen (30 %) dort einen Bürgerkrieg voraus. Viele Quellen erwähnen auch eine Flucht des Papstes, bzw. seine Abwesenheit im Zusammenhang mit Unruhen in Italien bzw. Rom!

Zeit	Quelle**	Land	Bürgerkrieg in Italien	direkt vor Ausbruch d. 3. Weltkrieges	Flucht* des Papstes	Kämpfe im Vatikan bzw. in Rom
1240	C.v.Heisterbach	D ...	8. 66	....	8. 66 *	....
1566	Nostradamus	F ...	1.130	....	1.130 ?	....
1701	Pr.vom Birkenbaum	D ...	....	....	7.287 ?	....
1701	Test.d.fl.Papstes	D ...	....	....	7.297 ?	....
1790	Walraff	D ...	....	....	10.111 *	....
1833	Eilert	D ...	....	....	7.307 ?	....
1840	Asdente	I ...	14. 89	....	....	....
1846	La Salette	F ...	7.365	7.364	....	....
1850	Lied der Linde	D ...	7.376	....	7.376 *	7.376
1862	Steiner, Agnes	I ...	....	....	24. 93 ?	....
1873	Franz.Extatin	F ...	88.319	....	....	....
1914	Feldpostbriefe	D ...	12. 98	....	12. 97 *	....
1922	Kugelbeer	Öst.	12.209	....	12.209 *	12.209
1923	Pfarrer von Baden	D ...	12.208	....	12.208 *	....
1934	Madame Sylvia	D ...	14.179	....	....	14.178
1949	Bruder Adam	D ...	....	....	8.218 *	8.218
1950	Onit	Öst.	14.187	....	....	14.187
1950	Stockert	D ...	12.213	....	12.213 *	....
1959	Aiello	I ...	10.163	....	....	....
1959	Irlmaier	D ...	8. 60	....	8. 60 *	8. 60
1959	Seher a.d.Waldviertel	Öst.	12.263	12.263 .	....	....
1961	Becher	D ...	16.139	....	....	....
1961	Pater Pio	I ...	8.152	....	....	....
1970	Da Terni, Frater G.M..	I ...	10.254	....	....	10.254
1972	Lueken	USA .	8.231	16.117	....	....
1972	Sabato, Mario De	I ...	6.284	....	....	....
1975	Stieglitz	D ...	12.236	....	12.236 *	....
1984	Babaji	Ind.	27. 51	....	....	....
1984	Biernacki	Pol.	8.281	8.281	8.281 *	8.281
1988	Urban, Renate	D ...	105. 21	....	105. 21 *	....
1990	Paulussen	D ...	....	....	44.155 *	44.155

* = Flucht   ? = "Abwesenheit" von Rom   ** Liste ist unvollständig

Diese Flucht des Papstes aus Rom wäre den Quellen nach definitiv ein Teilereignis im Zusammenhang mit dem Bürgerkrieg in Italien und dem Dritten Weltkrieg. Die Flucht, bzw. Abwesenheit des Papstes wird von 21 Quellen, also 26 %

aller Quellen mit Bezug auf Italien vorhergesagt. Aber nicht alle, welche seine Flucht bzw. Abwesenheit vorhersagen, sagen auch den Bürgerkrieg voraus!

Da man die Flucht bzw. die unfreiwillige Abwesenheit des Papstes von Rom aber als Indikator für einen Bürgerkrieg in Italien einstufen kann, kommt man letztlich zu dem Ergebnis, daß rund 40 % aller Quellen, welche sich auf Italien beziehen, einen dortigen Bürgerkrieg vorhersagen, bzw. darauf hindeuten !

Die Flucht des Papstes aus Rom infolge des Bürgerkrieges deutet auf zwei Faktoren:

1. In der Region Rom oder ganz Italien sind militante kirchenfeindliche Kräfte an der Macht (das dürften Kommunisten sein) und
2. die katholische Kirche, oder ein bedeutender Teil davon, hat irgendwelchen "Mist gebaut" und dadurch einen Großteil ihrer Autorität eingebüßt.

Somit richten wir unsere Aufmerksamkeit auf Ereignisse in Italien unmittelbar *vor* Ausbruch des Bürgerkrieges:

Feldpostbriefe, *1914 (3a): "Dann sagte er, daß der regierende Papst dabei sei beim Friedensschluß, er muß zuvor aus Italien fliehen, da er* als Verräter *hingestellt wird. Er kommt nach Köln, wo er nur einen Trümmerhaufen findet ..." (12/97)*

Pater Pio*, 1961 (3b): "Sie (die Kommunisten) werden sie (die Macht) überraschend erreichen ... ohne Schwertstreich ... wir werden sie über Nacht an der Macht sehen." (8/152)*

Offenbar eine plötzliche demokratische Machtverlagerung. In ganz Italien oder nur in Rom?

Biernacki*, 1984, Polen (3a): "Sicher ist, daß die Revolution von Italien nach Frankreich und Spanien hineingetragen wird und in diesen beiden Ländern kommunistische Regierungen etabliert werden. Allerdings werden sie nur 40 bis 46 Tage überdauern und ganz schnell zusammenbrechen." (8/282)*

"Der Dritte Weltkrieg wird in Italien beginnen.. Dort wird eine blutige Revolution ausbrechen, die in der Vatikanstadt selbst ihren Anfang nehmen wird. Eine kommunistische Regierung wird eingesetzt *werden. Die Kommunisten werden die Priester quälen, verfolgen und umbringen." (8/281)*

Becher, *1961: "In Italien wird sich der Kommunismus erheben, um Rom, das Herz der Christenheit, zu erobern; ... Maria wird den Papst und Rom vor den wilden Horden der Feinde bewahren. Außerhalb Roms jedoch wird das Blut fließen." (16/139)*

Hier fragt sich, wer mit *wilden Horden* gemeint ist. Sind es die östlichen Truppen, stimmt die Sache - sind es aber die Rebellen, dann läge hier ein Widerspruch vor.

Colomba Asdente*, 1840 (3a):* > *"Die große europäische Revolution sagt die italienische Nonne Colomba Asdente voraus, die von Massenverfolgungen gegen*

Kirche und Mönchtum sowie von bisher unerhörten Morden unter der Priesterschaft begleitet sein wird. " <(14/88)

Morden *unter* der Priesterschaft? Priester, die morden? Und zwar sollen es nicht östliche Horden sein, die der Kirche Roms diese Schmach zufügen, sondern *„die eigenen Kinder".*

Kugelbeer, *1922 (3a): "Massenmord in Rom, Haufen von Leichen. Der Papst flieht mit zwei Kardinälen in einem alten Wagen bis Genua und dann in die Schweiz. Dann kommt er nach Köln, wo er im Dom den neuen Kaiser weiht ..." (4/181)*

(Siehe da! Der Kölner Dom übersteht auch den Dritten Weltkrieg?)

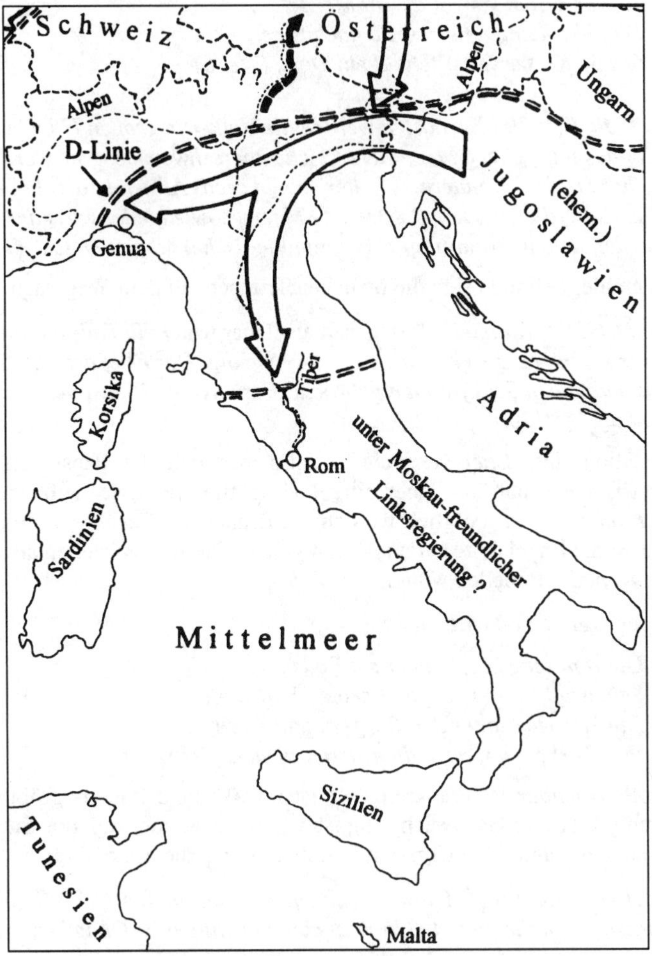

Bild 38: Karte Italien

***La Salette**, 1846, Frankreich (3a): "Frankreich, Italien, Spanien und England werden im Krieg sein. Das Blut wird auf den Straßen fließen. Der Franzose wird mit dem Franzosen kämpfen, der Italiener mit dem Italiener. Schließlich wird es einen allgemeinen Krieg geben, der entsetzlich sein wird." (7/364)*

***Lied der Linde**, 19. Jh. (3a):*

Rom zerhaut wie Vieh die Priesterschar,
Schonet nicht den Greis im Silberhaar,
Über Leichen muß der Höchste fliehn
Und verfolgt von Ort zu Orte ziehn....
Winter kommt, drei Tage Finsternis,...
Ja, von Osten kommt der starke Held,...
Den Verbannten führest du nach Rom,
Große Kaiserweihe schaut ein Dom. (7/376)

***Hilarion**, 17. Jh. (w): "Im Nordosten werden die Völker in großen Haufen ausziehen und bis an das mittägliche Meer viele Reiche überschwemmen. Sie werden aufwärts des Stromes wandern, welcher sich in sechs Armen in den Pontus Euxinus ergießt (die Donau ins Schwarze Meer), sowie niederwärts des Stromes von Rom, der sich in das mittägliche (mittelländische) Meer wendet." (15/70)*

Also auch hier befinden sich die östlichen Truppen auf dem Weg nach Rom.

***Nostradamus**, (II/93; Allgeier):* "Ganz nah am Tiber *wütet die Todesgöttin Libitina. Kurz zuvor kommt es zur großen Überschwemmung. Der Chef des Schiffes wird gefangen und in den Schiffsbauch gebracht. Festung und Palast gehen in Flammen auf." (1/130)*

Interpretation: Der *Chef des Schiffes* ist vermutlich der Papst, der Chef des Schiffes Petri. Wenn nah am Tiber eine Todesgöttin wütet, so heißt dies, daß sie nicht *direkt am* Tiber ist. Folglich werden die Brände der Festung und des Palastes (des Papstes = die Engelsburg) von anderen gelegt. Die Russen stehen also *vor* Rom, während in Rom die Rebellen wüten.

***Nostradamus** Vers III/63 (Allgeier):*

Die römische Macht liegt am Boden.
Sein großer Nachbar folgt seinen Fußstapfen.
Dunkler Haß unter den Bürgern und Streit.
Ihre Torheiten werfen die Narren zurück. (1/167)

Der *große Nachbar* ist Frankreich, er ist mit Abstand Italiens größter Nachbar (die anderen: Schweiz, Österreich, Jugoslawien). Dies paßt auf die Situation, die auch Biernacki erwähnt: Den Unruhen in Italien folgen die in Frankreich.

***Lueken**, ca.1970, USA (3a): "Ich will euch ein Zeichen zur WARNUNG geben, wenn es soweit ist; wenn ihr seht, daß in Rom eine Revolution im Gange ist - wenn ihr* *seht, daß der Heilige Vater flieht, Zuflucht sucht in einem anderen Land, wißt ihr, daß die Zeit reif ist." (16/117)*

***Babaji,** 1982: "Ich möchte, daß ihr mithelft, die Nachricht der bevorstehenden Revolution in Italien zu verbreiten. Gebt es in Zeitungen und durch andere Medien bekannt. Verkündet, daß eine Revolution ähnlich der Mussolinis im Kommen ist." (27/51)*

Zunächst ist bemerkenswert, daß ein indischer Guru ein solch weit entferntes Ereignis vorhersagt. Zudem hat Babaji nicht gerade viel zu Europa vorhergesagt. Die Sache sticht also etwas hervor. Ob er diese Revolution aber in direktem Zusammenhang mit dem Dritten Weltkrieg gesehen hat, bleibt unklar.

Dann wieder ein scheinbarer Widerspruch: Oben ist die Rede von Kommunisten, hier von *„einer Revolution ähnlich der Mussolinis"*. Das muß nicht unbedingt ein Widerspruch sein. Es könnte sich hierbei um die Gegner der Kommunisten handeln.

Der Bürgerkrieg in Frankreich

Wie oben schon durchklang, soll der Bürgerkrieg in Frankreich etwa zeitgleich mit dem in Italien stattfinden. Den Quellen nach offenbar nur wenige Tage oder Wochen später!

Orientiert man sich also sehr eng an den Quellen, dann müßten sich in Italien und Frankreich etwa parallele Entwicklungen ergeben. Ihre Aufmüpfigkeit haben die Franzosen schon 1995 durch ihren Streik bewiesen. Allgemein sind die Franzosen dafür bekannt, daß sie sich relativ schnell und unvorhergesehen gegen ihre Herrscher auflehnen können.

Über Nostradamus und auch andere Quellen liegt einiges an Material zu dem Bürgerkrieg in Frankreich vor. Auf eine Auswertung wird aber hier aus Platzgründen verzichtet.

Im Falle von Italien war eine genauere Darstellung deshalb sinnvoll, weil man den Bürgerkrieg dort als allerletztes großes Vorzeichen für den Dritten Weltkrieg einstufen kann.

Der neue Nahostkrieg

Mehrere Quellen sagen einen neuen Nahostkrieg im Zusammenhang mit dem Dritten Weltkrieg voraus. Er soll im gleichen Jahr kurz zuvor ausbrechen. Möglicherweise trägt dieser Krieg entscheidend zur dramatischen Verschlechterung des Ost-West-Verhältnisses bei.

In Anbetracht der chronischen Zwistigkeiten im Nahen Osten wäre es allerdings theoretisch denkbar, daß es zusätzlich vor diesem Nahostkrieg zu *noch einem* weiteren kleineren Krieg in Nahost kommt.

Auch von daher sollte man im Falle eines Falles auf die Details achten.

Den Quellen nach wäre zu erwarten, daß man in den letzten Wochen unmittelbar vor dem russischen Angriff auf internationaler Ebene intensiv um einen Frieden in der Nahostregion ringt. Es wäre davon auszugehen, daß die Kriegsparteien miteinander verhandeln. Ob zum gleichen Zeitpunkt noch Kämpfe im Nahen Osten stattfinden - etwa so wie lange Zeit in Jugoslawien - läßt sich den Quellen nach nicht sagen.

Mehrere Quellen erwähnen Rußland als Kriegspartei, bzw. machen Angaben, die auf Rußland schließen lassen. Eine militärische Verwicklung Rußlands wäre also in Betracht zu ziehen. Daraus ergäbe sich natürlich logischerweise auch eine Beteiligung der USA.

Welche Staaten des Nahen Ostens in diesen Konflikt verwickelt sind, wird letztlich nicht ganz klar. Insgesamt zeichnet sich ein geographischer Schwerpunkt von Israel bis zum Persischen Golf ab. Die wichtigste Kriegspartei im Nahen Osten für uns in Mitteleuropa wäre natürlich Rußland! Denn durch Rußlands aktive Beteiligung könnte aus diesem Krieg ein großer Krieg des Westens gegen Rußland entstehen. Der Westen braucht das Öl aus der Golfregion.

Böhmische Flüchtlingsfrau, *ca.1944 (3a): "Im Nahen Osten wird es beginnen." (8/45)*

Irlmaier *1950 (3a): 1. "Alles ruft Frieden, Shalom! 2. Da wirds passieren - Ein neuer Nahostkrieg flammt plötzlich auf, große Flottenverbände stehen sich im Mittelmeer gegenüber - die Lage ist gespannt. 3. Aber der eigentlich zündende Funke wird im Balkan ins Pulverfaß geworfen: Ich sehe einen "Großen" fallen ... dann geht es Schlag auf Schlag." (30/142)*

Die Unterteilung in drei Punkte stammt von mir. Ansonsten ist die Passage lückenlos wiedergegeben. Es handelt sich dabei also um keine Collage von Zitaten aus unterschiedlichen Zusammenhängen.

Aus diesem Text Irlmaiers ließe sich folgende Ereigniskette ableiten:

1. Zwischen Israel und seinen Nachbarn besteht eine sehr ernste Krise, Krieg droht, aber noch ist Friede. Es kommt zu Friedensgesprächen. Die ganze Welt verfolgt diese Verhandlungen mit großer Aufmerksamkeit. Eine direkte Beteiligung der USA und Rußlands scheint sehr wahrscheinlich.

2. Obwohl diese Verhandlungen kurz vor dem Erfolg zu stehen scheinen, bricht plötzlich Krieg im Nahen Osten aus.

3. Dieser Krieg bleibt aber trotz russischer und amerikanischer Beteiligung zunächst auf den Nahen Osten begrenzt. Statt dessen kommt es auf dem Balkan plötzlich zu sehr heftigen Kämpfen. Rußland interveniert dort und greift kurz darauf den Westen an.

Bei den großen Flottenverbänden kann es sich nur um westliche und östliche Flotten handeln. Die Arabischen Staaten verfügen über keine großen Flottenverbände.

Die Flotten könnnten unter Umständen in wenigen Tagen dorthin gelangt sein und sind somit kein Indikator für eine zuvor schon über lange Zeit vorhandene Spannungssituation.

***Lied der Linde,** 19. Jh. (3a): "Mahnwort fällt auf Wüstensand" (7/376)*

Nach unseren bisherigen Erfahrungen wäre *"Nahost"* die naheliegendste Interpretation von *"Wüstensand"*. Der Mahner dürfte neutral sein; vermutlich ist es der Papst.

***Erna Stieglitz,** 1975 (3a): "Im Sommer, wahrscheinlich im Monat Juli, wenn die Erdölregion bereits in ziemlich festen sowjetischen Händen ist, erfolgt der Angriff der Sowjetunion auf die Süd- und Nordflanke, auf die Türkei, auf Griechenland, auf Jugoslawien und auf Skandinavien. Ende Juli stoßen die sowjetischen Angriffskeile blitzartig gegen Westeuropa vor." (12/235)*

***Uriella,** 10. 6. 1978: "Meine lieben Kinder! Nebst ... wird auch in Bälde der Krieg im Nahen Osten beginnen und viele Seuchen sowie Epidemien bringen." DER HEISSE DRAHT, Nr. 14, 1993*

Folglich sind hier Staaten beteiligt, welche über chemische und biologische Waffen verfügen. Das deutet auf eine maßgebliche Beteiligung des Iraks hin. Theoretisch könnte sich dies aber auch auf den Krieg Irak-Iran oder auf den Golfkrieg beziehen - vorausgesetzt, man unterstellt eine gewisse Ungenauigkeit.

Möglicherweise aber ist auch hier ein zukünftiges Szenario gemeint. Es fragt sich, wen die Seuchen und Epidemien treffen sollen.

***Korkowski,** 1989 (3a): "Es brach dort ein Krieg aus, mit Explosionen in Israel und weiter im arabischen Osten. Aber dieses Kriegsgeschehen breitete sich auch nach Ägypten, Syrien und auf der anderen Seite nach dem Iran bis nach Pakistan aus.*

Flugzeuggeschwader überflogen das ganze Gebiet, und plötzlich waren die Atompilze sichtbar, verteilt über das Kriegsgebiet von Nordafrika und den Nahen und Mittleren Osten. ... denn es ist ihre letzte Chance, die Großmächte in Ost und West in gewollte Kämpfe zu verwickeln." (33/127)

***Wellenberg,** 1990: "... es scheint Frühjahr oder Sommer zu sein. ... Jetzt taucht unter uns der Persische Golf auf, nachdem wir das Rote Meer überflogen haben. ... Da unten wird heftig gekämpft; aber nicht nur in der Golfregion, sondern auch im Bereich Jordanien und Israel! ... Plötzlich erschüttert ein gewaltiges Erdbeben das Kriegsgebiet." (113/4)*

"Dieser Krieg findet am Persischen Golf statt. Plötzlich blitzt mit einem ohrenbetäubenden Knall eine Art "Atompilz" auf. Es ist allerdings kein Atompilz, sondern ein Meteoriteneinschlag auf irakischem Gebiet, der das gleiche Bild darbietet wie eine Kernexplosion und auch eine starke Druckwelle und

Feuerwalze nach sich zieht, nur die radioaktive Verseuchung entfällt. Der Abschuß einer irakischen Atomrakete ist damit verhindert worden." (122/7)

(Die zeitliche Zuordnung ist nicht ganz klar.)

Das bisherige Gesamtbild zu diesem Krieg ist also recht undeutlich. Ein Konflikt zwischen Israel und dem Irak scheint sich abzuzeichnen. Dafür spräche, daß der Irak und Rußland zumindest bis zum Ende des Kalten Krieges militärisch zusammengearbeitet haben. Beide Staaten sind Gegener des Iran und mehr oder weniger antisemitisch. Abgesehen davon ist Saddam Hussein nach wie vor an der Macht.

Auf der anderen Seite stünde Israel, sein großer Verbündeter, die USA und die unter US-Schutz stehenden Staaten Kuwait und Saudi-Arabien.

Diese Polarität *Israel-Irak* wäre aber im Moment nur Spekulation.

Im Gegensatz dazu zeichnet sich recht deutlich ab, daß es im Frühjahr, bzw. Frühsommer vor dem Weltkrieg zu einer schweren internationalen Krise kommt. Es herrscht offenbar weltweit Kriegsangst.

***Eilert,** 1833, bei Dortmund, 2. Fassung (w): "Aus Osten wird dieser Krieg losbrechen. Vor Osten habe ich bange. Dieser Krieg wird sehr schnell ausbrechen. Abends wird man sagen : "Friede, Friede, und es ist kein Friede, und morgens stehen die Feinde schon vor der Türe ..." (7/307)*

***Curique,** 1872 (w): "Ein schrecklicher Krieg wird folgen. Der Feind wird wie eine Flut aus dem Osten kommen. Am Abend werden sie noch, Friede, Friede! rufen, doch am nächsten Morgen werden sie vor unserer Türe stehen." (8/91)*

***Böhmische Flüchtlingsfrau,** ca.1944 (3a): "Es wird eine Konferenz geben zwischen vier Türmen, dann ist es bereits zu spät. Die Russen werden durch die Gasthausfenster der Deutschen schauen, wenn diese noch still bei ihrem Bier sitzen." (8/45)*

***Lueken,** 1972, USA (3a): "Eure Welt schreit: Friede, Friede, wo kein Friede ist. Ihr tut euch mit Teufeln zusammen; das Wort eines Atheisten ist nicht bindend, die Versprechen eines Atheisten sind nicht wahr. Ihr fallt auf den Plan herein wie Schafe zur Abschlachtung." (8/230)*

Setzt man die *Atheisten* mit (den wieder erstarkten) Kommunisten bzw. Rußland gleich, so deckt sich das mit den letzten Quellen.

***Garcilaso de la Vega,** 1982 (3a): "Der Dritte Weltkrieg bricht aus, wenn das Gerede vom Frieden seinen Höhepunkt erreicht hat." (16/111)*

Das sieht doch insgesamt so aus, als würde die später angreifende Seite (Rußland) versuchen, ihr Opfer in die Irre zu führen. Die Friedensgespräche wären folglich eine Finte.

Des weiteren gibt es ein paar Quellen, die möglicherweise erklären, *wie* sich diese Nahostkrise zusammenbraut. Hier ist allerdings kein roter Faden mehr erkennbar.

Lueken, *1975 (3a): "... das wie eine Landkarte aussieht. Ich kann darauf Jerusalem sehen, Ägypten, Arabien und Französisch-Marokko. (Algerien, Anm. B.) Eine sehr dichte Finsternis scheint sich über diese Länder auszubreiten, und Maria sagt: Der Beginn des Dritten Weltkriegs, mein Kind ..." (8/234)*

In Ägypten und insbesondere Algerien gibt es seit einiger Zeit Mordanschläge auf Europäer, durchgeführt von militanten Fundamentalisten. In Algerien werden westliche Geschäftsleute umgebracht, in Ägypten Touristen. Beides wirkt sich spürbar negativ auf die Wirtschaft in diesen Ländern aus.

Was die innenpolitische Destabilisierung anbelangt, ist diese Form von Terrorismus also sehr viel effizienter als der Terrorismus der IRA, der ETA oder der früheren RAF in der Bundesrepublik. Es liegt nahe, diese "sehr dichte Finsternis" als kollektive Depression oder Wut im Zusammenhang mit einer Wirtschaftskrise und dem Terrorismus zu sehen. In Algerien werden immerhin die demokratisch gewählten Fundamentalisten unterdrückt. Hier werden also (formal) islamische und westliche Werte mit Füßen getreten. Die Medizin des Westens - die Demokratie - wird hier also zum Fluch!

Interessant in diesem Zusammenhang ist auch die folgende Äußerung Veronikas mit Hinblick auf den Beginn des Dritten Weltkrieges: *"Syria has the key."* (Syrien hat den Schlüssel) (121/19)

Israel hat mit seinen Nachbarn Ägypten und Jordanien Frieden geschlossen. Wer noch fehlt ist Syrien - das den Libanon kontrolliert. Der Zankapfel sind die Golanhöhen. Syriens Parole lautet: Land (der Golan) gegen Frieden!

Seher aus dem Waldviertel, *1959 (3a): "Bei der Zerstörung New Yorks sah ich hingegen Einzelheiten, die man mit dem Auge niemals wahrnehmen könnte. ... Ich sah diese Stadt in allen Einzelheiten. Da fiel ein dunkler Gegenstand auf einer sich stets krümmenden Bahn von oben herab. Gebannt starrte ich diesen Körper an, bis er barst. Zuerst waren es Fetzen, dann lösten sich auch diese auf. ... Der erste Sprengkörper explodierte einige Häuser weit hinter einem größeren, mit der Breitseite am Meer stehenden Haus, die anderen, vom Meer aus gesehen, etwas südlicher dahinter.*

Die Häuser fielen nicht um oder in sich zusammen, sondern sie wurden meist als ganze, sich nur wenig neigend, vom Explosionsherd weggeschoben. ... Den Reden nach zu schließen, müßte es ein Bravourstück eher psychopathischer Gegner sein." (12/250)

"Bei uns (Österreich) gibt es zu der Zeit noch keinen Krieg. ... Bei uns ist etwa frühsommerliches Wetter." (12/246)

>"Er sah aber nicht nur den Untergang New Yorks, er sah sich mit anderen Dorfbewohnern zusammenstehen und das Ereignis kommentieren. Daß dies der Racheakt von Terroristen sei, hörte er sagen. Sicher, was die Amerikaner gemacht hätten, sei nicht schön gewesen. Daß man aber deswegen gleich eine ganze Stadt zerstörte, das gehe entschieden zu weit! So redeten die Leute."< (12/257)

Nach dieser Vision hätte vor der Zerstörung New Yorks eine begrenzte militärische Aktion der USA im Nahen Osten stattfinden müssen.

Die Zerstörung New Yorks wäre für die USA sicherlich eine noch größere Provokation, als der japanische Überfall auf Pearl Harbor im Zweiten Weltkrieg. Vermutlich schreit dann das ganze Land nach Rache und Krieg.

Wenn dieser Anlaß nicht reicht, um den internationalen Terrorismus restlos auszumerzen, *was dann?*

Andererseits darf man hier nicht übersehen, daß der Seher aus dem Waldviertel zwar eine glaubwürdige Quelle ist, die Zerstörung New Yorks aber *in dieser Form und für diesen Zeitpunkt* nur von dieser einen Quelle vorhergesagt wird.

Die Total-Zerstörung New Yorks *an sich* taucht allerdings auch bei anderen Quellen auf, so z. B. bei Edgar Cayce.

Wodurch aber sollte New York zerstört werden, wenn es zu *keinem* Atomkrieg zwischen den USA und Rußland kommt?

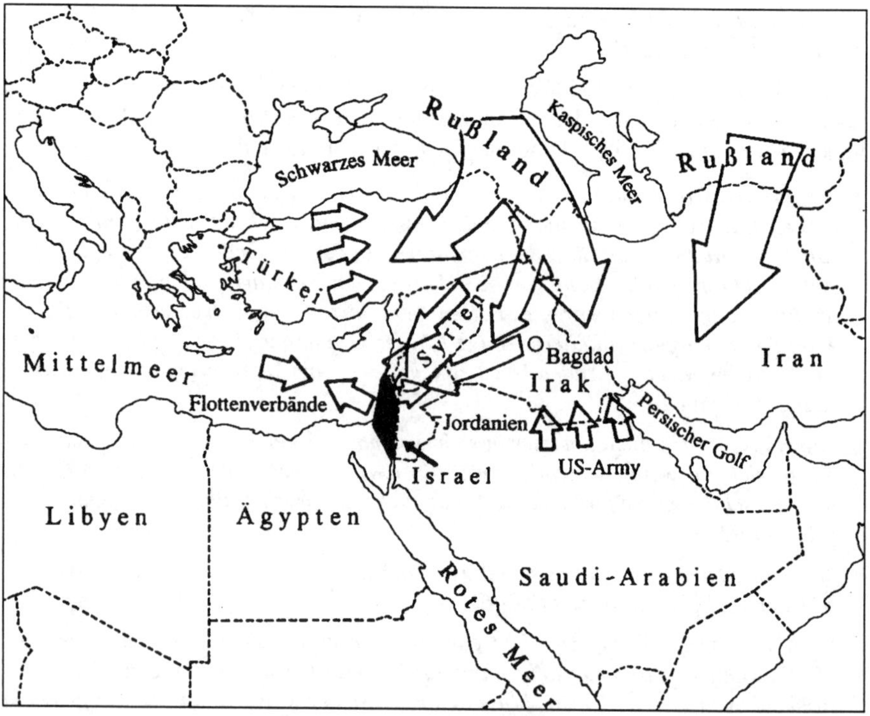

Bild 39: Karte Naher Osten

Anmerkungen

Dieses spekulative Szenario könnte auf folgenden Voraussetzungen basieren:

1. Da der russische Überraschungsangriff auf Westeuropa wenige Wochen nach Rußlands Teilnahme an diesem Nahostkrieg zu erwarten wäre, könnte man davon ausgehen, daß für Rußland dieser Krieg in Nahost der **planmäßige Teil einer Gesamtstrategie** ist - auch, wenn der konkrete Anlaß in dieser Region eher zufällig wirken mag. Bei einem Angriff auf Westeuropa würde es für Rußland durchaus Sinn machen, vorher die Ölhähne im Persischen Golf zuzudrehen.
2. Vermutlich sind der Irak und Syrien verbündete Rußlands. Zu beiden Staaten hat Rußland im Kalten Krieg freundschaftliche Verbindungen aufgebaut. Beide Staaten sind anti-isrealisch und damit anti-amerikanisch. Rußland und der Irak haben zusätzlich beide das "Problem Iran" bzw. den islamischen Fundamentalismus.
   Auch im Falle der Türkei würden sich die Interessen von Rußland, dem Irak und Syrien berühren. Für Rußland wäre die Nato-Türkei klarer Gegner. Die Türkei ist wichtig für die Südflanke der Nato. Syrien und der Irak sind abhängig von der Türkei, da diese durch ihre riesigen Staudämme im anatolischen Hochland die Wassermenge von Euphrat und Tigris kontrollieren kann. Die Abhängigkeit des Iraks vom "türkischen" Wasser ist viel existenzieller, als die Abhängigkeit des Westens von nahöstlichem Öl!
3. Auslöser der ganzen Krise ist vermutlich ein Konflikt zwischen Israel und dem Irak, vor dem Hintergund einer Lähmung der USA infolge gigantischer Naturkatastrophen im eigenen Land (Kalifornien versinkt).

Der Überraschungsangriff

Was die Art des Angriffes auf Westeuropa (eher überraschend oder eher voraussehbar) anbelangt, ergibt sich aus der folgenden Tabelle.

Es stellt sich natürlich die Frage: Wie soll ein Überraschungsangriff funktionieren in einer Zeit, in der Spionagesatelliten um den Planeten kreisen und Strukturen von Fahrzeuggröße erkennen können. Man ist heutzutage in der Lage, vom All aus z. B. Panzer oder andere Fahrzeuge auf dem Erdboden zu erkennen.

Wenn eines klar ist, dann, daß dieser Krieg in Mitteleuropa als *Blitzkrieg* geführt wird. Und Blitzkriege sind ohne Fahrzeuge nun einmal nicht möglich.

Mit dem heutigen Stand der Technik ist es möglich, feindliche Truppenkonzentrationen an der Grenze zu erkennen, sobald diese stattfinden. Im Zeitalter der Satelliten gibt es bei einem großen konventionellen Krieg kein echtes Überraschungsmoment mehr.

Würde Osteuropa noch heute anfangen, sich auf einen Krieg vorzubereiten, so würde dies mehrere Monate dauern. Nehmen wir an, es ergäbe sich so eine Vorwarnzeit von 4 Monaten.

Zeit	Quelle	Land	Formulierung	Literatur
1790	Walraff	D	Die Umwälzung wird sehr schnell hereinbrechen	24. 66
1794	Knopp	D	Dann wird es Krieg geben, wenn keiner es glaubt	7.305
1819	D.I.Faudais	F	Die Krise wird für alle plötzlich kommen und die Strafe wird allgemein sein	10.154
1825	Mühlhiasl	D	In Zwiesel werden die Männer im Wirtshaus sitzen, wenn die Roten jäh in die Stadt kommen	5. 46
1833	Eilert	D	Abends wird man sagen: Friede, Friede morgens stehen die Feinde schon vor der Türe	8. 73
1872	Curique, Abbé	F?	Am Abend werden sie noch, Friede, Friede rufen, doch am nächsten Morgen ...	8. 91
1916	Kossuthany	Ung.	Plötzlich und völlig unerwartet ...	47.407
1917	Fatima	Por.	wenn kein Kaiser, König, Kardinal und Bischof es erwartet ...	8.199
1922	Kugelbeer	Öst.	Wie ein Blitz aus heiterem Himmel kommt der Umsturz von Rußland her zuerst in Deutschland	41.261
1940	Böhm. Seher	CSFR	Die Russen werden durch die Gasthausfenster schauen, wenn ... beim Bier sitzen	8. 45
1951	K.a.d.Ötztal	Öst.	Anfangen tut es langsam. ... Dann plötzlich brichts	8. 88
1959	Irlmaier	D	Die Bauern säßen kartenspielend im Gasthaus, da blickten die feindlichen Soldaten ...	41.179
1970	Dixon	USA	Plötzliche Vernichtung und Krieg. (für 1999)	6.289
1975	Stieglitz	D	stoßen ... blitzartig gegen Westeuropa vor	2.235
1981	Korkowski	D	ihre Uneinigkeit wird eine wirksame Verteidigung beim Überraschungsangriff...	32.159
1982	Eisenberg	Öst.	Die große Übermacht des gottlosen Weltkommunismus wird unerwartet über ...	8.262
1984	Babaji	Ind.	.. daß die Revolution unmittelbar bevorsteht und sich in Sekundenschnelle ... ausbreiten	27. 49
1988	Anonymus/ Bekh	D?	Blitzschnell schlägt der Roten Heer Deutsches Land, vor Schreck ohn' Wehr	8.264

Würden dem Westen diese 4 Monate reichen, um eine wirksame Abwehr zu organisieren? Das wäre der entscheidende Punkt!

Vielleicht würden diese 4 Monate theoretisch ausreichen. Gerade aber für diese Zeit werden viele Bürgerkriege in Staaten des westlichen Bündnisses vorhergesagt.

Mitten in den westlichen Kriegsvorbereitungen würde es also zu einem rapiden Verfall der öffentlichen Ordnung kommen.

Aus der Sicht des Angreifers wären diese Bürgerkriege von großem strategischen Nutzen. Und je höher dieser strategische Nutzen ist, desto eher ist sogar zu vermuten, daß diese Unruhen *vom Osten gelenkt oder initiiert werden.*

Diesen Aspekt sollte man durchaus in ein strategisches Kalkül mit einbeziehen.

Der Überraschungsangriff könnte also so zustande kommen:

Der Westen beginnt sich zwar rechtzeitig vorzubereiten, doch mitten in den Vorbereitungen bricht die Organisation der Vorbereitung zusammen.

Denkbar wäre aber auch, daß diese 4 Monate *auch ohne* Bürgerkriege nicht reichen würden.

Eine andere Erklärung dieses Überraschungseffektes könnte in folgender Variante bestehen:

In den Monaten vor Kriegsausbruch ist der Himmel über Mitteleuropa meistens bedeckt. In dieser Situation wäre der Westen auf seine Radarsatelliten angewiesen, also jene Satelliten, mit denen er *durch die Wolkendecke* sehen kann. Dummerweise verfügen derzeit aber nur die USA über Radarsatelliten mit erforderlich hoher Auflösung.

Vielleicht haben diese hochauflösenden Spionage-Radarsatelliten zu dieser Zeit gerade eine Funktionsstörung. Oder aber sie funktionieren, und diese Informationen werden nicht nach Europa weitergeleitet.

Wenn diese Information erzeugt wird, dann muß man sich fragen, an welcher Stelle der Informationsfluß abbricht. Irgendwo zwischen dem Satelliten und dem Durchschnittsbürger in Europa ...

Etwas muß schieflaufen. Entweder im All (also am Satelliten), in den USA oder in Europa.

Letztlich fällt es schwer, die Größe des Überraschungsmomentes einzuschätzen. Da öfters von Kriegen im Vorfeld die Rede ist (Balkan und Nahost), müßten eigentlich recht viele Menschen die reale Kriegsgefahr erkennen. Doch auch wenn dieses viele sind, vielleicht würde die überwiegende Mehrheit immer noch überrascht.

Der Krieg auf dem Balkan

Seit 1991, also seit nunmehr 8 Jahren gibt es immer wieder Krieg auf dem Balkan. Serbien führte Krieg gegen alle möglichen Nachbarvölker: Kroaten, Bosnier und Kosovo-Albaner. Diese Kriege finden ihren Niederschlag in mehreren Prophezeiungen. Der Krieg in Jugoslawien wäre den Quellen nach eindeutig ein bereits eingetroffenes Vorzeichen für Rußlands Angriff auf Westeuropa.

Den Quellen nach wäre überdies zu vermuten, daß ein entsprechender Krieg auf dem Balkan direkt in einen Dritten Weltkrieg mündet, und zwar dadurch, daß Rußland als traditioneller Verbündeter Serbiens direkt in diesen Krieg hineingezogen wird.

Seher aus dem Waldviertel, *1959 (3a): "Ein begrenzter Konflikt auf dem Balkan und die Zerstörung New Yorks, das sei der Anfang der kriegerischen Auseinandersetzungen, ohne nennenswerte Auswirkungen noch auf Mitteleuropa." (12/258)*

"Er sah mehrere örtlich begrenzte Einzelkriege und kriegerische Einzelhandlungen, zum Beispiel in Jugoslawien und Bulgarien oder die schon erwähnte Zerstörung New Yorks." (12/263)

Diese Vorhersage wurde erstmalig 1980 von W.J.Bekh in dem Buch "Das dritte Weltgeschehen" veröffentlicht. Die Schauungen selber stammen aus dem Jahre 1959 und kurz danach. Bei dem "Seher aus dem Waldviertel" handelt es sich um eine jener Quellen, die von Alexander Gann im Hinblick auf ihre parapsychologische Authenzität überprüft wurden - und zwar mit positivem Ergenis!

Der Seher spricht hier von einem begrenzten Konflikt auf dem Balkan, noch ohne nennenswerten Auswirkungen auf Mitteleuropa. Diese Beschreibung entspricht exakt der Situation Jugoslawiens seit dort 1991 der Bürgerkrieg ausgebrochen ist. Der Seher liegt richtig bei dem Gebiet und der Art des Krieges : Begrenzt - ein gewisser Radius wird also nicht überschritten. Das deutet hin auf einen Konflikt zwischen kleinen Volksgruppen innerhalb eines Staates. Vermutlich ein Bürgerkrieg - und eben kein Krieg zwischen benachbarten Staaten.

Auf die von ihm erwähnte Zerstörung New Yorks kann hier aus Platzgründen nicht weiter eingegangen werden. Es sei nur kurz erwähnt, daß sie auch in anderen Prophezeiungen auftaucht.

***Irlmaier,** 1959 (3a):"Nach den Wirren auf dem Balkan wird es sein." (20/24)*

Auch hier bleibt soweit unklar, wie lange davor. Doch das ändert sich mit der nächsten Vorhersage:

Irlmaier: *"Ein neuer Nahostkrieg flammt plötzlich auf, große Flottenverbände stehen sich im Mittelmeer gegenüber. Die Lage ist gespannt. Aber der eigentlich zündende Funke wird im Balkan ins Pulverfaß geworfen." (30/142)*

Der eigentlich zündende Funke wird im Balkan ins Pulverfaß geworfen. Damit müßte ein Aktion auf dem Balkan gemeint sein, bei der Rußland oder die USA derartig provoziert werden, daß die darauffolgende Antwort die Schwelle zu einem großen Krieg überschreitet. Gerade jetzt, Anfang April, befindet sich schon eine Nato-Flotte in der Adria, und ein russisches Kriegsschiff - angeblich nicht bewaffnet - ist auf dem Wege dorthin. Weitere russische Schiffe sollen folgen ...

Bei **Buchela** - einer 1986 verstorbenen sehr bekannten Seherin aus Remagen bei Bonn, liest man in "Ich aber sage euch" auf Seite 276 die folgende an Deutschland gerichtete Warnung: *"Monat für Monat und Jahr für Jahr werden sich die Knechte im Antlitz der kommenden Sonne gegen die nicht erkorenen Herren erheben und Recht fordern. Ihr Blut wird das Land und das Pflaster färben. Aufsässig und nicht demütig werden sie jedes einzelne Mal wieder unter das Joch gezwungen. Es sind Arme, die euch dauern werden. Gebt ihnen Essen und den liebenden Arm, und der Friede der erwiesenen Freundschaft wird die Wunden lindern.*

Aber greift nie zu Axt und Schwert, um ihre Widersacher anzunehmen. Ein solches Tun ist Verderben für euch. Es werden Zeiten kommen, in denen sie euch im Namen des Herrn und der Menschlichkeit anflehen, um ihrer Rettung willen Blut zu vergießen. Laßt es! Viele werden durch eure Tatenlosigkeit leiden, aber alle gerettet werden. Das Böse zerstört sich vom Inneren her selbst."

Da werden also über Jahre hin gewisse Knechte (Untertanen/Bürger) von ihren nicht erkohrenen (gewählten) Herren blutig unterdrückt. Und dem Westen (den Deutschen) juckt es im Hinblick auf die Menschlichkeit, den Unterdrückern (Serben) durch Waffengewalt Einhalt zu gebieten. Doch da warnt uns Buchela, daß das böse enden könnte ...

Wo das nun genau passiert, sagt sie nicht. Aber da sie sich an die Deutschen wendet, muß es irgendwo im deutschen Einflußbereich liegen - also in Europa. Und - damit die Gefahr der Eskalation besteht, müßte auch eine Verbindung zu Rußland bestehen. Die haben wir: Rußland ist traditioneller Verbündeter Serbiens. Und daß dieser Konflikt nicht direkt an Rußlands Grenze stattfinden kann, ist auch klar, denn da sähe auch der Dümmste die Gefahr: Denn man macht keine Faxen direkt vor der Höhle des Bären!

In einer anderen Quelle von etwa 1940, erstmals 1988 veröffentlicht, heißt es:

"... Ein kleines Volk wird großes Unrecht tun, und ein berühmter Staatsmann wird ermordet werden. Ein großer Mann wird sich in Europa erheben, und Deutschland wird von einem Stiernacken reagiert werden. Es wird eine Konferenz geben zwischen vier Türmen, dann ist es bereits zu spät ..." (8/45)

Im Vorfeld des Angriffes der Nato auf Serbien gab es natürlich Verhandlungen, und zwar zunächst nahe Paris in einem Schloß namens Rambouillet. Dieses Schloß hat einen praktisch quadratischen Grundriß und an jeder Ecke befindet sich ein Turm. Macht 4 Türme. (siehe z.B. Foto im "Der Spiegel" 8/1999 Seite 157). Zur Sicherheit haben wir im Fremdenverkehrsbüro von Rambouillet angerufen und nach der Anzahl der Türme gefragt. Die Antwort: 4!

Wie man weiß, sind diese Verhandlungen gescheitert. Ein paar Wochen später hat man dann noch direkt in Paris verhandelt, aber im Gegensatz zu Rambouillet ist dort überhaupt nichts mehr geschehen.

Das "kleine Volk" könnten die Serben sein,der "Stiernacken" könnte Kanzler Schröder sein. Der Rest fehlt noch! NOCH! Gott sei Dank!

Also gut - fangen wir an, etwas zu phantasieren: Die Nato schickt irgendwann Bodentruppen. Rußland seinerseits beginnt mit Waffenlieferungen, und macht seine Truppen zumindest in Rußland bereit, gegebenenfalls dort einzugreifen.

Wenn dann der "Funke ins Pulverfaß geworfen wird", dürfte die erste Aktion Rußlands innerhalb Europas im diesem neuen großen Krieg darin bestehen, diese Truppen nach Jugoslawien in Bewegung zu setzen.

1988 veröffentlichte W.J.Bekh folgenden Text von einem unbekannten Verfasser. Auch dort bricht vor den Ereignissen auf dem Balkan Krieg im Nahen Osten aus, bzw. es besteht dort eine weitere akute Kriegsgefahr.

"Sieh die Kampfestruppen dort - Wo des Gottes Kindheit Hort - Sie, wie racherzürnt sie sind - Schalomgruß verweht im Wind. Hier beginnt der große Krieg.

Niemand trägt davon den Sieg - Rußland nimmt Stadt Belgrad ein - Frankreich, Rom zieht mit hinein - Blitzschnell schlägt der Roten Heer - Deutsches Land, vor Schreck ohn' Wehr ..." (8/264)

"Frankreich, Rom zieht mit hinein" dürfte sich gemäß anderer Quellen darauf beziehen, daß unmittelbar vor dem Angriff Rußlands in Frankreich und Italien - insbesondere in Rom - gewalttätige Unruhen ausbrechen. Rom steht hier vermutlich nicht symbolisch für Italien, sondern deutet direkt auf blutige Ausschreitungen in Rom bzw. im Vatikan selbst! Vielleicht nur Stunden oder ganz wenige Tage danach wäre mit dem Angriff Rußlands auf Westeuropa zu rechnen. Man achte auf die Feinheiten: Erst Belgrad (Einmarsch), dann Frankreich und Rom (Unruhen) - und dann Deutschland (Krieg beginnt).

Bild 40: Schloß Rambouillet mit seinen vier Türmen

***Irlmaier**, 1950 (3a): "Massierte Truppenverbände marschieren in Belgrad von Osten her ein und rücken nach Italien vor. Gleich darauf stoßen drei gepanzerte Keile nördlich der Donau blitzartig über Westdeutschland in Richtung Rhein vor - ohne Vorwarnung. Das wird so unvermutet passieren, daß die Bevölkerung in wilder Panik nach Westen flieht." (8/60)*

***Anton Johansson,** 1907 (3a): "Anton hörte ferner, daß ein neuer Balkankrieg kommen werde ... Er hörte auch, daß es den Balkanstaaten und besonders Serbien ... schlecht gehe. Es hieß, daß dieses Gebiet hart unterdrückt sei, was wohl die Folge eines russischen Sieges sein müsse." (13/215)*

Serbien hart unterdrückt? Nun, das könnte man so sehen. Infolge eines "russischen Sieges" ist natürlich "daneben geraten". Rußland und Serbien sind "dicke Freunde". Aber - dem Text nach handelt es sich dabei auch offensichtlich um eine Spekulation.

Die Frage nach dem Datum

Wie bereits am Anfang dieses Buches erwähnt, wären die soweit beschriebenen Ereignisse den Sehern nach irgendwann um die Jahrtausendwende zu erwarten.

Die Dreitägige Finsternis und der Dritte Weltkrieg sollen in der zweiten Hälfte ein und desselben Jahres stattfinden. Von daher gäbe es so etwas wie ein Jahr X. Es stellt sich nun die Frage, ob man dieses Datum über die Prophezeiungen ermitteln kann.

Die Suche nach einem "Jahre X" ist ein alter Hut. Kurz vor dem Jahre 1000 erwartete man in der christlichen Welt das Weltende. Die frühen Christen erwarteten das Weltende sogar für einen Zeitpunkt noch weit vor dem Jahre 1000.

Auch wenn das für die nahe Zukunft vorhergesagte Szenario kein Weltuntergang sein soll, sondern "lediglich" eine globale Naturkatastrophe von vorübergehendem Charakter, so kann man im Prinzip von demselben Thema sprechen.

Alle Endzeit-Erwartungen, die sich auf ein bestimmtes Datum in der Vergangenheit bezogen, lagen natürlich falsch. Die Welt dreht sich noch immer.

Sieht man sich diese unterschiedlichen Endzeit-Erwartungen oder Endzeit-Hysterien genauer an, so zeigt sich oft, daß das im Einzelfall favorisierte Datum von einer *einzigen* Quelle stammt. Der klassische Fall wäre eine kleine Sekte, die sich auf ihren Sektenchef beruft - so wie beispielsweise die AUM-Sekte in Japan, die den Giftgasanschlag auf die U-Bahn in Tokio verübt hat. Sekten-Chef Shoko Asahara sagt - laut westlicher Presse - für 1997 den "Weltuntergang" voraus.

Oder aber irgendwelche Leute meinen, bei Nostradamus auf ein bestimmtes Datum gestoßen zu sein. Ungeprüft wird das übernommen, und schon kocht die Gerüchteküche.

In diesem Buch nun wird versucht, ein solches Datum zu ermitteln, aber unter Einbeziehung möglichst sämtlicher paraprognostisch-datumsrelevanter Quellen.

Im ersten Schritt wird schlicht und einfach untersucht, für welche Jahre sich eine Häufung von Vorhersagen ergibt. Im zweiten Schritt wird dann die Glaubwürdigkeit der jeweiligen Quellen in Betracht gezogen.

Bevor ich mich jetzt wieder den Details zuwende, möchte ich kurz noch auf einige psychologische Aspekte in dieser Angelegenheit eingehen:

Die Idee eines vorherbestimmten Jahres X widerstrebt vielen Menschen. Da gibt es zum Beispiel den Einwand, dies widerspräche dem freien Willen des Menschen. Oder man sagt, daß Prophezeiungen nur Möglichkeiten aufzeigen. Eine andere Ansicht läuft darauf hinaus, daß ein solches Datum zwar existiert, wir Menschen aber nicht fähig sind, es zu ermitteln. Manche Leute halten eine Beschäftigung damit für grundsätzlich negativ oder nutzlos. Andere wiederum sagen, eine solche Vorherbestimmung sei grundsätzlich nicht möglich.

Christen neigen zu dem Fehler, dieses Szenario mit dem Weltende gleichzusetzen, wovon in der Bibel gesagt ist, daß nicht einmal Jesus Christus, sondern nur Gott alleine das Datum kennt.

Das ist natürlich ein Irrtum. Denn hier geht es nicht um das Jüngste Gericht, sondern "lediglich" um ein Katastrophenszenario im Vorfeld.

Ich selbst habe den Eindruck, daß hinter all diesen Einwänden schlicht und einfach *Nichtwissen* steht. Keiner, der sich so äußert, kann nach meinem Eindruck sagen, er *wisse.*

Machen wir einen kleinen Schwenk zu Nostradamus:

In seiner Vorrede an Heinrich II., welche den letzten drei Centurien vorangestellt ist, schreibt Nostradamus unmißverständlich:

"Mit Hilfe astronomischer Berechnungen und auf anderem Weg, nicht zuletzt mit der Heiligen Schrift, die niemals irren kann, könnte ich, ***wenn ich nur wollte, für jeden Vierzeiler den genauen Zeitpunkt nennen.*** *Doch das wäre für keinen angenehm, noch weniger ihre Interpretation, es sei denn, Sire, Eure Majestät würden mir die Vollmacht dazu geben, damit Verleumder keinen Grund mehr haben, über mich herzufallen."* (1/383)

Sieh da, er kennt das genaue Datum zu jedem der fast 1000 Vierzeiler! Was will - was kann man hier als normaler Mensch ohne außergewöhnliche seherische Fähigkeiten entgegnen?

Ebenfalls in der Vorrede an Heinrich II. sagte Nostradamus für das Jahr 1792 voraus: *"Dann wird man sich einbilden, man müsse eine neue Zeitrechnung einführen."* Verfaßt hat Nostradamus diesen Text am 27. Juni 1558, also 243 Jahre bevor in Frankreich im Zuge der Französischen Revolution durch den Nationalkonvent eine neue "Republikanische" Zeitrechnung beschlossen wurde. So geschehen am 21. September 1792.

Ich selber telephonierte im Rahmen meiner Recherchen mit einem Mittelalter-Forscher, welcher eine Software zur Übersetzung mittelalterlicher Texte entwickelt hat. Dieser berichtete mir am Telephon mit einem Unterton von Unglauben und Verblüffung, er habe einen Originaltext (!) aus dem Jahre 1404 entdeckt, welcher die Französische Revolution auf das Jahr genau vorhergesagt hat.

Damit will ich nicht behaupten, es sei erwiesen, daß große Ereignisse schon Jahrhunderte im voraus auf das Jahr genau feststehen.

Nein. Nur - Hinweise darauf gibt es durchaus. Und es ist sogar zu vermuten, daß man diesbezüglich noch einiges mehr zutage fördern kann, vorausgesetzt natürlich, die Gesellschaft fängt an, diesen Bereich als forschungswürdig zu erkennen.

Betrachten wir die weitere Suche nach dem Jahr X aus diesem Blickwinkel: Wir wissen nicht, ob es geht, aber: Es könnte ja sein!

Fangen wir einfach damit an, uns anzusehen, für welche Jahre oder Zeiträume ein "Weltuntergang", ein Dritter Weltkrieg oder allgemein eine gigantische Häufung riesiger Katastrophen vorhergesagt wurde. Dazu die folgende Tabelle:

ab / im Jahr	Tendenz / besondere Formulierung	Typ	Quelle	Literatur	Zeit der Vorher-sage
1948	3. WK / Strafe Gottes zu Ende	3W	Feldpostbriefe	7/402	1914
1950	In 2. Hälfte d. 20. Jahrhunderts	3W	Fatima	8/198	1917
		3W	Irlmaier	30/126	1947
	„Ende der Welt“		Henry Adams	81/ 9	1903
1953	oder 58 oder 63	3W	Johansson	5/ 85	1907
1956	nach .. (TV in Österreich)	3W	Sepp Wudy	12/113	1914
1960	bis 1963 („Blutperiode“)	3W	Onit	14/186	1948
1965	über ½ Generation nach 2.WK	3W	Bened.v. Maria-Laach	41/244	1550
1970		3W	Karmohaksis	4/110	1959
1972		3W	Jacinta von Fatima	10/256	1930
1980	ein halbes Leben nach nach 2. WK	3W	Buch d. Marient. Klosters	41/254	1749
	bis 2000 beginnt Goldenes Zeitalter		König Asitavenda	14/ 64	-2000
1990		3W	Renate Urban	108/ 28	1988
	Großteil der Menschheit stirbt	-	Elisabeth Claire	81/ 10	-
1992	etwa	3W	Erich Bauer	80/140	1986
1992	bis 1997 (abhängig von Interpretation)	3W	Pr. v.b. Mandelbaum	8/ 96	1900
	großer Himmelskörper naht der Erde	-	Sondara	300	1992
	bis 2021, beginnt Goldenes Zeitalter	-	Mario de Sabato	6/286	1971
	bis 1999 (Armageddon)	-	Cheopspyramide[1]	97/ 23	1939
1994	77 Jahre nach Russischer Revolution	3W	Papst Johannes XXIII	49/172	1933
	spätestens vorüber	3W	Biernacki	8/279	1984
	bis	3W	Pestiaux	50/ 74	1984
	(„Blutjahr“ = 3. WK)	3W	Uriella	43/ 35	1992
1995	um, kurz nach	P	Annie Kirkwood	31/ 28	1992
1997	„Weltuntergang“	-	Shoko Asahara	***	1995
1998		3W	Irlmaier**	41/179	1959
		3W	Eugenio Pegghi	88/264	1855
	„Ende der Kriege bis .. „	-	Cayce	5/177	1945
	„Kalifornien versinkt“	-	Chet.B.Snow	38/ 32	1984
1999	Erdachsverschiebung	P	Cayce	81/ 12	1945
	vor / bis	3W	Nostrad. [10.72]**	1/539	1558
	Atomkrieg zwischen USA und UdSSR	3W	Dixon	5/143	1970
	„Königreich des Geistes“	-	Cheopspyramide[2]	6/244	1970
	spätestens zu Ende	3W	Holhauser	7/275	1858
	bis spätestens	3W	Korkowski	32/ 10	1990
	11.8.1999	3W	Karin Nagel	29/142	1992
	wenn Tausender voll wird	3W	Mühlhiasl	5/ 64	1825
	„Ende der Welt“	-	Adventisten v.7.Tag	81/ 12	--
	„Ende der Welt“	-	Chriswell	81/ 12	1978
	„Weltuntergang“ im August	-	Hideo Itakawa	81/ 13	-
	„Weltuntergang“	-	Zeugen Jehovas	81/ 13	-
	Naturkatastrophen toben bis	-	Sai Baba**	93/210	1980
	„wenn das Jahr 2000 herannaht“	-	Rudolf Steiner**	---	1922
	bis 2000 positive geistige Wende	-	Osho**	---	1987
	„Der Jüngste Tag“	-	C.T. Russel	81/ 13	1916
	bis (totaler ökonomischer Zusammenbr.)	-	Sun Bear**	86/178	1990
	„nahe 2000 Jahre“	3W	Lorber	9/ 77	1864

3W = 3.Weltkrieg und/oder Dreitägige Finsternis
** = nähere Erläuterung folgt in diesem Kapitel
*** = darüber wurde 1995 in Rundfunk und Printmedien berichtet

P = Polsprung
[1] Auslegung der Cheopspyramide nach Vailant Thor
[2] Auslegung der Cheopspyramide nach Lemesurier

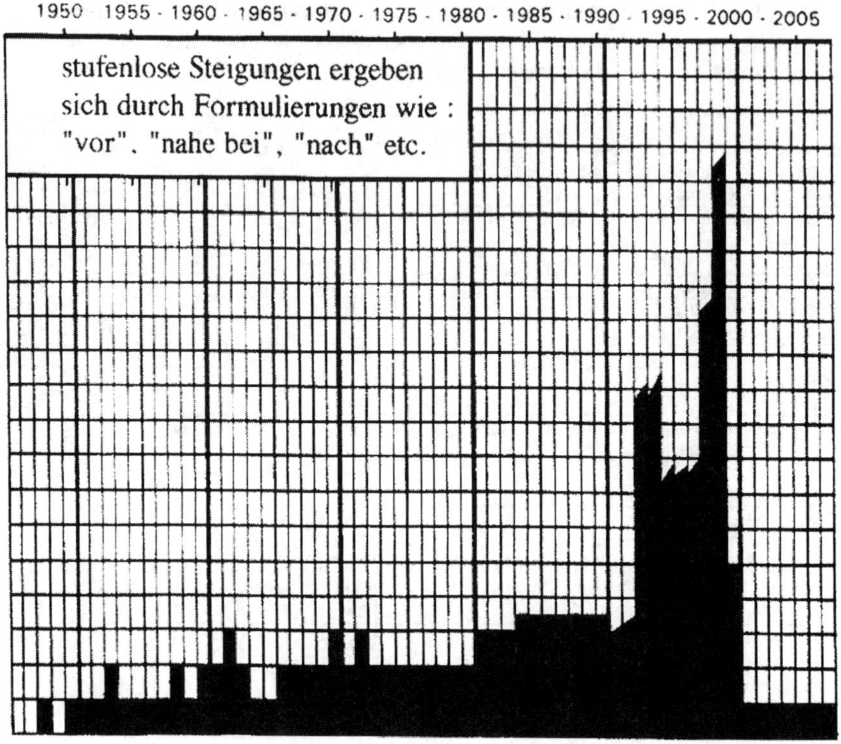

Bild 41: Summendarstellung „Jahr X“

Zu den vorhergesagten Jahreszahlen - oder herausinterpretierbaren Jahreszahlen - lassen sich zunächst zwei wesentliche Aspekte festhalten:

Erstens findet sich in den Quellen eine eindeutige Konzentration im Hinblick auf die letzten Jahre dieses Jahrtausends. Ausdrücklich muß hier gesagt werden, daß daran auch nichtchristliche Quellen beteiligt sind. Mehr dazu später.

Nach dem Jahre 1999 bricht diese Häufung von Vorhersagen rapide ab, so daß es im Grunde schon ab 2001 ein ziemlich aussichtsloses Unterfangen sein dürfte, anhand dieser Datums-Vorhersagen ein Datum zu "bestimmen".

Zweitens ist festzuhalten, daß sich bisher etwa jedes zweite vorausgesagte (oder herausinterpretierte) Datum als falsch erwiesen hat.

Wer sich allerdings etwas intensiver mit Prophezeiungen befaßt hat, der weiß, daß Seher gerade mit Datumsangaben große Schwierigkeiten haben. Dies läßt sich recht einfach erklären. Denn in der Mehrzahl der Fälle haben die Seher optische Visionen - vergleichbar mit Photos oder Filmen. Und dort ist nun "dummerweise" nicht wie in einer Videokamera unten das Datum eingeblendet. So können Datumsangaben auf Rückschlüssen beruhen - dem Alter bestimmter Personen, der Art der Bebauung oder Veränderungen in der Landschaft.

Wenn es aber darum geht, die Jahreszeit oder den Monat zu bestimmen, ist von dieser Konfusion praktisch nichts mehr spürbar. Anhand der Vegetation, bestimmten Blüten oder Früchten lassen sich Ereignisse im günstigsten Falle auf die Woche genau zeitlich eingrenzen.

Falsche Datumsvorhersagen sind also noch lange kein Grund, die Frage der Datierung als unlösbar abzuhaken. Wirklich problematisch ist lediglich eine zuverlässige Datierung schon Jahre im voraus. Wohlgemerkt besteht hierbei das Problem nicht in fehlenden korrekten Daten, sondern in unserer Schwierigkeit, zu erkennen, welche Daten aus dem ganzen Wust nun zutreffen!

Die Grafik links zeigt, wie sich die unterschiedlichen Datumsvorhersagen (bzw. entsprechenden Interpretationen) auf die Jahre zwischen 1945 und 2005 verteilen. Wir haben hier einen exponentiellen Anstieg bis 1998/1999, und gleich danach sackt es rapide ab.

Diese Tabelle basiert auf meinem aktuellen Datenbestand vom März 1999. In meinen Arbeiten von 1993 und 1997 ergab sich auf Grund der damaligen Daten ein etwas anderes Bild. Mit der Folge, daß ich 1993 die Jahre 1993/1994 favorisierte, und 1997 die Jahre 1998/1999 bzw. schwerpunktmäßig 1998. Das hat sich als falsch erwiesen, beruhte aber in wesentlichen Punkten auf der damaligen Datengrundlage.

Diese zurückliegenden Fehler lassen sich nun insofern vernachlässigen, als daß schon 1993 klar war, daß 1998/1999 ein sehr kritischer Zeitpunkt ist, ebenso, wie schon 1998 klar war, daß noch einiges für 1999 spricht.

Darüber hinaus denke ich, daß ich durchaus die richtigen Fehler begangen habe. Denn diese Irrtümer führten verständlicherweise dazu, daß ich meine Prophezeiungs-ananlysen schon relativ früh auf ein akzeptables Niveau stemmte. Es fragt sich also, inwiefern man von Fehlern sprechen kann, wenn Sie - lieber Leser - jetzt davon profitieren?

Die Quellen zu 1999

1999 gilt als das letzte Jahr dieses Jahrtausends. Vom US-amerikanischen Popsänger Prince gibt es den bekannten Song mit dem Refrain "Lets party like it's 1999". Überall auf der Welt laufen derzeit die Buchungen für die Sylvesterparties am 31.12.1999, obwohl sich inzwischen herumgesprochen hat, daß das letzte Jahr in diesem Jahrtausend das Jahr 2000 ist.

Diese Verwirrung überträgt sich natürlich automatisch auf entsprechende Prophezeiungen, wenn darin vom "Ende dieses Jahrtausends" die Rede ist - oder von "vor dem Ende dieses Jahrtausends".

Manche Quellen lassen sich nur aufgrund dieser Unklarheit auf 2000 beziehen. Der Bezug zu 2000 ist da also eher rational, als intuitiv. Bei den genaueren Angaben tritt 1999 deutlich hervor.

So heißt es bei Jakob Lorber (1864) mahnend an mehreren Stellen "Nahe 2000 Jahre". Von Mühlhiasl (1825) ist die Formulierung "Wenn der Tausender voll wird" überliefert.

Anfang der 20er Jahre hielt beispielsweise Rudolf Steiner - Begründer der Anthroposophie - in Dornach (Schweiz) im Goetheaneum, dem weltweiten Zentrum der Anthroposophischen Gesellschaft, einen Vortrag:

"Verwirrung und Verwüstung wird herrschen, wenn das Jahr 2000 herannaht. Und dann wird auch von unserem Dornacher Bau kein Holzstück mehr auf dem anderen liegen. Alles wird zerstört und verwüstet werden. Darauf werden wir von der geistigen Welt aus herabschauen. Aber wenn das Jahr 2086 kommt, wird man überall in Europa aufsteigen sehen Bauten, die geistigen Zielen gewidmet sind und die Abbilder sein werden von unserem Dornacher Bau mit seinen zwei Kuppeln." (aus "Das Ende des 20.Jahrhunderts im Werke Rudolf Steiners")

Nun ist 1999 das letzte Jahr, in dem das Jahr 2000 "herannaht". Am Rande sei erwähnt, daß unser gegenwärtiger Innenmenister Otto Schily aus einem anthroposophischen Elternhaus kommt.

Somit hätten wir schon ein recht buntes Spektrum von Quellen, die sich auf 1999 beziehen: Irlmaier, einer der bekanntesten Seher Bayerns, Jakob Lorber (siehe "Kleines Lexikon der Seher ...") und Rudolf Steiner, den Begründer einer weltweit aktiven esoterischen Schule, die - soweit ich weiß - noch niemand gewagt hat, als Endzeitsekte zu bezeichnen.

Das ist Ihnen alles zu deutsch, vielleicht auch zu christlich? Gut - gehen wir in die USA und fragen wir einen Indianer aus Nordamerika:

Bei Sun Bear, einem inzwischen gestorbenen Chippewa-Medizinmamm liest man:

"Ein anderes Problem liegt in der Weltwirtschaft. Viele Währungen werden heute nur durch Glauben und Gebete gestützt. ... Ich habe einen meiner Brüder gefragt, der in einer der führenden Banken der Welt arbeitet, wie es im Moment um die Wirtschaft bestellt sei. Und er meinte: "Sie ist momentan sehr empfindlich; wenn nur irgend jemand hustet, dann ist sie völlig ruiniert." ... Teil der Entwicklung ist auch, daß den Banken die Felle davonschwimmen. ... All diese Prognosen klingen wie die Geschichte von dem alten Indianerhäuptling, der sagte: *"Mein Volk, ich muß euch eine schlechte und eine gute Nachricht überbringen. Dieses Jahr wird sehr hart werden, wir werden den Winter über nichts anderes als Büffelmist zu essen haben!"*

Seine Leute fragten ihn: *"Und wie lautet die gute Nachricht?"* Er erwiderte: *"Davon haben wir riesige Mengen."*

So sieht auch unsere wirtschaftliche Zukunft aus, wie sie noch vor dem Jahr 2000 eintreten wird. (86/178)

Im weiteren Text empfiehlt Sun Bear, sich vom System abzunabeln. In Verbindung mit europäischen Prophezeigen läßt sich sagen: Sobald dieser Wirtschaftseinbruch erfolgt, wäre Europa und der Westen schwach und innerlich zerstritten genug, daß Rußland einen Angriff wagen kann. Bei Sun Bear findet sich zwar nichts konkretes im Hinblick auf einen Angriffs Rußlands auf Europa, aber wenn man seine Vorhersagen zu den Naturkatastrophen genau durchliest, so wird einem klar, daß er mit seiner Sprache und seinen Aussagen oft vorsichtig ist. Dennoch finden sich bei ihm Stellen, die klar genug sind:

"Manchmal träume ich, ich sei an einem Ort, wo eine kleine Gruppe von Menschen über einen Hügel herannaht. Wir umarmen uns alle und rufen aus: Bruder, Schwester, du hast überlebt. ... Im Jahre 2000 werden dir viele Dinge überflüssig erscheinen; vieles wird nicht mehr in allen Lebensbereichen funktionieren." (86/273)

Bleiben wir außerhalb Europas und wenden wir uns indischen Gurus zu. Wie wir wissen "jagen diese der christlichen Kirche die Schäfchen ab", und außerdem haben sie natürlich auch jede Menge einheimische Anhänger oder Schüler. In jedem Falle besteht dort soweit kein offensichtlicher Zwang, sich an der christlichen Zeitrechnung auszurichten.

Sai Baba ist einer der bekanntesten indischen Gurus, der insbesondere durch seine Materilisationen (Erzeugung von Gegenständen aus dem "Nichts") von sich Reden gemacht hat. S.P.Ruhela, Schüler von Sai Baba, schreibt in "Sri Sathya Sai Baba, Leben, Lehre und Werk" :

"Er hat seine Devotees(Anhängern/Verehrern) ernsthaft geraten, nicht die Gemeinschaft seiner Sai-Organisation zu verlassen, nicht zu versuchen, den Schutzschirm seiner göttlichen Gnade zu verlassen, damit sie nicht Schaden nehmen bei den Naturkatastrophen, die in der Tat bis 1999 toben werden; danach beginnt das Satyuga (Goldenes Zeitalter). Er hat erklärt, daß das "Satyuga" 1999 beginnen wird und daß ... ab 2030 die Welt die schönste Zeit der menschlichen Zivilisation erleben wird. ..."

Wenn 1999 das Goldene Zeitalter beginnt, wir aber erst ab 2030 die schönste Zeit menschlicher Zivilisation erleben werden, so müßte dies bedeuten, daß 1999 unser "Gold" noch nicht so ganz rein ist - somit noch kein 999'er-Gold ...

Prinzipiell muß man bedenken, daß derjenige, der negative Dinge voraussagt, auch daran denken muß, seine Zuhörer zu motivieren. Dazu kann es manchmal gehören, daß man negative Dinge verschweigt. Die Zeitspanne bis 2030 bis zum "999'er-Gold" deckt sich zwar mit christlichen Quellen, nur wird dort mit etlichen Jahren Abstand zur Jahrtausendwende eine zweite Katastrophenzeit vorausgesagt.

Was sagen weitere „Gurus“:

Am 16. und 17. August 1987 erwarteten große Teile der weltweiten New-Age-Szene basierend auf indianischen Prophezeiunge und astrologischen Berechnungen eine Zeitenwende - hin zum Guten. Verbunden damit waren vielfache Aufrufe zu zeitgleichen Weltmeditationstagen. Auch Osho, ein anderer indischer Meister, der sich damals noch Bhagwan Shree Rajneesh nannte, erfuhr davon und kommentierte am 3.8.1987:

"Ich bin völlig sicher, daß sich an diesem 16. und 17 August rein gar nichts ereignen wird. Die Leute befinden sich im Irrtum. Wenn irgend etwas geschehen wird, dann im Jahre 1999 bis 2000. All diese Dinge sind gefährlich: Sie erweisen sich als Blödsinn, und wenn es wirklich soweit ist, glaubt keiner mehr daran. Das ist die ganze Strategie, die dahintersteckt ..."

Am 5.8.1987 ergänzte er:

"Ob Transformation des menschlichen Bewußtseins geschieht, hängt von keiner Sternenkonstellation ab. Aber sie wird irgendwann zwischen 1999 und dem Jahre 2000 geschehen. Die Transformation wird dann eintreten, wenn die Menschheit vor der Wahl stehen wird: zwischen globalem Selbstmord oder einem Quantensprung von alten Strukturen zu einer neuen menschlichen Gesellschaft. Für die Transformation des Bewußtseins ist eine solch dringliche Situation notwendig, wie die, in der man zwischen dem Tod und einem Neuen Menschen zu wählen hat, und in der es sonst keinen Ausweg gibt."

(Aus "Die Rajneesh Times" 5.Jg. Nr.33, 14.August 1987)

Bemerkenswerterweise ist hier nicht von Naturkatastrophen die Rede, sondern vom drohenden kollektiven Selbstmord. Und zwar nicht schleichend - etwa in Form von Umweltzerstörung - sondern eher plötzlich. Für mich heißt das Krieg! Fällt Ihnen was anderes ein?

Diese Meidung des Wortes „Krieg" taucht hin und wieder auf - insbesondere bei jüngeren Quellen. Ich führe das darauf zurück, daß die Prophezeiung eines Krieges sofort zur Suche nach einem Schuldigen führt. Wer ist es, der diesen Krieg vom Zaune bricht? So gesehen beinhalten Kriegsprophezeiungen eine zusätzliche Gefahr, negative Gefühle zu provozieren.

Abschließend wäre hier festzustellen, daß nach Osho's Formulierung theoretisch die "Selbstmord-oder-nicht-Entscheidung" auch im Jahre 2000 stattfinden könnte. Geht man aber von der Dreitägigen Finsternis im Herbst/Winteranfang 1999 aus, so wäre zu vermuten, daß der Geisteswandel zwar noch Ende 1999 ausgelöst oder angestoßen wird, der eigentliche Transformationsprozeß selbst aber ein paar Wochen oder Monate beansprucht. Der Schock müßte erst einmal verdaut werden.

Kehren wir zurück nach Europa. Im Zusammenhang mit den Prophezeiungen zur Jahrtausendwende wäre unbedingt auch Alois Irlmaier aus Bayern zu erwähnen, dem wohl zu recht bekanntesten deutschen Seher des 20.Jahrhunderts.

Alois Irlmaier, *1959 (3a):"Ich sehe drei Neuner. Der dritte Neuner bringt den Frieden." (30/152), (mündliche Überlieferung).*

Drei Neuner = 999. Das kann man jetzt natürlich noch interpretieren: Ist es 1999? Dann würde der Krieg noch 1998 ausbrechen, denn der 3.Neuner soll ja den Frieden bringen. Der käme am 1.1.1999. (Diese Interpretation habe ich im letzten Buch favorisiert.)

Oder ist 999 = 99.9, also der September 1999? Oder ist 999 = 9.9.9, also der 9. September in einem Jahr mit einer 9 am Ende? (1999, 1989, 1979, etc). Zwei Interpretationen sprechen hier für 1999, eine für 1998.

Anzumerken wäre noch, daß Irlmaier für der Kriegsausbruch (!) - so die Wiedergabe eines Ohrenzeugen - eine Zahl mit zweimal der 8 und einmal der 9 sah. Also 889 (1889 = Unsinn), 898 (1898 = auch Unsinn) oder 988, bzw. 88.9, 89.8, 98.8, 8.8.9, 8.9.8 oder 9.8.8.

Im Normalfall wäre mir eine solche Angabe zu diffus, aber im Zusammenhang mit Irlmaiers hoher Glaubwürdigkeit und seiner 999, erscheint es mir durchaus sinnvoll, zumindest die Interpretationsmöglichkeiten aufzuzeigen. Überdies hat Irlmaier mehrmals eine Dauer des Krieges von weit unter einem Jahr vorausgesagt, so daß die zweite Zahl mit den zwei Achten auf die erste mit den drei Neunen bezogen werden MUSS!

Der Krieg würde also vom 8. August eines Jahres mit der 9 am Ende (1999, 1989, 1979, etc.) bis zum 9.September des selben Jahres dauern. Dies scheint mir die sinnvollste Interpretation zu sein. Die Zahl 999 (drei Neuner) deutet natürlich im ersten Moment auf 1999. Jeder würde daraus intuitiv die 1999 "machen".

Also gut - wen haben wir noch vergessen? Natürlich! Nostradamus!

Nostradamus (1558, Frankreich)

Von Nostradanus gibt es den bekannten Vierzeiler Nr.72 aus der zehnten Centurie, an der sich schon viele Interpreten versucht haben, so auch ich in meinem letzten Buch. Ich will hier verständlicherweise nicht detailliert ausführen, wieso ich anhand von X/72 auf das Datum 1998 für den Ausbruch des Dritten Weltklrieges kam, obwohl dort bestenfalls 1999 steht - bzw. genau genommen 999. Das hing mit der Frage zusammen, wie viele Monate nach Ausbruch des Dritten Weltkrieges in Europa die Monarchie wieder eingeführt würde. Da spielte ein halbes Jahr mehr oder weniger eine Rolle.

Als gebranntes Kind werde ich jetzt natürlich etwas Zurückhaltung üben ...

Hier zunächst der französische Originaltext (1/539)

L'an mil neuf cens nonante neuf sept mois,
Du ciel viendra un grand roy d'effrayeur:
Resusciter le grand Roy d'Angolmois*,
Avant apres Mars regner par bon heur.

Wie das bei Nostradamus so "Sitte" ist, scheiden sich die Geister schon bei der Übersetzung. Deshalb folgen nun die Übersetzungen von verschiedenen Interpreten. Immer wieder gleichlautende Übersetzungen sind fett gedruckt.

Bouvier, (42/553)

Im Jahre neunzehnhundertneunundneunzig siebenter Monat,
Vom Himmel kommt ein großer Schreckenskönig.
Zur Wiederkehr wird er den großen König von Angouléme bringen.
Vor und nach **Krieg(en)** wird er wohlgefällig herrschen.

Eilenberger & Schubert, (95/32)

1999, Monat sieben,
kommt **aus dem All ein Himmelskörper**,
das Reich der Chinesen wird zu größter Macht gelangen,
zuvor und danach herrscht **weltweit Krieg**

N.A.Centurio, (54/56)

Im Jahre 1999 im siebenten Monat
Wird **am Himmel** ein großer Schreckenskönig erscheinen
Er wird auferstehen lassen den großen König von Angouléme
Vor und nach einem **Weltkrieg** (Mars) wird er aufgrund
seines guten Horoskopes regieren.

Allgeier (1/539)

Im Jahr 1999, im siebten Monat
kommt **vom Himmel** ein großer Schreckenskönig.
Er wird den großen Herrscher von Angouléme zur Macht bringen.
Vor und nach einem **Krieg** wird er zu guter Stunde regieren

Was die 1999 und die 7 Monate anbelangt, stimmen diese vier Autoren überein. Das würde also Juli 1999 bedeuten? - Halt nein! Nostradamus ist nämlich nach dem damaligen Julianischen Kalender ausgegangen, und wir müssen deshalb 12 Tage addieren. Auch darin sind sich die Nostradamus-Interpreten noch einig.

Also rutschen wir in Richtung August 1999. Und hoppla, da ist doch am 11. August diese totale Sonnenfinsternis, bei der der Kernschatten über Mitteleuropa wandert, auch über Frankreich, Nostradamus' Heimatland.

Und mit dem "Schreckenskönig, der vom Himmel kommt" könnte durchaus diese Sonnenfinsternis gemeint sein. (Eilenberger & Schubert fallen an dieser Stelle mit ihrem "Reich der Chinesen" schon aus dem Rahmen, aber darauf komme ich noch zurück.)

Gut - und dieser Schreckenskönig soll dann einen großen Herrscher an die Macht bringen, der dann vor und nach einem Krieg regieren soll.

Der größte gemeinsame Nenner dieser 4 Interpreten läuft also auf folgende Interpretation hinaus:

Im Jahr 1999, im siebten Monat
kommt vom Himmel ein großer Schreckenskönig (**Himmelskörper**).
Er wird den großen Herrscher von Angouléme zur Macht bringen.
Vor und nach einem **Krieg** wird er zu guter Stunde regieren.

(Über Anolmois oder Angouléme unterhalten wir uns am Schluß. Angouléme - das schon jetzt - ist eine französische Königsstadt.)

Gut - im Sommer 1999 also kommt ein großer (!) Herrscher an die Macht, der vor und nach einem Krieg, Kriegen, oder gar Weltkriegen (!) "irgendwie" eine angenehme Regierungszeit haben soll.

Um uns nicht weiter im Gestrüpp der Interpretationen zu verirren, sehen wir einfach mal nach, was sich bei anderen Sehern findet: Im Zusammenhang mit dem Dritten Weltkrieg taucht da auffallend oft in Europa zumindest ein Großer Monarch auf, der eine Art Friedensreich begründet. Und je nachdem, wie weit diese Quellen in die fernere Zukunft geblickt haben, taucht dann am Ende der Herrschaft dieses Monarchen eine zweite Kriegszeit auf, nämlich im Zusammenhang mit dem Antichristen.

Versuche, den Vers X/72 von Nostradamus irgendwo in Richtung eines nebensächlichen Königs zu schieben, gelingen schon deshalb nicht, weil Nostradamus mit Datumsvorhersagen überaus geizig war.

Datum Nr. 2 (1792) bezog sich auf ein Detail der Französische Revolution (Kalenderumstellung), und ist heutzutage ein Beleg dafür, daß es möglich ist, relativ kleine Ereignisse über Jahrhunderte im voraus auf das Jahr exakt vorherzusagen! Es ist sozusagen die Referenz, mit der Nostradamus seine Zuverlässigkeit dokumentiert!

Datum Nr. 3 ist ähnlich gravierend, denn mit ihm sagt Nostradamus das Ende der Welt voraus: 3797!

Es hat also nichts mit Interpretation zu tun, wenn wir sagen, X/72 bezieht sich auf ein Ereignis vom ungeheurer Bedeutung für die gesamte Weltgeschichte!

Trotzdem bleiben Unklarheiten, was die Feinheiten anbelangt. Denn wenn im August 1999 etwas auftaucht, welches den Großen Herrscher "zur Macht bringt", ihn "auferstehen" oder "wiederkehren" läßt, so könnte es dennoch noch seine Zeit dauern, bis er tatsächlich fest im Sattel sitzt. Im August 1999 begänne sozusagen im übertragenen Sinn der Wahlkampf, und die Wahl wäre dann sozusagen ein paar Monate später - vielleicht erst 2000.

Auch wäre diese Sonnenfinsternis - zur Not ginge auch ein (oder DER) Komet, vermutlich nur im übertragenen Sinn das, was ihn an die Macht bringt. Konkret, real wären es vielmehr die Ereignisse in Europa, die zeitgleich mit dieser Himmelserscheinung stattfinden. Von heute aus betrachtet, wäre für mich eine Monarchie nur infolge tiefgreifender kollektiver Schocks denkbar.

Auch wenn hier drei von vier Interpreten aus Angolmois >> Angouléme machen, eine französische Königsstadt, so bleibt dies zunächst einmal gewagt.

Im Kontext mit anderen Prophezeiungen kann man aber wie schon erwähnt sagen: Infolge des Dritten Weltkrieges wäre definitiv sehr bald danach, vermutlich sogar noch vor Ende des Krieges, mit dem Erscheinen einer herausragenden Führerpersönlichkeit in Europa zu rechnen - die nach dem Krieg maßgeblich an der Gestaltung Europas beteiligt ist.

Und vom Gefühl her würde ich vermuten, daß, wenn Nostradamus eine seiner drei Jahreszahlen auf die französische Revolution verwendet - dem Ende der Monarchie in Frankreich - dann läge es nur nahe, wenn er sich ein weiteres Datum für die Wiedereinführung der Monarchie aufspart. Nostradamus hatte eine sehr enge Verbindungen zum französischen Hof seiner Zeit, und war alles andere als ein Demokrat. Vielmehr war er jemand, von dem man vermuten kann, daß es ihm übergroße Freude bereiten würde, wenn er seiner Nation verkünden könnte, wann sie wieder einen König bekommt.

Eilenberger & Schubert machen demgegenüber aus Angolmois > Mongolen, und das sind dann die Chinesen. Witzigerweise wäre auch das den Quellen nach zu erwarten: Während der Große Monarch sozusagen Europa aufbaut und zum Blühen bringt, erlebt China/Ostasien ebenso eine Aufstieg, und es käme zum Ende der Herrschaft des Großen Monarchen tatsächlich zu einer militärischen Konfrontation zwischen einem nun wirklich „Vereinigtem Europa“ und einem ostasiatischen Machtblock.

Dieser Angriff würde überdies mit der Niederlage Europas enden! Und so schlösse sich der Kreis. Denn der weiße Mann, der den roten Mann nahezu ausgerottet hat, der den schwarzen Mann zum Sklaven gemacht hat und den afrikanischen Kontinent restlos durcheinander gebracht hat - der weiße Mann der ebenso große Teile Asiens unterdrückt und ausgebeutet hat - dieser weiße Mann würde nun die Erfahrung der totalen Niederlage machen. Etwas, was er bisher selbst als Rasse noch nicht erlebt hat, aber eine Erfahrung, die er Millionen von Menschen anderer Rassen zugefügt hat.

Und all das wohlweißlich, daß seine eigene Religion - das Christentum - Mitgefühl und Nächstenliebe predigt. Du sollst nicht töten! Du sollst nicht stehlen! Du sollst keine anderen Götter haben neben mir! Cash, Kohle, Geld und Gold!

Zufall, daß gerade die große europäische Nation, die sich an dieser Ausplünderung anderer Völker auf anderen Kontinenten am wenigsten hervorgetan hat - die Deutschen nämlich - in dieser letzten Zeit eine, wenn nicht die tragende Säule des neuen Europas sein soll?

Neben diesem französischen Monarchen, wird nämlich auch noch ein deutscher Monarch vorausgesagt, und es läßt sich letztlich kaum sagen, wer nun von diesen beiden Monarchen nun der Große Monarch sein würde.

Zusammenfassung

Zunächst sei daran erinnert, daß sich in den Quellen "datumsmäßig" eine Konzentration hin auf die letzten Jahre dieses Jahrhunderts findet. Dies nimmt besonders im letzten Jahrzehnt zu, und steigert sich bis einschließlich zum Jahre 1999. Schon das Jahr 2000 wäre nur noch ein "notdürftiges" "Ausweichdatum", und spätestens ab dem Jahre 2001 sollte man tunlichst die Finger von der Datierung großer Ereignisse - ausgehend von vorhergesagten Jahreszahlen - lassen. Die Sache läßt sich so gesehen nicht beliebig immer weiter hinausschieben.

Die Idee einer "christlichen Zahlenhysterie" wegen der Zahl 2000 halte ich schon deshalb für nicht überzeugend, weil auch Quellen in diesen Kanon mit einstimmen, deren Wurzel eben nicht christlich sind.

Ganz am Rande - und das wird sie jetzt überraschen: Die Zeugen Jehovas, sozusagen die "Mütter aller Weltuntergangs-Sekten", halten sich fein raus, aus allen möglichen Datumsspekulationen. Motto: Nur Gott kennt das Datum des Jüngsten Gerichts! Mein Kommentar: Knapp vorbei ist auch daneben! Denn: Was uns zur Jahrtausendwende bevorstünde, wäre kein Weltuntergang und nicht das Jüngste Gericht, sondern "lediglich" eine globale Kathastrophe nie gekannten Ausmaßes im Vorfeld davor! Das Leben und auch das Leben mit Technik würde sich fortsetzen, bis zum Auftauchen des Antichristen, auf den dann tatsächlich das Jüngste Gericht folgen würde. (so z.B. Hildegard von Bingen)

Witzigerweise gibt es nun auch noch eine - für mich durchaus glaubwürdige Quelle - nämlich Bertha Dudde (gest. 1965), nach der der Antichrist die Vernichtung allen Glaubens damit beginnt anzustreben, daß er bestimmte Endzeitsekten als offensichtlich irrig und damit gefählich anprangert. Denn: Diese Leute haben schließlich das Ende der Welt erwartet und es kam nicht. Sah zwar danach aus - aber das wars auch schon.

Zurück zu unseren Quellen zu 1999:

Im Prinzip ist "für jeden Geschmack etwas dabei": Bekannte und als glaubwürdig geltende "klassische" deutsche Seher ohne besondere religöse Ambitionen, der Star der Seher schlechthin - Nostradamus -, ein nordamerikanischer Indianer, der bekannteste deutsche Esoteriker des 20.Jahrhunderts, Rudolf Steiner und zwei indische Gurus. Der eine von beiden gilt als hochintelligent und der andere kann Dinge aus dem Nichts heraus materialisieren und scheut dabei noch nicht einmal die Anwesenheit von kritischen Wissenschaftlern. Daß beide als erleuchtet gelten, versteht sich von selbst. Daß wir Schwierigkeiten haben, das zu überprüfen, auch.

Wohlgemerkt müssen hier nicht alle Recht haben. Einer reicht! Einer, dem Sie vertrauen. Denn was immer wir hier machen - es dreht sich hier letztlich nicht um Beweise. Man kann den Verstand ein gewisses Stück zufrieden stellen, aber ein Aha-Erlebnis läßt sich hier nicht aus reiner Kopf-Energie erzeugen. Ein gewisses irrationales Element muß sich schon hinzufügen.

Erdbeben und Vulkanausbrüche als Vorzeichen

In mehreren Quellen finden sich Hinweise zu sehr schweren Erdbeben und auch drastisch erhöhter vulkanischer Aktivität im Vorfeld des russichen Angriffes - in den Monaten davor, schwerpunktmäßig im Frühling. Neben dem Krieg auf dem Balkan, der neuen drohenden Kriegsgefahr im Nahen Osten und der Wirtschaftskrise, wären die Erdbeben ein weiteres wesentliches Vorzeichen.

Ein paar jüngere Quellen beziehen sich klar auf Kalifornien. Und bei den älteren Quellen kann aufgrund der Formulierungen der Eindruck entstehen, daß Kalifornien gemeint ist; so z.B. wenn Nostradamus davon spricht, daß infolge *"schwerer Erdbeben Länder umgestaltet werden"*.

Die drastischste Umgestaltung fände natürlich dann statt, wenn Teile eines Landes versinken - so, wie mehrfach für Kalifornien vorausgesagt. Das gleiche Schicksal würde den Quellen nach zumindest auch Japan und wie schon dargelegt, England ereilen. Im Falle von England wäre dies allerdings erst ein paar Monate später im Herbst.

Sollte Kalifornien tatsächlich von einem solch apokalyptischen Erdbeben getroffen werden, dann hätte dies vermutlich katastrophale Auswirkungen auf die Weltwirtschaft. Die Wirtschaft der USA würde einen gewaltigen plötzlichen Schlag erleiden, dessen Schockwellen wohl um die ganze Welt laufen würden.

Man könnte also eine direkte Verbindung herstellen zwischen diesem Erdbeben und einem Zusammenbruch der Weltwirtschaft. Wenn wir also versuchen, den Zeitpunkt für das Erdbeben einzugrenzen, so seien Sie sich bewußt, daß dieser Zeitpunkt für Sie - lieber Leser - insofern von Bedeutung sein könnte, als daß es von da an schwierig werden könnte, materielle Vorbereitungen zu treffen.

Andererseits könnte dieses Erdbeben auch geostrategische Bedeutung haben. Denn je stärker es wäre, desto mehr Kräfte würde es in den USA binden. Ab einer gewissen Stärke wäre man gezwungen, Soldaten und entsprechende Transporteinheiten einzusetzen, die gegebenenfalls im Ausland fehlen würden.

Im Zusammenhang mit diesen/m Erdbeben werfen wir noch einmal einen Blick auf die Stelle aus dem Brief von Nostradamus an seinen König Heinrich II.:

> *„Im Monat Oktober werden einige so große Verschiebungen eintreten, daß man glauben wird, die Schwerkraft der Erde hätte ihre natürliche Bewegung verloren und die Erde wäre hinausgeschleudert in die ewige Finsternis.*
>
> *Im Frühling werden diesem Ereignis vorhergehen - und später werden ihm nachfolgen - extreme Veränderungen, nämlich Umgestaltung der Länder, und zwar einmal durch schwere Erdbeben, zum anderen durch das Überhandnehmen des neuen Babylons, der miserablen Tochter, gestärkt und großgeworden durch die Greuel des ersten Brandopfers. Sie wird sich nicht länger als 73 Jahre und 7 Monate halten können."* *(Übersetzung von Allgeier (1/377))*

Nostradamus sagt hier also für den Frühling des Jahres, in dem die Dreitägige Finsternis stattfindet (die große Finsternis im Oktober (!), nicht die Sonnenfinsternis am 11.August) Erdbeben voraus, die so schwer sind, daß sie die Länder umgestalten! Das deutet schon einmal stark auf Kalifornien. Die Datierung wird weiter abgesichert mit den Hinweisen auf Rußland.

Dr. Kossutthány, *zw. 1914 und 1918, Ungarn (3a):"... Naturkatastrophen von so gewaltigen Ausmaßen, wie sie die Weltgeschichte noch nicht erlebte, werden ihn ankündigen (den Dritten Weltkrieg) - plötzlich und völlig unerwartet wird dann der Krieg da sein." (47/407)*

Das ließe sich natürlich gefühlsmäßig auch auf größere Naturkatastrophen in unserer jüngsten Vergangenheit übertragen. Doch auch, wenn diese in den Medien oft aufgebauscht werden, sie bewegen sich in gewohntem Rahmen, auch wenn deren Anzahl zunimmt. Versänke jedoch ein großer Teil Kalifornien, so träfe diese obige Formulierung tatsächlich zu.

Grundsätzlich wäre hier anzumerken, daß die größten Naturkatastrophen infolge seismischer Aktivität verursacht werden, also Erdbeben und Vulkanausbrüchen (einmal abgesehen von Impakten). Das läßt sich gut am Beispiel von Überflutungen durch das Meer darstellen: Wie stark auch immer eine Sturmflut sein mag - das Wasser fließt danach wieder ab. Außerdem kommt es nicht von einer Minute auf die andere. Bei Überflutungen infolge von Erdbeben kann das Wasser erstens von einer Minute auf die andere in riesigen Wellen heran kommen (Tsunamis), und schlimmstenfalls bleibt das Land dann dauerhaft unter dem Meeresspiegel.

Soweit wäre also zu vermuten, daß es sich um ein Erdbeben handelt, welches auf Grund seiner Dramatik weltweit nachhaltigen Eindruck hinterläßt.

David Wilkerson, *1973, USA: "Die USA werden in nicht allzulanger Zeit das tragischste Erdbeben ihrer Geschichte erleben. Eines Tages, und zwar "bald", wird die USA von der Wucht dieses schrecklichsten Geschehens unserer Zeit erzittern und taumeln. Alle Zeitungen werden voll sein von dem Verderben, welches dieses furchtbarste Erdbeben seit Menschengedenken anrichtet. Diese Katastrophe wird überall Panik und Furcht hervorrufen. Es wird ohne Zweifel ein Erdbeben sein, über das alle Nachrichtenmedien total berichten. Fernsehanstalten werden ihre vorbereiteten Programme einstellen und fast nur noch über diese Katastrophe berichten.*

Ein anderes Erdbeben, möglicherweise in Japan, wird wahrscheinlich dem, welches ich kommen sehe, noch vorausgehen. Ich habe nicht den geringsten Zweifel daran, daß dieses gewaltige Erdbeben in den USA kommen wird. ... Ich bin (aber) durchaus nicht überzeugt davon, daß dieses Erdbeben in Kalifornien stattfinden wird. Tatsächlich glaube ich, daß es den Teil der USA am meisten treffen wird, wo man es am wenigsten erwartet. ... Neuigkeiten über Regierungsskandale, über Wirtschaftsschwierigkeiten und sogar Kriege werden von den Berichten über Erdbeben weit übertroffen.

Schon Minuten, nachdem dieses Erdbeben stattgefunden hat, wird es das ganze Land wissen, und Millionen werden wie gelähmt sein." (36/40)

Zunächst wäre hier einmal festzustellen, daß Wilkerson das Erdbeben offenbar nicht direkt "gesehen" hat, sondern lediglich die Berichterstattung in den Medien. Daher die Unsicherheit im Hinblick auf den genauen Ort, und daher die große Aufmerksamkeit, die er den Medien schenkt.

Die Frage, ob nun Kalifornien oder anderswo in den USA, ist eher nebensächlich. Was zählt, ist die Kombination: USA-Erdbeben-Schock!

Darüber hinaus scheint bei ihm das Erdbeben in eine Zeit zu fallen, wo die Dinge noch normal laufen. Es gibt eine funktionierende Medienlandschaft, und man hat noch Zeit, sich von Regierungsskandalen unterhalten zu lassen.

Auch bei Alois Irlmaier findet sich ein Hinweis auf ein Erdbeben im Vorfeld des Dritten Weltkrieges. (21/59) Allerdings sagte er nicht wo und wie stark. Die Vermutung liegt auf der Hand, daß damit Kalifornien gemeint war.

Der Zeitpunkt "Frühling" bei Nostradamus wird durch folgende Quellen gestützt:

Chet.B.Snow (1984, USA): Zum Datum (März 1998) heißt es in seinem Buch "Zukunftsvisionen der Menschheit" mit Blick auf Kalifornien (Seite 32) :
"Ja, dort gab es heftige Stürme, große Fluthöhen ... und ich glaube, weitere Erdstöße, möglicherweise auch ein schweres Erdbeben. Es kam zu schlimmen Überschwemmungen. Ein Teil der Küste versank einfach ... Am ärgsten ist es in Südkalifornien, dort ist ein großer Teil der bebauten Fläche untergegangen."

Wie wir wissen, ist das 1998 nicht passiert. Nun gut - seien wir etwas nachsichtig. Jahres-Datenvorhersage ist besonders schwierig. Deshalb muß man solche Quellen nicht in Bausch und Bogen verwerfen. Beim Monat könnte er dennoch richtig liegen. Ebenfalls zum Datum - März 1998 - heißt es auf Seite 32 :

"Es war der Fudschijama, glaube ich. Auf jeden Fall ein Vulkan in Japan. Sein Ausbruch löste in einer Kettenreaktion heftige Erdbeben und weitere Vulkaneruptionen rund um den Pazifik aus, bis hinauf nach Alaska ..."

Zum Datum - Mai 1998 - heißt es auf Seite 33 :

"Die Wucht der jetzigen Naturkatastrophe, eines heftigen Erdbebens in Südkalifornien, wie es aussah, verursachte weit ärgere Verwüstungen, als die früheren pazifischen Beben und Überschwemmungen. Diesmal war es wirklich das "Big One", das lange erwartete große Erdbeben gewesen."

Diese Voraussage wurde Snow mittels einer Art Hypnosetechnik (Progression) "entlockt", die versucht, den Probanden bewußtseinsmäßig in die Zukunft zu schicken. Snow und seine Kollegen haben damit sehr umfangreich experimentiert.

Und auch, wenn diese Technik eine Menge Fragen aufwirft, so hat sie doch in extrem vielen Fällen dramatische Parallelen zu sonstigen Prophezeiungen zutage gefördert - insbesondere im Hinblick auf die Dreitägige Finsternis.

Was die Datierung anbelangt, so ergibt sich soweit eine Übereinstimmung im Hinblick auf den Frühling: März bis Mai. Oben fanden wir einen vagen Hinweis auf Erdbeben in Japan, das noch vor dem Erdbeben in Kalifornien stattfanden soll. Dies alleine wäre mir zu dünn, doch es bringt einen prinzipiell auf die Idee, nach Vorzeichen für dieses Erdbeben zu suchen.

Nach Edgar Cayce müßte es wenige Monate vor den schweren Erdbeben in Kalifornien zu zwei Vulkanausbrüchen kommen :

"Wenn es zu größerer Tätigkeit des Vesuv oder des Mont Pelé kommt, dann ist für die Südküste Kaliforniens - und für das Gebiet zwischen Salt Lake und den südlichen Teilen von Nevada - innerhalb der drei folgenden Monate eine Überflutung durch Erdbeben zu erwarten." (51/212)

Das ist wieder mal so eine Formulierung, die einen in den Wahnsinn treiben könnte: *"Innerhalb der drei darauf folgenden Monate"*. Das klingt zunächst so, als könnte man etwa 3 Monate danach damit rechnen. Genaugenommen bedeutet es aber, daß schon einen Tag später die Erde in Kalifornien beben könnte, oder aber auch spätestens 3 Monate danach. Ausgehend von März bis Mai für das große Erdbeben könnten diese beiden Vulkane also innerhalb der Zeitspanne von Dezember bis Mai ausbrechen. Dezember + 3 Monate = März, oder z.B. 15. Dezember + 90 Tage = ca. 15.März.

Es fragt sich, ob es Sinn macht, solche Zitate so genau auseinander zu "klabüstern". Demotivierend fällt einem zudem auf, daß Cayce - bzw. der ihn inspirierende Geist, denn Cayce war ein Medium! - sich nicht zwischen dem Mont Pelé auf der Karibikinsel Martinique und dem Vesuv auf den italienischen Festland entscheiden kann. (Was nun? Buxtehude oder Bombay?)

Dennoch - Cayce gilt als einer der glaubwürdigsten Quellen der USA - und diese Vulkanausbrüche, bzw. deren eventuellen weltweiten Folgen tauchen auch bei anderen Quellen auf:

Bei Ramtha, einer Seele, die sich über ein Medium aus den USA mitteilt/mitteilen soll, findet sich die folgende Textstelle. (um 1985)

"Und was ist mit den großen Vulkanen, dem einen in Europa und dem anderen auf einer Insel ... Wenn sie lebendig werden, hätte das die Wirkung den Sommer in einen Winter zu verwandeln." (53/61)

Eine Frage, die sich hier zunächst stellt, lautet : Abgeschrieben oder nicht ? Denn Cayce`s obiges Zitat ist sattsam bekannt. Doch warten wir ab ...

Bei mehreren großen Vulkanausbrüche können ungeheure Massen von Partikeln in die obersten Schichten der Erdatmoshäre geschleudert werden. In "Der Spiegel", 25/1998 findet sich auf Seite 189 unter der Überschrift "Heiße Lava mit kalten Folgen" folgender Text:

"In italienischen Chroniken aus dem Jahr 1601 ist nachzulesen, wie schrecklich jener Sommer in dem sonnenverwöhnten Land gewesen sein muß. Noch im Juli gab es Frostnächte, der Himmel "war die meiste Zeit des Jahres bedeckt."

Jetzt haben schweizerische und britische Geologen die Ursache des kalten Sommers erkundet. Demnach hatte der Vulkan Huaynaputina in den peruanischen Anden (!) im Februar 1600 gewaltige Mengen schwefelhaltiger Aerosole ausgestoßen und damit den Sommer von 1601 zu einem "der kältesten auf der Nordhalbkugel in den letzten 600 Jahren" werden lassen, wie die Forscher in der Zeitschrift "Nature" berichteten.

Die Geologen verglichen die Konzentration von Schwefelaerosolen in Eisbohrkernen mit der Stärke von Baumjahresringen der entsprechenden Zeitabschnitten.

Die nach diesen Verfahren aufgestellte Hitliste der Vulkanausbrüche von 1450 (Aniakchak, Alaska) bis 1991 (Pinatubo) bestätigt eindrucksvoll die These vom erdabkühlenden Einfluß der Vulkane - vor allem nach Gewalteruptionen wie der des westlich von Java gelegenen Krakatau, dessen Ausbruchsgrollen 1883 noch in 4000 Kilometer entfent in Australien zu vernehmen war.

So kommen wir also von einem großen Erdbeben über große Vulkanausbrüche, zu einem Wintereinbruch in Nordamerika. Und - wir finden bei weiterer Suche sogar Quellen in Europa, die im zeitlichen Umfeld mit den großen Katastrophen auch einen Kälteeinbruch in Europa voraussagen: Schneefall zu einer Zeit, wo normalerweise kein Schnee fällt!

In einer 1868 gedruckten "Prophezeiunge der Sibylle" aus Böhmen liest man:

> *"Bevor aber diese Zeit noch kommen wird, werden den Menschen zwölf Zeichen gegeben werden.*
>
> *Das erste Zeichen wird sein, wenn die Menschen an Feiertagen schwere Arbeiten verrichten werden. ... ("flexible Arbeitszeit")*
>
> *Das dritte Zeichen wird sein, wenn in dem Lande verschiedene unerhörte und noch nie gesehene Künste und Handwerke entstehen werden, welche größten Theils fremde Menschen ins Land bringen werden. ... (neue Hightech-Berufe)*
>
> *Das zehnte Zeichen wird sein, wenn man Schnee statt Heu einfahren wird, denn zur Zeit der Heufächsung wird viel Schnee fallen." (8/37)*

Dem weiteren Text läßt sich entnehmen, daß nach dem zwölften Zeichen "Gott die ganze Welt für die Sünden der Menschen strafen" wird.

Zum zehnten Zeichen heißt es hier, daß man "Schnee statt Heu" einfahren wird. Offenbar war die Wachstumsperiode und damit das Wetter bis dahin normal; das Gras wuchs bis zum Erntezeitpunkt wie gewohnt.

Ein Schneefall im/um den Sommer in Europa herum wird auch noch weiteren Quellen verausgesagt. So vom Seher aus dem Waldviertel (41/309), in direkter Nachbarschaft zu Böhmen (Nord-Österreich) - allerdings eher für den September.

Eine weitere Quelle ist Conchita González, eines der Seherkinder von Garabandal (Spanien). Bezüglich des Zeitpunktes des "Großen Wunders von Garabandal", das unmittelbar vor den großen Katastrophen eintreten soll, sagte sie einmal:

"Der Monat wird zwischen Februar und Juli liegen, und schließlich, so sagte Conchita einmal, es geschehe nach dem großen Schnee. Auf die spontane Vermutung, daß es dann wohl im Frühjahr sei, antwortete sie: "Es kann auch im Sommer schneien". (Weber, Seite 132)

Soweit hätten wir einen Wintereinbruch, zu ungewöhnlicher Jahreszeit in den USA, in Tschechien, Österreich und Spanien. Und es findet sich da sicherlich noch mehr.

Ein unerklärliches Himmelszeichen als Vorzeichen

Bei vielen Quellen finden sich Hinweise zu gewissen Himmelszeichen, die sich kurz vor dem Ausbruch des Dritten Weltkrieges ereignen sollen. Uns interessieren an dieser Stelle insbesondere jene, die sich in den letzten Monaten zuvor ereignen sollen.

***Lorber,** 1864: "Es werden große* Zeichen *geschehen auf der Erde, dem Meere und am Himmel." (9/71)*

Formulierungen wie diese tauchen häufig auf, sind für eine Datierung jedoch wertlos.

***Mühlhiasl,** 1825, Bayrischer Wald (3a): "Ein Himmelszeichen wird es geben, und ein gar strenger Herr wird kommen und den armen Leuten die Haut abziehen - es wird aber nicht lange dauern ... dann kommt das große Abräumen." (7/313)*

Hier liegt schon eher ein enger zeitlicher Bezug vor. Ob das Zeichen aber Monate oder Jahre zuvor eintritt, läßt sich nicht sagen.

***Elena Aiello,** 1950, Süditalien (3a): "Wenn am Himmel ein außergewöhnliches Zeichen erscheint, dann mögen die Menschen wissen, daß die Bestrafung der Welt nahe ist." (4/177)*

Das Bild der *Bestrafung* ist typisch für streng katholische Quellen. Ob Interpretation oder nicht - entscheidend ist, daß der Mensch selbst die Ursachen oder Voraussetzungen für die Katstrophen schafft.

***Korkowski,** 1989 (3a): "Als ich dies sah, dachte ich mir: Das ist das Zeichen der Zeichen, nun ist es wirklich so weit, daß die Zeit X anfängt, wo sich das große Geschehen vollziehen wird.*

Darauf hörte ich auch eine laute Stimme sagen: "Wir Kosmischen werden diese kosmischen Zeichen ganz kurz vor der Zeit X für die meisten Menschen sichtbar werden lassen." (33/124)

***Sepp Wudy,** 1912 (3b): "In der Kirche spielen sie Tanzmusik, und der Pfarrer singt mit. Dann tanzen sie auch noch, aber draußen wird das Himmelszeichen stehen, das den Anfang vom großen Unheil ankündigt." (12/114)*

"Stehen" deutet hin auf ein kompaktes Zeichen. Wenn die Menschen tanzen, dann kann die Zeit nicht allzu schlecht sein. Das dürfte in jedem Falle noch vor dem Krieg sein. Tanzen sie in der Kirche, dann dürfte es an einem Sonntag sein.

Ist es Ihnen aufgefallen? Bei Sepp Wudy, Elena Aiello und Mühlhiasl ist diffus die Rede von einem *Himmelszeichen* oder einem *außergewöhnlichen Zeichen.* Warum nennen sie das Kind nicht beim Namen? Was außer einem Kometen oder einem Nordlicht könnte es schon sein?

Genau das ist meiner Ansicht nach der Punkt: Es ist etwas Anderes! Es ist etwas Unbekanntes. Statt lange rumzurätseln, können wir bei Wolfgang Zönnchen (Deutschland, 1988) folgende Voraussage lesen:

"Bevor dieses jedoch da eintreten wird, werden für Euch aus den Himmeln kommen der Mahnungen und Zeichen. ... Auch in Europa werden da sein die Zeichen aus den Höhen.

Funken und Feuer aus den Schichten der Höhe werdet Ihr ersehen und an Euren Leibern verspüren, jedoch es wird Euch da nichts geschehen." (85/68)

Aha, irgendein Feuer in der "Höhe", das man zwar körperlich spürt, jedoch keine Schäden verursacht.

Dieses Motiv taucht noch bei einer weiteren Quelle auf: Am 18.Juni 1961 hatten vier etwa elfjährige Mädchen in dem kleinen spanischen Dorf *San Sebastián de Garabandal* eine Erscheinung. Ihnen erschien die Jungfrau Maria. In der Folgezeit hatten diese vier Mädchen noch weitere Erscheinungen, in denen ihnen auch umfangreiche Botschaften übermittelt wurde.

Schnell zeigte die katholische Kirche Interesse an diesem Phänomen, was sogar soweit führte, daß eines der vier Mädchen (Conchita) 1968 extra zu einer Befragung nach Rom gerufen wurde. Das Phänomen wurde - wie in solchen Fällen üblich - von der katholischen Kirche untersucht und (in diesem Falle) für im Sinne der Kirche befunden.

"Es wird eine große Katastrophe über die Menschheit hereinbrechen, eine Strafe, wenn man sich nicht bessert. Zuvor wird Gott eine auf der ganzen Welt auftretende Warnung und dann ein großes Wunder in Garabandal wirken, um der Menschheit eine letzte Mahnung zur Umkehr zu geben." ...(8/220)

*"Kein Mensch auf Erden, gleich, wo er sich befindet, wird sich der **Warnung** entziehen können. Diese wird etwas äußerst Furchterregendes sein. Das Phänomen wird wie Feuer sein, das das Fleisch nicht verbrennt, aber körperlich und seelisch spürbar ist."*

"Die Warnung wird auf der ganzen Welt sichtbar sein, nur einige Minuten dauern, und unmittelbar von Gott kommen." (8/221)

"Die Warnung wird etwas Furchtbares sein, das sich am Himmel abspielt." (8/226)

Offenbar wird hier das gleiche Phänomen beschrieben, wie oben bei Wolfgang Zönnchen. Jedoch bleibt weiterhin unklar, um was für ein Phänomen es sich handelt. Spekulationen darüber halte ich für ziemlich unfruchtbar. Gerade die Unerklärbarkeit scheint mir ein wesentlicher Aspekt zu sein. Es handelt sich um eine Erfahrung, die den Rahmen des Bekannten sprengt. Den Menschen wird ihr unvollkommenes Wissen vor Augen geführt. Plötzlich ist eine Energie oder Kraft allgegenwärtig, von der man vorher nichts gewußt hat. Instinktiv erkennt jeder Mensch seine Machtlosigkeit, bzw. die Grenzen seiner Macht.

Bei Veronika Lueken (USA, 1973) heißt es:

"Ihr werdet vor dem Nahen des Strafgerichtes gewarnt werden, eine Zeit vorher. Dann wird die Buße für viele zu spät kommen: Der Vater hat die Kugel auf den Weg zu euch gesandt." (8/232)

"Wie der Tag der Nacht folgt, wird die Warnung bald eintreten. Schaut nicht zum Himmel, hütet euch vor dem Aufblitzen. Schließt eure Fenster, zieht die Vorhänge zu, bleibt im Hause." (8/237)

Mit der *Kugel* ist ein Himmelskörper gemeint; vermutlich der Komet, der die Dreitägige Finsternis verursacht. Was immer hier die Warnung sein soll - angesichts des nahenden *Strafgerichtes* darf man wohl von einem außergewöhnlichen Zeichen ausgehen. Naheliegend die Vermutung, daß Veronika das obige Phänomen meint - auch, wenn sie an anderer Stelle in den Details abweicht.

So, wie an vielen anderen Stellen dieses Buches, ließe sich auch hier die Untersuchung noch erheblich detaillierter fortsetzen. Das würde jedoch den Rahmen sprengen und nur für die wenigsten interessant sein.

Abgesehen von dieser *Warnung* wäre den Quellen nach noch mit anderen Himmelszeichen vor Beginn der großen Katastrophen zu rechnen: mit Kometen, einer kurzfristigen Verfinsterung des Himmels oder sogar mit einem Kreuz am Himmel.

Sonstige Vorzeichen

Klimastörungen in Europa

200 Hellespontische Sibylle: “*Wenn Gott dann die Zeiten geändert, Winter zum Sommer gemacht", gehen alle seine Worte in Erfüllung."* (5/224)

315 Lactantius: *"Die frühere Gesetzmäßigkeit von Sommer und Winter ist vermengt."* (5/128)

1300 Edda: *"Das "Ende" der Welt naht, wenn ein Winter kommt, der ein Sommer ist."* (16/120)

1825 Mühlhiasl: *"Wenn man Sommer und Winter nicht mehr auseinanderkennt, dann ist's nimmer weit."* (5/63)

Klimastörungen in den USA

1973 Wilkerson: *"Es wird immer häufiger Überschwemmungen, Hagel, Wirbelstürme und Orkane geben. Mehr als ein Drittel der USA wird man in einigen Jahren zum Katastrophengebiet erklären müssen."* (36/45)

1975 Lueken *"Kälte in Gebieten eures Landes, die nie Kälte erfahren haben, Hitzeausbrüche in Gegenden, die niemals solche Hitze erfahren haben."* (8/236)

Grundwasserverschmutzung, Verschmutzung der Flüsse

315 Lactantius: *"Das Wasser schlägt teilweise in Bitterkeit um, so daß es nicht für Speisen brauchbar, noch zum Trinken heilsam ist."* (5/128)

Baumsterben in Europa und den USA

1868 Sibylle Michalda: *"Das zwölfte Zeichen (von 12) wird sein, wenn auf einem Berge (Blanik) Bäume von Oben nach Unten absterben, und bald darauf eine große Hungersnot eintreten wird."* (8/38) Diese Aussage gilt zumindest für den südlichen Teil Tschechiens.

1825 Mühlhiasl: *"Dann schaut den Wald an! Er wird Löcher haben wie des Bettelmanns Rock."* (47/53)

Verseuchung der Viehbestände

1868 Sibylle Michalda: *"Das vierte Zeichen (von 12) wird sein, wenn die Kühe und andere Haustiere wenig Nutzen geben werden und die Menschen es der Zauberei zuschreiben werden."* (8/37)

1990 Herrholz: *"Ihr steht jetzt kurz in der Zeit, daß Ihr mit den Tieren nichts mehr anfangen könnt, es sei denn, es macht Euch nichts aus, wenn Ihr Euch schmerzhafte Krankheiten zuzieht, die nicht zu heilen sind, und am Ende sogar an dem Genuß von Fisch und Fleisch sterben müßt."* (91/93)

Priestermangel

1763 Joseph Naar: *"Wo heute sieben Pfarrer sind, da wird nur mehr einer sein."* (8/44)

Raumstation im All: Mir (Rußland), Shuttle-Program der USA

1700 Hopi-Prophezeiung: *"... und bald wird man die Erfindung eines großen Hauses machen, das irgendwo und irgendwann in den Himmel fliegen und viele Menschen sowie viele Dinge da hinauftragen wird."* (16/9)

Truppenabzug der USA aus Europa

1973 Wilkerson: *"Drastischer USA-Truppenrückzug von Europa wird die Verwirrung noch vergrößern."* (36/34)

1555 Nostradamus: "*Das große Heer, das heimgeschickt wird*".
(IV/22) *Wird der Herrscher kurz darauf wieder brauchen.*
(I/198) *Die lang versprochene Treue wird gebrochen, nackt wird er sich sehen in erbärmlicher Unordnung."*
Bouvier und Allgeier sehen hierin den US-Truppenabzug vor dem Krieg.

Nach Papst Johannes XXIII nur noch drei Päpste

1962 Garabandal: *"Es bleiben nur noch drei Päpste nach ihm"*. (16/72)
Nach Paul VI. und Johannes Paul I. wäre Johannes Paul II. der letzte Papst vor dem „Strafgericht".

Vorzeichen in der Wirtschaft - Tschechische Republik

Immobilienspekulation

1868 Sibylle Michalda: *"Das sechste Zeichen (von 12) wird sein, wenn die Häuser, Güter und Gründe weit über ihren Wert geschätzt und verkauft werden."* (8/37)

Gleichzeitig steigen Brotpreise und Lebensmittelproduktion

1868 Sibylle Michalda: *"Das siebente Zeichen (von 12) wird sein, wenn die Menschen viele Obst- und Weingärten und Wiesen und verschiedene wüste Orte umackern und Felder aus ihnen machen werden! und das Brod dabei dennoch theurer wird."* (8/38)
Mögliche Erklärung: Infolge großer Dürren steigen die Weltmarktpreise für Getreide an, und man steigert die heimische Produktion.

Inflation, neues Geld?

1868 Sibylle Michalda: *"Das achte Zeichen (von 12) wird sein, wenn im Gelde eine Veränderung geschieht und lange Zeit dauern wird ..."* (8/38)
(Inflation? Neues Papiergeld? Umstellung auf EURO-Währung?)

Steuer- und Abgabenflut

1868 Sibylle Michalda:*"Das achte Zeichen (von 12) wird sein, wenn im Gelde ... und dabei verschiedene große, unerhörte und unerträgliche Abgaben und Steuern eingeführt werden."* (8/38)

1763 Josef Naar: *"Es werden so viele verschiede Steuern aufkommen, daß die Obrigkeiten nicht mehr wissen, was für Namen sie ihnen geben sollen."* (8/44) Der Staat braucht ganz dringend Geld !

Vorzeichen in der Wirtschaft - Deutschland

Neue Steuern

1825 Mühlhiasl: *"Die hohen Herren machen Steuern aus, die keiner mehr zahlen wird. - Viele neue Gesetze werden gemacht, aber nimmer ausgeführt."* (12/42) Unmittelbar vor Kriegsausbruch scheint es ziemliche Turbulenzen in den Staatsfinanzen zu geben.

1 Jahr vor Kriegsausbruch

Schönes aber unruhiges Frühjahr

1800 Kappelmann: *"Wenn im Frühjahr die Schlüsselblumen in den Hecken stehen und überall Unruhe herrscht, in diesem Jahr geht es noch nicht los."* (5/77)

Gute Ernte!

1794 Knopp: *"Es wird ein gutes Jahr vorhergehen..."* (7/305)

1833 Eilert: *"Auch wird vor dem Ausbruche des Krieges selbst noch ein sehr fruchtbares Jahr vorangehen."* (15/77)

1959 Irlmaier: *"Dem Krieg voraus geht ein fruchtbares Jahr mit viel Obst und Getreide."* (5/76) (Gilt für Bayern, Deutschland)

Kriegsjahr

Kurzer Winter (Jahresanfang)

1800 Kappelmann: *"Wenn aber nur ein kurzer Winter war, wenn die Schlüsselblumen frühzeitig aufblühen und es ruhig scheint, dann glaubt niemand an Frieden."* (5/77)

Kurzer Fasching (Jahresanfang)

In der *Prophezeiung der Sibylle* (8/38) und bei Sibylle Weiß (12/172) wird für das Jahr des Kriegsausbruches ein kurzer Fasching vorhergesagt. Dies kann sich nur auf 1997 beziehen, wo die Faschingszeit etwa 10 Tage kürzer ist, als sonst im Schnitt. Das deckt sich definitiv nicht mit dem 1998er Profil.

Frühes, schönes Frühjahr in Deutschland, Mitteleuropa

1700 Prophezeiung vom Birkenbaum: *"...daß dem Kriegsausbruch ein zeitiges und sehr schönes Frühjahr vorangehe ..."* (5/76)

1800 Kappelmann: *"... wenn die Schlüsselblumen frühzeitig aufblühen, und es ruhig scheint, dann glaubt niemand an Frieden."* (5/77)

1833 Eilert: *"In dem Jahr, wo der Krieg ausbricht, wird ein so schönes Frühjahrswetter sein, daß im **April** die Kühe schon im vollen Grase gehen."* (5/76)

1872 Curique: *"In diesem Jahr wird ein schöner und früher Frühling sein, Kühe werden schon im **April** auf reichen Weiden grasen."* (8/91)

1950 Irlmaier: *„Wenn der Dritte Weltkrieg ausbricht, wird der **März** so, daß "die Bauern Habern bauen".* (8/76)

Bauarbeiten an Eurotunnel-Trasse im Pitztal

1846 Simon Maas: *"Über den Reschenpass (von Meran nach Landeck) wird man dreimal versuchen, eine Eisenbahn zu bauen und jedesmal wird bei Baubeginn der Krieg ausbrechen und alles vereiteln. Man wird über das Inntal in das Pitztal hinein eine Brücke bauen. Sie wird aber nicht mehr ganz fertig werden, da beginnt die große Weltkatastrophe."* (8/85)
Tatsächlich fanden hier bei Beginn des Ersten und Zweiten Weltkrieges Bauarbeiten statt, welche durch den Krieg unterbrochen wurden. Inzwischen scheint sich ein drittes Mal ein solches Projekt abzuzeichnen: Der zunehmende LKW-Verkehr durch die Alpen führt zu einer immer stärkeren ökologischen Belastung in den vielbefahrenen Tälern. Abhilfe schüfe ein Huckepack-System, bei dem LKW's auf Eisenbahn-Anhängern transportiert werden.

Große Dürre

1545 Spalatinus: *"...berichtete Melanchton vom Versiegen großer und tiefer Brunnen bei Beginn des göttlichen Strafgerichts."* (5/45)

914 Feldpostbriefe: *"Die Flüsse sind alle so seicht, daß man keine Brücke mehr braucht." (12/101)* Möglicherweise erst nach dem Krieg.

1941 Marie Julie Jahenny: "*Heißer Südwind geht dem Unheil voraus (in Europa)."* (8/207)

Attentats-Serie auf Politiker wahrscheinlich im Balkan

1959 Irlmaier: >"*Es habe sich nichts an dem damals (1950) von ihm Geschilderten geändert,*“< versicherte der Seher. *Nur sehe er es jetzt "viel deutlicher" ... Auch die Mörder des "dritten Hochgestellten" gewahre er nun. Diese seien zwei von anderen Leuten bezahlte Männer, wovon einer ein "kleiner schwarzer Mann" sei, sein Komplize "etwas größer mit heller Haarfarbe". Er (Irlmaier Anm. B.) vermute, daß es am Balkan sein werde, vermöge es aber nicht genau zu sagen.*
[Aufl.1955: *"Aber das erste Zeichen sei eine Mordtat an einem Hochgestellten südöstlich“* (von uns Südost-Bayern, also Richtung Jugoslawien UND NICHT TSCHECHIEN, siehe unten, Anm.] (41/179)
"Der schon erwähnte dritte Mord sollte sich, nach Irlmaiers Überzeugung, in Jugoslawien oder in der Tschecheslowakei ereignen, genau vermochte er es nicht zu sagen." (41/186)

Um 1940 Böhmischer Seher: *"Ein kleines Volk wird großes Unrecht tun, und ein berühmter Staatsmann wird ermordet werden. Ein großer Mann wird sich in Europa erheben, und Deutschland wird von einem Stiernacken regiert werden. Es wird eine Konferenz geben zwischen vier Türmen, dann ist es bereits zu spät."* (8/45)

Bei den *"Hochgestellten"* von Irlmaier dürfte es sich ebenfalls um einen Politiker handeln. Eine Serie von drei Morden bietet sich geradezu an als Vorzeichen. Fraglich allerdings, wann man mit dem Zählen anfangen muß. War Rabin in Israel schon die Nummer 1? (...vermutlich nicht). Die Ortsangaben deuten insgesamt auf den Balkan.

Irlmaier erwähnt an anderer Stelle einen Krieg auf dem Balkan im Vorfeld des Dritten Weltkrieges. Die Parallele zum Ersten Weltkrieg (Attentat in Sarajewo) springt ins Auge. Fraglich, wie klein das *"kleine Volk"* ist. Serben? Palästinenser? Oder Bosnier? Albaner?

Der große Staatsmann in Europa hat sich (September 1996) noch nicht erhoben. Man beachte: Das kann kein Deutscher sein, denn da ist ja schon der Stiernacken (Helmut Kohl?). Am wahrscheinlichsten wäre wohl ein starker Mann in Rußland.

Der Monat des Kriegsausbruches

Beim Monat des Kriegsausbruches ergibt sich auf Grund meiner gegenwärtigen Quellenbasis ein bestechend klares Bild. Der Monat des Kriegsausbruches wäre einer der eindeutigsten Aspekte dieses Krieges!

Ein Ausbruch des Krieges in Europa wäre Ende Juli - Anfang August zu erwarten.

Wenn man den Quellen trauen kann, dann wäre dies eine sehr wichtige Information. Denn erstens würde das bedeuten, daß ein Kriegsausbruch in Mitteleuropa *nicht jederzeit* stattfinden kann. Auch, wenn man gewisse Toleranzen einkalkuliert - der Herbst, der Winter und der Frühling scheinen in jedem Falle nicht in Frage zu kommen.

Zweitens wäre zu bedenken, daß die Angabe des Monats oder der Jahreszeit vermutlich auf ganz anderem Wege zustande kommt, als die Angabe des Datums.

Im Falle des Monats, bzw. der Jahreszeit würde eine optische Vision ausreichen. Tauchen in der Vision Landschaften auf, so kann man anhand des Zustandes der Bäume, Wiesen und Felder mitunter sehr genaue Zeitangaben machen.

So läßt sich von der Erwähnung der Weizenernte im vorderen Bayrischen Wald (Mühlhiasl) auf einen Zeitraum von Ende Juli bis kurz vor Mitte August schließen. Das ist der Zeitraum, innerhalb dessen dort im statistischen Mittel mit der (Winter-)Weizenernte begonnen wird. (Mittel 1930-1939, n. F.Schnelle. Ber.DWD Nr.101, 1965)

Kann man vergleichbare Angaben - so wie im vorliegenden Fall - sogar noch miteinander kombinieren, dann kann sich insgesamt ein bestechend klares Bild ergeben.

Mühlhiasl bezieht sich auf frisch abgeernteten Weizen im vorderen Bayrischen Wald. Katharina aus dem Ötztal sah voraus, daß das Korn im oder nahe beim Ötztal zu diesem Zeitpunkt schon reif ist. Im Ötztal bzw. am Oberen Inn in den Alpen wird natürlich auf Grund der Höhenlage etwas später geerntet. Mehr zum Ende August hin.

Interessant ist auch die Angabe von Wessel Dietrich Eilert (1833): *"Das Korn wird man noch einscheuern können, aber nicht mehr den Hafer."* (7/307) Die Haferernte erfolgt im Schnitt nur eine Woche auf die Weizenernte.

Auf dieser Tabelle ist den jeweiligen Formulierungen bzw. dem Sinn der Quellen ein Zeitraum zugeordnet worden.

	Quelle	**Formulierung / Sinn**	**Mär**	**Apr**	**Mai**	**Jun**	**Jul**	**Aug**	**Vorhers. von**
1	Karin Nagel	im August						oooo	1992
2	Stieglitz	Ende Juli					oo		1975
3	Seher vom Waldviertel	frühsommerliches Wetter vor dem Krieg				oooo	oooo	oooo	1959
4	Irlmaier	wenn das Getreide reif ist					oo	oo	1959
5	Katharina a.d. Ötztal	Spätsommer, das Korn ist schon reif					oo	oo	1951
6	Brandt	an einem trüben, feuchten Tag							1950
7	Onit	ab Juni				oooo	oooo	oooo	1948
8	Johansson	Ende Juli oder Anfang August					oo	oo	1907
9	Eilert	nach der Korn- aber vor der Haferernte					oo	oo	1833
10	Mühlhiasl	zur Weizenernte					oo	oo	1825
11	Testament d. fl. Papstes	wenn sich die Ähren voll neigen					oo	oo	1701
12	Mainzer Prophez.	zur Zeit der Kornblüte				oo	o		1670
13	Quelle v. Beykirch	Juli - August					oooo	oooo	1622
14	Nostradamus	ab, nach dem Frühling	oo	oooo	oooo	oooo	oooo	oooo	1558

Da Ende Juli/Anfang August in Deutschland und Österreich identisch ist mit der Getreideernte, ergibt sich hier ein sehr einheitliches Bild. Fraglich ist allerdings, ob die Ernte in dem besagten Jahr früh, normal oder eher spät erfolgt.

Der Monat *Juni* erscheint insgesamt als sehr unwahrscheinlich.

Nur eine Quelle weicht ab: Die Mainzer Prophezeiung. Da es sich hierbei um eine ältere Prophezeiung handeln soll (1670), wären Übertragungsfehler denkbar. Denkbar wäre aber auch, daß dort steht, was gemeint ist. Es fragt sich, ob diese eine Quelle das Gesamtbild ernsthaft in Frage stellen kann ...

Die Dauer des Dritten Weltkrieges

Immer wieder stößt man bei den Quellen auf Angaben zur Dauer des Dritten Weltkrieges: Er soll sehr kurz sein! Häufig werden ganz klar Zeitspannen genannt, oder aber es lassen sich aus den Angaben bestimmte Zeitspannen ableiten.

Eine weitere Gruppe von Quellen spricht davon, daß er nur "kurz" ist, oder aber (durch "Gottes Eingriff") *"abgekürzt"* wird. Den detaillierteren Quellen nach können damit nur Ereignisse im Zusammenhang mit der Dreitägigen Finsternis gemeint sein.

Hier die Angaben der Quellen:

	Quelle	Zeit	Land/Gebiet	Dauer	<- 12 -> Monate	Angreifer
1.	bl.Jüng.v.Prag	1365	Böhmen	max **9 Monate**	ooooooooo	Rußland *
2.	Nostradamus	1555	Europa	max **7 Monate**	ooooooo	Rußland *
3.	B.v.M.Laach	1600	BRD	ganz kurz		Rußland *
4.	B.d.Marient.K.	1749	Frankreich	**6 Monate**	oooooo	Rußland *
5.	Nectou	1760	Frankreich	kurze Dauer		Rußland ?
6.	Knopp	1794	BRD	nicht lange		Rußland ?
7.	Nonne v.Belley	1816	Frankreich	**3 Monate**	ooo	Rußland ?
8.	Mühlhiasl	1825	Bayr.Wald	"ein Brot lang"		Rußland
9	Schw. v.Lyelbe	1826	Frankreich	kurz		???
10.	Geißen Käther	1831	Schwarzwald	"ein Brot lang"		???
11.	Eilert	1833	Dortmund	wenige Tage		Rußland
12.	Clausi	1849	Italien	kurze Dauer		Rußland ?
13.	Q.v.Beykirch	1622	BRD?	**3 - 5 Monate**	ooooo	???
14.	Schw. von Lyon	*1850	Frankreich	max.**6 Monate**	oooooo	Preußen
15	Eugenio Pegghi	1855	Frankreich	extrem kurz		???
16.	J.du Bourg	1862	Frankreich	abgekürzt		Rußland ?
17.	Curique	1872	Frankreich	nicht lange		Rußland
18.	Don Bosco	1874	Italien	ca. **4 Monate**	oooo	Rußland
19.	Feldpostbriefe	1914	BRD	28 od. 58 Tage	oo	Rußland
20.	Irlmaier	*1950	BRD	max.**3 Monate**	ooo	Rußland
21.	Seher a.d.Wald.	1959	Österreich	wenige Tage		Rußland
22.	Böhm.Seher	*1970	Tschechien	**6 Monate**	oooooo	Rußland
23.	White	*1970	GB	nicht lange		Rußland
24.	Stieglitz	1975	BRD	**2 - 3 Monate**	ooo	Rußland
25.	Babaji	1981	Indien	an 1 Tag (?)		???
26.	Paulussen	1983	BRD	7 Tage (?)	o	Rußland
27.	Biernacki	1984	Polen	**3 1/2 Monate**	oooo	Rußland
28.	Bauer	1986	BRD	bald beendet		Rußland

* = wahrscheinlich ? = vermutlich ??? = unklar

Schon auf den ersten Blick erkennt man hier eine Dauer von weniger als einem Jahr. Der Schwerpunkt liegt bei maximal drei bis vier Monaten. Die Zeitspannen deutlich über 3 Monaten resultieren aus den ungenauen Angaben der Quellen.

Hierbei handelt es sich also um die maximal denkbare Dauer, bezogen auf die ungenauen Angaben.

Vermutlich sind in diesen Fällen ebenfalls ein paar Monate abzuziehen, so daß man wieder in die Nähe von 3 bis 4 Monaten kommt.

So - und nun muß ich Ihnen fairerweise mitteilen, daß es ein paar Quellen gibt, welche das einheitliche Bild von eben stören:

Es finden sich Quellen, die sehr wohl einen mehrjährigen Krieg voraussagen! Und diese lassen sich *nicht* eindeutig dem Vierten Weltkrieg, bzw. dem Krieg des Antichristen zuordnen:

Quellen	Zeit	Dauer	Jahre	Aggressor
1. Erythräische S.	-2000	**min 4 Jahre**	oooo	Ostasiaten
2. H.v.Bingen	1179	**7 Jahre**	ooooooo	Rußland (?)
3. Lichtenberger	1527	**8 Jahre**	oooooooo	Araber
4. Hilarion	um 1700	**3 Jahre**	ooo	Araber
5. Mönch von Werl	1701	lange		Rußland (?)
6. T.d.f.Papstes	1701	**4,5 Jahre**	ooooo	Rußland (?)

Zunächst einmal sind dies sehr viel weniger Quellen als oben. (28 : 6)

Wenn man dann in die Spalte "Zeit" sieht, so zeigt sich, daß diese 6 Quellen im Schnitt erheblich älter sind als die vorherigen 28. Beachten Sie, daß 25 (89 %) der oberen 28 Quellen jünger sind, als die jüngste (1701) der unteren!

Theoretisch wäre bei dieser zweiten Gruppe die Möglichkeit für Verwechslung mit dem Ersten Weltkrieg oder dem Zweiten Weltkrieg (oder auch Vierter Weltkrieg) deutlich größer.

Weiter fällt auf, daß sich bei keiner dieser letzten Quellen **Rußland** eindeutig als Aggressor erkennen läßt - im Gegensatz zu oben, wo Rußland eindeutig den Schwerpunkt bildet.

Höchstens drei der unteren Quellen könnte man meiner Ansicht nach überhaupt als Gegengewicht zu der ersten Gruppe von Quellen akzeptieren.

Nicht eingeflossen in diesen Vergleich sind natürlich all jene Angaben, die sich eindeutig dem Vierten Weltkrieg zuweisen lassen.

Der Übergang ins Goldene Zeitalter

Das Wichtigste zuerst: Die Menschheit soll das Szenario des Dritten Weltkrieges überleben. Wäre dem nicht so, dann hätte ich dieses Buch nicht geschrieben. Natürlich überlebt die Menschheit nicht nur physisch, sondern auch die Zivilisation überlebt. Und nicht nur das, die Menschheit entwickelt sich auch geistig positiv weiter. Über diese Grundtendenz herrscht bei den Quellen Einigkeit. Aber schon, wenn es um das konkrete *Wie* geht, scheiden sich die Geister.

Die Quellen lassen sich hierbei in zwei Gruppen aufteilen. Zum einen in jene, die gleich nach dem Dritten Weltkrieg das Goldene Zeitalter erwarten, und zum anderen jene, welche vor Beginn des Goldenen Zeitalters eine zweite Katastrophenzeit sehen.

Kernthema der zweiten Katastrophenzeit ist *der Antichrist*. Vereinfachend könnte man ihn als den Sohn des Teufels, als den Gegenspieler von Jesus Christus oder als den Hohepriester des Egos bezeichnen.

Sein Ziel soll die Vernichtung jeglicher Religion, jeglichen Glaubens an eine höhere Macht sein. In der Endphase seiner Herrschaft soll er versuchen, dieses Ziel mit brutalster Gewalt - mit Folterung und Mord - zu erreichen. Zu Beginn soll er aber eher subtil arbeiten.

Ich vermute einmal, daß unmittelbar nach dem Dritten Weltkrieg tatsächlich viele Menschen das Goldene Zeitalter erwarten und der Antichrist diese Erwartung für seine eigenen Ziele nutzt. Vom Grundsatz wäre dies nichts Neues. Es sei an Adolf Hitler und sein "Tausendjähriges Reich" erinnert.

Nach meinem Eindruck könnte es da einen Zusammenhang geben zwischen dem (potentiellen) Erscheinen des Antichristen und einer Vielzahl von Menschen, welche das Goldenen Zeitalter "zu früh" erwarten. In jedem Falle wäre einzukalkulieren, daß der Antichrist in der Anfangsphase eher mit List und Lüge operiert. Und diese (potentielle) List setzt natürlich voraus, daß niemand vom Kommen eines großen Betrügers weiß.

Anders herum ausgedrückt: Die zu frühe Erwartung des Goldenen Zeitalters für die Zeit gleich nach dem Dritten Weltkrieg könnte der psychologische Humus sein, auf dem der Antichrist heranwächst. Die Verwirrung im Hinblick auf den Beginn des Goldenen Zeitalters wäre also kein Fehler oder eine bedeutungslose Unklarheit, sondern sie wäre Ausdruck eines Bewußtseins, welches erst die Grundlage für den Antichristen schafft.

Ein anderer wichtiger Aspekt in diesem Zusammenhang ist das Thema UFO, genauer gesagt die Evakuierung der Menschen durch UFOs. Welchen Sinn hätte es, Menschen zu evakuieren, um sie wenig später dem Antichristen vor die Füße zu setzen?

Aus christlicher Perspektive ergeben sich also erhebliche Zweifel an dieser Evakuierungs-Geschichte. Wohlgemerkt nicht an der Existenz von UFOs an sich!

Den Quellen nach kann man die Zeit nach dem Dritten Weltkrieg in folgende vier Phasen aufteilen:

1. Die unmittelbare Nachkriegszeit

Diese Zeit wäre geprägt durch die unmittelbaren Folgen der Katastrophen; gewalttätige Unruhen, Hungersnöte und Seuchen.

2. Die Friedensphase, der Wiederaufbau, die neue Ordnung

Für ein paar Jahre dürfte Europa in sich selbst ruhen, also ohne Angst vor der Zukunft oder irgendwelchen Feinden leben. Diese Phase dürfte etwa 25 Jahre dauern.

3. Die Zeit des Antichristen

Der Übergang in diese Zeit dürfte relativ gleitend sein. Zum Schluß ergäbe sich eine Katastrophenhäufung, vergleichbar mit der im Zusammenhang mit dem Dritten Weltkrieg.

4. Das goldene Zeitalter

Unmittelbar an die Zeit des Antichristen schlösse sich das Goldene Zeitalter an.

Im Folgenden werden die Vorhersagen zu der Nachkriegszeit etwas detaillierter dargestellt.

Die Zeit des Antichristen und das Goldene Zeitalter werden nur grob skizziert. Insbesondere das Goldene Zeitalter hätte es verdient gehabt, eingehender dargestellt zu werden. Aus Platz- und vor allem Zeitgründen konnte das hier leider nicht verwirklicht werden.

Zunächst folgt auf der nächsten Seite eine Tabelle, die noch einmal auf die Frage *"Goldenes Zeitalter sofort oder später"* eingeht.

Die Nichterwähnung des Antichristen, bzw. die Nichterwähnung dieser zweiten Katastrophenzeit könnte in Einzelfällen darauf beruhen, daß die betreffenden Quellen nur Visionen aus der Nachkriegszeit hatten und diese Zeit mit dem Goldenen Zeitalter verwechselten. So würde z. B. aus dem Dritten Weltkrieg der *letzte Krieg.*

Andererseits, wenn die Visionen eines Sehers nur bis in die Endphase des Dritten oder Vierten Weltkrieges reichen, könnten falsche Vorhersagen hinsichtlich eines Weltendes entstehen.

Quelle	Zeit	Gegenwart	3. Weltkrieg, dreitägige Finsternis	kurze Friedensphase nach dem 3. Weltkrieg	Antichrist-Zeit, zweite Katastrophenzeit	Friedensphase, vermutlich NICHT Goldenes Zeitalter	Goldenes Zeitalter 100jähriges Friedensreich	Literatur	
Lactanius	325	xxx			xxx		xxx	5.127	
Heilige Odilie	720	xxx	xxx			xxx		14. 75	
Heilige v. St. Gallen	1081	xxx	xxx	xxx	xxx			41. 85	
Hildegard von Bingen	1176	xxx	xxx	xxx	xxx		xxx	14. 85	
C. v. Heisterb.	1240	xxx	xxx			xxx		7.211	
Nostradamus	1566	xxx	xxx	xxx	xxx		xxx	1.377	
Holzhauser	1658	xxx	xxx			xxx		7.275	
Seherin von Prag	1658	xxx	xxx				xxx	14.169	
Marientaler Buch	1749	xxx	xxx			xxx		41.246	
Spielbähn	1783	xxx	xxx			xxx		7.288	
Nativitas	1789	xxx	xxx	xxx	xxx		xxx	7.325	
Mühlhiasl	1825	xxx	xxx				xxx	5. 64	
La Salette	1846	xxx	xxx	xxx	xxx		xxx	7.365	
De Bourg	1862	xxx	xxx	xxx	xxx			7.379	
P. v. Narabant.	1890	xxx	xxx	xxx	xxx		xxx	14.111	
Pramstahler	1912	xxx	xxx			xxx		8. 81	
Wudy	1914	xxx	xxx			xxx		12.114	
Madam Sylvia	1934	xxx	xxx	xxx	xxx		xxx	14.181	**
M. Valtorta	1943	xxx	xxx	xxx	xxx		xxx	82. 63	
Edgar Cayce	1945	xxx	xxx				xxx	5.177	
Stockert	1947	xxx	xxx	xxx	xxx			12.221	
Dudde	1956	xxx	xxx	xxx	xxx		xxx	17.---	
Irlmaier	1959	xxx	xxx			xxx		41.185	
Dixon	1970	xxx	xxx	xxx	xxx		xxx	8.290	
White	1976	xxx	xxx	xxx				8.164	
Sai Baba	1980	xxx	xxx				xxx	93.---	
Babaji	1984	xxx	xxx	xxx	xxx		xxx	27. 56	
Biernacki	1984	xxx	xxx	xxx	xxx		xxx	15b.155	
Korkowski	1988	xxx	xxx	xxx	xxx		xxx	33.174	
Zönnchen	1988	xxx	xxx				xxx	85. 69	
Paulussen	1991	xxx	xxx			xxx		44.149	
Kirkwood	1992	xxx	xxx				xxx	31.131	

Angaben zur zeitlichen Länge der Phasen differieren

**Frage der Interpretation

Unmittelbar nach der großen Katastrophe

Ist die Dreitägige Finsternis vorüber, sollen sich die Menschen allmählich wieder aus ihren Häusern ins Freie wagen. Draußen ist es erheblich wärmer geworden, und die Erde ist überzogen von einer ca. 3 cm hohen Staubschicht.

Der Krieg ist praktisch vorüber. Im Schnitt sind ein Drittel der Menschen gestorben. In manchen Gebieten liegt dieser Wert noch weit darüber.

Nichts wird mehr produziert. Man muß von Vorräten leben. In den meisten Gebieten ist die Wasserversorgung zusammengebrochen. Da sich der Staub der Wolke auch in offene Gewässer abgesetzt hat, sind diese tödlich vergiftet. Man kann also kein Wasser aus Seen oder Flüssen schöpfen, sondern bestenfalls aus Quellen. Der Mangel an Wasser und Lebensmitteln führt in den ersten Wochen in vielen Gebieten zu Verteilungskämpfen, insbesondere dort, wo kein westliches Militär zugegen ist. Polizei gibt es in dieser Zeit vermutlich nicht, oder sie ist nicht einsatzfähig.

Zeit	Quellen*	Land	Gebiet	Hungersnot nach oder zur Zeit d. Krieges	Seuchen nach oder z.Zeit d. Krieges	Unruhen nach oder z.Zeit d. Krieges
1240	Caes.v.Heisterbach .	D	Königswinter	15. 64z	15. 64z	....
1550	Bened.a.Maria Laach	D	Maria Laach .	41.242n	....	....
1616	Michalda, Sibylle ..	CSFR	....	8. 38z	8. 36nP	....
1642	Holzhauser	Öst.	Tirol	14.101z	14.101cP	....
1701	Testament d.f.Papst	D	Wismar	15. 75z	15. 75z	....
1783	Spielbähn	D	Köln	8. 76z	8. 77nP	....
1820	Einsiedler Antonius	D	Aachen	....	15. 99n	....
1825	Mühlhiasl	D	Bayr.Wald	....	5. 58n	5. 32z
1846	La Salette	F	Bist.Grenoble	8.179z	8.179z	....
1850	Lied der Linde	D	Staffelstein .	....	12. 87z	12. 87n
1853	Handwercher	D	Straubing	....	12.180z	....
1864	Lorbeer, Jakob	Öst.	Steiermark ...	9. 54z	9. 54z	....
1871	Proph.von Piacenza .	I	Piacenza	88.246z	88.246z	....
1874	Don Bosco	I	Turin	10.113z	10.113z	....
1896	Pinaud, Madame	F	Yzeure	....	88.230z	....
1907	Johansson	Nor.	Lebesby	....	12.122z	....
1912	Wudy, Sepp	D	Bayr.Wald	12.114n	....	....
1922	Kugelbeer	Öst.	Bregenz	15.100z	15.101z	....
1923	Beliante	I	Savoyen	14. 74n	....	....
1933	Scochy	Bel.	Ham	14. 79z	14. 79z	....
1940	Böhmischer Seher ...	CSFR	....	8. 46n	....	8. 46n
1949	Dyck,Van den	Bel.	Onkerzele	8.213z	8.214z	....
1952	Gügel, Grete	D	Heroldsbach ..	8.255z	....	....
1959	Aiello, Elena	I	Consenza	10.161z	10.161z	....
1959	Irlmaier	D	Freilassing ..	41.183n	....	41.177n
1964	Graf - Sutter	CH	Appenzell	60.137z	60.123z	....
1973	Helmsauer Marie	D	Landshut	12.206z	12.206z	....
1974	Porto Stefano	I	Port.Stefano .	8.242z	8.242z	....
1976	White, Ron	GB	....	8.161z	....	....
1982	De La Vega	D	Maria Laach ..	16.214n	16.214z	16.214n
1986	Zönnchen	D	Otterfing	85. 37z	85. 37z	....

* = Quellen mit Bezug auf Mitteleuropa (Liste ist unvollständig)
z = im Zusammenhang mit ... n = nach ... P = Pest

Diese Phase ohne staatliche Ordnungsmacht dürfte in Deutschland aber nur wenige Wochen oder Monate dauern. Da der Krieg weitgehend abgeebbt ist, dürften schlagartig große Teile des Militärs frei werden für Polizei- und Justizfunktionen.

Oft ist die Rede von Krankheiten und Seuchen, welche infolge des Krieges ausbrechen. An diesen Krankheiten sollen viele Menschen sterben, ebenso an Nahrungsmangel. Seuchen werden in einem Atemzug mit Hunger genannt. Ein weiterer Anstieg der Opferzahlen nach Ende des Krieges infolge von Seuchen und Hunger wäre grundsätzlich nichts Außergewöhnliches. Hierfür gibt es zahlreiche Beispiele in der Geschichte. Insbesondere bei großen Zerstörungen wäre damit zu rechnen. Und genau diese lägen hier vor!

Bei all diesen Faktoren: dem Zusammenbruch der öffenlichen Ordnung und den gewalttätigen Unruhen, der Lebensmittelknappheit und den ausbrechenden Krankheiten wären natürlich regionale Unterschiede in Betracht zu ziehen.

Mühlhiasl, *1825, Bayrischer Wald (3a): "In der Stadt geht alles drunter und drüber - Und der Bruder wird seinen Bruder nicht mehr kennen, die Mutter ihre Kinder nicht - Von der Stadt werden die Leute aufs Land kommen und zum Bauern sagen: Laß mich ackern - doch der Bauer wird sie mit der Pflugreutn erschlagen - Wer feine Hände hat, wird gehängt werden - Das dauert aber nur eine oder zwei Mondlängen."(7/313)*

Dem Text nach wäre diese Situation noch vor Kriegsausbruch zu erwarten. Ich habe da meine Zweifel. Doch wenn es schon *vor* dem Krieg einen solch katastrophalen Versorgungsnotstand gibt, dann kann man sich die Situation nach Krieg und Dreitägiger Finsternis ausmalen.

Irlmaier, *1959, Südostbayern (3a): >"*Einmal *würden in den Städten "Unruhen" ausbrechen ... Dann werde gestohlen und geplündert. Die Stadtbewohner zögen auf das Land und wollten den Bauern ihr Vieh wegnehmen. Diese müßten sich fest auf ihr Anwesen setzen, sonst werde ihnen alles weggestohlen. Doch gehe die schlimme Zeit rasch vorüber, gefolgt von einer guten Zeit." <(41/177)*

Auch hier ist nicht 100%ig klar, ob *vor* oder *nach* dem Krieg. Vermutlich aber erst *danach*. Die Dauer entspricht der von Mühlhiasl.

Einsiedler Antonius, *1820 (3a): "Dort (in Westfalen, Anm. B.) war die letzte Schlacht ebenfalls zu ihren Ungunsten. Die Leute freuten sich, endlich die Preußen los zu sein. Sie klatschten in die Hände, und ihre Gesichter strahlten vor Freude. Nun wurde der neue Kaiser in Deutschland gewählt. Er schien ungefähr 40 Jahre alt zu sein. Der neue Kaiser und der Papst hatten eine Zusammenkunft. Inzwischen brach in den von dem Krieg heimgesuchten Gegenden eine entsetzliche Krankheit aus. Viele, die bisher verschont geblieben waren, starben." (15/99)*

Wohlgemerkt nur in den Kriegsgebieten. Welche Gebiete damit im Einzelnen gemeint sind bleibt unklar. In jedem Falle hätte man einen weiteren Grund, Kriegsgebiete zu meiden.

Nicht ganz klar ist hier ebenfalls, ob die Krankheit auf das Kriegsgebiet beschränkt bleibt, oder nicht. Bleibt sie auf das Kriegsgebiet beschränkt, dann dürfte sie nicht übermäßig ansteckend sein.

Lindenlied, *19. Jh. (3a):*

Winter kommt, drei Tage Finsternis ... *Schwarze Seuche, schlimmste Menschenschlacht ...*	Dreitägige Finsternis während des Krieges, Herbst-Winter
Viel Getreue bleiben wunderbar *Frei von Atemkrampf und Pestgefahr* ...	Gilt dies für einzelne Individuen oder für ganze Gebiete?
Alle Städte werden totenstill ... *Zählst du alle Menschen auf der Welt,* *wirst du finden, daß ein Drittel fehlt, ...* *Wie im Sturm ein steuerloses Schiff,* *Preisgegeben einem jedem Riff,* *Schwankt herum der Eintags-Herrscherschwarm,* *Macht die Bürger ärmer noch als arm.* *Eines bessern Tags ist endlos fern. ...*	Die Situation direkt danach - vermutlich gibt es in den Städten nichts mehr zu essen, und die Bevölkerung muß aufs Land. Zusammenbruch der öffentlichen Ordnung, Versorgungsnotstand und Plünderungen.
Nimmt die Erde plötzlich andern Lauf, ... *"Alles ist verloren!" hier´s noch klingt,* *Alles ist gerettet", Wien schon singt.* *Ja von Osten kommt ein starker Held,* *Ordnung bringend der verwirrten Welt. (7/377)*	Der Polsprung, bzw. eine zweite Polverlagerung nach der Dreitägigen Finsternis. Von Wien aus im Osten: deutet auf Ungarn. Siehe Biernacki (8/291) und Irlmaier (30/151)

Wenn die Verse hier streng chronologisch geordnet sind, (wonach es aussieht), dann wären diese Unruhen *nach* der *"Menschenschlacht"* zu erwarten, also *zumindest nach* Kriegs*beginn* ... und nach der Dreitägigen Finsternis. *Eintags*-Herrscherschwarm deutet natürlich auf eine kurze Dauer hin.

***Knopp,** 1794, Rheinland (3a): "Die zuletzt noch aufgefordert (zum Militär einberufenen, Anm. B.) werden, kommen, wenn alles vorbei ist. ...*

Es wird ein gutes Jahr vorhergehen, denen drei Mißjahre voller Elend und Drangsale folgen ..."(7/305)

Das erste dieser drei Jahre ist das Kriegsjahr.

***Irlmaier,** 1959 (3a): "Unsere jungen Leute müssen noch einrücken, Freiwillige werden noch in die Kämpfe verwickelt, die andern müssen fort zur Besatzung und werden drei Sommer dort bleiben, bis sie wieder heimkommen. Dann ist Frieden ..." (41/181)*

In diesen beiden Quellen dauert es also etwa zwei Jahre, bis sich die Dinge wieder halbwegs normalisiert haben. Bei beiden wird der Krieg beendet, noch bevor ein Teil der Reservisten eingesetzt werden kann.

Die neue Ordnung

Sehr bald nach der Dreitägigen Finsternis soll es in Mitteleuropa bzw. in ganz Europa bei den Menschen zu einer geistigen Wende kommen. Sehr viele Quellen - praktisch alle, die sich auf diese Zeit beziehen - sagen eine religiöse Rückbesinnung voraus. Diese - wie auch immer geartete - Rückkehr zu Gott wäre die Grundlage für alle dann folgenden gesellschaftlichen Veränderungen.

Von vielen Quellen wird eine *Vereinigung der christlichen Kirchen* und die *Wiedereinführung der Monarchie* vorhergesagt; teilweise wird sogar das Konvertieren zahlreicher Moslems zum Christentum vorhergesagt.

Durchgängig zeigt sich bei den vorhergesagten Details ein *Geist oder Wille zur Einheit.* Fraglich wäre, inwieweit es sich dabei um ein spezifisch europäisches Phänomen handelt, oder ob es auf der ganzen Welt zu einer geistigen Wende kommt. Letzteres darf bezweifelt werden.

Die neuen Monarchien

Schon zum Kriegsende hin wäre in Frankreich und Deutschland mit dem Erscheinen besonderer Führerpersönlichkeiten zu rechnen. Viele Quellen erwähnen einen oder mehrere *Monarchen*, bzw. die *Wiedereinführung der Monarchie in Deutschland und Frankreich.*

Da aber viele dieser Quellen selbst aus der monarchistischen Epoche stammen - sie die Demokratie also noch gar nicht kannten - ist in Betracht zu ziehen, daß mit *Monarch, König* oder *Kaiser* letztlich nur eine Art Präsident gemeint ist. Wird also nur ein neuer starker Präsident vorhergesagt? Warscheinlich nicht! Wahrscheinlich handelt es sich hierbei tatsächlich um einen oder mehrere Monarchen! Zu oft beziehen sich die Quellen auf ein *Krönungsereignis.* Und zwar konkret auf eine Krönung im Kölner Dom. Mit anwesend bei dieser Krönung soll der Papst sein. Ein weiteres entscheidendes Indiz für eine Herrschaftsform, die sich deutlich von den derzeitigen zentraleuropäischen Demokratien unterscheidet. Zudem soll ein gewisser *Großer Monarch* ganz Europa dominieren und die ganze Amtszeit über sehr eng mit dem Papst zusammenarbeiten.

Da es nach der Katastrophenzeit zusätzlich zu einer *Vereinigung der christlichen Kirchen* kommen soll, würde der Große Monarch aber nicht nur mit dem Oberhaupt der Katholischen Kirche kooperieren, sondern mit dem Oberhaupt der *gesamten Europäischen Christenheit.*

Diese Könige, der Kaiser oder die Krönungen werden zudem nicht nur von den älteren Quellen vorhergesagt, sondern auch von einigen Quellen aus der Mitte des 20. Jahrhunderts (z. B. Irlmaier und dem Seher aus dem Waldviertel). Die Sache läßt sich also nicht hinwegdiskutieren, indem man sie den älteren Quellen in die Schuhe schiebt. Angesichts der vorausgegangenen Ereignisse wäre eine Rückkehr zur Monarchie in Europa durchaus vorstellbar. Denn nach den Katastrophen wäre das

Militär für gewisse Zeit das einzige funktionierende staatliche Organ. Es käme zu einer tatsächlichen Machtverlagerung hin zur Generalität, hin zu einem nicht demokratischen Organ.

Andererseits wäre es unmöglich, demokratische Wahlen zu organisieren. Diese wären aber abzuhalten, denn viele der zuletzt gewählten Politiker wären tot. Die alte gewählte Regierung würde vermutlich nicht mehr existieren, und die Neue könnte noch nicht gewählt werden. Zwangsläufig käme es zumindest vorübergehend zu einer Regierungsform, die eben nicht durch die breite Masse abgesegnet ist.

Eine Einführung der Monarchie muß also im Zusammenhang gesehen werden, mit denjenigen Mächten, die zu diesem Zeitpunkt noch existieren und vor allem handlungsfähig sind. Das Volk wird wohl kaum gefragt werden, bzw. gefragt werden können. Dazu fehlt die Infrastruktur. Andererseits wird die Bevölkerung sicherlich Verständnis dafür haben, daß es in einer Übergangszeit keine Wahlen gibt.

Gelänge es nun dem neuen Herrscher in dieser Zeit, die Herzen der Menschen zu gewinnen, so wäre es kein weiter Schritt zu einer dauerhaften Monarchie. Beim *Großen Monarchen* rätseln die Prophezeiungs-Kenner schon seit einiger Zeit, ob es sich dabei um einen Franzosen oder einen Deutschen handeln soll. Vielleicht kommt er auch aus dem Osten. In jedem Falle müßte es sich dabei um eine Person handeln, die jetzt schon lebt.

Sein späterer Herrschaftsbereich dürfte sich über den größten Teil Europas erstrecken, vermutlich sogar noch weit darüber hinaus.

Bevor aber eine übergreifende, europäische staatliche Struktur geschaffen werden kann, müssen natürlich erst einmal die Kern-Staaten, also Deutschland und Frankreich funktionieren. Eine Art europäischer Kaiser wäre also nicht unmittelbar nach dem Dritten Weltkrieg zu erwarten, sondern erst etwas später.

Die religiöse Rückbesinnung

Hier stellt sich vor allem die Frage, wie intensiv die religiöse Rückbesinnung ist, oder worin sie sich ausdrückt.

Der mit Abstand wichtigste Aspekt wäre meiner Ansicht nach ihr späterer Übergang in die Zeit des Antichristen. Nach etwa 20 Jahren sollen sich wieder negative Kräfte durchsetzen. Der Antichrist wirft seinen Schatten voraus. Was die breite Masse anbelangt, kann diese religiöse Rückbesinnung also nicht allzu tiefgreifend sein.

Das schließt aber nicht aus, daß es anfangs zu wirklich starken positiven Einflüssen kommt, und daß diese auch vom Volk bereitwillig aufgenommen werden. Eine extrem starke und reine Kraft könnte durchaus präsent sein. Vielleicht kann sie sich nur nicht dauerhaft durchsetzen.

Die Friedensphase nach dem Dritten Weltkrieg dürfte etwa 25 Jahre dauern. In Mitteleuropa ist es etwas wärmer geworden, und der Fallout des Kometen sorgt über

Jahre hin für gute Ernten. Mehrfach wird vorausgesagt, daß es sich hierbei um eine außergewöhnlich glückliche Zeit handelt.

Vor diesem Hintergrund wäre es schon fast nebensächlich, welcher Grad der Technisierung nach den Zerstörungen wieder erreicht wird. Ein lang anhaltender und schmerzhafter Mangel an Technik wird von den Quellen jedoch nicht thematisiert. Hin und wieder finden sich sogar Indizien dafür, daß das derzeitige Niveau wieder erreicht wird.

Nostradamus (1555) Vers I;63 (Übersetzung von Allgeier)

Wenn die "Blumen" vorbei sind, ist die Welt kleiner geworden.
Lange Zeit herrscht Friede auf der entvölkerten Erde.
Man reist sicher am Himmel, über die Erde, über Meer und Wellen.
Dann kommt es erneut zum Krieg. (1/63)

Allgeier interpretiert die "Blumen" als Atompilze, Bouvier als Unheil.

"Entvölkerte Erde" schließt Verwechslungen mit dem II. Weltkrieg aus! *"Kleinere Welt"* deutet auf zusammengebrochene internationale Verbindungen hin. Damit dürfte vor allem Nordamerika gemeint sein.

"Reisen am Himmel" bedeutet: Flugzeuge, bzw. Flugzeugindustrie. Damit wäre vorstellbar, welcher technologische Stand in etwa wieder erreicht wird.

Die Dauer der Friedensphase

Das Gesamtbild ist hier etwas uneinheitlich, dennoch gibt es einen deutlichen Schwerpunkt bei 25 Jahren.

	Zeit	Quelle	Dauer der Friedensphase	Literatur
1.	1081	H.v.St.Gallen ..	eine Reihe von Jahren	41/ 93
2.	1179	H.v.Bingen	nur kurze Zeit	14/ 85
3.	1240	C.v.Heisterbach	langer Friede	7/211
4.	1291	Schw.Mechthilde	30 Jahre Frieden	88/288
5.	1555	Nostradamus	lange	1/ 63
6.	1658	Holzhauser	25 J.Friede (Szepter d.Manasse)	7/275
7.	1749	B.d.Marienth.Kl.	großer Friede	41/246
8.	1846	La Salette	25 Jahre	7/365
9.	1857	De Bourg	zeitlich begrenzt	7/379
10.	1857	Weiss.v.Orval ..	23,5 Jahre	7/228
11.	1890	P.v.Narabantschi	71 Jahre (Quelle aus Ostasien)	14/111
12.	1922	Rudolf Steiner	2086 „Goldenes Zeitalter",	(siehe Seite 180)
13.	1950	Stockert	Friedenszeit bis zum Antichrist	12/221
14.	1960	Dixon	ca.25 Jahre	6/290
15.	1976	White	nur sehr kurze Zeit	8/163
16.	1977	Lemesurier	5 - 25 Jahre	6/244
17.	1984	Biernacki	20 Jahre	15b/148

Hepidannus von St. Gallen, *1081 (w): "Den furchtbaren Kämpfen, welche hiermit verbunden sind, wird eine Reihe von glücklichen Jahren folgen. Es wird dann ein Mann aufstehen, der sich dem Lauf der Dinge entgegenstemmt, und seinem Anhange wird es gelingen, eine neue Ordnung ins Dasein zu rufen. Diese wird aber nicht von langer Dauer sein, indem der Untergang alles Lebenden dann vor der Türe steht." (41/93)*

Beim *"Untergang alles Lebenden"* handelt es sich letztlich um die Fehlinterpretation einer dann erneut folgenden globalen Katastrophe. Werden von einer Quelle diese beiden globalen Katastrophen vorhergesagt, so "übertrifft" im Allgemeinen die zweite noch die erste. Diese zweite Katastrophe bedeutet nicht "das Ende", sondern es handelt sich dabei um die eigentliche Apokalypse, dem letzten großen Ereignis vor dem Beginn des 1000jährigen Friedensreiches.

Holzhauser, *1658 (3a): "... Stürzen wird er dann das hohe Babylon, das Judenreich wird enden, die Türkenherrschaft wird zerstört werden und jener starke Heerführer wird der stärkste Monarch in der ganzen Welt und sein Zepter wird das des Manasse (fünfundzwanzigjährige Regierungszeit) sein. Und er wird in der Versammlung der Männer, die durch Frömmigkeit und Weisheit aufrichtig verbunden sind, mit Beihilfe des hl. Vaters neue Gesetze und Normen entwerfen und jenen Geist des Schwindels in Banden legen, um ein neues Jahrhundert zu beginnen und zu erziehen, wo nur eine Herde und ein Hirt sein wird, welcher der Welt und allen, die guten Willens sind, den Frieden gibt, um Gott unseren Herrn zu verherrlichen." (7/275)*

Möglicherweise verdient sich ein General in der Endphase des Dritten Weltkrieges die Sporen für ein späteres Staatsamt.

Bei *"der Türkenherrschaft"* stellt sich natürlich akuter Erklärungsnotstand ein. Der wäre aber nicht überzubewerten, da bei einer über 300 Jahre alten Quelle durchaus manches durcheinander geraten kann (chronologische Verwechslung mit Erstem Weltkrieg) - oder falsch gewichtet wird. Abgesehen von der Türkenherrschaft und dem Babylon gibt der Text das wieder, was sich auch anderen Quellen entnehmen läßt.

Hildegard von Bingen, *1179:> "Ganz aus der Art schlägt die Vorausschau Hildegards, wo sie davon spricht, daß in einer Zeit kurzen Friedens sich die Engel, die über die Lauterkeit und das kurze gottgefällige Leben der Menschen hocherfreut sind, mit diesen in sehr nahen Kontakt treten werden. Es wird dies aber nur kurze Zeit währen, denn das Jüngste Gericht sendet zu dieser Zeit seine Schatten in Form von Kriegen und kosmischen Katastrophen voraus."< (14/85)*

Spielbähn, *1783 (3a): "In Deutschland aber wird nach einer gräulichen Verwirrung ein Mann aufstehen, der wird Kaiser werden und von einem Reiche aus* ***Osten*** *kommen; er wird jener sein, auf den die Welt schon lange mit Sehnsucht gehofft hat. Er wird alle Feinde demütigen, namentlich die* wilden Scharen aus Osten. *Und er wird überall wieder den wahren Glauben herstellen und mit noch einem* *andern Manne die Welt in Frieden regieren. Doch dann ist das Ende nahe!" (7/288)*

Das klingt wie bei Hepidannus - auf die neue Ordnung folgt das "Ende". Vom Goldenen Zeitalter hat der Seher scheinbar nichts mehr "gesehen".

Lied der Linde

Ja, von Osten kommt ein starker Held,...
Gottes Held, ein unzertrennlich Band
Schmiedest du um alles deutsche Land.
Den Verbannten führest du nach Rom,
Große Kaiserweihe schaut ein Dom.

Preis dem einundzwanzigstem Konzil,
Das den Völkern weist ihr höchstes Ziel,
Und durch strengen Lebenssatz verbürgt,
Daß nun reich und arm sich nicht mehr würgt.

Deutscher Nam', du littest schwer,
Wieder glänzt um dich die alte Ehr',
Wächst um den verschlung'nen Doppelast,
Dessen Schatten sucht gar mancher Gast.

Dantes und Cervantes welscher Laut
Schon dem deutschen Kinde ist vertraut,
Und am Tiber- wie am Ebrostrand
Liegt der braune Freund vom Hermannsland.

Wenn der engelgleiche Völkerhirt'
Wie Antonius zum Wandrer wird,
Den Verirrten barfuß Predigt hält,
Neuer Frühling lacht der ganzen Welt.

Alle Kirchen einig und vereint,
Einer Herde einzg'er Hirt' erscheint.
Halbmond mählich weicht dem Kreuze ganz,
Schwarzes Land erstrahlt im Glaubensglanz.

Reiche Ernten schau' ich jedes Jahr,
Weiser Männer eine große Schar,
Seuch' und Kriegen ist die Welt entrückt,
Wer die Zeit erlebt, ist hochbeglückt.

Dieses kündet deutschem Mann und Kind
Leidend mit dem Land die alte Lind',
Daß der Hochmut mach' das Maß nicht voll,
Der Gerechte nicht verzweifeln soll!

(7/377)

Ebenso wie bei Spielbähn, so kommt auch im Lied der Linde ein großer Herrscher aus dem Osten. Ein Deutscher oder Franzose könnte es demnach eigentlich nicht sein.

Lemesurier, 1970: Er leitete aus den Vermessungen des Inneren der Cheopspyramide in Ägypten folgende Daten ab (6/244):

1999	Errichtung eines Königreiches des Geistes: eine gesonderte und einzigartige Form menschlicher Gesellschaft, allein auf Neigung zum Spirituellen beruhend
2004 - 24 (±3)	Totaler Zusammenbruch der materiellen Zivilisation
2014 - 32 (±3)	Spiritueller Tiefstand der gesamten Menschheit
2025 (±3)	Partielle Neuentstehung zivilisierter Gesellschaften

Möglicherweise spiegeln sich die ca. 25 Jahre für die Friedenszeit auch in den folgenden vier Quellen wieder. Diese geben eine Zeitspanne für den Anbruch bis zum vollendeten Eintreten des Goldenen Zeitalters an:

Zeit	Quelle	Spanne	Angabe
18. 1935	Cayce	1998-????	1998 lediglich BEGINN des ÜBERGANGES ins Goldene ZA (wann abgeschlossen?)
19. 1991	Sai Baba*	1999-2030	Goldenes ZA beginnt 1999. "Schönste Zeit" aber erst ab 2030 ...
20. 1971	De Sabato	1993-2021	Goldenes Zeitalter setzt zwischen ..... und ..... ein (6/286)
21. 1977	Petersen	1989-2030	Zeit großer Umwälzungen(81/10)

* siehe "Die Frage nach dem Datum"

Es folgen noch ein paar ausgesuchte Zitate zur Friedenszeit:

***Mühlhiasl,** 1825, Niederbayern (3a): "Wenn die Welt abgeräumt ist, stehen große Glaubensprediger und heilige Männer auf, die Wunder tun, und die Leute finden zum Glauben zurück." (5/64)*

***Hepidannus von St.Gallen,** 1081 (w): "Du siehst jetzt nichts als Kämpfe, Blut, Schlachten und Tod, aber das Geschlecht der Menschen wird nach diesen Kämpfen herrlicher aufblühen als je zuvor. Allerdings werden sehr viele unter den zu jener Zeit Lebenden diese glücklichen Zeiten nicht mehr sehen. Sie werden untergehen unter der Brandfackel des Krieges, und Unkraut wird über ihren Gräbern wuchern. Aber alles dieses wird den Lauf der Welt nicht aufhalten. Mögen sich aber jene, die alsdann leben werden, wohl vorsehen." (41/92)*

Da Hepidannus an anderer Stelle vom *"Untergang alles Lebenden"* (41/93) spricht, müßte hiermit tatsächlich die Friedensphase gemeint sein. Erstaunlich!

***Böhmischer Seher,** ca. 1940 (3a): "Deutschland wird sich am ehesten aus den Kriegswirren erheben und einen neuen Kaiser aus dem Geschlecht der Habsburger im Kölner Dom krönen. Dann wird die glücklichste Zeit kommen, die je auf Erden gewesen ist." (8/46)*

Die ausgesprochen positive Darstellung dieser Zeit überrascht, wenn man bedenkt, daß später der Antichrist kommen soll - und mit ihm eine der schlimmsten Zeiten der Menschheitsgeschichte.

***La Salette,** 1846, Südfrankreich (3a): "Plötzlich werden die Verfolger der Kirche Jesu Christi und alle der Sünde ergebenen Menschen zu Grunde gehen, und die Erde wird wie eine Wüste werden. Dann wird Friede, die Versöhnung Gottes mit dem Menschen werden. Man wird Jesus Christus dienen, ihn anbeten und verherrlichen. Die Nächstenliebe wird überall aufblühen. Die neuen Könige werden der rechte Arm der heiligen Kirche sein, die stark, demütig, fromm, arm, eifrig und eine Nachahmerin der Tugenden Jesu Christi sein wird.*

Das Evangelium wird überall gepredigt werden, und die Menschen werden große Fortschritte im Glauben machen, weil es Einigkeit unter den Arbeitern Jesu Christi geben wird und die Menschen in der Furcht Gottes leben werden.

Dieser Friede unter den Menschen wird aber nicht von langer Dauer sein. 25 Jahre reichlicher Ernten werden sie vergessen lassen, daß die Sünden der Menschen die Ursache aller Strafen sind, die über die Erde kommen.

Ein Vorläufer des Antichristen wird mit seinen Truppen aus vielen Völkern wider den wahren Christus, den alleinigen Retter der Welt, kämpfen." (7/365)

Auch hier wird die Friedenszeit zuerst in den höchsten Tönen gelobt - und später wird dann doch alles wieder schlechter. Eine Erklärung wird gleich mitgeliefert. Den Leuten geht´s zu gut!

Tatsächlich wäre infolge des Kometen bzw. seines Falloutes mit guten Ernten zu rechnen. Siehe Lied der Linde: „Reiche Ernten schau ich jedes Jahr.“

Überblick der vorhergesagten Aspekte zur Friedensphase

Zeit	Quelle (nur europäische Quellen, Liste ist unvollständig)	sehr positive geistig religiöse Wende	Veinigung der Kirchen oder sogar Religionen	Monarchie in Frankreich	Monarchie in Deutschland	„Großer Monarch“ oder and. bedeut. Monarch
720	Heilige Odilie	14. 75				
1081	Hepidannus v.St.Gallen	41. 93				41. 93
1179	Hildegard von Bingen	7.205				
1240	Caesarius v.Heisterbach	7.211				
1348	Johann v.Winterthur	22. 33				
1470	Von Paola, Franz					10. 79
1566	Nostradamus	1.377				1.377
1642	Holzhauser	14.101	14.102			14.101
1656	Des Vallées, Marie	24.114	24.114			
1700	Wallich, Johann	7.285				
1701	Testament d.fl.Papstes	7.298				
1749	Marienthaler Kloster	41.246				
1760	Nectou	7.304	7.304			
1779	Kapuziner Pater					10. 76
1783	Spielbähn	7.296			7.296	
1790	Walraff	24. 90				24. 90
1798	Nativitas	7.330				
1820	Einsiedler Antonius				15. 99	
1823	Schwester von Lyelbe			88.236		
1825	Mühlhiasl	5. 58				
1830	Galtier			88.225		
1833	Eilert	7.307	7.307		7.308	
1837	Taigi	7.344	7.344			
1840	Asdente			7.342		
1846	La Salette	7.365				7.365
1850	Lied der Linde	7.307	7.307		7.308	
1850	Schwester von Lyon	88.234				88.234
1853	Handwercher	12.197	12.197			
1855	Pegghi	88.264		88.264		
1856	Schweizer Neuoffenbarung	14.107				
1857	De Bourg	24. 51				
1862	Steiner, Agnes	24. 93	24. 93			
1864	Lorber	9. 85				
1868	Sybille von Prag	14.169				
1871	Prophezeiungen von Piacenza					88.247
1873	Französische Extatin	88.322		88.321		
1879	Anne de la Foi			88.244		
1887	Henle, Anna	8.261	8.261			
1896	Pinaud, Madame			88.230		
1900	Elsischer Jüngling	7.310				
1912	Pramstahler	8. 81				
1914	Feldpostbriefe	12.101				
1917	Fatima	8.199				
1922	Kugelbeer	15.101			15.101	
1923	Pfarrer von Baden				12.208	
1933	Scochy, Emelda	14. 80				
1933	Ubaldi, Pietro	10.168	10.168			
1934	Madame Sylvia	14.180				
1940	Böhmischer Seher	8. 46			8. 46	
1948	Kérizinen			8.253		
1949	Bruder Adam	8.219	8.219			
1950	Stockert	12.221	12.221			
1951	Irlmaier	41.185			41.183	
1959	Karmohaksis	10.104				
1959	Seher aus d.Waldviertel				12.251	
1961	Pater Pio	8.152				
1964	Graf - Sutter	60.123				
1970	Da Terni, Frater G.M.	10.253				
1972	Sabato, De, Mario	6.286				
1976	White, Ron	8.163				
1978	Korkowski	32. 32				
1984	Biernacki	8.291	8.291	8.290		
1986	Bauer, Erich	80.127	80.119			
1986	Zönnchen	85. 69				
1988	Urban, Renate	106. 6				
1990	Paulussen	44.155		44.116		44.116
1991	Nagel, Karin	29.117				
1993	Uriella	43. 36				

Die Zeit des Antichristen

Der Begriff *Antichrist* taucht das erste Mal in der Bibel im Neuen Testament auf. Der Antichrist soll ein antireligiöser Gewaltherrscher im letzten historischen Abschnitt vor dem Jüngsten Gericht sein - also vor der Scheidung der Geister in Gut und Böse.

Zu diesem Antichristen liegen mir fast ausnahmslos christliche Quellen vor. Da er aber als eine Art Weltherrscher beschrieben wird, wäre davon auszugehen, daß er auch den Islam, das Judentum und andere Religionen unterdrückt. Mit anderen Worten: Wenn die christlichen Quellen richtig liegen, dann müßte sich eine entsprechende Figur auch in den Prophezeiungen aus nichtchristlichen Weltteilen niederschlagen.

Exemplarisch sei hier eine Textpassage aus "Wisse die Wege" von Hildegard von Bingen (Rheinland, 1098 - 1170) wiedergegeben. Der Text beinhaltet viele der wichtigsten Details zum Antichristen:

"Der Antichrist, der wahnwitzige Menschenmörder, der Sohn des Verderbens wird kommen, wenn der Tag gewichen und die Sonne untergegangen ist, daß heißt, wenn die Welt ihren Halt verliert. So höret dieses Zeugnis, meine Getreuen, höret es, und nehmet es zu eurem Schutze willig in euer Erkennen auf, damit nicht ohne euer Wissen plötzlich der Irrtum dieses Verderbens komme und euch in den Ruin des Unglaubens und der Verderbnis stürze.

...

Ist er dann zum Vollalter (ca. 30 Jahre Anm.B.) gelangt, so wird er offen seine großsprecherische Lehre vortragen und sich dadurch in Widerspruch zu mir und seinen Auserwählten stellen. So große Kraft wird er erlangen, daß er in seiner Machtfülle versuchen wird, sich über die Wolken zu erheben."

„Denn ich gestatte ihm nach meinem gerechten Gerichte, an verschiedenen Geschöpfen seinen Willen auszulassen. Wie nämlich der Teufel am Anfang sprach: "Ich werde dem Allerhöchsten gleich sein." - und stürzte, so werde ich auch zulassen, daß derselbe Teufel in der letzten Zeit in seinem Sohne spricht:"Ich bin der Heiland der Welt !"

Diese Formulierung könnte eine Anspielung auf die Dreitägige Finsternis und den Polsprung sein.

Er hat also eine Art Ideologie, für die er öffentlich eintritt.

Das wird von mehreren Quellen erwähnt. Möglicherweise geht es dabei um eine Raumstation in Erdnähe.

Na bitte - da ist die Katze aus dem Sack!

Aber dann wird er auch in diesem zu Fall kommen. Und wie die ganze Welt der Gläubigen erkannt hat, daß Luzifer ein Lügner war, als er am Anfang Gott gleich sein wollte, so wird auch jeder Gläubige einsehen, daß der Sohn der Bosheit ein Lügner ist, wenn er sich vor dem Jüngsten Tag dem Sohne Gottes gleichmachen will.

Er ist die schlimmste Bestie. Die Menschen, die ihn nicht anerkennen, tötet er. Könige, Herzöge, Fürsten und Reiche wird er sich verbinden, die Demut unterdrücken, den Stolz erheben und sich den Erdenkreis mit Teufelslist unterwerfen Seine Macht erstreckt sich bis auf den Ursprung der Winde, so daß er scheinbar die Luft in Bewegung bringt, Feuer vom Himmel ruft, Blitze, Donner und Hagel herniederfahren läßt. Berge stürzet er zum Scheine, Wasser trocknet er aus, den Wäldern nimmt er das frische Grün und gibt ihnen aufs neue treibenden Saft. ...

So werden viele getäuscht werden. Sie umwölken sich selbst ihre inneren Augen."

Die Verfolgung der Christen (und vermutlich Moslems, Juden, Hindus und anderer) zeigt immer wieder mit absoluter Klarheit, was hier vorgeht.

Teufelslist deutet auf eine eher friedliche Machterweiterung.
Diese übernatürlich wirkende Machtfülle wäre ein wesentlicher Aspekt, da sie ein entscheidendes Mittel zu Überzeugung der Menschen wäre.
Möglicherweise handelt es sich hierbei um neue oder derzeit wenig bekannte Technologien.
Mehrere Details im Zusammenhang mit dem Antichristen deuten auf die Nutzung von Hochtechnologien in dieser Zeit. Vielleicht nutzt der Antichrist - in negativer Form - Technologien aus dem Umfeld des New Age, die heute noch in ihrer Ausbreitung und Anwendung gehindert werden.

„Auf Mich (Jesus, Anm. B.) sollten sie schauen, sie aber wollen durch das Grübeln ihres Geistes durch neue Erkenntnis die Dinge erschauen. Sie verachten das Unsichtbare, das ewig in Mir ist und nur durch den wahren Glauben begriffen werden kann. ...

Sehr viele gewinnt er dadurch, daß er sie auffordert, frei nach ihrem Willen zu handeln. Sie möchten, sagt er ihnen, sich doch nicht mit Wachen und Fasten Gewalt antun, sondern sie sollten nur ihren Gott, als den er sich selber hinstellt, lieben. Dann würden sie vor der Hölle bewahrt werden und zum Leben gelangen.

Siehe da! Die Opfer des Antichristen sind teilweise beileibe keine stumpfen Materialisten, sondern geistig durchaus interessierte Menschen.

Die Sache mit dem Freien Willen ist insofern listig, als daß sie außer acht läßt, daß man unterscheiden muß zwischen *bewußtem* freien Willen und *unbewußtem* freien Willen.
Die freien Wahlen zum Deutschen Reichstag 1932 brachten Hitler zur Macht. Das war zwar eine freie Wahl - aber war sie bewußt? War sie klug? War sie weise?

Viele lassen sich dadurch täuschen und sagen: "Wie unglücklich waren doch die Menschen, die sich in den vergangenen Zeiten mit harten Peinigungen das Leben schwer machten, weil sie die Güte unseres Herrn nicht kannten." Er zeigt ihnen nämlich Schätze und Reichtümer und gestattet ihnen Schmausereien, soviel sie wollen ...

Dabei weist er als Mittel zum Seelenheil eine Schrift vor, die grauenhaften Fluches voll ist. Er übergibt sie den Menschen als ein Siegel und befiehlt, daß sie ihn anbeten. Verweigert dies irgend ein Gläubiger aus Liebe zu meinem Namen, so wird er in grausamer Folterqual vernichtet ..."

(55/124)

Diese perfekte geistige Verwirrung taucht immer wieder auf. Die Täuschung der Menschen dürfte in absoluter Perfektion ablaufen, so daß auch die größten Schlaumeier dem Antichristen auf den Leim gehen. Fraglich, inwieweit der Antichrist Elemente des New Age benutzt.

Vermutlich ist dieses Buch eine Abrechnung mit den alten Religionen im Allgemeinen und dem Christentum im Besonderen. Nach dem bewährten Muster: Jesus Christus die Untaten der Kirche anhängen.

Das zentrale Element wäre beim Antichristen die Täuschung. Er verspricht geistige Freiheit, hat aber in Wahrheit genau das Gegenteil vor. Gegen Ende seiner Herrschaft sollen sich dann wieder Kriege und Naturkatastrophen häufen. Mehrere Quellen deuten darauf hin, daß sich erneut ein Angriff von Osten auf Europa ergibt - durchgeführt von einem Völkergemisch unter Führung der Chinesen.

Zeit	Quelle*	Antichrist allgemein	Antichrist unterdrückt und/oder verfolgt Religion(en)	Antichrist ist großer Verführer und/oder Weltherrscher
315	Lactantius	5.127	....	5.127
677	Methodius von Patara ..	5.140	....	5.140
1179	Hildegard von Bingen ..	24.131	24.131	24.131
1566	Nostradamus	1.377	1.377	....
1640	Merlin (I)	10. 76	....	....
1682	Dionisos v.Lützelberg .	7.284	....	....
1798	Nativitas	7.332	....	....
1837	Taigi	7.344	....	....
1840	Asdente	14. 89	14. 88	14. 89
1846	La Salette	7.366	....	7.367
1864	Lorber	9. 53	9. 53	....
1900	Heiliger Ambrosius	10.107	....	....
1900	Pphz.v.bl.Mandelbaum ..	10.149	....	....
1914	Feldpostbriefe	12. 96	....	....
1923	Beliante	24. 81	....	....
1933	Scochy, Emelda	14. 80	....	14. 80
1950	Stockert	12.221	....	....
1968	Dudde	17. 5	17. 6	17. 35
1970	Dixon	6.289	....	6.289
1984	Biernacki	15.149	....	....

* Liste ist unvollständig

Das Goldene Zeitalter

Nach all den vielen schrecklichen Dingen, die bisher in diesem Buch beschrieben wurden, wäre jetzt der richtige Zeitpunkt, um tief in eine helle und schöne Gedankenwelt einzutauchen. Das Goldene Zeitalter bietet sich hierfür geradezu an.

Um hier aber ein detailliertes und solides Gesamtbild entwerfen zu können, wären sehr umfangreiche Untersuchungen erforderlich. Ansonsten läuft man leicht Gefahr, verzerrten Vorstellungen einzelner Quellen auf den Leim zu gehen.

Entsprechende Untersuchungen stehen meinerseits noch aus, und von daher muß ich mich hier auf ziemlich oberflächliche Anmerkungen beschränken.

Das Goldene Zeitalter wird auch als *Tausendjähriges Friedensreich*, als *Zeitalter der Erleuchtung* oder als *Reich Gottes* bezeichnet. Etwas wertfreier ist der Begriff *Wassermann-Zeitalter*.

Mit anderen Worten: Es geht um eine Zeit, die besser gar nicht sein könnte! Das Paradies schlechthin! Sogar viel besser noch als das, was Adam und Eva vorfanden.

Jetzt stellt sich natürlich die Frage, wie diese desolate Welt es schaffen könnte, in einen solchen Zustand überzugehen. Eigentlich ein lächerlicher Gedanke! Der Mensch führt seit Jahrtausenden ununterbrochen Krieg, und plötzlich - innerhalb ganz kurzer Zeit - vollzieht sich der Übergang ins Goldene Zeitalter.

Geht man von den derzeit bekannten Fakten aus, so wäre das undenkbar.

Es gibt allerdings Erklärungsmodelle, die davon ausgehen, daß unser Sonnensystem zu einem gegebenen Zeitpunkt in den Wirkungsbereich bestimmter kosmischer Energien gerät. Und diese Energien sollen sich in vielfältiger Weise auf das Leben auf der Erde auswirken.

Die extrem positive Änderung im Zusammenleben der Menschen (Friede und Erleuchtung) wäre also nicht das Ergebnis eines sprunghaften kollektiven Reifungsprozesses, sondern es würden sich letztlich nur die äußeren Bedingungen ändern.

Daraus ließe sich natürlich folgern, daß nach deren späterem Wegfall alles in den alten Trott zurückfällt. Innerhalb des Goldenen Zeitalters wäre auf Grund der hohen positiven Energie damit zu rechnen, daß eine Reihe negativer Kräfte unwirksam wird. *Die Dunkelheit meidet das Licht.*

Sinngemäß ist durchgehend in den Quellen die Rede davon, daß nur Menschen mit einem gewissen Reifegrad in dieser Zeit auf der Erde leben werden.

Abgesehen davon wird eine Fülle von Details erwähnt, die schon geradezu surrealistisch sind. Telepathie soll allgemeiner Kommunikationsstandard sein, die

Menschen sollen unglaublich lange leben, nie krank werden und von körperlicher Arbeit befreit sein.

Sämtliche Materie - also die einzelnen Atome - soll sich soweit ändern, daß z. B. die Luft leuchtet und Dinge keinen Schatten mehr werfen.

Erklären ließe sich dies prinzipiell damit, daß diese kosmischen Energien auf die unterste Ebene der Materie einwirken. Und zwar nicht auf die Ebene der einzelnen Atome oder eine Stufe tiefer auf die Ebene der Protonen, Neutronen oder Elektronen - sondern noch eine Stufe tiefer, nämlich auf der Ebene der *Quarks*, also jenen Teilchen, aus denen sich Protron und Elektron erst zusammensetzen.

Diese Ebene ist noch in weiten Bereichen unerforscht - Überraschungen sind also noch einzukalkulieren.

Wie Sie sehen, ist es - zumindest oberflächlich - möglich, sich dem Goldenen Zeitalter gedanklich anzunähern - und zwar im Einklang mit dem aktuellen Stand der Wissenschaft.

Letztlich steht das Goldene Zeitalter für einen dramatischen positiven Wandel auf dem ganzen Planeten, der *sich ohne jedes Zutun der Menschen* vollzieht. Der einzelne Mensch kann höchstens wählen, ob er daran teilnimmt oder nicht.

In sofern führt die Idee des Goldenen Zeitalters sämtliche Weltverbesserungsbestrebungen - seien sie politisch oder religiös motiviert - ad absurdum.

Letztlich halte ich das Goldene Zeitalter nicht für eine Glaubensfrage. Ich denke, wenn man hier ausreichend forscht, werden sich genügend objektive Anhaltspunkte finden.

In jedem Falle dürfte es nicht schaden, wenn man die Hinweise auf das Goldene Zeitalter - die hauptsächlich von religiösen Quellen stammen - durch objektive Fakten untermauert.

Das entspäche dann der vielleicht mit Abstand positivsten Entwicklung des 20. Jahrhunderts: der Annäherung von Wissenschaft und Religion.

Die Quellenbasis

Über 98% der von mir erfaßten tatsächlich oder potentiell seherischen Quellen liegen mir schriftlich vor. Von drei Ausnahmen abgesehen handelt es sich hierbei um deutschsprachige Druckerzeugnisse: Bücher, Zeitschriften und einzelne Druckblätter. Als Bezugsquellen dienten mir der Buchhandel, Bibliotheken, Stadt- und Landesarchive.

Derzeit habe ich 365 unterschiedliche Quellen erfaßt. Davon sind 250 bzw. 249 in die Auswertungen dieses Buches einbezogen. Die Quellen lassen sich in folgende Typen unterteilen:

1. ***Seher:***
   Mit Seher bezeichne ich Menschen, die zukünftige Dinge ohne jegliche Hilfsmittel und im normalen Wachzustand sehen können. Diese (echten) Seher sind extrem selten und meistens von hoher Zuverlässigkeit.
2. **Medien**
   Medien unterscheiden sich von Sehern dadurch, daß sie selbst nicht die Fähigkeit besitzen, die Zukunft zu sehen. Stattdessen verfügen sie über eine Verbindung zu einem anderen Bewußtsein, welches die eigentliche Quelle der Zukunftsschau ist. Hierbei handelt es sich um - vorsichtig formuliert - körperlose Seelen. Ein Medium ist quasi nur eine Art Lautsprecher. Die Fehlerquote bei Medien liegt wesentlich höher als bei echten Sehern. Korkowski - selbst ein Mitteldding zwischen Seher und Medium - gibt diese Fehlerquote für Medien mit 70 % an. Der Fall Edgar Cayce, genannt "der schlafende Prophet", zeigt aber, daß es Medien gibt, die eine sehr hohe Zuverlässigkeit haben.
3. **"Normale" Menschen**
   Menschen, die nur in Ausnahmesituationen übernormale, seherische Fähigkeiten haben. Hierunter fielen auch besonders intensive Träume mit seherischem Charakter.
4. **Schriftliche Dokumentation**
   Die schriftliche Dokumentation solcher Wahrnehmungen, wobei der Urheber nicht bekannt ist, z. B. ein Stück Papier, das sich Prophezeiung nennt.

Nicht enthalten in meiner Datenbasis sind Gerüchte, also Vorhersagen, die sich nicht auf einen handfesten Ursprung zurückverfolgen lassen.

Bei all diesen Quellentypen besteht ein nicht zu unterschätzender Unsicherheitsfaktor: Hier kann erfunden, phantasiert, geirrt, verdreht und vergessen werden. Die Quellen müssen also auf ihre Glaubwürdigkeit hin überprüft werden.

Man braucht eine Art Filter, mit dem man falsche Voraussagen herausfiltern kann.

Die Vollständigkeit der Datenbasis

Wie bereits dargelegt, basiert meine Auswertungsmethode auf einem sehr großen Quellenpool. Dieser sollte möglichst vollständig sein. Absolute Vollständigkeit ist aber ein nie erreichbares Ziel. Es braucht nur irgendwo eine neue Quelle auftauchen, und schon fehlt etwas.

So gesehen ist die Datenbasis nicht *"dicht"*. Das gilt für drei Bereiche:

1. deutsch- und englischsprachige Quellen der jüngsten Vergangenheit, ab ca. 1990, bzw. entsprechende Übersetzungen in Deutsch und Englisch.
2. sonstige ausländische Quellen
3. allgemein kostenintensive Quellen

1. Deutsche und englische Quellen ab ca. 1990

Es gibt derzeit eine Art Boom, was mediale prophetische Botschaften anbelangt - mit dem bereits erwähnten Unsicherheitsfaktor.

In dieser Auswertung sind nur ein paar der bekannteren derzeitigen Medien einbezogen, z. B. Annie Kirkwood und das Medium für Ramtha, US-amerikanische Quellen, die teilweise in großem Widerspruch zu den europäischen Quellen stehen.

Bei prophetischen "Neuerscheinungen" ist es ab einem bestimmten Punkt sinnvoll, eine Grenze zu ziehen. Irgendwann muß man immer mehr lesen, und man findet immer weniger konkrete Vorhersagen.

Ebenfalls nachteilig an diesen jungen Quellen ist, daß man inzwischen an sehr viel Vorhersagematerial herankommt und sich "notfalls" auch aus der Tagespresse zukünftige Ereignisse zusammenreimen kann. Auch von daher besteht ein größerer Unsicherheitsfaktor.

2. Sonstige ausländische Quellen

Da (abgesehen von den Fällen Nostradamus und Cayce) Prophezeiungsliteratur nur in relativ geringen Auflagen veröffentlicht wird, kursieren in Büchern erfaßte Prophezeiungen oft nur innerhalb von Landes- bzw. Sprachgrenzen. Dies gilt insbesondere für ältere Quellen - also Quellen, die die Vermarktung ihrer Vorhersagen nicht mehr erlebten!

Ich schätze, daß ich zur Zeit höchstens 50 % der in Europa in Buchform erschienenen Prophezeiungen erfaßt habe.

Ende 1993 bin ich auf das holländische Buch *"De laatste Zeegels"* gestoßen, welches eine Reihe bisher in Deutschland nicht bekannter französischer Prophezeiungen enthielt, größtenteils Quellen von vor 1900! Es verstand sich von selbst, daß ich diese Quellen mit meinen bisherigen Quellen verglich. Ergebnis: Diese "neuen" Quellen fügen sich gut in das bestehende Gesamtbild.

Dieser Quellenvergleich war ein Test, und der Test war im Hinblick auf die Eindeutigkeit bzw. Verläßlichkeit der bisherigen Ergebnisse positiv.

Anfang 1994 konnte ich erstmalig 1992 in Europa veröffentlichte mongolische Prophezeiungen mit den europäischen vergleichen. Ergebnis: Auffällige Parallelen!

Meine bisherigen Erfahrungen mit neu bzw. erstmalig auftauchenden älteren Prophezeiungen von außerhalb des deutschen Sprachraumes haben bisher keinen Anhaltspunkt dafür gegeben, daß das bisherige Material "falsch liegt".

Über diese älteren ausländischen Quellen wird man vermutlich am schnellsten an "neues", authentisches und damit verwertbares Material herankommen.

3. Kostenintensive Quellen

Hierunter fallen einerseits bisher nicht übersetzte ausländische Quellen, welchen man erst langwierig hinterherrecherchieren muß, und Quellen, welche man durch Fachleute entziffern lassen muß (z. B. alte Handschriften).

Probehalber habe ich mehrere Archive in Niedersachsen inspiziert, und im Schnitt fanden sich in jeden Archiv mehrere Quellen (Stadtarchive in den Städten Hannover, Göttingen und Braunschweig). Man kann hier allerdings von Glück reden, wenn es sich um Drucke handelt. Meistens sind es Handschriften. Die muß man dann - wie schon gesagt - erst einmal entziffern (lassen). Und wenn man Glück hat, dann sind es Prophezeiungen, die sich mit Sicherheit oder großer Wahrscheinlichkeit auf unsere Zukunft beziehen. Oft handelt es sich aber um Prophezeiungen für Zeiten der Vergangenheit - z. B. für die Zeit des Dreißigjährigen Krieges.

Neben der Kategorie *"zu kostenintensiv"* gibt es dann auch noch Material von der Kategorie *"zu arbeitsintensiv"*. Jakob Lorber z. B. hat etwa 10.000 Seiten zu Papier gebracht. Das nur zu sichten, dauert schon alleine seine Zeit, ganz zu schweigen vom Lesen selbst.

Bild 41 auf Seite 226 zeigt die zeitliche Verteilung meiner Quellen.

Wie man sieht, ist ein Großteil älter bis sehr alt. Ein Großteil dieser Quellen kannte also all die Dinge nicht, die uns heute beschäftigen: z. B. Umweltzerstörung, Überbevölkerung, Massenvernichtungswaffen und AIDS oder weiter zurück sogar Kommunismus, Technisierung und Industrialisierung.

Naturbedingt sind ältere Quellen besser überprüfbar, da oft schon Dinge eingetroffen sind, die von ihnen vorhergesagt wurden. Es lassen sich verläßlichere Angaben zu ihrer Glaubwürdigkeit machen. Auch deshalb spielen die älteren Quellen in diesem Buch eine gewichtige Rolle.

In die Auswertungen dieses Buches habe ich nur 249 der obigen 365 Quellen einbezogen, da sich etliche der obigen Quellen nur auf die Vergangenheit beziehen, oder aber in ihren Angaben zu ungenau sind. In Einzelfällen ist mir auch nur der Name einer Quelle bekannt.

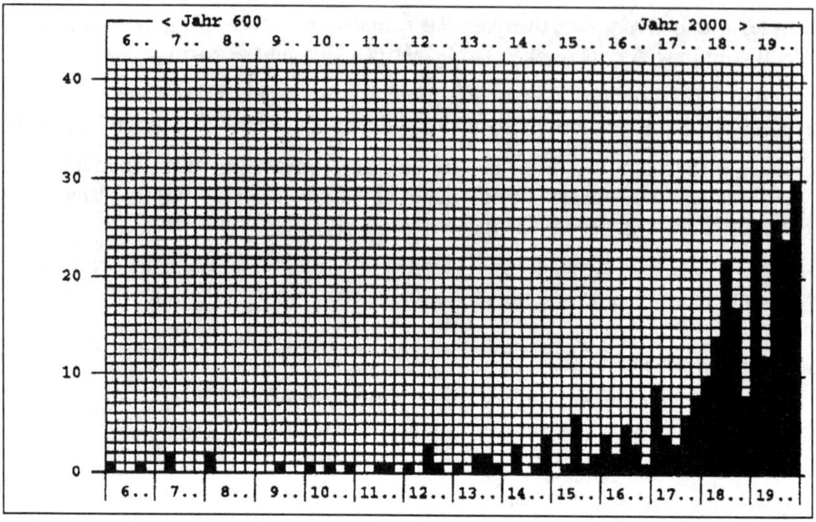

Bild 41: Zeitliche Verteilung der Quellen

Überraschend wenige Quellen sind nach meiner bisherigen Erfahrung offensichtlicher Unfug.

Ein paar Quellen befinden sich auch im "Aufnahmestadium", denn ich bin mehr oder weniger immer auf der Suche nach weiteren Quellen.

Ich meine, daß der Umfang der Quellenbasis zu groß ist, als daß man mir leichthin vorwerfen könnte, ich würde nur das zusammensuchen, was zusammenpaßt.

Praktisch alles, was an Sehern und Prophezeiungen Rang und Namen hat und für Zentraleuropa von Bedeutung ist, finden Sie in diesem Buch.

Die Glaubwürdigkeit der Quellen

Das erste Problem bei parapsychologischen Zukunftsvorhersagen ist natürlich, daß man nie genau weiß, wann ein bestimmter Seher sich irrt, oder schlimmer noch, ob er *überhaupt* "sehen" kann.

Untersucht man Prophezeiungen, dann steht also ganz am Anfang die Frage: Kann man dieser Quelle trauen? Die Quellen müssen also geprüft werden. Prinzipiell gibt es hier zwei Wege:

1. Die Untersuchung der einzelnen Quellen
2. Der Vergleich der Quellen untereinander

1. Die Untersuchung der einzelnen Quellen

1986 erschien das Buch *Zukunft des Abendlandes?* von Alexander Gann. Alexander Gann untersucht in diesem Buch auf 320 Seiten 12 Quellen daraufhin, inwieweit sie tatsächlich oder wahrscheinlich Informationen über die Zukunft enthalten.

Sein Buch ist bisher das mit Abstand wissenschaftlichste Buch zum Thema Prophezeiung und sei jedem wärmstens empfohlen, der sich intensiver mit dieser Thematik befassen möchte. Leider wurde es nie über den Buchhandel vertrieben, ist aber über den Hans J. Andersen Verlag in Gevelsberg erhältlich.

Nur bei einer der 12 von ihm untersuchten Quellen kommt er zu dem Ergebnis, daß sie wahrscheinlich auf Scharlatanerie basiert. Die von ihm untersuchten Quellen heißen :

1. Die Feldpostbriefe
2. Hepidannus von St.Gallen
3. Der Blinde Jüngling von Prag
4. Die Sibylle von Prag
5. Alois Irlmaier
6. Die Prophezeiung vom Kloster Maria Laach
7. Die Prophezeiung vom Kloster Marienthal
8. Das Lied der Linde
9. Sepp Wudy
10. Franz Kugelbeer
11. Josef Stockert
12. Der Seher aus dem Waldviertel

Josef Stockert ist diejenige Quelle, welche nach Ganns Ansicht sehr wahrscheinlich auf Betrug basiert. Ich selber bin mir da nicht ganz so sicher. Denn es gibt von Josef Stockert praktisch keine Vorhersage, die krass von den Vorhersagen anderer Quellen abweicht. Sollte er also irgendwo abgeschrieben haben, so hat er das immerhin mit gewisser Treffsicherheit getan. Ob echt oder falsch, zumindest ist sein Beitrag kein verwirrender.

Bis auf die Prophezeiung vom Marienthaler Kloster handelt es sich um Quellen, die öfters in der sonstigen Prophezeiungsliteratur auftauchen. Viele dieser Quellen beinhalten Vorhersagen, die schon eingetroffen sind. Alexander Gann hat also nicht *irgendwelche* Prophezeiungen untersucht, sondern einen Großteil der europäischen "Prophezeiungsbasis".

Eine weitere Quelle, die von anderen (Paul Friedel, Norbert Backmund) mit ähnlich positivem Ergebnis untersucht wurde, ist Mühlhiasl, der bekannte Seher aus dem Bayrischen Wald vom Anfang des 19. Jahrhunderts.

Darüber hinaus sind viele, oft wichtige Quellen (rund 30 % aller Quellen) stark religiös geprägt. Viele Vorhersagen oder Zukunftsvisionen stammen von Nonnen, Mönchen, Priestern und anderen Geistlichen (z. B. Hildegard von Bingen, Anna

Katherina Emmerick, Don Bosco, Pater Pio, Papst Pius X., Papst Johannes XXIII.). Betrug als Hauptgrund für Zukunftsvorhersagen dürfte in dieser Gruppe ausscheiden.

Eine intensive Auseinandersetzung mit der Thematik Prophezeiung führt nach meiner Einschätzung zu dem Ergebnis, daß Betrug keine maßgebliche Bedeutung hat. Betrug kommt zwar vor, aber der Umfang des Betruges bleibt weit unterhalb einer Grenze, ab der sich Prophezeiungen nicht mehr verwerten ließen.

Eine solche Situation würde eintreten, wenn z. B. auf *eine* authentische Zukunftsvorhersage 100 Fälschungen kämen. Betrug ist also nicht das eigentliche Problem. Stellt sich die nächste Frage: Welche Rolle spielt der Faktor Irrtum?

2. Vergleich der Quellen untereinander

Irrtümern kommt man in der Hauptsache durch einen Vergleich der Quellen untereinander, bzw. deren Vorhersagen auf die Schliche. Voraussetzung ist natürlich, daß sich die Irrtümer in Grenzen halten. Kämen auf eine "echte" Zukunftsschau 1.000 Irrtümer, dann sähe es schlecht damit aus.

Tatsächlich aber kann man die Irrtümer grob geschätzt mit 15 Prozent beziffern. Diese 15 Prozent gelten natürlich für meine Datenbank. Würde man eine Datenbank benutzen, die z. B. nur neueste nordamerikanische Quellen beinhaltet, dann dürfte dieser Wert deutlich höher liegen.

Oft handelt es sich bei den Irrtümern um Fehlinterpretationen, die den Sehern oder Visionären bei *Details* eines Szenarios unterlaufen. Sie sehen z. B. etwas, was sie nicht klar identifizieren können und erklären es dann mit Dingen, die ihnen vertraut sind.

Umfaßt eine Prophezeiung eine ganze Zeitspanne, so kann es in der Chronologie der Ereignisse zu Verwechslungen kommen, nämlich dann, wenn der Seher immer nur einzelne zeitliche Abschnitte einer ganzen Periode sieht und erst im Nachhinein ein Gesamtbild entwirft. So kann es dazu kommen, daß eine Vorhersage zum Dritten Weltkrieg mit Elementen des Ersten oder Zweiten Weltkrieges vermengt ist.

In der Praxis zeigen sich diese Irrtümer als Abweichungen vom Trend der Quellen-Gesamtheit. Ein Beispiel:

14 meiner Quellen beinhalten Angaben zur Jahreszeit bzw. dem Monat, in dem der Dritte Weltkrieg in Europa ausbrechen soll.

9 dieser Quellen beziehen sich definitiv auf den Hochsommer, also die Monate Juni bis August bzw. auf die Kornernte. Die Formulierungen von 3 zusätzlichen Quellen schließen den Hochsommer mit ein.

In einer Quelle ist die Rede von der *Kornblüte*. Hier ist also definitiv ein Zeitpunkt *vor* dem Hochsommer gemeint. Entweder hat diese Quelle tatsächlich Getreidehalme ohne Ähren "gesehen", oder aber es liegt ein Übertragungsfehler vor. Möglicherweise wurde aus Korn*reife* Korn*blüte*. Das halte ich allerdings für unwahrscheinlich.

Abweichungen oder Irrtümer können sich natürlich im Zuge der Übermittlung oder Überlieferung einschleichen. Es muß nicht unbedingt am Seher oder Visionär liegen.

Machen wir am Beispiel des Monats bei Kriegsausbruch weiter:

Eine dieser 14 Quellen sah den Kriegsausbruch *"an einem trüben, feuchten, nebligen Tag"*. Nicht gerade das, was man im Hochsommer zur Kornernte erwartet. Das hört sich eher nach Frühling oder Herbst an. Und wenn das Wetter im Hochsommer schon so merkwürdig ist, warum wird es dann nicht auch von anderen erwähnt? Akuter Erklärungsnotstand also!

Diese Ungereimtheit ließe sich nur notdürftig mit den Klimastörungen am Ende dieses Jahrhunderts erklären. Tatsächlich deuten ein paar Quellen auf einen großen Vulkanausbruch kurz vor Ausbruch des Dritten Weltkrieges hin. Und dieser Ausbruch soll zu einer Senkung der Temperaturen führen. Dies ist ein Effekt, der bei besonders großen Vulkanausbrüchen tatsächlich eintreten kann. Der Vulkan schleudert Unmengen von Staubteilchen in die obersten Schichten der Atmosphäre. Dort wandern sie um den ganzen Planeten und absorbieren für gewisse Zeit einen Teil des einfallenden Sonnenlichtes.

Manche Vorhersagen sehen auf den ersten Blick so aus, als würden sie dem Haupttrend widersprechen. Nach einer genaueren Untersuchung ändert sich dann dieser Eindruck. Dennoch gibt es hin und wieder Quellen, die auch nach einer genaueren Untersuchung in klarem Widerspruch zum Haupttrend stehen. Dann stellt sich die Frage nach der größeren Glaubwürdigkeit.

Und bisher war es immer so, daß in der Haupt-Trendgruppe eine, mehrere oder *alle* Quellen mit besonders hoher Glaubwürdigkeit enthalten waren.

Die meisten Untersuchungen in diesem Buch funktionieren nach diesem Prinzip. Eine große Gruppe von Quellen deutet auf eine ganz bestimmte Variante. Und auf der anderen Seite findet sich dann ein kleiner Rest, an dem sich Kritiker festbeißen dürfen.

Aberfan

Am 21. Oktober 1976 ereignete sich im Dorfe Aberfan in Wales/Großbritannien eine Katastrophe. Eine Kohlenabraumhalde rutschte von einem Berghang ab und erfaßte Teile des Dorfes Aberfan, darunter eine Schule. Es gab 144 Todesopfer, 128 davon waren Schulkinder.

Eine Woche später veranlaßte der englische Psychiater J. C. Baker einen Aufruf in einer britischen Zeitung, in welchem die Leser gebeten wurden, etwaige diesbezügliche Vorausahnungen, Träume etc. mitzuteilen. Diesem Aufruf schlossen sich noch andere Zeitungen in England an. Auf diese Aufrufe hin kamen 76 Antworten.

35 dieser 76 Fälle ließen sich weiter verwenden, die anderen waren zu vage oder bezogen sich auf ein anderes Ereignis. Bei 19 der 35 Fälle gab es Zeugen oder Aufzeichnungen in Tagesbüchern oder Traumnotizbüchern. 25 der 35 Fälle waren

Träume. Bei 34 der 35 Fälle ließ sich feststellen, wie lange vor dem Unglück die Ahnungen oder Träume eintraten.

11	einen Tag oder weniger vorher
11	mehr als einen Tag bis eine Woche
7	mehr als eine Woche bis einen Monat
5	mehr als einen Monat

Die früheste Vorausschau trat 10 Monate vor dem Unglück ein.

Diese Zahl von 35 Fällen muß natürlich in Bezug gesetzt werden zu der Anzahl derjenigen, die von diesem Aufruf erfahren haben. Hierüber liegen mir keine Zahlen vor. Man kann allerdings Hochrechnungen wagen.

Gehen wir davon aus, daß 500.000 Briten von diesem Aufruf erfuhren. Was wäre passiert, wenn dies nicht nur eine halbe Million, sondern mehrere Millionen gewesen wären? Nehmen wir einmal 10 Millionen an. Nehmen wir einmal an, daß sich die Zahl der Fälle bei 10 Millionen mehr als verzwanzigfacht hätte. Gehen wir von 1.000 Fällen aus. Weiter wäre anzunehmen, daß bei 1.000 Fällen auch vermehrt Fälle aufgetaucht wären, die das Unglück noch viel früher vorausgesehen hätten. Vermutlich hätte es bei 1.000 Fällen ein paar Fälle gegeben, die das Ereignis ein Jahr oder mehrere Jahre im voraus gesehen hätten. Überträgt man diese Überlegungen auf eine globale Naturkatastrophe wie die Dreitägige Finsternis, also ein Ereignis, das *mehrere Milliarden Menschen* erleben würden, so wird vorstellbar, daß es weltweit eine Fülle entsprechender Vorausschauungen geben *muß*. Und bei einer Basis von rund 5 Milliarden Menschen dürfte es auch etliche Vorausschauungen geben, die Jahrzehnte und noch weiter davor eingetreten sind.

Eine ähnliche Untersuchung wie im Fall Aberfan gab es zum Untergang der Titanic. Auch hier häuften sich die Vorausschauungen unmittelbar vor dem Unglück.

Das Problem ist also nicht ein Mangel an seherischen Fähigkeiten der Menschen, sondern daß der Wert dieser Fähigkeit nicht erkannt wird. Oder aber man *will* es gar nicht wissen. Ein chinesisches Sprichwort sagt, *daß es einfacher ist, Geld für einen Sarg zu sammeln als für die Medizin.* Die Nutzung von Prophezeiungen scheitert also teilweise auch aus Gründen, die überhaupt nichts mit dieser Thematik zu tun haben.

Hepidannus von St.Gallen

(Textauszug): *"Ich sah, erzählte er mir, in Germanien, wo jetzt die Wälder sich längs der Ufer der Ströme hinziehen, ein ungeheuer großes, fruchtbares, von unzähligen Menschen bewohntes Land. Als ich mit Bewunderung dorthin schaute, hörte ich plötzlich eine starke Stimme gleich dem Brausen des Sturmwindes an den Gipfeln der Berge, die zu mir sprach: Ich bin der Geist, der ausgeht von den sieben Leuchten vor dem Throne dessen, der da ist, sein wird und war, und der waltet über dem Menschengeschlechte seit Anfang der Dinge. Öffne dein Auge und schaue! Höre auf das, was ich dir sagen werde!*

Siehe! Ich will meine Ferse auf den Erdboden setzen, und ein Volk soll emporsprossen, wo jetzt der Wald die Fläche bedeckt und der Eber dem Speere des Unfreien erliegt und der Ur der Falle des jungen Jägers. Ich werde es groß machen unter allen Völkern der Erde. Die Sonne, die vom Süden die Welt erleuchtet und erwärmt, will ich nach Norden versetzen, und aus den Gegenden des Schreckens und der Nacht soll ein Licht ausgehen, dergleichen man bisher nie gesehen. Aus Germaniens Gründen wird ein Strom hervorquellen, der die ganze Welt überflutet.

Wehe jenen, die sich erkühnen, dem Laufe dessen zu widerstehen, der seine Pflugschar über die Berge zieht (Alpen), und den Staub seiner Füße gegen Abend am Meere abschüttelt. (die Nordsee an der Nordwestgrenze Deutschlands)

Es wird unter den Stämmen Germaniens ein Volk auferstehen und ein Haupt werden über all seine Brüder. (Reichsgründung unter Preußen) Langer Zwiespalt wird dem Glanz seiner Macht vorangehen. (Kleinstaaterei vor der Reichsgründung)

Der Herr wird gegen den Knecht und der Untergebene wider seinen Vorgesetzten sein Recht behaupten und verfechten. (Chaos in Weimar) Dann wird ein Mann auferstehen mitten aus den Strudel der Parteiungen (Adolf Hitler). Er wird, ohne dem Unrecht Stützpunkt zu sein, doch mit dem Rechte Recht sprechen wider das Recht, und vom Aufgange zum Niedergange (der Sonne) wird sein Name in aller Leute Mund sein. Verdammt und gehaßt von den einen, wird er bewundert von den anderen werden. Zwar wird unsägliches Elend an seine Schritte geknüpft sein und sein Name leben in der Geschichte inmitten von Leichenhügeln und Tod. Auch wird nicht das geschehen, was die Mehrzahl der Menschen glauben wird, daß er erstrebe. Er wird vielmehr das Werkzeug des Geschickes sein, dazu bestimmt, die alte Welt in Trümmern zu schlagen und, wollend oder nicht wollend, das Volk, aus dem er hervorgegangen, zur Freiheit bringen.

Wehe dem, der in jener furchtbaren, aber großen Zeit lebend, seinen Standpunkt versetzt und, geblendet durch das Gaukelspiel trügerischer Dämone, sich auf Abwege begibt, die ihm selbst, seinem Volke und Geschlechte verderbenbringend werden. Denn es werden in jenen Tagen des Zweifels und des Unglaubens falsche Propheten aufstehen und mit gleißender Stimme ihr Gift feilbieten (Propaganda-Chef Göbbels) und jene elendig zugrunde richten, die leichtgläubig und von einseitigen Vorurteilen (gegen die Juden!) befangen ihnen Glauben schenken."

Hitlers Wahlsieg im Jahre 1932 beruhte letztlich auf Massen von SPD-Wählern, die zur NSDAP überwechselten. Dies geschah vor allem im Norden und Osten Deutschlands - im gesamten Gebiet östlich der Weser. Dort, wo die SPD schwach war, z. B. in den meisten Teilen Bayerns, konnte die NSDAP auch keine dramatischen Stimmengewinne verbuchen.

"Wer Ohren hat, zu hören, der höre; wer Augen hat, zu sehen, der säume nicht, sie dem Lichte zu öffnen. Ein mächtiges Reich wird in jenen Tagen zugrunde gehen und ein mächtigeres an seine Stelle treten." (41/89)

Deutschland verliert den Zweiten Weltkrieg und die UdSSR erstreckt ihre Macht auf Osteuropa, der Kalte Krieg und das atomare Wettrüsten beginnt.

Das Lied der Linde (Textauszug)

Da die Herrscherthrone abgeschafft
Wird das Herrschen Spiel und Leidenschaft,
Bis der Tag kommt, wo sich glaubt verdammt,
Wer berufen wird zu einem Amt.

Bauer heuert bis zum Wendetag,
All sein Mühen ins Wasser mit einem Schlag,
Mahnwort fällt auf Wüstensand,
Hörer findet nur der Unverstand.

Wer die allermeisten Sünden hat,
Fühlt als Richter sich und höchster Rat,
Raucht das Blut, wird wilder nur das Tier,
Raub zur Arbeit wird und Mord zur Gier.

Rom zerhaut wie Vieh die Priesterschar
Schonet nicht den Greis im Silberhaar,
Über Leichen muß der Höchste fliehn
Und verfolgt von Ort zu Orte ziehn.

Gottverlassen scheint es, ist er nicht,
Felsenfest im Glauben, treu der Pflicht,
Leistet auch in Not er nicht Verzicht,
Fehmt den Gottesstreit vors nah Gericht.

Winter kommt, drei Tage Finsternis,
Blitz und Donner und der Erde Riß,
Bet daheim, verlasse nicht das Haus,
Auch am Fenster schaue nicht den Graus.

Eine Kerze gibt die ganze Zeit allein
(Wofern sie brennen will) Dir Schein,
Giftger Odem dringt aus Staubesnacht,
Schwarze Seuche, schlimmste Menschenschlacht.

Gleiches allen Erdbewohnern droht,
Doch die Guten sterben selgen Tod,
Viel Getreue bleiben wunderbar
Frei von Menschenkampf und Pestgefahr.

Eine große Stadt der Schlamm verschlingt,
eine andre mit dem Feuer ringt,
Alle Städte werden totenstill,
Auf dem Wiener Stephansplatz wächst Dill.

Zählst Du alle Menschen auf der Welt,
Wirst Du finden, daß ein Drittel fehlt,
Was noch übrig, schau in jedes Land,

Hat zur Hälft verloren den Verstand.

Wie im Sturm ein steuerloses Schiff,
Preisgegeben einem Riff,
Schwankt herum der Eintagsherrscherschwarm,
Macht die Bürger ärmer noch als arm.

Denn des Elendes einzger Hoffnungsstern
Eines bessern Tags ist endlos fern.
Heiland, sende, den Du senden mußt,
Tönt es angstvoll aus der Menschenbrust.

Nimmt die Erde plötzlich einen andern Lauf ?
Steigt ein neuer Hoffnungsstern herauf ?
"Alles ist verloren !" hier noch klingt.
"Alles ist gerettet !" Wien schon singt.

Ja, von Osten kommt der starke Held,
Ordnung bringend der verwirrten Welt,
Weiße Blumen um das Herz des Herrn,
Seinem Rufe folgt der Wackre gern.

Alle Störer er zum Barren treibt,
Deutschem Reiche deutsches Rechte schreibt,
Bunter Fremdling, unwillkommener Gast,
Flieh die Flur, die nicht gepflügt Du hast.

Gottes Held, ein unzertrennlich Band
Schmiedest Du um alles Deutsche Land,
Den Verbannten führest Du nach Rom,
Große Kaiserweihe schaut ein Dom.

Preis dem 21. Konzil,
Das den Völkern weist ihr neues Ziel
Und durch strengen Lebenssatz verbürgt,
Daß nun Reich und Arm sich nicht mehr würgt.

Deutscher Name, der Du littest schwer,
Wieder glänzt um Dich die alte Ehr,
Wächst um den verschlungnen Doppelast,
Dessen Schatten sucht gar so mancher Gast.

Dantes und Cervantes welscher Laut'
Schon dem deutschen Kinde sind vertraut
Und am Tiber und am Ebrostrand
Liegt der braune Freund von Hermannsland.

Wenn der engelgleiche Völkerhirt
Wie Antonius zum Wandrer wird,
den Verirrten barfuß Predigt hält,
Neuer Frühling lacht der ganzen Welt.

Alle Kirchen einig und vereint,
Einer Herde einziger erscheint,
Halbmond mählich weicht dem Kreuze ganz,
Schwarzes Land erstrahlt im Glaubensglanz.

Reiche Ernte schau ich jedes Jahr,
Weiser Männer große Schar,
Seuch und Krieg sind der Welt entrückt,
Wer dic Zeit erlebt, ist hochbeglückt.

Dieses kündet deutschem Mann und Kind,
Leidend mit dem Land die alte Lind',
Daß der Hochmut mach das Maß nicht voll,
Der Gerechte nicht verzweifeln soll.

(41/251)

Prophezeiung vom blühenden Mandelbaum (Auszug)

1980	- Rom ohne Petrus	(Papst auf Weltreise)
1981	- Triumph der Arbeit	?
1982	- Der neue Mensch	?
1983	- Hosianna der Völker	(Heiliges Jahr)
1984	- Delirium im Weltraum	?
1985	- Stimme des Antichristen	?
1986	- Feuer aus dem Osten	(Tschernobyl!)
1987	- Kreuze erfüllte Ebene	?
1988	- Wahnsinn der Erde	?
1989	- Der Menschen Erwartung	(Fall der Mauer!)
1990	- Erscheinung am Himmel	?
1991	- Erhellung der Nacht	(Bagdad wurde nachts bombardiert)
1992	- Abfall der Sterne	?
1993	- Vernichtung des Menschen[13]	(klang nach Drittem Weltkrieg)
1994	- Geheul des wilden Tieres	?
1995	- Schluchzen der Mutter	(viele Marienstatuen weinten 1995)
1996	- Sintflut auf Erden	?
1997	- Tod des Mondes	(kleine kosmische Wolke?)
1998	- Himmelsruhm	(Gott beendet den Dritten Weltkrieg)
1999	- Der neue Petrus	(Neuordnung der christlichen Kirche)
2000	- Triumph des Ölbaumes	(neue Zeit beginnt)

(8/95)

13 Bei Varena heißt es hier: „Tod des Menschen“

Weitere Beschreibungen zur Dreitägigen Finsternis

***Julie Jahenny de la Faudais,** 1819: "Es werden drei Tage andauernder Finsternis kommen. Während dieser schrecklichen Finsternis werden nur die Kerzen aus geweihtem Wachs Licht spenden ... Während dieser drei Tage werden die Dämonen in fürchterlicher, abscheulicher Gestalt erscheinen, und die Luft wird widerhallen von ihren schrecklichen Flüchen. Strahlen und Funken werden in die Häuser der Menschen eindringen, sie werden aber dem Licht der heiligen Kerzen nichts anhaben können, denn sie werden weder durch Winde noch durch Stürme oder Erdbeben ausgelöscht werden. Eine blutrote Wolke wird über den Himmel ziehen; das Rollen des Donners wird die Erde erbeben lassen. Das Meer wird seine schaumgekrönten Wellen über die Erde ergießen. Die Erde wird sich in einen riesenhaften Friedhof verwandeln ... Die ganze Vegetation der Erde wird zerstört werden, und zerstört wird auch der größte Teil des Menschengeschlechtes. Die Krise wird für alle plötzlich kommen, und die Strafe wird allgemein sein." (4/170)*

Verblüffenderweise finden sich bei vielen anderen Quellen ebenfalls Hinweise darauf, daß außerhalb der Häuser merkwürdige Dinge vor sich gehen. Ob es sich nun dabei um Dämonen oder etwas anderes handelt, ist eine heikle Frage.

Tatsache ist, daß bald alle Quellen, welche sich detailliert zur Dreitägigen Finsternis äußern, dazu raten, nicht nach draußen zu sehen. Man soll die Fenster abdecken, so daß man nicht hinausblicken kann.

Die oben erwähnte blutrote Wolke läßt sich demgegenüber ganz nüchtern als eine braunrote Salpeterwolke erklären, welche nach aktuellem Stand der Wissenschaft eine Begleiterscheinung bei größeren Kometeneinschlägen sein kann. Blutrote Wolken tauchen hin und wieder bei Prophezeiungen auf. Unklar ist allerdings, ob und wo ein solcher Kometeneinschlag stattfindet bzw. stattfinden soll.

***Taigi,** 1837, Rom: "Gott wird zwei Strafgerichte verhängen: eines geht von der Erde aus, nämlich Kriege, Revolutionen und andere Übel, das andere Strafgericht geht vom Himmel aus. Es wird über die ganze Erde eine dichte Finsternis kommen, die drei Tage und drei Nächte dauern wird. Diese Finsternis wird es ganz unmöglich machen, irgend etwas zu sehen. Auch wird die Finsternis mit einer Verpestung der Luft verbunden sein ... Solange die Finsternis dauert, wird es unmöglich sein, Licht zu machen. **Nur geweihte Kerzen** werden sich anzünden lassen und Licht spenden. Wer während der Finsternis aus Neugierde das Fenster öffnet und hinausschaut oder aus dem Hause geht, **wird auf der Stelle tot hinfallen**. In diesen drei Tagen sollen die Leute in ihren Häusern bleiben, den Rosenkranz beten und Gott um Erbarmen anflehen." (8/132)*

***La Salette,** 1846, Südfrankreich (3a):* In der Botschaft von La Salette findet sich ein entsprechendes Szenario, welches aber eindeutig der Phase des Vierten Weltkrieges zuzuordnen ist! (7/367)

Julie Marie Jahenny, *1873, Bretagne: "Wenn in kalter Winternacht Donner über die Erde rollen, daß die Berge zittern, dann schließet schleunigst die Fenster und Türen,* ***verhängt den Ausblick ins Freie****, denn eure Augen sollen das Furchtbare aller Geschehen nicht mit neugierigen Blicken entweihen! Heilig ist der Zorn Gottes, der die Erde reinigen wird für euch, die kleine treugebliebene Schar. Versammelt euch im Gebet vor meinem Kreuzbilde und ruft die Beschützer eurer Seelen an ... Was immer ihr zu sehen oder hören bekommt, ist Blendwerk der Hölle, das euch nicht schaden kann ... Brennt geweihte Kerzen und betet den Rosenkranz, das schärfste Schwert meiner Mutter. Harret aus: Tag und Nacht, Tag und Nacht und noch einen Tag! Die folgende Nacht wird die Schrecken zur Ruhe bringen. Nach dem Grauen dieser langen Finsternis wird mit dem anbrechenden Morgen die Sonne wieder scheinen mit ihrem Licht und ihrer Wärme." (8/208)*

Das liest sich teilweise so, als ob *"die Dämonen"* außerhalb der Häuser versuchen, einen dazu zu verleiten, die Türen zu öffnen ...

Dieser Quelle nach hätte man nach dem Einsetzen von Erdbeben nur noch wenige Minuten Zeit, um allerletzte Vorkehrungen zu treffen.

Dem aufmerksamen Leser ist vielleicht aufgefallen, daß oben von *kalter Winternacht* und unten von der *Sonne mit ihrer Wärme* die Rede ist. Z. B. auch der Seher aus dem Waldviertel berichtet davon, daß es unmittelbar nach der Dreitägigen Finsternis sehr viel wärmer geworden ist.

Kugelbeer, *1922, Vorarlberg (3a): "Finsternis von drei Tagen und Nächten. Beginn mit einem furchtbaren Donnerschlag mit Erdbeben.* ***Kein Feuer brennt****. Man kann weder essen noch schlafen, sondern nur beten. Nur geweihte Kerzen brennen. Blitze dringen in die Häuser, gräßliche Flüche von Teufeln sind zu hören. Erdbeben, Donner, Meeresrauschen. Wer neugierig zum Fenster hinausschaut, wird vom Tode getroffen. Man verehre das kostbare Blut Jesu und rufe Maria an. Die Teufel holen die Gottlosen bei lebendigem Leibe. ... Es herrscht die Pest, große schwarze Flecken am Arm sieht man. Schwefeldämpfe erfüllen alles, als wenn die ganze Hölle los wäre.*

Ein Kreuz erscheint am Himmel. Das ist das Ende der Finsternis. Die Erde ist ein Leichenfeld wie eine Wüste. Die Menschen kommen ganz erschrocken aus ihren Häusern ... Es fahren weder Eisenbahn, noch Schiffe, noch Autos in der ersten Zeit." (15/101)

Auch hier Erdbeben zu Beginn. Fraglich, ob die Pest eine Folge biologischer Kampfstoffe ist oder im Zusammenhang mit dem Giftstaub steht. Unklar, welches Gebiet von dieser "Pest" betroffen sein soll.

Der letzte Satz ist im Grunde positiv. Denn er besagt, daß später sehr wohl wieder Eisenbahn, Schiffe und Autos fahren. Mit *in der ersten Zeit* dürften nicht mehr als ein, zwei Jahre gemeint sein.

Lindenlied (19. Jh.) (siehe auch Seite 232, Lied der Linde)

Winter kommt, drei Tage Finsternis
Blitz und Donner und der Erde Riß,
Bet daheim, verlasse nicht das Haus,
Auch am Fenster schaue nicht den Graus.

Eine Kerze gibt die ganze Zeit allein
(Wofern sie brennen will) Dir Schein
Giftger Odem dringt aus Staubesnacht,
Schwarze Seuche, schlimmste Menschenschlacht.

Gleiches allen Erdgebor'nen droht,
Doch die Guten sterben sel'gen Tod.
Viel Getreue bleiben wunderbar
Frei von Atemkrampf und Pestgefahr.
...
Zählst du alle Menschen auf der Welt,
Wirst du finden, daß ein Drittel fehlt,
Was noch übrig, schau in jedes Land,
Hat zur Hälft' verloren den Verstand.
(7/374)

***Madam Sylvia**, 1934 (3a): "Und die Erde bebt und kracht in allen Fugen ... die Berge wanken und die Wälder stürzen ... Zwei Kolosse am Boden, furchtbares Ringen, Klagen, Trümmer und Rauch. Wo ist die Sonne? Wo der Tag? Wo ist Gott und die Hilfe? Es ist finster auf Erden ... Die Welt ist ohne Stützen. Das Herz der Welt, es bricht entzwei, und doch ersteht es neu. ... Die Erde atmet, wälzt sich um, und es werden Erdteile und Inseln vergrößert wiedererscheinen, unter furchtbaren Katastrophen andere Teile in sich zusammenfallen oder weggeschwemmt werden." (14/178)*

Korkowski, *1947 (3a): "Es war dunkle Nacht. Doch auf der Erde war es durch die vielen schrecklichen Blitze taghell. Die Blitze waren nur in Zentimeterabständen und zerstörten alles, was noch vom Krieg übrig war. Die Erde bewegte sich, wie ein Meer im Sturm ... Die Erde dampfte, als ob sie warm wäre, und die Sonne kam nach einiger Zeit langsam durch. Nirgends waren Bäume oder Ruinen von Häusern zu sehen. Man sah nur frische Erde." (32/23)*

Der letzte Satz kann sich eigentlich nur auf ein begrenztes, bestimmtes Gebiet beziehen. Alles andere wäre absurd. Wozu sonst die immer wiederkehrenden Hinweise, man solle im Haus bleiben?

Daß er hier *frische Erde* erkennen kann, deutet daraufhin, daß er sich bei der Vision in unmittelbarer Bodennähe befindet. Eine Perspektive aus Wolkenhöhe oder gar dem Weltraum scheint nicht vorzuliegen.

***Stockert,** 1950, München (3a): "Die Erde wird aus ihrer Bahn geworfen und die Sonne wird ihr keinen Schein mehr geben: Finsternis auf dem ganzen Erdball 72 Stunden lang. In der Finsternis wird kein Licht brennen, außer dem Licht des Glaubens und **geweihter Kerzen**, das jenen erhalten bleibt, die die Bitte der Gottesmutter treu erfüllt haben. Die wahren Christen werden in dieser Zeit Fenster und Türen schließen und **verhängen** und sich um das Kreuz und das Bild der seligen Jungfrau im Gebet versammeln ... Schauet nicht hinaus und seid nicht neugierig, was draußen vorgeht, **sonst müßt ihr sterben**! ... Ein furchtbares Geschrei wird die Luft erfüllen ... Dann erhellt die Sonne alles wieder mit neuer Schönheit ..." (12/221)*

Das furchtbare Geschrei dürfte, sofern es von außen kommt, nicht von Menschen stammen, denn die müßten im Giftstaub innerhalb kürzester Zeit sterben ...

Auch hier wieder unmittelbar danach: Ein schöner Tag!

***Seher aus dem Waldviertel,** 1959, Österreich (3a): "Einen Tag lang zittert und bebt die Erde. Man bilde sich nicht ein, daß irgend etwas stehenbleibt. Das Beben setzt am späten Abend ein und dauert bis zum nächsten Tag." (12/262)*

"Das diffuse Licht, das sich dann verbreitet, und die Vergiftung der Atmosphäre hielten bedeutend länger als nur drei Tage lang an. Wer nach fünf oder sechs Tagen sein Versteck verlasse, trage noch immer bleibende Schäden davon. Vielleicht aber rühre die besonders lange Dauer der Vergiftung seiner engeren Heimat (dem Waldviertel nahe der Tschechischen Republik) daher, daß die tödlichen Wolken nach Osten abgetrieben werden." (12/262)

"Gekühlte Lebensmittel verderben wegen der Unterbrechung der Kühlung, Dosengläser halten nicht durch."(12/254) (siehe Irlmaier (30/135))

Auch hier dürfte die Zerstörung wirklich sämtlicher Bauten nur für ein begrenztes Gebiet gelten. (Waldviertel in Österreich)

***Pater Pio,** 1961, Italien (3b): "Aus den Wolken werden Orkane von Feuerströmen sich über die Erde verbreiten. Sturm und Unwetter, Donnerschläge und Erdbeben werden einander folgen, unaufhörlich wird der Feuerregen niedergehen.*

*Der Wind wird Gift und Gas mit sich führen, das sich auf der **ganzen Erde** verbreitet. Damit ihr euch auf das Ereignis vorbereiten könnt, gebe ich euch folgendes Zeichen: Die Nacht ist sehr kalt, der Wind braust, und nach einiger Zeit wird der Donner einsetzen. Dann versperrt alle Türen und Fenster und sprecht mit niemanden außerhalb des Hauses. Kniet euch nieder vor dem Kreuz und bereut eure Sünden. Bittet meine Mutter um ihren Schutz. Während die Erde bebt, **schaut nicht hinaus**, denn der Zorn meines Vaters ist heilig. In der dritten Nacht werden Erdbeben und Feuer aufhören, und am folgenden Tag wird die Sonne wieder scheinen." (8/151)*

Auch hier wieder: Der Donner als allerletztes Warnzeichen und am ersten Tag danach ist wieder schönes Wetter. Auch hier wieder die Frage: Wer oder was kann von draußen rufen, wenn draußen alle tot sind?

***Lueken,** 1972, USA, New York (3a): "... große sengende Hitze - Feuerblitz, dann Finsternis - die Welt scheint stillzustehen, die Erde sich nicht mehr zu drehen ... - Da ist ein Haus, in dem eine Kerze brennt- wie Tiere klammern sich die Menschen an die Eingänge, die Türen, um hereinzukommen - ein anderes Haus hat brettervernagelte Fenster - auch darin brennt eine Kerze - keine Tür wird geöffnet - keine Tür wird geöffnet - Staub und Felsbrocken beginnen auf die Leute zu fallen ... eine Stimme schreit: drei Tage, drei Tage. ... Dann wird die Aufmerksamkeit Veronikas auf die andere Seite des Globus (Amerika) gelenkt; da schwebt eine gewaltige Himmelskugel, wie eine glühende Sonne, über dem Land, sie zieht hinter sich einen Feuerschweif ... unerträgliche Hitze verbreitend. ...die Luft wird zum Ersticken sein. Es wird kein Licht geben, nur wenige Kerzen werden brennen." (8/231)*

Offenbar kommt der Komet der Erde über Nordamerika besonders nahe.

***Garcilaso de la Vega,** 1982, Maria Laach (3a): "Die große Erschütterung und die drei finsteren Tage. Die Erdachse verschiebt sich und die Sonne verändert ihren Himmelslauf. Riesige Wasser bedrohen die Küste, im Inneren aber herrscht tödliche Dürre. Neue Wüsten werden entstehen und die alten Wüsten wachsen weiter ... Vulkane tun im Boden sich auf und Asche bedeckt das zerschundene Land. Und blutig rot schaut böse der Mond, und die Gestirne halten ihren Schein zurück." (16/214)*

***Biernacki:** 1984, Polen (3a): "Die gleichzeitige Druckwelle der atomaren Gefechtsköpfe der Chinesen (welche die Chinesen selbst treffen sollen! Anm. B.) wird von einem ungeheuren blendenden Blitzstrahl begleitet, der etwa vierzig Sekunden andauert (ein durchaus möglicher Wert bei extrem großen Atomexplosionen, Anm. B.) und in der ganzen Welt gesehen wird. Die Kraft der Explosion wird so unvorstellbar sein, daß die Erdkugel aus ihrer Position im Weltall geschleudert wird und danach drei Tage und drei Nächte lang ziellos im Raum treibt.*

*Sofort setzen Erdbeben und orkanartige Verwüstungen in der ganzen Welt ein. Ständig werden **Blitze** über den Himmel zucken und durch die Fensterscheiben der Häuser dringen, wobei sie das Glas schmelzen werden oder zerspringen lassen. So werden sie auch in die Räume der Menschen gelangen und manchmal ein oder zwei Leute töten, andere verfehlen. Jene Menschen, die Gott lieben und den Rosenkranz beten, werden verschont bleiben. ... Die Erde wird ihre Anziehungskraft verlieren, so daß die Menschen nicht mehr aufrecht stehen können, aus Furcht, zu fallen. ... Innerhalb weniger Stunden wird die Erde von immer stärker werdender Dunkelheit umgeben sein, bis zur totalen Finsternis. ...*

*Die Finsternis wird drei Tage währen, wobei jedermann im Hause bleiben, den Rosenkranz beten und niemandem die Tür öffnen soll. Das einzige Licht, das in dieser Zeit zu sehen sein wird, wird von **geweihten Kerzen** kommen. Nach drei Tagen Dunkelheit wird der Krieg zu Ende sein und große Ruhe herrschen. ..." (8/289)*

Es kommt immer wieder vor, daß Seher oder Menschen, die Visionen haben, ihre Visionen nicht verstehen. Hin und wieder wird das von den Sehern selbst gesagt. Manchmal merken die Seher aber auch nicht, wie sie etwas falsch auffassen. Eine solche - ziemlich verquere Quelle - ist Biernacki. Betrachtet man seinen Text hier äußerst wohlwollend, dann könnte man sagen: *Es kommt in Ostasien zwar zu zahlreichen Atomexplosionen, jedoch sind diese nicht die Ursache für das Abweichen der Erde von ihrem Kurs.*

Physikalisch wäre das schlicht und einfach nicht möglich. Denn die Erde wurde im Laufe der Erdgeschichte schon von Kometen und Meteoriten getroffen, deren einzelne Einschläge sehr viel mehr Energie freisetzten, als das alle chinesischen Atomwaffen zusammen könnten. Biernacki's Phantasie geht hier also gewaltig durch. Das geschieht ihm an etlichen Stellen. Dennoch habe ich den Eindruck, daß er grundsätzlich durchaus seherische Fähigkeiten hat.

An den Atomexplosionen über China habe ich im übrigen große Zweifel.

Abschließend möchte ich noch auf die häufig erwähnten Blitze zur Zeit der Dreitägigen Finsternis eingehen:

Bei den Blitzen, die in die Häuser dringen, könnte es sich unter anderem um Kugelblitze handeln. Deren Auftreten steht nach neuesten Forschungen mit der Zunahme der Methankonzentration in Bodennähe im Zusammenhang. Die Methankonzentration in Bodennähe wiederum nimmt bei Erdbebentätigkeit zu, und wird z. B. in Kalifornien zur Erdbebenvorhersage genutzt. Andererseits wäre bei einer mit Staub angereicherten Atmosphäre und gleichzeitigen Stürmen mit starken elektrostatischen Auf- und Entladungen in der Luft zu rechnen. Eine drastische Häufung von Blitzen - teilweise auch Kugelblitzen - wäre aus wissenschaftlicher Sicht durchaus naheliegend.

Fassen wir abschließend die überstimmenden Details der Quellen zusammen:

Die Beschränkung des Szenarios auf drei Tage, die Verpestung der Luft, die Erdbeben in dieser Zeit, die Jahreszeit (kalt, Herbst/Winter), die Mahnung, im Haus zu bleiben, die Aufforderung zu beten, die Warnung, nicht hinauszusehen, die Schwierigkeit, Licht bzw. Feuer anzumachen, die Vielzahl der Blitze und der Zusammenhang mit dem (einem) Krieg.

Im Hinblick auf die Zerstörungen durch Erdbeben wären in jedem Falle regionale Unterschiede in Betracht zu ziehen. Die nahezu durchgängigen Empfehlungen, im Hause zu bleiben, deuten ohne jeden Zweifel und logischerweise daraufhin, daß etliche Häuser stehen bleiben! Nicht nur das. In Anbetracht der allgegenwärtigen Staubwolke wäre auch davon auszugehen, daß ein größerer Prozentsatz der Häuser keine schweren Schäden erleidet. Sonst würde ja schließlich der giftige Staub in die Wohnräume eindringen.

Nach dem derzeitigen wissenschaftlichen Kenntnisstand gilt, daß theoretisch jedes Gebiet von Erdbeben betroffen sein könnte, auch solche Gebiete - das sei ausdrücklich hervorgehoben - in denen es bisher keine Erdbeben gab.

Vermutlich gibt es aber auch in diesem Szenario Gebiete, in denen keine oder nur schwache Erdbeben stattfinden. Wo solche Gebiete aber sein sollen, läßt sich kaum sagen. Meiden sollte man wohl in jedem Falle Gebiete, die ohnehin ein erhöhtes Erdbebenrisiko haben. Und man sollte nicht gerade in einem Hochhaus oder klapprigen Altbau sitzen. Das Beste wären wohl Häuser mit nur einem Geschoß, nämlich nur mit Erdgeschoß.

Ganz zuletzt wäre darauf hinzuweisen, daß bei Erdbeben in Gebieten, in denen man sie normalerweise nicht vermutet, etliche Dinge plötzlich ein völlig neues Gefahrenpotential bekommen. Stichwort: Bergrutsche, Stauseen, Atomkraftwerke, Produktions- und Lagerstätten von Explosiv-, Brenn- und Giftstoffen, Höhlen, Bergwerke (Einsturzgefahr), Gas- und Öl-Pipelines (Blitze!).

Nachwort

Diese Buch ist unvollendet. Es erhebt keinen Anspruch auf die Unumstößlichkeit seiner Aussagen. In Interviews betone ich immer wieder, daß ich es als eine Art "Vor-Checking" betrachte. Es stellt den Versuch dar, die präkognitiven/seherischen Fähigkeiten so zu erfassen und auszuwerten, daß sie für die Allgemeinheit, für die Gesellschaft nutzbar werden.

Jedes Naturvolk hat seine Seher, Schamanen, Medizinmänner. Sogenannte primitive Völker nutzen die seherischen Fähigkeiten mancher ihrer Mitglieder. Nur der "Moderne Mensch", der auf Grund seiner Kommunikationssysteme auf einen unvergleichlich viel größeren Pool seherisch begabter Menschen zugreifen könnte, beukottiert einen Teil seines eigenen Potentials.

Diese Art der Forschung ist eine gesamtgesellschaftliche Aufgabe, bzw. sollte sie es sein. Tatsache aber ist, daß bis zum heutigen Tage Arbeiten wie diese einzig und alleine aus privaten Mitteln finanziert werden. Aus meiner persönlichen Sicht kann ich sagen: That's it - mehr ging nicht! Obwohl ich natürlich weiß, daß hier noch einiges fehlt, und einiges hätte sehr detaillierter untersucht und dargestellt werden können.

So z.B. zur Dreitägigen Finsternis: Den europäischen Quellen nach wäre dies ein globales Szenario. Gerne wird dann argumentiert, die hätten alle voneinander abgeschrieben.

Der Logik nach wäre aber zu erwarten, daß es außerhalb von Europa - in ganz Amerika, Afrika, Asien und Ozeanien, eine große Fülle von insbesondere sehr alten (!) Prophezeiungen gibt, die sich auf die Dreitägige Finsternis beziehen, und denen man nicht nachsagen kann, sie seinen abgeschrieben oder anderweitig von europäischen Quellen beeinflußt.

In meinem Buch führe ich hierzu beispielsweise mongolische Quellen aus dem 17.Jahrhundert an. Im Grunde ein sehr schönes Beispiel, da die Mongolei nun wirklich reichlich weit weg ist von Europa, und die Mongolen in gewisser Weise symbolisch für ein "fremdes und unheimliches" Asien stehen.

Die Sache mit den Mongolen reicht aber nicht zum Beweis, daß es seit vielen Jahrhunderten weltweit Prophezeiungen zur Dreitägigen Finsternis gibt - und daß diese im Wesentlichen einzig und alleine aus echter Zukunftsschau resultieren.

Verstehen Sie? Durch weitere Forschungen ließen sich die europäischen Prophezeiungen in einem Grade erhärten, daß ein weiteres Festhalten an der bisherigen Ablehnung schon fast ein krimineller Akt wäre!

Also - wenn Ihnen das eine oder andere in diesem Buch fehlt, oder nicht detailliert genug ist, dann versuchen Sie es im Zusammenhang mit einer derzeitigen massiven kollektiven Ignoranz zu sehen.

Ich vermute allerdings, daß sich die allgemeine Einstellung zu dieser Thematik in Kürze ändern wird. Und das wäre nicht zu spät, denn in einer Reihe von Jahren wäre wieder damit zu rechnen, daß eine Situation eintritt, vor der prophetisch gewarnt wurde, auch, wenn das jetzt kaum vorstellbar ist. In dieser Situation wäre es sogar noch wichtiger, daß die Warnung die richtigen Leute rechtzeitig erreicht.

Abschließend der Hinweis: Dies ist und bleibt ein Experiment! Trotz aller Prophezeiungen - Sie und ich wissen letztlich nicht (!), was kommen wird.

Was tun?

Wenn Sie ein ernsthaft religiös, spirituell oder geistig orientierter Mensch sind, dann werden Sie wissen, daß sich "absolute Sicherheit" nur erreichen läßt, wenn man sich total auf Gott oder den eigenen wahrsten inneren Kern ausrichtet.

So gesehen wären materielle Vorbereitungen lediglich eine "Notlösung". Prinzipiell ist eine materielle Vorsorge, oder die Beschäftigung damit auch in sofern problematisch, als daß man der äußeren Wirklichkeit eine Bedeutung zumißt, die von geistiger Sicht aus fragwürdig erscheint. "Sterben müssen wir alle einmal, und die Seele ist unsterblich."

Solch esoterische Floskeln können aber auch schlichtweg Schönfärberei der eigenen Trägkeit, Dummheit, Gleichgültigkeit oder Überheblichkeit sein.

Vielleicht sind Sie ja tatsächlich einer der Glücklichen, die sich von Licht ernähren können. Aber was ist mit Ihren Kindern, der Oma und Ihren Freunden? Wegen Fragen wie dieser befassen wir uns jetzt kurz mit dem Thema "Materielle Vorsorge".

Nochmals der Hinweis! Niemand kann Ihnen garantieren, daß Wirklichkeit wird, was prophezeit wurde. Etwaige Entscheidungen lassen sich nicht 100% rational begründen. Ein wesentlicher Aspekt ist Ihr Gefühl, Ihre Intuition.

1. Fangen Sie so früh wie irgend möglich mit materieller Vorsorge an!

Sollten sich die Dinge tatsächlich zuspitzen, so kommt es im Ernstfall auf Tage oder gar Stunden an. Der "Hauptfeind" im Zusammenhang mit dem Thema materieller Vorsorge wäre also Ihre eigene Unentschlossenheit, oder Ihre Unfähigkeit, Prioritäten zu setzen. (Stichwort sonstige Verpflichtungen)

2. Denken Sie so früh wie möglich auch an andere!

Diejenigen Menschen, die schon jetzt über diese Informationen verfügen, müssen sich darüber im Klaren sein, daß andere eben noch nichts davon wissen. Damit hier keine Zeit verloren geht, bis diese Leute wissen "wie der Hase läuft", sollten Sie so früh wie irgend möglich Vorsorge für solche Menschen mit treffen.

3. Beschaffen Sie sich Lebensmittelvorräte

Im Zusammenhang mit Unruhen, Krieg und Naturkatastrophen wäre mit einem vorübergehenden totalen Zusammenbruch der öffentlichen Versorgung zu rechnen. Deshalb müßte man sich für gewisse Zeit selbst versorgen. Für welchen Zeitrum Lebensmittel reichen müßten, wird aus den Quellen letztlich nicht klar. Sicherlich gäbe es hier regionale Unterschiede. Für ein halbes Jahr sollten sie wohl schon reichen. Mehr schadet wohl in keinem Fall.

Wenn Sie Ihre Ansprüche auf das absolut Nötigste reduzieren, dann fallen hier Kosten von wenigen 100 DM pro Person und 1/2 Jahr an. Z.B. deckt EIN 50kg-Sack Getreide den Grundbedarf pro Person von etwa 4 Monaten!

Achten Sie aber darauf, daß nur Menschen, denen Sie 100%ig(!) vertrauen, davon erfahren. Ansonsten wären Sie möglicherweise einer derjenigen, die als allererstes geplündert werden.

4. Sorgen Sie für Wasservorräte

Aus denselben Gründen wie bei den Lebensmittel wäre mit einem Zusammenbruch der Wasserversorgung zu rechnen. Zusätzlich wären ab der Dreitägigen Finsternis alle offenen Wasser verseucht, und es wird überdies öfters eine große Dürre vorausgesagt. Sollten Sie über keine eigene (nicht elektisch betriebene) Pumpe verfügen, so bräuchten Sie ebenfalls Wasservorräte für etwa mindestens ein halbes Jahr. Pro Person rechnet man mit 3 Liter pro Tag (Trink- und Brauchwasser). So käme man pro Person auf ein Volumen von rund 600 Litern, also etwas über ein halber Kubikmeter.

Bei der längeren Lagerung von Wasser wäre natürlich daran zu denken, daß es nicht verdirbt. Dazu kann man Mikropur-Tabletten verwenden. Bezugsquelle: siehe am Ende dieses Kapitels.

5. Während der Dreitägigen Finsternis brauchen Sie einen halbwegs stabilen geschlossenen Raum

Mit "halbwegs stabil" ist gemeint, daß er über keine größeren Fensterfronten verfügt. Fenster könnten infolge fliegender Trümmer zerstört werden. Fenster wären generell gegen Bruch zu sichern. Dieser Raum müßte gegen die Außenluft abgedichtet werden.

Innerhalb der Räume wäre das Hauptproblem nicht ein eventueller Sauerstoffmangel, sondern das Kohlendioxid, welches durch die Atmung angereichert und schließlich giftig wird (ab 8% in der Atemluft). Deshalb würden auch Sauerstofflaschen kaum Sinn machen, es sei denn, man atmet wirklich nur aus der Flasche.

Das Kohlendioxid muß also aus der Luft raus, bzw. darf es die Konzentration von 8% nicht überschreiten, bzw. muß darunter bleiben.

Ein Herr Heinrich Bauer (74003 Heilbronn, Postfach 1303) vertreibt (für DM 2 plus Porto) ein Heftchen (Der III.Weltkrieg ...), in dem er empfiehlt, dieses Problem zu lösen, indem man gelöschten Weißkalk mit Wasser zu einem Brei anmischt, und damit die Wände bestreicht. Dieses Gemisch bindet das Kohlendioxid aus der Luft!

1 bis 2 kg gelöschter Weißkalk sollen ausreichen, um einen Kubikmeter Atemluft für 10 Stunden brauchbar zu machen. Den Quellen nach ließe sich dann folgende Überschlagsrechnung anstellen: Bei 3 Tagen bräuchte man 14 kg für 7 Kubikmeter Atemluft pro Person. Pro Quadratmeter Grundfläche können Sie mit 2,5 Kubikmeter Atemluft rechnen. Theoretisch könnte man also pro Person 2,5 Quadratmeter Grundfläche rechnen.

Da aber nicht ein einziger Seher zu dieser Maßnahme rät, und während der Dreitägigen Finsternis "nur etwa ein Drittel" der Menschheit sterben soll, ist zu vermuten, daß man auch ohne diese Maßnahme überleben kann. Außerdem: Wer macht das schon?

Lesen Sie unbedingt auch die "Weiteren Beschreibungen zur Dreitägigen Finsternis"

Vielleicht denken Sie, gerade während der Dreitigen Finsternis sei man im Haus wegen der Erdbeben gefährdet. Ich würde diesen Gedanken nicht weiter verfolgen. Maßgeblich dürften die immer wieder kehrenden Hinweise der Quellen sein, man solle im Haus bleiben. Dort ist man sicherlich sicherer als draußen. Zur Not könnte man den Keller mit Stützbalken absichern.

6. Meiden Sie "Hochrisiko-Gebiete"

1. Küsten, meernahe Flußunterläufe, Ufer großer Seen

Überflutungen wären an der Nordseeküste, aber grundsätzlich auch an der Ostseeküste, wenn auch in abgeschwächter Form, zu erwarten. Allerdings ist es schwierig zu sagen, welcher Bereich überflutet würde. Der kleinste gemeinsame Nenner läge bei 30-40 Meter über Normalnull, aber es gibt auch nicht wenige Quellen, denen nach das Wasser noch deutlich höher (100 bis 200 Meter) steigen könnte.

Die Ufer großer Seen wären zu meiden, da im Falle eines Polsprunges das Wassser "heraus-schwappen könnte". Davon wäre aber vermutlich nur der unmittelbare Uferbereich betroffen.

2. Gebiete südlich der tschechischen Grenze

Ein Streifen vom Fichtelgebirge über den Oberpfälzer Wald, den Bayrischen Wald weiter bis ins österreichische Mühl- und Waldviertel sollte gemieden werden. Die Breite des Streifens kann man nur schätzen. Ich schätze mindestens 20 km. Es versteht sich von selbst, daß man sicherheitshalber ganz Tschechien meiden sollte.

3. "Gelber Streifen"

Es finden sich in den Quellen immer wieder Hinweise auf einen vom Westen chemisch verseuchten Streifen (gelb oder gelbgrünes Gift), der sich im Nordabschnitt von Prag bis zur deutschen Küste hinziehen soll. In den Quellen tauchen aber Unklarheiten auf, ob damit nun die Nord- oder die Ostsee gemeint ist. Das ist in sofern ein Problem, als daß dieser Streifen halb so breit wie Bayern sein soll - also etwa 100 km - und innerhalb dieses Streifens jegliches (!) Leben vernichtet werden soll.

Einerseits ist bei Irlmaier die Rede von "... bis zur Stadt in der Bucht" (41/179). Das naheliegendste wären da Städte, nach denen Buchten benannt sind. Also Kiel, Lübeck oder eventuell auch Stettin (Stettiner Haff). Stettin wäre das Naheliegendste, da hier der Weg von Prag am kürzesten wäre.

Bei Bekh (8/45) ist in einer anderen Quelle klar die Rede von der Ostsee. In einer anderen Quelle, ebenfalls bei Bekh (8/265) steht: "Todesstreifen legt der West - Vom Schwarzmeer bis zur Küst - Halb so breit wie Bayernland - Alles Leben dort entschwand - Sofia, Prag und Hansestadt - Gottes Hand geschlagen hat - Gelber Staub nach Osten weht - Tod und Seuchen mit ihm geht." Das klingt zunächst so, als ließe es sich sowohl auf die Nordsee, als auch auf die Ostsee beziehen, da in beiden Bereichen alte Hansestädte liegen.

Für die Nordseeküste spräche ein Zitat von Irlmaier, wo zweimal wortwörtlich von der Nordsee die Rede ist (30/132) - hier also ein klarer Widerspruch. Dort ist zudem die Rede davon, daß sich dieser Streifen "pfeilgerade vom Schwarzen Meer bis zur Nordsee" hinzieht. Bei der Strecke Schwarzes Meer-Prag-Ostsee ergäbe sich demgegenüber ein Knick bei Prag. Und dieser wird in keiner Quelle thematisiert, was aber eigentlich zu erwarten wäre. Andererseits liegt an der Nordseeküste keine Hansestadt an einer Bucht! Die einzige größere Stadt direkt an der Nordsee ist Bremerhafen. Nur Bremerhaven ist in meinem historischen Altlas (Orbis, Der Große Altlas der Weltgeschichte) nirgends als Hansestadt eingetragen!

Insgesamt kann man also wohl davon ausgehen, daß dieser Streifen im deutsch-polnischen Grenzgebiet verläuft. Hier ist die Besiedelung auch weniger dicht, so daß weniger Opfer unter der Zivilbevölkerung zu erwarten wären, als bei der Route zur Nordsee.

Daß dennoch eine Waffe eigesetzt werden soll, bei der der Tod so vieler ziviler Opfer der eigenen Verbündeten (!) einkalkuliert wird, kann man vor dem Hintergrund sehen, daß es sich hierbei vermutlich um das letzte Mittel vor dem Einsatz von Atomwaffen bzw. vor einer atomaren Eskalation handelt.

4. Kriegsgebiete

Da es sich bei diesem Krieg um einen sehr kurzen Krieg handeln soll, kann man davon ausgehen, daß die östliche Truppen keine Zeit und Mittel haben, jeden Winkel des eroberten Gebietes aufzusuchen. Es ist also davon auszugehen, daß versteckt liegende oder schwerer zugängliche Gebiete nicht von östlichen Truppen betreten werden, auch wenn sie innerhalb des eroberten Gebietes liegen.

Andererseits sind andere Gebiete wieder prädestiniert für östliche Truppenpräsenz. Beispielsweise an Verkehrsknotenpunkten dürfte es zu Truppenkonzentrationen kommen - mit dem entsprechenden Risiko der Übergriffe auf die Zivilbevölkerung.

Den Quellen nach ließen sich die Kriegsgebiete grob (!) auf östlich des Rheins und nördlich der Donau eingrenzen.

5. Ballungsräume

Je dichter ein Gebiet besiedelt ist, desto mehr ist es abhängig von einer Infrastruktur. Wasser und Lebensmittel müssen aus der Ferne herantransportiert werden. Ist das alles nicht mehr vorhanden, dürfte es - von Ausnahmen abgesehen - zu Plünderungen kommen, und in diesem Zusammenhang möglicherweise zu Mord und Totschlag.

Nach dem Zusammenbruch der medizinischen Versorgung würden sich Krankheiten in dichtbesiedelten Gebieten schneller ausbreiten.

Befinden sich Städte innerhalb von Frontabschnitten, so werden diese oft besonders stark zerstört, da es zu langwierigen Häuserkämpfen kommen kann.

Je größer eine Stadt ist, desto größer ist schon im Normalfall die Gefahr, daß das soziale Gefüge auseinander gerät. Arme Leute sind normalerweise kein Problem, ebensowenig wie Ausländer. Anders sieht es schon aus, wenn diese räumlich konzentriert sind (Stichwort Gettobildung). Ernste Probleme dürften insbesondere in den Vierteln der Reichen auftreten. Mit vermehrten Gewalttaten dürfte überall dort gerechnet werden, wo es etwas zu holen gibt, Plünderer eine gute Chance haben, unerkannt davonzukommen, und wo der Arm des Gesetzes fern ist (Polizei, Bundesgrenzschutz, Bundeswehr).

Anmerkungen zu Plünderungen

Eines der - wenn nicht das am schwersten zu kalkulierende Risiko wären Plünderungen. Mit diesen wäre in der Zeit vor der Dreitägigen Finsternis und danach zu rechnen. Zunächst einmal würde es unterschiedliche Plünderer geben. Solche, die nur Plündern, um zu überleben, und solche, die es mit krimineller Energie tun, um sich zu bereichern. Das ist zwar nicht leicht unterscheidbar, sollte aber nicht vergessen werden. Nicht jeder Plünderer ist automatisch Ihr Feind.

Da es sich aber in beiden Fällen um Straftaten handelt, spielt die Frage der Zeugen eine gewisse Rolle. Insbesondere im Falle krimineller Plünderer sollte man zusehen, daß die einen gar nicht erst zu Gesicht bekommen. Ansonsten kämen die vielleicht auf die Idee, einen umzubringen. Dies ließe sich durch Flucht, Verstecken oder Verbarrikadieren vermeiden. All das, insbesondere die Verbarrikadierung setzt natürlich Vorbereitungen voraus. Mögliche Bewaffnungen sollen hier nicht besprochen werden.

In jedem Falle wäre es gut, die Lebensmittel so gut wie möglich zu verstecken. Denn je mehr Vorräte Plünderer finden, desto länger bleiben sie vermutlich vor Ort - und Sie selbst "gucken in die Röhre".

Generell empfieht es sich, frühzeitig Kontakt zu Gleichgesinnten herzustellen und zu pflegen. Das sind irgendwann möglicherweise mehr, als Sie vermuten. Auch, wenn man sich im Bedarfsfall verstecken oder flüchten will, so würde dies voraussetzen, daß man den nahenden "Feind" frühzeitig erkennt. Irgendjemand müßte also z.B. Wache schieben.

6. Gebiete nördlich der Donau und östlich des Rheins

Das folgende hat ausdrücklich keine Bedeutung für den Schwarzwald! Der kann als sicher gelten!

Wenn Sie dieses Buch aufmerksam gelesen haben, dann wird Ihnen aufgefallen sein, daß an mehreren Stellen ziemlich negative Aussagen zu Gebieten nördlich der Donau und östlich des Rheins zu finden waren, so auf Seite 44 (Hepidannus, Rhein und Donau), auf Seite 46 (Buch des Marienthaler Klosters, Rhein), Seite 47 (Irlmaier, Rhein), auf Seite 48 (Anna, Rhein), auf Seite 61 (Irlmaier, Donau), auf Seite 66 (Feldpostbriefe, bis Donau und Inn). Letztlich bleibt bei diesen Angaben aber unklar, wie breit ein potentieller Streifen östlich des Rheins und nördlich der Donau wäre.

Bei Pater Johannides (Seite 62) liest man "Von Osten wird ein gelber Nebel aufsteigen und an dem großen reißenden Strome haltmachen."

Ich vermute auf Seite 62, daß dies die Isar ist. Sicher ist das jedoch nicht. Adalbert Schönhammer zitiert in seinem letzten Buch eine allem Anschein nach sehr gute Quelle, bei der infolge eines "gelbgefärbten Himmels" ein Massensterben im Raum Berlin ("Preußen"), Thüringen, Sachsen, Oberpfalz, bis zur Donau und von dort bis (vermutlich kurz) vor München einsetzt. In anderen hier aus Platz und Zeitgründen nicht zitierbaren Textquellen und Informationen von Lesern taucht ebenfalls eine Art gelber bzw. ockergelber oder grüngelber Nebel auf, der nach meiner Einschätzung nichts mit dem gelben Strich des Westens zu tun hat, sondern eher auf einen östlichen Giftgaseinsatz hindeutet.

Aus den im Nachwort genannten Gründen war es mir leider nicht möglich, diesen Aspekt hinreichend zu analysieren. Somit rate ich Ihnen, diesen Aspekt zu vergessen - es sei denn, sie erhalten auf anderem Wege Bestätigung für diese Vermutung, etwa über Träume oder ähnliches ... und Sie wohnen in dem betroffenen Gebiet, insbesondere im Osten.

Weiterführende Informationen

Allgemeine Informationen zur materiellen Vorsorge / unbedingt empfehlenswert!

"1*1 der Vorsorge", von Hans-Ullrich Müller, ISBN: 3-89539-278-2, Preis: ca. 26 DM

Dieses Buch behandelt in sehr umfassender und detaillierter Form sämtliche Aspekte einer praktischen Vorsorge. Umfangreiches Adressen-Material. Zu beziehen über "Michaels Vertrieb", Sonnenbichl 12, 86971 Peiting, Deutschland, Tel.: 08861/59018;
Fax.: 08861/67091

Lebensmittelvorräte / Langzeitnahrung

Michaels Vertrieb, siehe oben

Innova, Schützenstraße 1, A-6330 Kufstein, Tel.& Fax: 0043-5372/71870
"Sankt Hildegard"-Posch Gesellschaft mbH, Am Weinberg 23, A-4480 St.Georgen, Tel.: 07667 / 81 31, Fax. : 07667 / 89 46, z.B. 17 kg Dinkelkorn in Dose 104,50 DM + 15 DM Fracht, Versand!

Mikropur-Tabletten, für Wasseraufbereitungen, in jeder Apotheke oder über:
H.Räer GmbH, Ausrüstungen, Altes Dorf 18-20, 31137 Hildesheim,
Tel.: 0 51 21/5 79 44, Kosten pro Liter Wasser ca. 20 Pfennig. Haben auch Gasmasken, Gasmaskenfilter, Wasserkanister, Kocher und anderen Armee-Waren. Versand!

Anhang

Untersuchung der Überflutungsvorhersagen zur Nordsee

20 % aller Quellen meines Datenpools beziehen sich auf zukünftige Überflutungen irgendwelcher Meeresküsten.

27 % aller Quellen, die irgenwelche Vorhersagen zu irgendeinem Nordseeanrainerstaat machen - in welcher Form auch immer -, beziehen sich auf zukünftige Überflutungen der Nordseeanrainerküsten.

45 % aller Quellen, die Vorhersagen zu einem oder mehreren Nordseeanrainern machen und *mehr als 10 einzelne Vorhersagen in meiner Datenbank umfassen*, erwähnen zukünftige Überflutungen der dortigen Küsten.

Zeit	Quelle	Herkunftsland	Fluttyp	Literatur
1240	Caesarius von Heisterbach	Deutschland	"Tsunami"	15. 70
1300	Edda	Nordeuropa	"Tsunami"	14. 60
1566	Nostradamus	Frankreich	"Tsunami"	1.377
1700	Hilarion	Polen	"Tsunami"	5.119
1864	Lorber	Österreich	???	9. 76
1880	Higginson, Helena	Großbritannien	"Tsunami"	7.398
1907	Johansson	Norwegen	"Tsunami"	5.118
1916	Kossuthany	Ungarn	???	47.407
1917	Fatima	Portugal	"Tsunami"	8.196
1922	Kugelbeer	Österreich	???	15.101
1931	Korkowski	Deutschland	"Tsunami"	32. 33
1933	Scochy, Emelda	Belgien	???	14. 79
1934	Madame Sylvia .	Deutschland	"Tsunami"	14.179
1940	Böhmischer Seher	CSFR	"Tsunami"	8. 45
1945	Cayce	USA	"Tsunami"	6.281
1949	Dyck, Van den	Belgien	???	8.213
1950	Onit	Österreich	"Tsunami"	14.187
1950	Stockert	Deutschland	"Tsunami"	12.218
1959	Aiello	Italien	Sturmflut	10.161
1959	Irlmaier	Deutschland	"Tsunami"	7.414
1959	Karmohaksis	Italien	"Tsunami"	10.100
1959	Seher aus dem Waldviertel	Österreich	"Tsunami"	12.246
1982	De la Vega	Deutschland	???	16.214
1984	Biernacki	Polen	???	8.281
1986	Bauer, Erich	Deutschland	"Tsunami"	113. 15
1986	Buchela	Deutschland	???	40.302
1986	Zönnchen	Deutschland	"Tsunami"	85. 69
1988	Anonymus / Bekh	Deutschland ?	???	8.264
1990	Herrholz, Eduard	Deutschland	"Tsunami"	91. 79
1990	Kirkwood, Annie	USA	"Tsunami"	31. 10
1990	Paulussen	Deutschland	"Tsunami"	44.106
1992	Sun Bear	USA	???	86.268
1993	Wellenberg	Deutschland	"Tsunami"	120.02
1988	Urban, Renate	Deutschland	"Tsunami"	105. 20
1991	Nagel, Karin	Deutschland	"Tsunami"	29.143

"Tsunami" = Flutwelle infolge von:
Atombombe / Vulkanausbruch / Polsprung / plötzlich versinkender Landmassen / Seebeben / Impakt (unmittelbar nach), teilweise parallel noch "normale" Überflutungen möglich

??? = Fluttyp unklar

Die Berücksichtigung des Umfangs der Vorhersagen einzelner Quellen ist deshalb sinnvoll, weil sich bei diesem Datenumfang nur sehr lückenhafte Gesamtbilder (bezogen auf die einzelnen Quellen) ergeben.

Somit ist schon einmal klar, daß Überflutungsvorhersagen für die Nordseeanrainer keine Seltenheit sind. Im Folgenden werden nur die Überflutungsvorhersagen zur Nordsee genauer untersucht:

Überflutungen sind an der Nordsee natürlich nichts Ungewöhnliches. Die Nordsee ist ein rauhes Meer und es kommt öfters zu Sturmfluten. Und genau da wird es merkwürdig. Denn die überwiegende Mehrheit aller Quellen, die Überflutungen an der Nordsee vorhersagen, beziehen sich auf Springfluten bzw. Tsunamis, also auf urplötzlich auftretende haushohe Flutwellen. Tsunamis kennt man vom pazifischen Raum her - nicht aber an der Nordsee.

Wären diese Tsunami-Vorhersagen für die Nordsee das Produkt von Spinnerei, dann müßte man sich fragen, warum diese "Spinner" traditionelle Sturmfluten eher "verschmäht" haben? Warum kommt keiner auf die "Idee", daß es tage- oder wochenlang an der Küste stürmt und die aufgewühlte Nordsee allmählich immer weiter ins Landesinnere drückt?

Natürlich gibt es auch Quellen, die sich auf die Nordseeanrainer beziehen, aber **keine** Überflutungen vorhersagen. Diese Quellen bzw. deren Vorhersagen werden jetzt untersucht. Zunächst einmal wird eingangs die Gesamtheit aller Quellen auf diejenigen Quellen eingegrenzt, die sich irgendwann auf das Gebiet eines der folgenden jetzigen Nordseeanrainer-Staaten beziehen:

* Island
* Norwegen
* Schweden
* Dänemark
* Deutschland
* Holland
* Belgien
* Frankreich
* Großbritannien

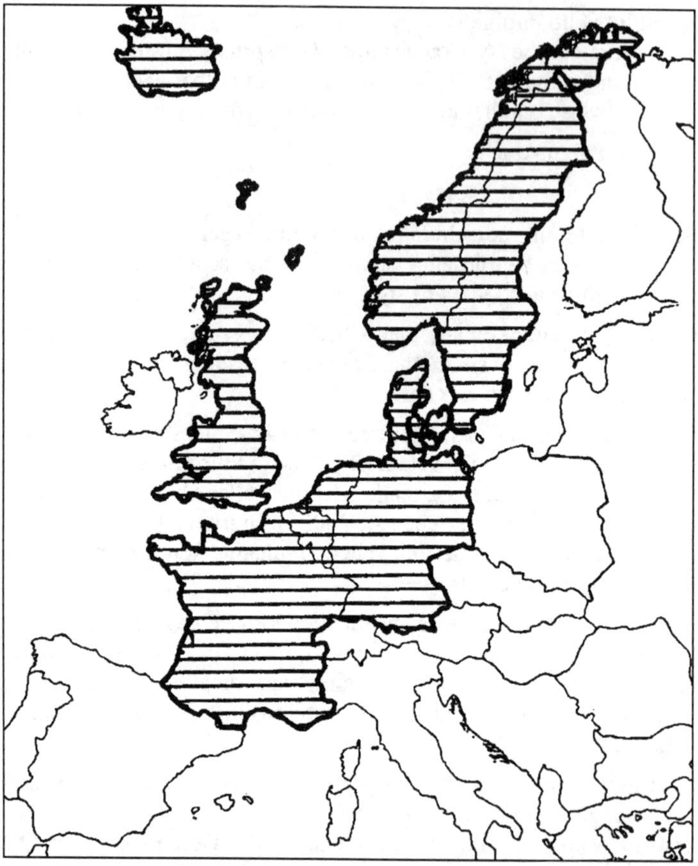

Bild 42: Geografisches Eingangsraster „Nordsee-Überflutung“

Auf irgendeinen Teil dieses Gebietes beziehen sich 131 Quellen. 36 Quellen (von 20 Quellen sind Zitate im Buch) sagen Überflutungen für die Nordseeanrainer (mit oder ohne Ortsangabe) voraus. Bleiben 95 Quellen übrig, die weiter untersucht werden müssen. Diese Gruppe der restlichen 95 Quellen kann man in 4 Untergruppen aufteilen:

1. Quellen, die sich **nur auf Randgebiete beziehen**, die sehr weit von der Nordsee entfernt sind (z. B. Marseille (Frankr.) oder der Bayrische Wald (Deutschl.)) - und Quellen, die sich auf einen **Zeitraum deutlich nach dem Dritten Weltkrieg** beziehen - und Quellen, die sich nur mit einem **speziellen Thema** befassen, das keine Rückschlüsse auf Ereignisse an der Küste zuläßt. Diese Gruppe umfaßt zur Zeit 59 Quellen, damit bleibt ein Rest von 36 Quellen.

2. Quellen, die als küstennahestes Gebiet in Deutschland Orte aus **Nordrhein-Westfalen** erwähnen (22 Quellen / Rest = 14 Quellen) - Analyse zu Punkt 2 folgt gleich.
3. Quellen, die sich auf **Großbritannien** beziehen (7 Quellen / Rest = 7) - Analyse folgt.
4. sonstige Quellen (7 Quellen)

Daß man *Gruppe Nr. 1* ausklammern kann, dürfte einleuchten.

Gruppe Nr. 2 muß man sich schon näher ansehen.

Hierbei geht es um Quellen, die Kämpfe innerhalb Nordrhein-Westfalens im Kontext mit einem Angriff Rußlands oder "Völkern aus dem Osten" vorhersagen. Es geht hierbei um Teilszenarien der sogenannten *Endschlacht am Birkenbaume.*

Interessanterweise beziehen sich auch *Irlmaier* und der *Seher aus dem Waldviertel* auf diese Kämpfe - zwei Quellen mit hoher Glaubwürdigkeit, welche die Überflutung der Nordseeanrainer vorhersagen, jedoch für dieses Gebiet in Nordrhein-Westfalen konkret *keine* Überflutung. Den Quellen nach wäre also nicht damit zu rechnen, daß das Kriegsgebiet "am Birkenbaume" *zum Zeitpunkt der Kämpfe* überflutet wird (oder ist)!

In den Quellen zeichnet sich für dieses Gebiet in Nordrhein-Westfalen eine Überflutungshöhe von ca. 30 bis 40 Meter über Normal Null ab (siehe Ende dieses Kapitels). Es wäre folglich nicht ganz auszuschließen, daß es zeitgleich mit den Kämpfen zu großen Überflutungen kommt. Jedoch dürften diese nicht in die Gegenden der Kämpfe reichen.

Fehlende Überflutungsvorhersagen dieser eher lokalen Quellen lassen sich also damit erklären, daß sie sich in ihrer "Sicht" räumlich und zeitlich auf die Kämpfe in Nordrhein-Westfalen konzentriert haben. Tatsächlich sind diese Quellen vom inhaltlichen Umfang her sehr begrenzt.

Gruppe Nr. 3 bezieht sich auf England, also jenes Gebiet, das - einer ganzen Reihe von Quellen nach - am stärksten von Überflutungen betroffen werden soll.

Ein Fehlen von Überflutungsvorhersagen ist hier also viel kritischer zu beurteilen.

Die Vorhersagen zum Untergang Englands - wohlgemerkt nur Englands, nicht Großbritanniens - beinhalten mehrere Hinweise auf Erdbeben. England würde also nicht vom Meer überspült, sondern es versänke teilweise regelrecht im Meer.

Die Quellen vermitteln den Eindruck, als ob sich diese Landverluste über ein paar Jahre hin erstrecken. Dies würde bedeuten, daß sich einerseits innerhalb Großbritanniens umfangreiche Umsiedelungen ergeben und andererseits, daß ein anderer Teil der Bevölkerung auf den Kontinent übersiedelt. Innerhalb Großbritanniens würde man natürlich von den flachen Gebieten an der Ostküste in die höheren Gebiete im Westen und Norden umsiedeln. In der Hauptsache sind dies *Wales* und *Schottland.*

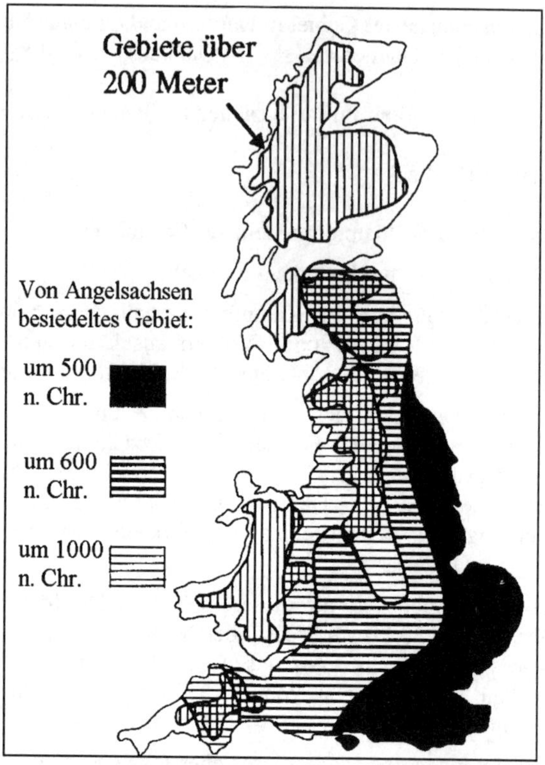

Bild 43: Großbritannien / keltische Gebiete

Gerade also die traditionell angelsächsisch besiedelten Gebiete in England wären von den Überflutungen betroffen - ausgerechnet die Gebiete, von denen aus die britische Insel beherrscht wurde, bzw. die Waleser und Schotten jahrhundertelang unterdrückt wurden. Zudem liegt im flacheren Südosten Englands der Großteil des britischen Ackerlandes.

Es würden also drei Faktoren zusammentreffen: Eine Verknappung der Lebensmittel, das alte Machtzentrum würde erschüttert - wenn nicht sogar völlig zerstört - und es ergäbe sich ein bevölkerungsmäßiger Druck auf die keltischen Gebiete (Wales und Schottland).

Ein solches Szenario würde sich mit den vorhergesagten Details zu einem zukünftigen Bürgerkrieg decken. Dort zeichnet sich eine Schwächung bzw. eine komplette Zerstörung der englischen bzw. angelsächsischen Zentralmacht ab.

***Ron White,** 1976: "Der Herr zeigte mir noch, daß, wenn der Krieg in Europa ausbrechen wird, britische Truppen, die sich jetzt in Irland befinden, zurückgezogen und in Europa stationiert werden. Und der Herr zeigte mir, daß Irland unter kommunistischer Herrschaft sein werde. Zur selben Zeit habe ich*

Schottland gesehen, sich von England zu befreien und unabhängig zu werden." (8/162)

***Johansson,** 1907 (3a): "Es wurde mir gesagt, England stünde vor dem Abgrund und wäre nahe daran, hineinzustürzen." (13/13)*

>"In jedem Falle werden die Bundesgenossen des Ostens innerhalb des Landes (britische Kommunisten? Anm. B.) eine "Explosion" zustande bringen, deren Blutigkeit nach Antons Aussagen bei weitem den deutschen Bürgerkrieg übertreffen wird. Anton hörte auch: "England hatte einen sehr blutigen Krieg in Irland." ... Ferner hörte Anton, daß in Süd-Wales die schwersten Aufstände und Blutvergießen stattfinden würden."< (13/219)

***Ludovico Rocco,** 1840, Palästina: "England, dieser Kaufmannsstaat, welcher aus Gewinnsucht alle Ungerechtigkeiten unterstützt, wird der Schauplatz der größten Grausamkeiten werden. Irland, vereint mit Schottland, wird in England einbrechen und es verheeren. Die Königsfamilie wird verjagt und die Hälfte der Bevölkerung wird ermordet." (7/355)*

***Merlin,** 600, England: >"Die nationale Auferstehung der Kelten wird in blutigen Kämpfen erreicht. Die Angelsachsen und Normannen werden in ferner Zukunft vernichtend geschlagen. Die stammverwandte Bretagne (Nordwestfrankreich) wird militärische Hilfe leisten. Die großen Ströme der britischen Insel röten sich vom Blut der Erschlagen. Durch den Sieg der Briten und Kymry wird die Krone des Brut, des legendären ersten Königs von Britannien, wiederhergestellt."< (5/119)*

Insgesamt sind mir drei - recht unterschiedliche - Quellen bekannt, nach denen Großbritannien nach den Katastrophen unfähig sein soll, sich selbst zu reorganisieren. Französische Truppen sollen deshalb nach dem Krieg nach England übersetzen, um dort für Ordnung zu sorgen.

***Sun Bear,** 1990: "Die britischen Inseln werden unter Stürmen, Küstenüberschwemmungen und Sturmfluten zu leiden haben. England wird es schlechter ergehen als vielen anderen Teilen der Welt, weil es nicht genügend Lebensmittel produziert. Am besten wird es noch in Schottland, Irland und Wales ausgehen, dort werden die Menschen eher zur Natur zurückfinden." (86/268)*

Kein Wort also von Krieg, Bürgerkrieg oder *versinkenden* Landteilen. Doch wenn es keine zentrale Gewalt mehr gibt, welche die Verteilung der Lebensmittel sicherstellt, dann dürfte die Sache schnell außer Kontrolle geraten. Im London leben über 7 Millionen Menschen!

Sun Bear beschreibt hier eine Krise, die in Wales und Schottland besser zu meistern sein soll, als in England. Wieso soll nur England plötzlich völlig am Boden liegen? Meiner Einschätzung nach verschweigt Sun Bear hier etwas. Denn merkwürdigerweise deckt er sich in seiner *Gesamtaussage* zu England mit anderen Quellen: *"England wird es schlechter gehen, als vielen anderen Teilen der Welt."*

Natürlich kann man aus diesen Details zu dem Bürgerkrieg nicht direkt auf gigantische Überflutungen in Großbritannien schließen. Doch es stellt sich die Frage, wie es plötzlich dazu kommen kann, daß die Zentralmacht in England plötzlich so schwach dasteht?

Im Falklandkrieg und beim (ersten?) Golfkrieg haben die Briten bewiesen, daß sie in der Lage sind, innerhalb kurzer Zeit Truppen um die halbe Welt zu schicken. Und plötzlich soll z. B. Südwales (Johansson) außer Kontrolle geraten...?

Hier muß etwas von *außen* auf England einwirken. Ein großer Krieg in Europa - oder aber die Flut - oder beides.

Gruppe Nr. 4: Zieht man die obigen 88 Quellen (von Gruppe 1-3) ab, dann bleiben noch ganze 7 Quellen übrig, von denen man eine Überflutungsvorhersage erwarten könnte, die es aber nicht tun.

Wenn man meinen Überlegungen unter Punkt 1 bis Punkt 3 folgt, dann müßte man mit diesen 7 Quellen die 36 überflutungsvorhersagenden Quellen relativieren. Bedenkt man aber, daß in der Überflutungsvorhersagenden-Gruppe das Beste an Sehern enthalten ist, das es gibt (Irlmaier, Cayce, Johansson, Seher vom Waldviertel, (Nostradamus - wäre Auslegungsfrage)), dann ist klar, daß hier keine echte Entkräftung mehr zu erwarten ist. Es sei denn, man argumentiert gegen die Paraprognostik *an sich*.

Zusammenfassung

Am auffälligsten ist hier die Häufung von Vorhersagen zu einer ***plötzlichen*** Überflutung der Nordseeanrainer.

In der Gruppe derer, die Überflutungen in diesem Gebiet vorhersagen, sind viele Seher bzw. Quellen mit hoher Glaubwürdigkeit vertreten.

Je umfangreicher die Quellen sind, desto häufiger tauchen Vorhersagen zu der Überflutung der Nordseeanrainer auf.

Man kann davon ausgehen, daß die Nicht-Erwähnung einer Überflutung bei einem Großteil der Quellen auf ihrer inhaltlichen Begrenztheit beruht.

Ziel dieser Auswertung war nicht die Aussage: "Es kommt zu einer Flut an der Nordsee" bzw. "Es kommt nicht zu einer Flut an der Nordsee."

Es sollte vielmehr geklärt werden, ob das vorliegende Material es wert ist, genauer untersucht zu werden. Diese Frage läßt sich meiner Meinung nach eindeutig mit "*Ja*" beantworten. Dieses *Ja* läßt sich nun in zwei Richtungen weiterverfolgen:

1. Man kann die Untersuchung zur Überflutung der Nordsee-Anrainer weiter fortsetzen.
2. Man kann diese Informationen in die Planung seines Lebens mit einbeziehen.

Je näher man an der Nordseeküste lebt, desto mehr Bedeutung könnten diese Informationen haben.

Im Buch befindet sich eine Karte, die das potentiell überflutete Gebiet anzeigt. Bei diesem Gebiet handelt es sich aber nur um eine Rekonstruktion, welche aus den einzelnen Angaben der Quellen aufgebaut ist.

Da einzelne Gebietsgrenzen oft nur auf den Angaben einer einzigen Quelle basieren, sind dies alles nur Orientierungswerte.

Stünden allerdings entsprechende Geldmittel bereit, so könnte man Computer-Simulationen durchführen, in denen überprüft wird, wie eine Überflutung der Nordseeanrainer infolge hoher Tsunami-Wellen aussehen könnte.

Um es in aller Klarheit zu sagen: Das vorhergesagte Überflutungsszenario ließe sich "hier und heute" in einer Computer-Simulation nachvollziehen und überprüfen. Die entsprechende Software existiert. Sie wurde u.a. am 28.9.1994 im ZDF in der Sendereihe "Abenteuer Forschung" vorgestellt.

Ein Punkt, der mich selbst bei diesen Überflutungsvorhersagen irritiert, ist die Frage, wie weit eine Welle in das Landesinnere eindringen kann.

Beim Vulkanausbruch des Krakatau in der Sunda-Meeresstraße in Indonesien im Jahre 1883, wurde eine Tsunami-Flutwelle ausgelöst, die die umliegenden Küsten bis 42 Meter hoch überspülte und bis 5 Kilometer ins Landesinnere eindrang.

Nach den Angaben Irlmaiers und insbesondere De La Vegas, Cayces und Korkowskis (auch des Sehers aus dem Waldviertel, Kossuthánys, Biernackis und anderen) wäre aber in Betracht zu ziehen, daß das Meer 100 km und mehr ins Landesinnere vordringt.

Wir sprechen hier wohlgemerkt von Wellen, die über *trockenen Grund* laufen. Das bedeutet, daß die Welle permanent Wasser am Boden verliert. Die Welle wird also von unten her abgeschliffen bzw. aufgesogen. Es fragt sich, wieviel Wasser pro Meter Weges absorbiert wird.

Geht man von einem "Abrieb von einem Zentimeter Höhe pro Meter aus, so käme eine 50 Meter hohe Welle (5000 cm) nach 5 Kilometern "zum Stehen".

Natürlich müßte man in eine genaue Berechnung noch die Steigung des Geländes, den Feuchtigkeitsgrad des Untergrundes, die Breite bzw. Tiefe der Welle und andere Faktoren einbeziehen. Da sollten sich mal Spezialisten ransetzen..

Vermutlich käme es im Bereich großer Flüsse - insbesondere der Elbe und des Rheins - zu den weitesten Ausläufern der Flutwellen. Denn die Flutwelle könnte über die Wasserfläche der Flüsse relativ ungehindert dahingleiten.

Sicherlich ist die Norddeutsche Tiefebene auf Grund ihrer Flachheit besonders "geeignet" für das tiefe Eindringen einer großen Flutwelle.

Damit sind die großflächigen Überflutungen natürlich noch immer nicht befriedigend erklärt. Der naturwissenschaftliche Gegencheck steht noch aus. Sowohl aus parapsychologischer als auch aus traditionell naturwissenschaftlicher Sicht wäre noch einiges zu tun.

Fragt sich nur, wer das macht und wer das bezahlt? Offizielle Stellen sicherlich nicht.

Die Überflutungshöhe von 30 bis 40 Metern über Normalnull, die in diesem Buch angegeben wird, basiert im Wesentlichen auf folgenden Angaben:

1. Irlmaier ("bis nach Berlin" = ca. 30 Meter über NN)
2. De La Vega (Überflutungslinie von Brüssel bis Rügen = ca. 30 bis 60 m ü. NN)
3. Seher aus dem Waldviertel ("bis 80 Meter" - dabei handelt es sich nach seinen Angaben um den Maximalwert. Man kann das also nicht pauschalieren.)
4. Korkowski (sah eine Flutwelle, die kurz in den Norden von Köln eindrang, gleich danach aber wieder abfloß. Der Norden von Köln liegt im Bereich von 40 Metern über NN. (32/227)
5. Johansson (alle Orte, die er im Zusammenhang mit der Flut erwähnt, liegen direkt am Meer oder an Flußunterläufen. Seine Angaben erlauben eine geringfügig niedrigere Einschätzung der Überflutungshöhe - um 20 oder 30 Meter über Normalnull.

Diese Angaben geben eine gewisse Orientierung und lassen sich auf dem paraprognostischen Wege sicherlich noch weiter präzisieren.

Karten-Empfehlung:

Zu diesem Bereich von 20 bis 60 Meter über NN in der Norddeutschen Tiefebene gibt es eine sehr detaillierte Karte vom *Niedersächsischen Landesverwaltungsamt-Landesvermessung*. (Tel. 0511-64 60 90) Die Karte hat die Bezeichnung: *Übersichtskarte 1 : 500.000 - Ausgabe mit farbigen Höhenschichten.*

Die untere Höhenschichteinteilung ist 0m, 5m, 20m, 40m, 60m, 100m, 200m. Die Karte deckt folgendes Gebiet ab: Nord-Süd: von Heide (Schleswig-Holstein) bis Kassel, West-Ost: von Groningen (Holland) bis zur Ostgrenze des Ost-Harzes (Eisleben).

Zitate zum Monat bzw. der Jahreszeit bei Kriegsausbruch

Eilert, *1833 (w), 2. Fassung: "Das Korn wird man noch einscheuern können, aber nicht mehr den Hafer." (7/307)*

Erna Brand, *1950 (3a): "Ich sah russische Panzer in Rottenburg (Neckar) einmarschieren. Es war an einem trüben Tag, die Straßen waren feucht, Nebel lag über der Landschaft, aber es gab weder Regen noch Schnee." (16/129)*

Irlmaier *aus Münchener Merkur vom 18. 10. 1949, (3a): "Es gibt wieder einen großen Krieg, wenn das Getreide reif ist." (41/184)*

Johansson, *1907 (3a): "Der Dritte Weltkrieg wird Ende Juli oder Anfang August ausbrechen. Es ist Sommer in Nordschweden. Die norwegischen Gebirge haben noch keinen Schnee." (5/76)*

Karin Nagel, *1992 (3a): "... im August eines Jahres ..." (29/153)*

Katharina aus dem Ötztal, *1951 (3b): "Die Leute sind auf dem Feld, es ist Spätsommer, das Korn schon reif, da kommen sie, ganze Horden schiacher Leute, und überfallen alles. Sie bringen um, was sie erwischen ..." (8/88)*

Mainzer Prophezeiung, *1670 (w): "Zur Zeit der Kornblüte werden Teutschlands Feinde über dasselbe herfallen, aber in schwerem Ringen wird Teutschland sich der Gegner erwehren." (5/75)*

Nach Van Eimern / "Wetter und Klimakunde" ist die Winterroggenblüte in Geisenheim bei Mainz normalerweise Ende Mai. Hier ergibt sich also eine Abweichung von rund zwei Monaten.

Mühlhiasl, *1825 (3a): "Auf den waldlosen Gauböden bei Straubing kann man sich in den Weizenmandeln, den aufgestellten Kornstiegen, verstecken." (5/46)*

(... und diese gibt es eben nur kurz nach der Getreideernte.)

Nostradamus... *siehe Nostradamus zur Dreitägigen Finsternis: Ausbruch zwischen dem Frühling und Oktober.*

Onit, *1948 (3a): >"Wenn im Mai der Vollmond doppelt, das heißt zweimal vorkommen wird, so beginnt die Menschenvernichtung."< (14/186)*

Vermutlich ist hiermit der Beginn des Dritten Weltkrieges mit den Kämpfen im Nahen Osten unmittelbar vor dem Kriegsausbruch in Europa gemeint. Folglich müßten die Kämpfe im Nahen Osten im Mai ausbrechen.

Zwei Vollmonde im Mai wird es "regulär" allerdings erst mehrere Jahre nach dem Jahr 2000 geben. Vielleicht kommt dieser zweite Vollmond im Mai durch das Licht des Großen Kometen bei dessen erstem Vorbeiflug an der Erde zustande!

Quelle aus Beykirchs "Prophetenstimmen, *1622 (w): "Der Monat Mai wird sich im Ernst zum Krieg rüsten; aber es ist noch nicht die Zeit dafür.*

Der Monat Juni wird auch zum Kriege einladen; aber dann ist es auch noch nicht Zeit. Der Monat Juli wird ernst und grausam handeln, daß viele von Weib und Kind Abschied nehmen müssen. Im August wird man an allen Enden der Welt von Krieg hören. September und Oktober werden ein großes Blutvergießen mit sich bringen. Im November wird man Wunderdinge sehen." (5/77)

(Mai = vermutlich Krieg in Nahost, November = vermutlich Dreitägige Finsternis)

Seher aus dem Waldviertel, *1959 (3a): "Bei uns (in Österreich, Anm.B.) gibt es zu der Zeit (Atombombenexplosion in New York City) noch keinen Krieg. ... Bei uns ist etwa frühsommerliches Wetter." (12/246)*

***Stieglitz,** 1975 (3a): >"Gegen Ende Juli stoßen die sowjetischen Angriffskeile blitzartig gegen Westeuropa vor."< (12/235)*

***Testament des fliehenden Papstes,** 1701, Wismar (w): "Der Krieg wird entbrennen, wenn die Ähren sich voll neigen." (7/298)*

Zitate zur Kriegsdauer

***Babaji,** 1981, Indien (3b): >"Jetzt aber würde die große Zerstörung in einem Tag vorüber sein." (27/28)*

Damit ist vermutlich nicht der Dritte Weltkrieg gemeint, sondern die Dreitägige Finsternis mit dem Polsprung. Dennoch schließt diese Formulierung einen mehrjährigen Dritten Weltkrieg aus !

***Bauer, Erich,** 1986 (3a): "Nur einmal kommt es zu einem Grenzkonflikt, aber, der Kreml pfeift sein Heer zurück. Da der Angriff total mißglückt! ziehen die sich wieder zurück ... darum wird es auch bald beendet sein" (80/140)*

Erich Bauer ist eine Quelle am Rande der Glaubwürdigkeit. Ihm nach ähnelt der Angriff Rußlands eher einem "nicht genehmigten Betriebsausflug" der Roten Armee.

***Bernhard Clausi,** 1849 (3a): "Es wird plötzlich und von kurzer Dauer, aber schrecklich sein." (7/368)*

***Biernacki,** 1984 (3a): "Es wird die Hölle auf Erden sein. Und seine schrecklichste Phase wird dreieinhalb Monate dauern." (8/281)*

Mit der schrecklichsten Phase dürften die Kämpfe in Europa gemeint sein.

***Blinder Jüngling von Prag,** 1365, Böhmen (3b): neuer Krieg wird ausbrechen, dieser wird der kürzeste sein." (8/24)*

***Buch des Marienthaler Klosters,** 1749 (3b): „Der Mond wird elf und zwölf mal in seinen Phasen stehen, und dann wird der Sieg errungen sein ..." (41/246)*

Ein Monat hat rund 4 Mondphasen. 11 + 12 = 23. 23 durch 4 macht rund 6 Monate.

***Böhmischer Seher,** 1940 (3a): "Das alles wird ein halbes Jahr dauern." (8/46)*

In diesem halben Jahr sind die Unruhen infolge des Versorgungsnotstandes mit eingeschlossen!

***Curique,** 1872 (w): "Der Konflikt, in dem eine Hälfte der Welt gegen die andere stehen wird, wird nicht lange dauern. Gott wird die sich Bekämpfenden durch eine schreckliche Naturkatastrophe auseinandertreiben." (8/91)*

***Don Bosco,** 1874, Italien (3a): "Von dem Beginn des Exils (des Papstes, Anm .B.) bis zum Gesang des Te Deum erhob sich die Sonne zweihundertmal." (8/150)*

Der Papst soll unmittelbar vor dem Angriff Rußlands auf Westeuropa aus Rom flüchten.

Nach 200 Tagen kehrt er wieder nach Rom zurück. Sicherlich macht er sich erst auf die Heimreise, wenn er weiß, daß in Rom keine Gefahr mehr droht. So etwas muß ausgekundschaftet werden, und es muß dann dem Papst gemeldet werden. Der Krieg dürfte demnach also deutlich weniger als 200 Tage (rund 7 Monate) dauern!

***Eilert,** 1833, bei Dortmund (w): "... doch schnell geht's vorüber, und sicher ist, wer nur einige Tage ein gutes Versteck weiß." (7/307)*

Gilt wohl nur für die Gegend um Dortmund.

***Eugenio Pegghi,** 1855, Rom (3a): "Der Krieg wird enden in dem Moment, in dem er ausbricht ..." (88/264)*

***Feldpostbriefe,** 1914 (3a): "Rußland überfällt den Süden Deutschlands, aber kurze Zeit, und den verfluchten Menschen wird gezeigt, daß ein Gott besteht, der diesem Geschehen ein Ende macht." (12/100)*

***Geißen Käther,** 1831 (w): >"Man solle auf die Berge flüchten, einen Laib Brot, eine Speckseite und einen Krug Kirschwasser mitnehmen, und wenn der verzehrt sei, sei auch der Krieg zuende. Deutschland aber werde alsdann größer denn je unter einem Bauernkaiser."< (22/187)*

Vermutlich auch hier ein lokaler Schwerpunkt.

***Irlmaier,** 1950, Deutschland (3a): "Ich sehe deutlich einen Dreier, aber ob es drei Tage, drei Wochen oder drei Monate sind, weiß ich nicht." (12/143)*

***Joséphine du Bourg,** 1862 (3a): "Jedoch werden diese Tagen wegen der Gerechten abgekürzt werden." (7/379)*

***Knopp,** 1794 (3a): "Es wird ein Krieg sein, wie vordem nicht erlebt worden, aber er wird nicht lange dauern." (7/305)*

***Mönch von Maria Laach,** 16. Jh. (3b): "... bis dann kommen wird der dritte große Krieg und der nur ganz kurz sein wird und dem dann folgt der lange Friede unter der Huld von Jesum Christum, unserem Herrn, bis in alle Ewigkeit. Amen." (41/244)*

***Mühlhiasl,** 1825 (3a): "Aber die Gefahr dauert nicht länger, als ein Laib Brot ausreicht, um am Leben und bei Kräften zu bleiben." (5/46)*

Bezieht sich auf die Gegend des Bayrischen Waldes.

***Nectou,** 1760, Frankreich (3a): "Sie werden die Absicht haben, die Kirche gänzlich zu zerstören; doch die Zeit wird ihnen dazu nicht gelassen werden, denn diese schreckliche Periode wird von kurzer Dauer sein. In dem Augenblick, wo man alles für verloren halten wird, wird alles gerettet sein." (7/304)*

Nonne von Belley, *1816, Frankreich (3a): "Die Zeit all dieser Umwälzungen wird nicht mehr als drei Monate währen, und die große Krise, in welcher die Guten triumphieren werden, wird nur eine kurze Zeit dauern." (7/352)*

Nostradamus, *1555, Frankreich (3a): siehe bei "Die Dreitägige Finsternis bei Nostradamus". Beginn frühstens im Frühling, Ende mit der Finsternis im Oktober (bzw. November)*

Paulussen, *1983, Deutschland (3a): "Dieser Sieben-Tage-Krieg wird noch nicht die Euromonarchie einleiten. Dafür ist die Zeit noch nicht reif. Denn dieser Krieg wird schon Ende dieses Jahrhunderts stattfinden." (44/114)*

Quelle von Beykirch, *1850 (w): Juli/August bis November, siehe Zitate zum Ausbruchsmonat.*

Schwester von Lyelbe, *1826 (3a): "Er wird sich gegen die meinen richten, und sie werden tief betrübt sein, aber die Prüfung wird (nur) kurz sein." (88/235)*

Im Anschluß wird die Zerstörung von Paris erwähnt - ein Indikator für den Dritten Weltkrieg.

Schwester von Lyon, *1850, Frankreich (3a): "Gott wird - um seiner Auserwählten Willen - diese Zeit begrenzen. Es werden höchstens sechs Monate sein." (88/234)*

Seher aus dem Waldviertel, *1959, Österreich (3a): >"Erst wenn China eingreife, erzählte der Bauer sodann ferner, weite sich der Krieg auf die Bundesrepublik aus, insbesondere auf Bayern. ... Dieser letzte Abschnitt des fürchterlichen Krieges dauere nur wenige Tage."< (12/263)*

Stieglitz, *1975, Deutschland (3a):* Ausbruch Ende Juli/Anfang August siehe Ausbruchsmonat: *"Im September gibt es den letzten verzweifelten Versuch sowjetischer Unterseebooteinheiten, Europa atomar zu verwüsten." (12/235)*

Im September wäre der Krieg demnach zwar noch nicht ganz vorbei, aber seinem Ende schon sehr nahe. Ein oder zwei Monate könnte man noch hinzuzählen.

White, *1970 (3a): "Der Krieg in Europa wird nicht lange dauern." (8/162)*

Abschätzung der Wellenhöhe in der Nordsee infolge der Atomexplosion

Es sei ausdrücklich hervorgehoben, daß die folgende Abschätzung laienhaft und keinesfalls wissenschaftlich exakt ist. Die sich im folgenden rechnerisch ergebende Wellenhöhe könnte also theoretisch deutlich niedriger oder höher sein. In jedem Falle dürfte die Erzeugung einer Flutwelle infolge einer Atomexplosion tief unter dem Meeresspiegel Besonderheiten aufweisen, die wissenschaftlich noch kaum erforscht sind.

Die nachfolgende Berechnung basiert auf der Annahme, daß in diesem Falle die größtmögliche Sprengkraft zum Einsatz kommt. Laut dem *Greenpeace-Handbook of Nuclear Age* hatte die größte jemals registrierte Atomexplosion (sowjetischer Bauart) eine Sprengkraft von 60.000.000 Tonnen TNT. Das ist rund 4.600 mal so stark wie die Atombombe von Hiroshima (13.000 Tonnen TNT), und noch immer dreimal so stark wie beispielsweise eine sowjetische SS18 Interkontinentalrakete.

Für die weitere Berechnung der Wellenhöhe an der Küste sind zwei Fragen entscheidend: Erstens, wieviel dieser angenommenen 60.000.000 Tonnen-Sprengkraft sich auf das Wasser übertragen läßt, und zweitens, wie die Welle selbst aufgebaut ist - also, wie hoch und wie tief sie ist.

Die folgende Berechnung geht davon aus, daß die Atombombe 3000 Meter unter dem Meeresspiegel gezündet wird und so rund 70 % der Energie der Explosion auf das Wasser übertragen werden können.

Was den Aufbau der Welle anbelangt, bin ich von Werten normaler Wellen ausgegangen. Es wäre allerdings zu vermuten, daß die Flutwelle unmittelbar vor der Küste - vergleichbar einem Tsunami - noch erheblich an Höhe gewinnt.

Bei der Explosion einer 60.000.000 Tonnen-Bombe in 3000 Metern Tiefe nordöstlich der Färöer-Inseln komme ich auf eine durchschnittliche Wellenhöhe von rund 15 Metern an den Nordseeküsten.

1. Energie der Bombe

Nach H. Rast (Vulkane u.Vulkanismus) hat eine 13.000 Tonnen TNT-Explosion (Hiroshima) die Energie von $8.4 * 10^{13}$ Joule. 10^4 Joule heben eine Tonne Gewicht (= 1 Kubikmeter Wasser) um einen Meter hoch. Mit 13.000 Tonnen TNT ließen sich also $8.4 * 10^9$ Kubikmeter Wasser um einen Meter anheben. Das wäre ein Würfel mit einer Kantenlänge von 2032 Metern!

50 % der Energie einer Atombombe gehen direkt in die Druckwelle über. Diese 50 % dürften sich also ohne Verluste auf das Wasser übertragen. Weitere 35 % der Energie gehen in Hitzestrahlung über. Bei einer Explosion tief unter dem Meeresspiegel bedeutet dies automatisch Wasserdampf - und somit ebenfalls Druck. Soweit stünden 85 % der Energie für die Wellenerzeugung zur Verfügung. Rechnen wir davon noch vorsichtshalber 20 % ab, die am Meeresgrund absorbiert werden, so kommen wir auf effektiv 68 % Energie.

Von 60.000.000 Tonnen TNT würden 41.000.000 "übrigbleiben".

Damit ließe sich ein Wasserwürfel mit einer Kantenlänge von 30 Kilometern um 1 Meter anheben. Bei einer Explosion in rund 3000 Metern Tiefe rechnet man natürlich besser mit einem Würfel mit 3 Kilometern Kantenlänge, der um 1000 Meter angehoben wird. Dieser Würfel würde also 1000 Meter über den Meeresspiegel herausragen.

Für die weitere Berechnung der Welle verwerte ich nun nur den Teil des Würfels, der sich über den Meeresspiegel erhebt: 3000 m * 3000 m *1000 m = 9 Milliarden Kubikmeter Wasser.

2. Die Flutwelle

Nur etwa ein Sechstel dieses Wasservolumens (1.5 Milliarden Kubikmeter) würde als Welle in die Nordsee eindringen. Die restlichen fünf Sechstel würden sich im Nordatlantik ausbreiten. Die Welle in der Nordsee hätte etwa eine Breite von 500 km - von England bis nach Norwegen. Obiges Wasservolumen ist also zunächst auf 500 km zu verteilen. (1.5 Mrd. m^3 / 500.000 = 3000 Kubikmeter Wasser pro Meter.

Zuletzt muß dieses Volumen von 3000 Kubikmeter pro Meter in die konkrete Form der Welle umgerechnet werden. Nach Nachtigal/Siemens haben Wellen mit einer Höhe von 10 Metern eine Wellenlänge von 600 Metern. Abstrahiert man eine Welle als gleichschenkliges Dreieck, so hat eine 10 Meter hohe Welle ein Querschnitts-Volumen von 3000 Quadratmetern (10 * 600 ÷ 2). Somit ergibt sich eine Wellenhöhe von durchschnittlich 10 Metern.

Schon normale Wellen erhöhen sich aber unmittelbar an der Brandung um 50 %. Die Wellenhöhe betrüge demnach *durchschnittlich* 15 Meter.

Der Wert einer 50 %igen Erhöhung an Brandung gilt wohlgemerkt für normale Wellen. Bei Tsunamis z. B. kann die Welle unmittelbar vor der Brandung noch um einiges mehr an Höhe zunehmen. Und selbst dann würde es sich hierbei um einen Durchschnittswert handeln.

Einzelne Abschnitte der Welle dürften darüber hinaus noch höher werden. Somit kämen für bestimmte Küstenabschnitte auch Wellenhöhen von 30 Metern und mehr in Betracht.

... wie gesagt - das sollte alles mal exakt durchgerechnet werden.

Bibliographie

Bücher-Codes

1 : Allgeier / Die Prophezeiungen des Nostradamus
4 : Voldben / Nostradamus und die großen Weissagungen (1992)
5 : Silver / Prophezeiungen bis zur Schwelle des 3. Jahrtausends
6 : Lemesurier / Geheimcode Cheops
7 : Loerzer / Visionen und Prophezeiungen
8 : Bekh / Am Vorabend der Finsternis
9 : Kahir / Nahe an 2000 Jahre
10 : Voldben / Nostradamus und die großen Weissagungen (1981)
12 : Bekh / Das dritte Weltgeschehen
13 : Gustavsson / Merkwürdige Gesichte
14 : Varena / Gesammelte Prophezeiungen
15 : Ellerhorst / Prophezeiungen über das Schicksal Europas (1992)
15b : Ellerhorst / Prophezeiungen über das Schicksal Europas (Deutsche Bibliothek)
16 : Schnyder / Wie überlebt man den 3.Weltkrieg ?
17 : Dudde / Der Antichrist
19 : Dudde / Der Eingriff Gottes
20 : Stocker / Reinigung der Erde (Band I)
21 : Backmund / Hellseher schauen die Zukunft
22 : Hübscher / Die große Weissagung
24 : Stocker / Reinigung der Erde (Band II)
27 : Babaji spricht, Prophezeiungen und Lehren / G. Reichel Verlag
29 : Nagel / Rametha
30 : Bekh / Alois Irlmaier
31 : Kirkwood / Marias Botschaft an die Welt
32 : Korkowski / Kampf der Dimensionen (Band I)
33 : Korkowski / Kampf der Dimensionen (Band II)
34 : Rabanne / Das Ende unserer Zeit
35 : Brinkley / Saved by the Light
36 : Wilkerson / Die Visionen

38 : Snow / Zukunftsvisionen der Menschheit
40 : Buchela / Ich aber sage euch
41 : Gann / Zukunft des Abendlandes ?
42 : Bouvier / Nostradamus
43 : "Der heiße Draht" Nr.9, 1993
44 : Huainigg / Heiler und Prophet
45 : Renner / Weltenbrand
46 : Friede / Das Johanneslicht
47 : Hagl / Apokalypse als Hoffnung
48 : Tempelhof-Gesellschaft / Die Edda
49 : Capri / Die Prophezeiungen von Papst Johannes XXIII
50 : Heibel / Das geht uns alle an
53 : Koteen / Der letzte Walzer der Tyrannen
54 : Centurio / Die großen Weissagungen des Nostradamus
60 : Mutter Graf / Offenbarung der göttlichen Liebe
62 : Stern der Erleuchtung / Hans J. Andersen Verlag
80 : Bauer / Die Menschheit in und nach den großen Katastrophen
81 : A.T.Mann / Prophezeiungen zur Jahrtausendwende
82 : Valtorta / Das Morgenrot einer neuen Zeit
85 : Zönnchen / Im Zeichen des Fisches
86 : Sun Bear / Die Erde liegt in unserer Hand
88 : San Miguel / De Laatste Zegels
91 : Herrholz / Das apokalyptische Weltgeschehen
93 : Ruhela / Sai Baba
95 : Eilenberger und Schubert / Nostradamus, Zukunftsbilder ...
97 : Thor / Outwitting Tomorrow
300 : Lichtpunkt E Sonderheft Juni 1992, Seite 9

101,102,103 etc. : Stern der Endzeit (101=Nr. 1 etc.) H. J. Andersen Verlag

Literatur, nach Autoren alphabetisch geordnet:

Allgeier, Kurt, Die Prophezeiungen des Nostradamus, 1990, Heyne, München

Andersen, Hans J., Polsprung - Prophezeiungen und wissenschaftliche Analysen, 1998, G. Reichel Verlag, Reifenberg 85, 91365 Weilersbach

Andersen, Hans J., Stern der Endzeit (Heft 1 - 25) 1988 - 1994, H.J.Andersen - Gevelsberg

Andree, Richard, Braunschweiger Volkskunde 1901, F. Vieweg

Arkin/Fieldhouse Nuklear Battlefields 1980, Athenäum

Babaji spricht, 1990, Haidakhan Samaj, G. Reichel Verlag, D-Weilersbach

Backmund, Norbert, Hellseher schauen in die Zukunft, 1972, Morsak Grafenau

Bauer, Erich, Die Menschheit in und nach den großen Katastrophen, 1986, E.Bauer - Puchheim

Becker, Dr.Dorit I., Lichtpunkt E. / Sonderheft, Juni 1992, Lichtpunkt E. / Sonderheft 2, September 1992, Pegasos Light, Rottstr. 26, D-4923 Extertal

Bekh, Wolfgang Johannes, Am Vorabend der Finsternis 1988 Ludwig - Pfaffenhofen

Bekh, Wolfgang Johannes, Das dritte Weltgeschehen, 1985, Knaur

Bekh, Wolfgang Johannes, Alois Irlmaier, 1990, Ludwig - Pfaffenhofen

Bekh, Wolfgang Johannes, Bayrische Hellseher, 1976, Ludwig - Pfaffenhofen

Berndt, Stephan, Zukunftsvisionen der Europäer, 1993, Die Blaue Eule - Essen

Bertschinger,Erika (Uriella) Geistesschulung, Heft 50, Sonnenhofstr.1, CH 8132 Egg /ZH

Bhutta, Dr.A.R., Prophezeiungen über die Endzeit, 1986, Verlag Der Islam - Frankfurt

Bonsen, F. Zur, Die Schlacht am Birkenbaum, 1940, Industriedruck - Essen

Bouvier, Bernhard, Nostradamus, 1996, Ewert-Verlag

Brentano, Clemens, Visionen und Leben (A.K.Emmerick), 1974, Wewel - München/Freiburg

Brik, Theodor, Die Visionen der letzten Tage, 1978, Pattloch - Aschaffenburg

Brinkley, Dannion, Saved by the Light, 1994, HarperCollins - New York

Buchela, Ich aber sage euch, 1983, Droemer Knaur - München

Carpi, Pier, Die Prophezeiungen von Papst Johannes XXIII., 1982, TWP-Druck+Verlag - Muggensturm

Castella, André, Das Morgenrot einer neuen Zeit, 1992, Parvis-Verlag, Hauteville, Schweiz

Centurio, N.Alexander, Die großen Weissagungen des Nostradamus, 1988, Goldmann

Dudde, Bertha, So wird es kommen!, 1979, Der Antichrist, 1972, Der Eingriff Gottes, 1974, beziehbar über : Wolfgang Kühner, Breite Str.66, D-67259 Heuchelheim

---

Eggenstein, Kurt, Der unbekannte Prophet Jakob Lorber, 1990, Lorber - Bietigheim

Eilenberger & Schubert, Nostradamus - Zukunftsbilder, 1992, Ariston - Genf

Ellerhorst, Winfried, Prophezeiungen über das Schicksal Europas, 1992, Antigone - Allendorf/Eder, (Anmerkung : Das etwas ältere Exemplar von 1952 aus der Deutschen Bilbliothek in Frankfurt ist etwas umfangreicher (z.B. bei Biernacki))

Ephemerides, Ephemeris 1900 - 2000, 1992, Edition St.Michel - St.Michel/Boulogne

Ernst, Robert, Das Reich Gottes, 1985, Edition Markus Verlag - Walhorn, Belgien

Fontbrune, Max de, Was Nostradamus wirklich sagte, (1938) 1989, Ullstein

Friede, Johannes, Das Johanneslicht, 1948, Hans Jacob, CH-8623 Wetzikon

Friedl, Paul, Prophezeiungen aus dem bayrisch-böhmischen Raum, 1974, Rosenheimer

Fuchs, Erich, Nostradamus, 1987, Moewig

Gann, Alexander, Die Zukunft des Abendlandes?, 1986, IFAP-Institut Postf.140 A-5024 Salzburg, oder über den Andersen-Verlag in Gevelsberg

Grabinski, B., Flammende Zeichen der Zeit, 1972, Siegfried Hacker - Gröbenzell

Gustafsson, A., Merkwürdige Gesichte!, 1954, Sverigefondens - Stockholm

Hagl, Siegfried, Apokalypse als Hoffnung, 1984, Knaur - München

Heibel, Hermann, Das geht uns alle an, 1988, A.Ruhland, Rudolf Dieselstr.5, Altöttingen

Heilbrunn, Otto, Konventionelle Kriegsführung im nukl.Zeitalter, 1967, Mittler - Frankfurt

Heinrich VIII, Hamaschiach, 1991, Anger Verlag EICK/Anger

Herrholz, Eduard, Das apokalyptische Weltgeschehen (Bd II), 1990, Die geheime Macht (Bd III), 1991, Fountain-of-Truth-Public, Bausendorf(D)

Hesse, Paul Otto, Der Jüngste Tag, 1967, Turm - Bietigheim/Württemberg

Hewitt & Lorie, Nostradamus, 1992, Goldmann - München

Hildegard v.Bingen, Gesichte über das Ende der Zeiten, 1953, Credo - Wiesbaden

Hildegard v.Bingen, Wisse die Wege, 1954, Müller - Salzburg

Huainigg, Franz-Joseph, Heiler und Prophet, 1992, Die Silberschnur - Neuwied

Hübscher, Arthur, Die große Weissagung, 1952, Heimeran - München

Johannes von Jerusalem, Das Buch der Prophezeiungen, 1994, Heyne

Kahir, M., Nahe an 2000 Jahre, 1986, Turm - Bietigheim/Württemberg

Kirkwood, Annie, Marias Botschaft an die Welt, 1992, Ch.Falk

Konzionator, Prof.A., Der kommende große Monarch, 1931, R.van Acken - Lingen(Ems)

Korkowski, Edward, Kampf der Dimensionen/Band I, 1990, H.J.Andersen - Gevelsdberg

Korkowski, Edward, Kampf der Dimensionen/Band II, 1991, H.J.Andersen - Gevelsdberg

Koteen, J.P., Der Letzte Walzer der Tyrannen, 1990, In der Tat

Koteen, J.P., Ramtha Intensiv, 1991, In der Tat

Lama, F.R. von, Prophezeiungen ü.d.Zukunft des Abendlandes, 1953, Credo - Wiesbaden

Lemesurier, Peter, Geheimcode Cheops, 1988, Bauer - Freiburg/Breisgau

Loerzer, Sven, Visionen und Prophezeiungen, 1989, Pattloch - Augsburg

Mann, A.T., Prophezeiungen zur Jahrtausendwende, 1993, Scherz - Bern/München/Wien

May, J., Das Greenpeace - Handbuch des Atomzeitalters, 1989, Droemer/Knaur - München

Nachtigal/Siemens, Das Wellenkonzept, 1990, Peter Lang

Nagel, Karin, Rametha, 1992, Die Blaue Eule

Nature, Vol. 350, 14.3., 1991

Noorbergen, René, Leben und Prophezeiungen der Jeane Dixon, 1973, Bietigheim/ Württemberg

Rabanne, Paco, Das Ende unserer Zeit, 1996, Knaur

Rast, Horst, Vulkane und Vulkanismus, 1992
Renner, Rolf, Weltenbrand, 1992, Historia - Elchingen
Retlaw, E.G., Proph.ü.d.Ausbruch u.Verlauf d.3.Weltkrieges, 1961, Arviga - Murnau
Robinson, L.W., Edgar Cayce`s Bericht von Ursprung und... , 1989, Goldmann
Rufe aus Bayside, Band I, Die Marienbotschaft, 1980, Band II Die Visionen, Selbstverlag "Der neue Tag", Salzburg
Ruhela, S.P., Sri Sathya Sai Baba - Leben, Lehre u.Werk, 1992, Die Silberschnur - Neuwied

San Miguel, De Laatste Zegels, 1992, Romero Edit.P.B.49 B-2660 Hoboken-1
Sárközi, Alice, Political prophecies in Mongolia in the 17-20th, 1992, centuries, Harrassowitz - Wiesbaden
Schmeing, Karl, Geschichte des zweiten Gesichts, 1948, Dorn - Bremen
Schmeing, Karl, Seher und Seherglaube, 1954, Themis - Darmstadt
Schneider, G., Naturkatastrophen, 1980
Schnyder, Henri, Wie überlebt man den 3.Weltkrieg?, 1984, Hesemann - München
Schönhammer, Adalbert, PSI und der dritte Weltkrieg, 1978, Rohm - Bietigheim
Silver, Jules, Prophezeiungen bis zur Schwelle d.3.Jahrtausends, 1987, Ariston - Genf
Snow, Chet.B., Zukunftsvisionen der Menschheit, 1990, Ariston - Genf
Star-Observer, Nr.3/96, Mai/Juni, 1996
Stearn, Jess, Der schlafende Prophet, 1982, Ariston - Genf
(Steiner, Rudolf), Das Ende des 20.Jahrhunderts im Werke Rudolf Steiners
Stocker, Josef, Reinigung der Erde/Band I u. II , 1992, Mediatrix - St.Andrä-Wördern
Sun Bear, Die Erde liegt in unserer Hand, 1990, Goldmann - München
Sun Bear, aus Zeitschrift "Wege" Nr.4., 1992

Tempelhof Gesellschaft, Das Buch der Sajaha, 1991, Die Edda (Volospa), 1991, THG, Lehr- und Archiv-Komturat, Homburg
Thor, Vailant, Outwitting Tomorrow, 1939, The Hover Company (1978), 14713 La Mesa, La Mirada, CA 90638 USA
Time Magazine International, July 4, 1994, No.1
Tollmann, Alexander & Edith, Und die Sintflut gab es doch, 1993, Knaur - München
Töpper, Adalbert, Wandlung durch Liebe, 1990, Knaur - München

UN, Die UN-Studie: Kernwaffen, 1982, C.H.Beck - München
Uriella, Der Heiße Draht, 1993, Dirk Neuhäusler,Postf.1147,W-7883 Görwihl

Van Eimern, Prof.Dr., Wetter- und Klimakunde, 1984, Eugen Ulmer - Stuttgart
Varena, Marcus, Gesammelte Prophezeiungen, 1959, Bauer - Freiburg/Breisgau
Voldben, A., Nostradamus, Die großen Weissagungen, 1981, 1992, Langen Müller, München /Wien

Weber, Albrecht, Garabandal, der Fingerzeig Gottes, 1993, Weto - Meersburg
Widler, Walter, Buch der Weissagungen, 1961, Hacker - Gröbenzell
Wilkerson, David, Die Visionen, 1974, Leuchter - Erzhausen

Zönnchen, Wolfgang, Im Zeichen des Fisches, 1990, AIG I.Hilbinger - Arnoldshain/Taunus

Kleines Lexikon der Seher, Propheten und Medien, mit Index

... zu den wichtigsten in diesem Buch erwähnten seherischen Quellen

A

Dieser Mönch hatte nach eigenen Angaben am 15.8.1949 in der Benediktinerkirche in Würzburg eine Vision vom Angriff Rußlands. Inhaltlich deckt er sich mit vielen anderen Quellen.

Stigmatisierte Nonne aus Sosenca in Süditalien, die dadurch berühmt wurde, daß sie Benito Mussolini den Verlauf des Zweiten Weltkrieges zutreffend vorhersagte.

Medium aus Nordrhein-Westfalen (Deutschland).

Italienische Nonne aus Taggia bei Ventimiglia, die durch zutreffende Voraussagen bedeutender Ereignisse auf sich aufmerksam machte.

B

Shri Babaji war einer der im Westen bekannteren indischen Gurus. Er soll ein Mahavatar gewesen sein - eine göttliche Erscheinung, die spontan und ohne Geburt in einem menschlichen Körper erscheint. Er soll im Jahre 1970 in einem etwa 18 Jahre alten Körper in einer alten Höhle in der indischen Provinz Uttar Pradesh erschienen sein. Bald begann er, Sucher aus aller Welt anzuziehen. Es kam zur Gründung mehrerer Ashrams und seine Schüler halfen ihm bei der Verbreitung seiner Lehre. Am 14.2.1984 verließ er seinen Körper.

Nonne aus Pau (Südfrankreich).

Lebt in Puchheim bei München und verbreitet seine Zukunftschauungen über einen eigenen Verlag. Er beantwortet auch persönliche Fragen per Post. Gegen 100 DM Vorkasse für 7 Fragen - und schon werden wir mißtrauisch. Er hat zu allem etwas zu sagen: Grönland, Brasilien, Deutschland, Australien. Vermutlich seherisch begabt, meiner Meinung nach jedoch mit größerer Vorsicht zu genießen.

Ordensschwester aus Losheim im Saarland, weitere Daten unbekannt.

Frau eines italienischen Aristokraten (auch "Gräfin Beliante" oder "Bilcante von Savoyen).

Diese Prophezeiung soll auf einen Prior zurückgehen, der im 16. Jahrhundert im Benediktinerkloster in Maria Laach lebte. Das Original ist derzeit nicht auffindbar. L. Emrich berichtete von dieser Prophezeiung erstmalig 1938. Darin werden eindeutig drei große Kriege für das 20. Jahrhundert vorausgesagt.

Biernacki, Wladislaw (1984): *18; 21; 31; 48; 75; 87; 92; 112; 113; 114; 115; 118; 124; 144; 151; 159; 160; 162; 177; 202; 209; 212; 217; 220; 239; 240; 248; 258; 265*
Dieser polnische Bauer ist eine ziemlich eigenartige Quelle. Einerseits deckt er sich in vielen wesentlichen Punkten mit anderen Quellen, und es wird berichtet, daß er das Vertrauen der katholischen Kirche - bis zum Papst hin - genießt. Und andererseits macht er Vorhersagen, die dazu geeignet sind, ihn restlos zu diskreditieren. Es sieht ein bißchen so aus, als würde er unverständliche Details seiner Visionen einfach durch ihm selbst bekannte Dinge ersetzen.

Blinder Jüngling von Prag (1365): *16; 61; 122; 125; 258*
Mitte des 14. Jahrhunderts erfuhr Kaiser Karl IV von einem blinden böhmischen Hirtenjungen, der außergewöhnliche seherische Fähigkeiten hatte. So rief er ihn 1356 zu sich nach Prag, damit er ihm seine Visionen erzähle. W. J. Bekh berichtet davon, daß man später vergeblich versuchte, die Verbreitung der Prophezeiung zu verhindern. Die Prophezeiung bezieht sich auf alle drei Weltkriege und findet folglich seit Beginn des Ersten Weltkrieges verstärkt Beachtung.

Böhmischer Seher (um 1944): auch **"Böhmische Flüchtlingsfrau":** *17; 18; 21; 31; 155; 164; 166; 200; 207; 215; 217; 248; 258*
Eine Quelle aus Wolfgang Johannes Bekh's Buch "Am Vorabend der Finsternis" (1988). Eine alte Frau, die aus Böhmen geflohen ist, berichtet von den Vorhersagen ihres Vaters. Knappe Quelle mit vielen markanten Details.

Bouvier, Bernhard (geb. 1944): *53; 55; 71; 95; 107; 137; 143; 186; 197; 212; 264; 265*
Seher, Autor, Übersetzer und Interpret von Nostradamus, Bücher: Die letzten Siegel (1995), Nostradamus (1996), beide im Ewert Verlag

Brand, Erna (geb.1909): *52; 108; 142; 256*
Kauffrau aus Rottenburg/Neckar, Traumvision

Brigitta von Schweden (1303-1373):
Stammt aus einem adligen Geschlecht und ging nach dem Tod ihres Mannes ins Kloster. Später gründete sie einen Orden. Sie soll seit ihrer Kindheit visionär begabt gewesen sein.

Buchela (1899-1986): *18; 21; 31; 118; 139; 140; 145; 154; 155; 248; 264; 265*
Buchela war Zigeunerin und verbrachte die Zeit des Dritten Reiches in Deutschland, und zwar in Freiheit! Als sie entgegen der sonstigen Wahlprognosen 1953 voraussagte, daß die CDU mit Konrad Adenauer die Bundestagswahl in Deutschland gewinnen würde, und dies tatsächlich eintrat, war sie auf einen Schlag berühmt. Sie wurde nach Bonn zu einem offiziellen Empfang eingeladen. Im Kanzler-Bungalow weissagte sie nach eigenen Angaben sogar John F. Kennedy die Zukunft. Auch Erich Honecker soll über Mittelsmänner ihren Rat gesucht haben.

Die oft undeutlichen Aussagen in ihrem Buch "Ich aber sage euch" sollte man meiner Meinung nach auch vor dem Hintergrund sehen, daß sie einen sehr hohen Bekanntheitsgrad hatte. Je bekannter ein Seher ist, desto mehr besteht die Gefahr, daß seine Voraussagen an Gemüter geraten, die diese nicht verkraften können. Bekannte Seher tragen in sofern eine hohe Verantwortung, und werden ihr gerecht, indem sie mehrdeutige Formulierungen verwenden.

C

Caesarius von Heisterbach (1180-1240): *16; 112; 248*
Visionärer Prior und Verfasser mehrerer theologischer Werke aus dem Kloster Heisterbach bei Köln. Es wird vermutet, daß er mit dem "Bruder Johann vom gespaltenen Felsen" identisch ist.

Canori-Mora, Elisabeth (1774-1825):
Römische Familienmutter, die später einem Orden beitrat. Hatte Visionen und extatische Zustände.

Cayce, Edgar (1877-1945): *17; 31; 111; 115; 168; 177; 215; 223; 224; 248; 254; 267*
USA, Familienvater, Fotograf und Sonntagslehrer. Cayce ist zu recht die bekannteste seherische Quelle der USA. In einer Art medialem Schlaf beantwortete er Fragen. Besonders verblüfften seine oft hilfreichen medizinischen Ratschläge, denn er hatte keinerlei medizinische Ausbildung. Mögliche Erklärung: Er war Medium für einen Geist, der über medizinisches Wissen verfügte. Die Befragungen des schlafenden Cayce wurden stenografisch protokolliert. In 43 Jahren sammelten sich 14000 Protokolle an!

Cheopspyramide: *177; 214*
Als man das Innere der Cheopspyramide erforschte, stieß man auf eigenartige Profile im Boden, die ohne offensichtliche Funktion waren. Zunächst vermutete man einen unvollendeten Bauabschnitt. Später begann man damit, diese Strukturen als eine Art Kalender für das (vor allem zukünftige) Schicksal der Menschheit zu interpretieren. Peter Lemesurier verfolgt in "Geheimcode Cheops" sehr detailliert diesen Erklärungsansatz.

Curique, Abbé (1782): *17; 18; 21; 31; 166; 170; 199; 202; 258*
Veröffentlichte 1872 einen Doppelband ("Voix Prophétique") mit prophetischem Inhalt.

D

Da Terni, Frater Giorgio M. (um 1980): *18; 21; 31; 69; 75; 118; 159; 217*
Seherisch begabter Kapuzinermönch aus Todi (Perugia).

De Bourg, Joséphine (1788-1862): *17; 212; 217*
Geistliche aus Toulouse. Gründete die Kongregation "Schwestern des Göttlichen Heilands und der heiligsten Jungfrau", welche bis zu ihrem Tode auf 40 Niederlassungen anwuchs. 1857 hatte sie eine endzeitliche Vision.

De la Vega, Garcilaso (1980-1982): *18; 21; 92; 118; 248*
Diese Quelle wurde von Michael Hesemann aufgestöbert. Ein stigmatisierter Pater aus Argentinien hatte zwischen 1980 und 1982 in Maria Laach mehrere Visionen, in denen er eine Botschaft erhielt. Diese Botschaft wurde von anderen Geistlichen aus Düsseldorf geprüft und in mehreren Geleitbriefen veröffentlicht.

Dixon, Jeane (1916-1997): *18; 21; 31; 87; 92; 118; 143; 170; 177; 212; 220; 266*
Verheiratet, Maklerin und Astrologin aus den USA. Sie war zeitweise ähnlich bekannt wie Cayce. Inzwischen haben sich wesentliche Vorhersagen von ihr als falsch erwiesen. Für die europäische Zukunft ist sie kaum verwertbar.

Don Bosco (1815-1888): *17; 18; 21; 75; 202; 207; 228; 258*
Don Bosco entstammte ärmlichen Verhältnissen und wurde 1841 zum Priester geweiht. Später gründete er den Orden der Salesianer, der sich hauptsächlich der Jugendbetreuung widmete. Als Don Bosco starb, war der Orden auf 250 Niederlassungen angewachsen und betreute 130.000 männliche Jugendliche. Don Bosco wurde von der Kirche heiliggesprochen und hatte seit dem neunten Lebensjahr Visionen; oft endzeitlichen Charakters. Er hielt seine Visionen schriftlich fest, jedoch wurde nur ein Teil davon veröffentlicht.

Dudde, Bertha (1891-1965): *18; 31; 87; 92; 94; 220; 263; 265*
Bertha Dudde brachte über 9000 medial empfangene "Einzelkundgaben" zu Papier. Ihre Texte sind sehr detailliert und behandeln den ganzen Zeitraum bis zum Goldenen Zeitalter. Bemerkenswert ist, daß diese christliche Quelle schon 1954 das Thema UFO anschneidet.

Dürer, Albrecht (1471-1528): *118*
Wird in diesem Buch nur in der Tabelle auf Seite 118 erwähnt. Dürer träumte einmal von einer Atomexplosion und hielt den Traum später im Bild fest. Diese Aquarell-Skizze kann man sich im Kunsthistorischen Museum in Wien ansehen.

Dyck, van den, Leonie (1875-1949): *17; 18; 21; 31; 207; 248*
(Auch Dijck). Visionärin aus ärmlichen Verhältnissen in Onkerzele in Belgien. W. J. Bekh berichtet in seinem Buch "Am Vorabend der Finsternis" davon, daß man 23 Jahre nach ihrem Tod bei der Öffnung ihres Sarges den Leichnam in erstaunlich gut erhaltenem Zustand vorfand. Geöffnet wurde das Grab, eben weil dies von der Seherin vorhergesagt worden war. 20 Jahre nach ihrem Tode sollte der gute Zustand ihres Leichnams die Echtheit ihrer Schauungen belegen. Besonders bemerkenswert war der Zustand des Leichnams deshalb, weil Feuchtigkeit in den Zinksarg eingedrungen war. Bei der Sargöffnung war der Arzt Franz Jacobs aus Mecheln anwesend, welcher für das, was er sah, keine wissenschaftliche Erklärung fand.

E

Edda (um 1300): *16; 87; 92; 110; 195; 248; 264; 267*
Mythologisches Lehrbuch der alten Germanen. Der in diesem Buch zitierte Text stammt u. a. aus einer Studie der Tempelhofgesellschaft, welche sich mit der Rekonstruktion des Urtextes der Edda, der Volosopa, befaßt. Am bekanntesten ist die Simmrock-Fassung der Edda. Die hier zitierten Verse sind in beiden Versionen weitestgehend identisch. Thema ist die Verfinsterung der Sonne, zeitgleich mit Überflutungen unmittelbar vor Beginn des Goldenen Zeitalters.

Eilert, Wessel Dietrich (1764 - 1833): *17; 18; 21; 31; 52; 55; 56; 67; 159; 166; 170; 198; 199; 201; 202; 217; 256; 259*
Ein Schäfer und Bauer aus der Nähe von Dortmund. Auch der "(alte) Jasper" genannt.

Einsiedler Antonius (geb.1820): *16; 21; 31; 49; 50; 54; 70; 157; 207; 208; 217*
Wird von Loerzer auf 1871 datiert. Mönch aus der Nähe von Aachen. Auch Antonius von Aachen. Bei dem zukünftigen Krieg der ihm nach im Elsaß ausbrechen soll, könnte es sich um ein Teilszenario des Dritten Weltkrieges handeln.

Eisenberg (1956) - Ort in Österreich: *18; 21; 31; 170*
Ab dem Jahre 1956 hatte dort eine Bäuerin mit Namen Aloisia Lex - Mutter von 11 Kindern - mehrere Marienerscheinungen.

Elsischer Jüngling (um 1800): *17; 18; 52; 217*
Ein angeblich einäugiger Bauer aus Elsen bei Paderborn.

Emmerich, Anna Katharina (1774-1824): *16; 21; 52; 87; 92; 152; 228; 265*
(Auch Emmerick) Diese stigmatisierte Nonne hatte schon als Kind Visionen. Ihre Visionen wurden vom Dichter Clemens Brentano aufgezeichnet.

Eppinger, Alphonsa (1814-1867): *17*
In Niederbronn im Elsaß gebürtige Oberin. Ihre Offenbarungen wurden am 31.Oktober 1870 vom Straßburger Bischof gutgeheißen.

Extatin, französische (1872): *17; 18; 159; 217*
Das Szenario, das sie für Frankreich vorhersagt, enthält viele Details, welche nach anderen Quellen eindeutig zum Dritten Weltkrieg gehören. Allerdings spricht sie nur von den Preußen als Aggressoren gegen Frankreich. Weiter sagt sie, daß die Preußen die Gotteshäuser angreifen! Das deutet daraufhin, daß es sich nicht um die alten Preußen handelt, sondern um Kommunisten aus Ostdeutschland - denn das alte Preußen war ja gerade bekannt für Toleranz in religiösen Dingen.

F

Fatima (1917): *17; 18; 21; 31; 118; 170; 177; 217; 248*

In Fatima, einem kleinen Ort, 200 km nördlich von Lissabon, hatten 3 Kinder in der Zeit vom 13.Mai bis 13.Oktober 1917 sechs Erscheinungen - jeweils am 13. des Monats. Ihnen erschien die Jungfrau Maria und diese überbrachte ihnen eine Botschaft mit apokalyptischem Charakter. Für den Fall, daß sich die Menschen nicht änderten, wurde gesagt, daß Rußland "seine Irrtümer in der Welt verbreiten, Kriege und Verfolgungen der Kirche hervorrufen" wird. Ebenso wurde ein großer Krieg nach der Mitte des 20. Jahrhunderts vorhergesagt.

Auch dieser Fall wurde von der katholischen Kirche untersucht und von ihr akzeptiert. Der Dritte Teil der Botschaft von Fatima wurde nie offiziell veröffentlicht und befindet sich im Vatikan. Fatima ist heute Wallfahrtsort.

Feldpostbriefe (1914): *17; 18; 21; 31; 54; 57; 59; 62; 66; 73; 75; 159; 160; 177; 199; 202; 217; 220; 227; 259; 266*

1914 schrieb ein deutscher Soldat (Andreas Rill) zwei Briefe an seine Familie, in denen er von den Vorhersagen eines kriegsgefangenen Franzosen berichtete. Dieser sagte Deutschlands Zukunft bis nach dem Dritten Weltkrieg voraus. Der Fall ist gut dokumentiert und ein Großteil der Vorhersagen ist bis jetzt schon eingetroffen. Eine gute und wichtige Quelle.

Friede, Johannes (1949): *266*

Ein einfacher Handwerker begann sich im Alter von 40 Jahren für geistige Dimensionen zu öffnen und wurde zum Medium eines Geistes (?) mit Namen Johannes Friede. Dessen Mitteilungen wurden von einem gewissen Hans Jacob in der Schweiz (8623 Wetzikon) in Buchform herausgegeben. ("Das Johanneslicht") Hochinteressante Quelle - allerdings nie über den Buchhandel vertrieben.

G

Garabandal (1961-1965): *118; 194; 197; 267*

Ebenso wie in Fatima, so erschien in San Sebastián de Garabandal, einem Bergdorf in Nordspanien, mehreren Kindern die Jungfrau Maria. Auch hier erhielten die Kinder - vier etwa elfjährige Mädchen - eine Botschaft apokalyptischen Charakters. Hierin heißt es, daß es vor einer großen Katastrophe (bzw. Strafe Gottes) eine große weltweite Warnung geben werde und ein Wunder, das sich in Garabandal ereignen soll. Dieses Wunder soll kurz vor dessen Eintritt von einem der (inzwischen erwachsenen) Kinder offiziell angekündigt werden. Dieser spanischen Botschaft nach gäbe es also zwei unverkennbare Warnzeichen, bevor sich die Ereignisse überstürzen.

Geißenkäther (gest.1831): *17; 18*

Bettlerin aus dem Schwarzwald mit Namen Katharina Leistnerin - hatte das "Zweite Gesicht".

Graf, "Mutter" (1906-1964): *87; 92; 207; 217; 264*

(Graf-Sutter) Hellseherische Familienmutter aus Appenzell in der Schweiz.

H

Handwercher, Franz Seles (1792-1853): *17; 62; 87; 92; 118; 207; 217*

Pfarrer aus Niederbayern (Straubing). Hatte Visionen, die er in Gedichtform aufschrieb.

Helmsauer, Marie (1892-1973): *18; 207*

Seherisch begabte Frau aus der Umgebung von Landshut, Bayern. Da sich die Zuverlässigkeit ihrer Voraussagen herumsprach, wurde sie oft von Ratsuchenden aufgesucht. Kurz nach Beginn des Zweiten Weltkrieges sagte sie dessen Ende zutreffend für Mai 1945 voraus - und zwar jedem, der es hören wollte. Eine ziemlich mutige Frau also.

Hepidannus von St.Gallen (1081): *16; 21; 44; 87; 215; 227; 230*
Die Visionen von Hepidannus zählen zu dem Erlesensten, was es überhaupt zu dieser Thematik gibt. Der älteste Druck dieser Prophezeiung stammt aus dem Jahre 1866. Die Prophezeiung soll im Original mit dem Datum 1081 versehen gewesen sein. Den Forschungen Alexander Gann's nach stammt dieser Text sehr wahrscheinlich tatsächlich aus dem Ende des 11. Jahrhunderts. Diese Prophezeiungen sagt die deutsche Geschichte von der Kleinstaaterei über die Bismarck-sche Reichsgründung, den Zweiten Weltkrieg, den Dritten Weltkrieg, die Dreitägige Finsternis bis hin zum Großen Monarchen voraus. Das Kernthema seiner Visionen ist Germanien, bzw. Deutschland.

Heroldsbach (1949-1952): *31; 207*
Ort bei Forchheim in Bayern. Vier zehn- und elfjährige Mädchen hatten erstmals am 9. Oktober 1949 eine Erscheinung. Diese Erscheinungen setzten sich mit Unterbrechungen bis zum 31. Okt. 1952 fort. Am 8. Dezember 1949 erlebten mehrere Tausend Menschen in Heroldsbach eine übersinnliche Wahrnehmung - ein sogenanntes Sonnenwunder. Heroldsbach entwickelte sich zum Wallfahrtsort, wurde jedoch von der Amtskirche massiv abgelehnt und mit entsprechenden Verboten belegt.

Higginson, Helena (1850-1905): *17; 18; 87; 92; 118; 248*
Englische Lehrerin. Hatte 1880 endzeitliche Visionen.

Hilarion vom Berge Jasna Gora (17. Jh): *16; 21; 31; 60; 112; 114; 162; 203; 248*
Dieser Mönch soll in Tschenstochau (Polen) gelebt haben. Der folgende Textauszug seiner Prophezeiung dürfte sich meiner Ansicht nach auf den Vierten Weltkrieg beziehen:

"Dann werden die Völker des halben Mondes aus dem Stamme Agar viele Reiche überfallen, gegen Mitternacht ziehen und viele Greuel verüben. Drei Jahre werden sie zerstörend herrschen.

Doch im dritten Jahre wird einer von den beiden unüberwindlichen Adlern, welche über das erleuchtete Volk zwischen dem Rheine und dem nordischen Meere herrschen, mit großer Heeresmacht entgegenziehen, in der Gegend des Meeres beim Ausflusse des Rheines ihn treffen und in einer furchtbaren Schlacht fast ganz vernichten."

Zwischen Rhein und Nordsee liegt sowohl Frankreich, als auch Deutschland. Beide wurden in der Vergangenheit schon besiegt - "unüberwindlich" ist also nicht wörtlich zu nehmen. Allerdings ist der Adler nur das Wappentier der Deutschen (und Österreicher). Ein arabischer Aggressor zieht also nach Norden und wird von (vermutlich) Deutschland nahe der Rheinmündung besiegt.

Hildegard von Bingen (1098-1179): *16; 21; 31; 213; 218; 220; 227*
Sie gilt als die erste deutsche Mystikerin und als eine der einflußreichsten Frauen des Mittelalters. Sie war Äbtissin, Klostergründerin, Ärztin, Naturforscherin, gern gesehener Gast an den damaligen Höfen und hatte brieflichen Kontakt zu den damaligen Päpsten. Schon als Kind hatte sie Visionen. Später soll sie ständig in einem visionären Zustand gelebt haben.

Holzhauser, Bartholomäus (1613-1658): *16; 207; 212; 213; 217*
Wirkte als Geistlicher u. a. in Ingolstadt, Bingen und Mainz. Gründete eine "Genossenschaft von Weltpriestern". Soll schon als Kind Visionen gehabt haben und verfaßte einige religiöse Schriften, von denen die "Auslegung der Offenbarung des Johannes" die bedeutendste ist.

Hopi-Prophezeiung: *37; 95; 196*
Traditionelle Prophezeiung des Hopi-Indianerstammes aus dem Südwesten der USA.

I

Brunnenbauer und sehr sensibler Rutengänger aus Freilassing in Südostbayern. Irlmaier wurde im Ersten Weltkrieg verschüttet, wieder ausgegraben und hatte plötzlich seherische Fähigkeiten von herausragender Qualität. Das sprach sich herum und führte nach dem Zweiten Weltkrieg dazu, daß er einen hohen Zaun um sein Haus baute, damit er seine Ruhe vor Leuten hatte, die seinen Rat suchten. Irlmaier war ein waschechter Seher im klassischen Sinne - er "sah" ohne besondere Vorbereitung im normalen Wachzustand. Irlmaier ist wohl die wichtigste deutsche Quelle im 20. Jahrhundert.

J

Diese Seherin aus dem Dorf Blain in der südlichen Bretagne war 69 Jahre stigmatisiert (in Worten: neunundsechzig) und lag die letzten 50 Jahre ihres Lebens im Bett.

Seherin, erwähnt bei Voldben: Nostradamus und die großen Weissagungen

Chronist, berichtete von alten Prophezeiungen.

Wird von W. J. Bekh in "Das dritte Weltgeschehen" zitiert. Der knappe Text deckt sich mit anderen Quellen. Die Glaubwürdigkeit ist weiter nicht beurteilbar.

Norwegens bekanntester Seher. Seine Visionen wurden erstmalig im Mai 1918 in Stockholm von dem Verleger A. Gustavsson in Buchform herausgegeben. Schon vorher, am 4.3.1914 wurden im Svenska Dagbladet Visionen Johanssons veröffentlicht, welche den Ersten Weltkrieg richtig in seinen Grundzügen voraussagte. Johanssons Sehergabe kann m. E. nicht ernsthaft angezweifelt werden. Allerdings haben sich in die Aufzeichnungen von Gustavsson etliche Fehler eingeschlichen, welche u. a. die Chronologie der Ereignisse betreffen. Gustavsson selbst ist dies aufgefallen und er hat einige Fehler in dem Buch "Merkwürdige Gesichte ..." korrigiert. Trotzdem besteht m. E. bei manchen Teilen der Vorhersagen weiterhin eine große Unsicherheit, was die Zuordnung anbelangt. Andere Teile wiederum bestechen durch die Genauigkeit und Detailfülle.

K

Kappelmann, Hermann (1820):
Schieferdecker aus der Nähe von Werl in Westfalen. Nach S. Hagl eventuell nur die Wiedergabe einer Volkssage. Glaubwürdigkeit kaum beurteilbar.

Kapuziner-Pater (1762): Pater aus Düsseldorf, weitere Daten unbekannt.

Autor des 1959 in Rom erschien. Buches "Le prime luci della terza ers" (Die ersten Lichter des dritten Zeitalters). Dieses Buch enthält mehrere Prophezeiungen. Bisher nur von Voldben zitiert.

Katharina aus dem Ötztal (1883-1951): *17; 31; 66; 155; 201; 257*
Lebte im hinteren Ötztal in Österreich und hatte das Zweite Gesicht. Verblüffen tut ihre Vorhersage, daß es sogar in den hinteren Alpentälern zu blutigen, bürgerkriegsähnlichen Zuständen kommt.

Kérizinen (1938-1965): *17; 18; 21; 31; 217,* Ort in der Bretagne, mehrere Marienerscheinungen.

Kirkwood, Annie (1991): *31; 118; 177; 224; 248; 263; 266;*
Krankenschwester aus den USA. Ihr Buch "Marias Botschaft an die Welt" wurde recht viel verkauft, liest sich recht angenehm und wirkt auf mich aufrichtig. Auf Seite 31 schreibt sie: *"Die Gebiete, die vollständig verschwinden werden, sind der Nordosten und der Westen eures Landes (USA) England, Frankreich, Griechenland und große Teile des Nahen Ostens."*

Die Vorhersage zu Frankreich widerspricht praktisch allen europäischen Quellen. Frankreich soll zusammen mit Deutschland die führende Kraft im Nachkriegs-Europa sein. Soweit mir bekannt, sagt keine europäische Quelle das vollständige oder nur das teilweise Verschwinden von Frankreich voraus. Und Frankreich ist einer der wichtigsten Staaten Europas - das übersieht man nicht einfach! Eine typische Quelle zum Thema "Amerikaner sehen die Zukunft Europas".

Knopp, Johann Peter (1714-1794): *16; 49; 56; 170; 198; 202; 209; 259*
Seherisch begabter Knecht aus Ehrenberg im Rheinland.

Korkowski, Edward (geb.1931): *17; 18; 21; 31; 57; 87; 92; 101; 111; 115; 118; 140; 153; 156; 165; 170; 177; 193; 217; 223; 237; 248; 256; 263; 266*
Korkowski lebt im Kölner Raum und hat nach eigenen Angaben seit über 40 Jahren Visionen. Eine große Rolle nehmen in seinen Visionen Außerirdische ein, die sich in die Geschehnisse auf der Erde einmischen - und das beileibe nicht immer wohlwollend.

Kossutthány, Dr. Ferenc (um 1916): *91; 92*
Ungarischer Arzt, der in Budapest lebte und während des Ersten Weltkrieges Visionen vom Zweiten und Dritten Weltkrieg hatte. Bisher nur von Siegfried Hagl zitiert.

Kugelbeer, Franz (1922): *17; 18; 21; 31; 49; 52; 75; 87; 92; 110; 159; 161; 170; 207; 217; 227; 236; 248*
Bauer aus Lochau bei Bregenz in Vorarlberg (Österreich). Seine Visionen aus dem Jahre 1922 teilte er Pater Ellerhorst im Gespräch mit. Letzterer brachte sie zu Papier.

L

Lactantius (250-325): *1195; 196; 220*
Bekannter Rhetoriklehrer Konstantins des Großen. Erstellte im Jahre 315 eine Sammlung frühchristlicher Prophezeiungen.

La Salette (1864): *17; 18; 31; 87; 92; 100; 159; 162; 207; 212; 215; 217; 220; 235*
La Salette liegt in den südfranzösischen Alpen. Ebenso wie in Fatima und Garabandal erschien hier mehreren Kindern (zwei Mädchen, 11 und 15 Jahre alt) die Jungfrau Maria und überbrachte eine Botschaft. Die Botschaft ist ebenfalls apokalyptischen Charakters und beschreibt recht detailliert die geschichtliche Entwicklung bis hin zum Ende der Antichrist-Zeit.

Die Vorkommnisse in La Salette wurden 5 Jahre lang von der katholischen Kirche untersucht und schließlich offiziell anerkannt. La Salette wurde zu einem Wallfahrtsort.

Lataste, Maria (1822-1847): *17; 18,* Nonne aus Rennes (Frankreich).

Lenormand, Marianne (1772-1843): *17; 18; 31; 118*
Eine zur ihrer Zeit sehr bekannte Wahrsagerin aus Paris. Wuchs im Kloster auf und wahrsagte schon, als sie 20 Jahre alt war.

Lichtenberger (1488 oder 1527): *203*
Deutschland, Verfasser einer Sammlung alter Prophezeiungen.

Lied der Linde (19.Jh), *17; 67; 91; 101; 159; 162; 165; 207; 214; 216; 217; 227; 232; 237;*
(auch Lindenlied genannt): *87; 96; 209; 237*
Der ursprüngliche Text soll in einer alten Linde auf dem Friedhof in Staffelstein (bei Passau) gefunden worden sein. Tauchte Mitte des 20. Jh. erstmalig auf und wurde nach einer Untersuchung auf 1850 datiert. Der Seher aus dem Waldviertel meinte zu dieser Prophezeiung (12/256, Wiedergabe durch Bekh): *"Am erstaunlichsten fand er in dem Buch über bayrische Hellseher die Aussagen des Liedes der Linde. Von Anfang bis zum Schluß sehe er das kommende Geschehen genauso."* Das kann ich durch meine Untersuchungen nur bestätigen. Eine wirklich gute Quelle.

Lorber, Jakob (1800-1864): *17; 18; 21; 84; 87; 92; 95; 118; 146; 177; 193; 217; 220; 225; 248; 265*
Jakob Lorber arbeitete als Musiklehrer in Graz, als ihn im März 1840 plötzlich eine Stimme anwies, zu schreiben. Diese Stimme diktierte ihm dann in den darauffolgenden 24 Jahren bis zu seinem Tode über 10000 Druckseiten, die in zwei Dutzend Bänden zusammengefaßt wurden.

Nach Lorbers Ansicht war es die Stimme von Jesus Christus, die ihm diktierte. Ob es nun Jesus Christus oder eine Art Geist war - diese 10.000 Seiten sind mit Sicherheit nicht Lorbers Phantasie entsprungen. Dagegen sprechen schon alleine die zahlreichen Voraussagen, die sich bis jetzt schon erfüllt haben.

Ludmilla (um 1240): *21; 122*
Nonne aus einem Prager Kloster. Der ihr zugeschriebene Prophezeiungstext liegt mir nur bruchstückehaft vor. Nach S. Hagl ist die Herkunft unklar. Glaubwürdigkeit soweit nicht beurteilbar.

Lueken, Veronika (geb.1923): *87; 92; 118; 159; 162; 166; 167; 195; 196; 239*
Auch "Veronika von der Bayside" - eine zeitgenössische Visionärin aus New York City. Ab 1970 hatte sie zahlreiche Visionen apokalyptischen Charakters. Damit man sie nicht für geistig gestört hält, ließ sie sich von Psychologen untersuchen.

M

Maas, Anton Simon (1758-1846): *18; 47; 65; 67; 199*
Pfarrer aus Fließ in Tirol. Nach Bekh hatte er das Zweite Gesicht und praktizierte auch Exorzismus. Auf Heimatregion begrenzte Quelle. Eindruck: solide.

Madam Sylvia (1934): *59; 92; 111; 237,* Deut. Seherin, Name: Bianca Gräfin Beck-Rzikowski.

Mainzer Prophezeiung (1670 oder um 1800): *16; 21; 71; 202; 257,* Keine weiteren Angaben.

Marienthaler Klosterbuch (1749): *16; 31; 48; 118;*
Im Elsaß, nahe der Stadt Hagenau liegt der Marienwallfahrtsort Marienthal. Dort befand sich zwischen dem 13. und dem Ende des 18. Jahrhunderts ein Kloster. Dieses Kloster soll nach L. Emrich im Jahre 1749 ein Wallfahrtsbuch herausgegeben haben, in dem auch eine Weissagung in "nachmittelalterlicher Versform" enthalten gewesen sein soll. Nachforschungen von Alexander Gann konnten diese Angaben nicht bestätigen. Dennoch hatte Gann - ebenso wie ich - den Eindruck, daß der Text von einem Mensch mit seherischen Fähigkeiten stammt.

Merlin (um 600): *16; 220; 253*
Legendärer britischer Seher und "Zauberer" der britischen Urbevölkerung (Kymry), die von den Angelsachsen nach Wales zurückgedrängt wurden.

Mesmin, Marie (1905): *17; 18*
Analphabetin aus Bordeaux, 1905 in Lourdes geheilt und hatte seit 1902 Zukunftsvisionen.

Methodius von Patara (677): *118; 153; 220*
Bekannter Bischof aus Byzanz.

Michalda, Sibylle (1868): *16; 118; 124; 125; 196; 197; 207*
Druckschrift von 1868, im Kern böhmisches Volksgut.

Mönch von Werl (1701): *16; 21; 31; 44; 51; 203*
Unbekannter Mönche, angeblich schon 1701 als Druck veröffentlicht.

Mühlhiasl (geb.1753): *16; 19; 21; 31; 41; 45; 50; 59; 60; 63; 64; 67; 72; 75; 121; 125; 155; 170; 177; 193; 194; 196; 198; 200; 201; 202; 207; 208; 215; 217; 227; 257; 259*
Sehr bekannter und urkundlich belegter Seher aus dem Bayrischen Wald mit Namen Mathias Lang. Verlor 1801 seine Stelle als Klostermüller in Apoig und führte ab dann ein unstetes Leben ohne festen Wohnsitz. Ort und Datum seines Todes sind unbekannt. Sein großer Bekanntheitsgrad resultiert aus den zahlreichen inzwischen eingetroffenen Vorhersagen.

Man vermutet, daß Mühlhiasl identisch ist mit einem gewissen Stormberger - ebenfalls aus der Gegend des Bayrischen Waldes - da sich die Vorhersagen der beiden sehr ähneln. Zu Mühlhiasl und Stormberger wurden umfangreiche Untersuchungen durchgeführt. So wurde u. a. schon 1923 im "Straubinger Tagblatt" von einem Dekan aus Pinkofen bei Eggmühl über einen 97jährigen Mann berichtet, der noch mit Mühlhiasl befreundet gewesen sein soll.

Die Prophezeiungen des Stormbergers wurden 1828 und 1830 handschriftlich festgehalten.

Ich habe in diesem Buch - wie andere Autoren auch - die Prophezeiungen des Stormbergers dem Mühlhiasl zugeschrieben.

N

Naar, Joseph (1690-1763): *16; 118; 123; 125; 127; 196; 197*
Bauer und Fuhrmann aus Robschitz, 15 km südwestlich von Pilsen. Das von Bekh veröffentlichte Material reicht kaum über den Dritten Weltkrieg hinaus.

Nagel, Karin (1993): *31; 96; 118; 177; 201; 217; 248; 257; 263; 266*
Nordrhein-Westfalen, Heilpraktikerin und Medium für "Rametha"

Nectou (1710-1772): *16; 202; 217; 259*
Französischer Jesuitenpater, auch Nechtou oder Rechtou. Seine Vorhersagen von 1760 sind zum Teil schon eingetroffen. Hat nach Loerzer den Tod des französischen Königs auf der Guilliotine (franz.Revolution) 30 Jahre zuvor vorausgesagt. Eine weitere - der nicht wenigen - Quellen, welche die französische Revolution vorausgesagt haben!

Niessen, Käthe (geb. 1909): *138*
Zeitgenössische Seherin aus Krefeld. Literatur: Käthe Niessen, Enthüllungen einer Seherin, Ariston Verlag. Mein Datenmaterial ist da noch unvollständig. Qualität: Soweit schwer einzuschätzen.

Nostradamus (1503-1566): *9;16; 21; 31; 53; 55; 57; 69; 71; 75; 87; 92; 95; 96; 101; 102; 103; 104; 106; 107; 113; 118; 131; 137; 142; 149; 150; 159; 162; 163; 175; 176; 197; 201; 202; 212; 217; 220; 224; 248; 254; 257; 260; 263; 264; 265; 266; 267*

Französischer Arzt und Leibarzt von König Karl IX, Astrologe und Hellseher. In seiner Heimat bekämpfte er mit selbstentwickelten Medikamenten erfolgreich die Pest, und konnte sich später vor Dankesbekundungen kaum retten. Nostradamus ist der bekannteste Seher Europas, vermutlich sogar der ganzen Welt. Da er seine Vorhersagen größtenteils in vielfältiger Weise verschlüsselt hat, wird seit Jahrhunderten - mit mäßigem Erfolg - daran herumgerätselt.

In zahlreichen Fällen hat er in atemberaubender Exaktkeit wichtige Ereignisse vorausgesagt. Oft erkennt man den Sinn seiner Vorhersagen aber erst nach dem Eintritt der Ereignisse. Immer wieder wird in letzter Zeit darüber berichtet, daß jemand einen Schlüssel gefunden hat, um alle seine Vorhersagen zu entschlüsseln. Es erscheinen dann Bücher, die dieses kundtun - um nach ein paar Monaten wieder sang-und-klanglos zu verschwinden. Nach wie vor ist Nostradamus eher eine Quelle für Prophezeiungsforscher und ungeeignet fürs schnelle Konsumieren.

O

Odilie, Heilige (gest. um 720): *31; 87; 92; 217*

Auch Ottilie, Ottilia oder Odilia. Diese Prophezeiung wird der Tochter des elsäßischen Herzoges Adelrich zugeschrieben. Blind geboren, soll sie bei der Taufe wieder sehend geworden sein. Sie lebte als Nonne und wurde später die Äbtissin des von ihr mitbegründeten Benediktinerinnenklosters Odilienberg. Ihre Grabesstätte wurde zu einem Wallfahrtsort und sie wird als Patronin des Elsaß verehrt. Besonders bemerkenswert an dieser Prophezeiung ist die Vorwegnahme des Zweiten Weltkrieges.

"Einst wird Germanien die kriegerischste Nation genannt werden. Der Entfeßler des großen Krieges wird von den Ufern der Donau kommen (Hitler wurde in Braunau nahe der Donau geboren und lebte mehrere Jahre in Linz und Wien. Beides Städte an der Donau.) ... Der Eroberer wird Siege auf der Erde, dem Meere und in den Lüften erringen ... Woher ihm die Kraft sei, diktieren zu können, werden alle erstaunt fragen, aber wenn der Kampf in der Stadt der Städte beginnt, möchten viele der Seinigen ihn steinigen." (14/ 74). Die Stadt der Städte ist natürlich Rom. Kurz nachdem die Alliierten Rom eingenommen hatten, erfolgte die Landung in der Normandie.

Onit (1948): *17; 18; 21; 31; 53; 65; 67; 69; 75; 115; 118; 128; 129; 135; 142; 143; 159; 177; 201; 248; 257*

Diese Quelle stammt aus dem Buch von Marcus Varena. "Onit" ist vermutlich ein Anagram von Tino oder Toni. Varenas Angaben nach war "Onit" ein jüdischen Schwarzmagier und Kabbalist, der schließlich im Irrenhaus gelandet ist. Seinen detaillierteren Ortsangaben nach scheint er aus der Innsbrucker Gegend zu stammen. Die Vorhersagen/Visionen stammen spätestens aus dem Jahre 1948.

Diese Quelle reizt dazu, unterschlagen zu werden. Zu offensichtlich sind mehrere Übertreibungen. Im Vergleich mit anderen Quellen zeigt sich jedoch, daß seine Vorhersagen nur im Hinblick auf die Ausmaße der Ereignisse abweichen, nicht aber, was die Ereignisse an sich anbelangt. Und seine detailliierteren Ortsangaben zu West-Österreich decken sich mit mehreren anderen Quellen. Die meisten dieser (wenn nicht alle) hat er vermutlich nicht gekannt.

Interessant auch seine Vorhersage, daß Indien nach den Katastrophen der Stammhalter der Welt wird. Diese Vorhersage findet sich sonst nicht in Europa, wohl aber deckt sie sich mit den Vorhersagen von Sai Baba, Aurobindo und zumindest drei weiterer Quellen.

Orval, Prophezeiung von (1857): *17; 47; 212*

Soll von einem Einsiedler aus dem Kloster Orval in Nordfrankreich verfaßt worden sein. Nach Sven Loerzer stammt die jüngste Veröffentlichung aus dem Jahre 1857. Ursprünglich verfaßt wurde sie möglicherweise in der ersten Hälfte des 16. Jahrhunderts.

Osho (auch Rajneesh oder Bhagwan) (1931-1990): *177*
Spiritueller und nach eigenen Angaben erleuchteter Meister aus Indien. Osho nannte sich ursprünglich Bhagwan und geisterte eine Zeitlang als Sexguru durch die Medien. Über viele Jahre hin hielt er für mehrere Stunden täglich Diskurse im Kreise seiner Schüler. Gelegentlich machte er dabei die eine oder andere Vorhersage.

P

Palma von Oria (1825-1872): *92,* Stigmatisierte Visionärin aus Oria in Tarent (Italien).

Paola, Franz von (19. Jh): *16; 217,* Benediktinermönch aus Straßburg.

Papst Johannes XXIII (1881-1963): *149; 177; 197; 228; 264; 265*
Diese Prophezeiungen stammen aus der Zeit, als Johannes noch kein Papst war. Die vorliegenden Prophezeiungen sind größtenteils verschlüsselt. Den Angaben des Autor Capris nach ist zu vermuten, daß von Kirchenkreisen noch einiges Material von Papst Johannnes XXIII zurückgehalten wird. Das von Capri veröffentlichte Material wurde ihm gezielt zugespielt.

Papst Pius X (1909): *17; 18; 21; 75; 228*
... nickte im Kreise zahlreicher Kirchenfürsten kurz ein, wachte plötzlich wieder auf, und verblüffte die Anwesenden mit folgenden Worten:"Soeben sah ich einen meiner Nachfolger über die Leichen seiner Brüder fliehen. Sagt es vor meinem Tode niemanden!" (14/195)

Pater Pio (1887-1968): *18; 87; 92; 96; 118; 159; 160; 217; 228; 238*
Sehr angesehener stigmatisierter Kapuzinerpater aus Rotondo in Italien. Ihm werden auch Wunderheilungen zugeschrieben.

Paulussen, Hans-Peter (1988): *18; 21; 31; 43; 69; 75; 113; 114; 118; 159; 202; 217; 248; 260*
Heiler aus Münster (Westfalen). Trance-Medium, angeblich für Nostradamus. Nach meinem Eindruck eine integre Quelle - nur schwer zu beurteilen, ob es auch wirklich Nostradamus ist, für den er als Medium fungiert. Doch selbst wenn nicht, so sagt dies relativ wenig über die Zuverlässigkeit der konkreten Vorhersagen aus.

Pestiaux, André (geb.1952): *177*
Belgischer Familienvater und Bankangestellter. Hatte im Jahre 1984 mehrere Jesus-Erscheinungen, in denen ihm Botschaften überbracht wurden. Bei diesen Erscheinungen waren mehrere Zeugen zugegen.

Pfarrer von Baden (1923): *17; 18; 21; 31; 49; 50; 52; 54; 68; 157; 159; 217*
(Baden nahe der Deutsch-Schweizer-Grenze) Hatte 1923 bei der Heiligen Messe eine Vision.

Porto Santo Stefano: *18; 21; 87; 92; 118; 207*
In dieser italienischen Hafenstadt am Tyrrhenischen Meer hatte ein Hafenarbeiter namens Enzo Alocci mehrere Marienerscheinungen.

Prognosticatio: siehe Lichtenberger *55*

Prokop (1887-1965): *18; 118; 127*
Hirte aus dem Bayrischen Wald.

Prophezeiung vom Birkenbaum (1701 und 1849): *21; 51; 198*
Von dieser Prophezeiung gibt es zwei Versionen: Einen lateinischen Text aus dem Jahre 1701 und eine Aufzeichnung mündlicher Überlieferung aus dem Jahre 1849.

Prophezeiung vom blühenden Mandelbaum (19. Jh.): *150; 177; 220; 234*
Nach A.Voldben wurde diese Prophezeiung 1944 in Berlin in den Trümmern der St. Paulskirche gefunden. Sie soll auf einen Benediktinermönch des frühen 19. Jahrhunderts zurückgehen. Die

Liste von durchgehenden Jahreszahlen plus Kommentar ist natürlich äußerst riskant, da sehr viele Quellen bei den Jahreszahlen irren. Um so mehr verblüfft der Kommentar zu 1989: Erwartung des Menschen = Fall der Mauer (und Ende der Apartheit in Südafrika).

Prophezeiung von Koblenz (vermutlich um 1600): *16; 21,* Keine weiteren Daten.

Q

Quelle von Beykirch (1622): *96; 201; 202; 257; 260*
Jules Silver zitiert diese Quelle aus Theodor Beykirchs "Prophetenstimmen" (1849). Soweit keine weiteren Angaben.

R

Rabanne, Paco (1941): *31; 263; 266*
Seit über 30 Jahren bekannter Pariser Modeschöpfer. Wurde 1934 in Spanien geboren und flüchtete im spanischen Bürgerkrieg mit seiner Mutter nach Frankreich. Hatte 1941 eine Vision mit Elementen aus dem Dritten Weltkrieg.

Ramtha, USA (um 1990): *224; 266*
Ramtha ist der Name eines Geistes, der sich durch ein Medium aus den USA mitteilt. Das klappt so gut, daß es mehrere Bücher von ihm gibt. Thema ist der bevorstehende globale Wandel, und wie man ihn am besten übersteht. Nicht zu verwechseln mit Rametha.

Rocco, Ludovico (1748-1840): *17; 18; 38; 67; 253*
Dieser Mönch starb auf einer Reise durch Palästina nach fünfwöchiger Krankheit auf dem Berge Sinai. Schon dem Tode nahe weissagte er im Halbschlaf. Er wird auch der "Franziskaner vom Berge Sinai" genannt. Die chronologische Ordnung seiner Vorhersagen ist etwas konfus, mehrere seiner Vorhersagen sind aber schon eingetroffen.

S

Sabato, Mario de- (1972): *18; 159; 177; 215; 217*
Dieser römischer Hellseher veröffentlichte 1972 seine umfangreichen Voraussagen, die sich jedoch in vielerlei Hinsicht nicht bewahrheitet haben.

Sai Baba (geb. 1926): *31; 118; 177; 215; 264; 267; 276*
Sai Baba wurde am 23. November 1926 in Puttaparthi (Indien) geboren. Schon in seiner Kindheit soll er damit begonnen haben, Gegenstände zu materialisieren - also aus dem Nichts hervorzuzaubern. Am 20. Oktober 1940 soll er erleuchtet worden sein. Ab dann entsagte er den weltlichen Bindungen und begann zu lehren. Heutzutage ist er einer der bekanntesten spirituellen Meister des 20. Jahrhunderts, hat eine große Schülerschar und ist weiterhin eifrig am Materialisieren.

San Damiano (1967): *89; 93*
Ortschaft bei Piacenza, in dem es zu einer Reihe von Marienerscheinungen kam.

Schlinkert, Peter (um 1770): *16; 21; 31; 51,* Auch "Seher aus dem Möhnetale".

Schuhmann, Maria Beatrix (1823-1887): *17,* Stigmatisierte aus Pfarrkirchen.

Schwester von Belley (gest.1816), auch Nonne von Belley: *16; 202; 260*
Visionäre Spitalschwester.

Seher aus dem Waldviertel (1959): *21; 31; 121; 128; 135; 143; 153; 155; 158; 167; 168; 210; 227; 236; 238; 248; 251; 256; 257; 260*

Der Seher aus dem Waldviertel (in Österreich an der Tschechischen Grenze) hatte um 1959 hauptsächlich im Alter 21 Jahren mehrere Visionen. 1976 kam ein Kontakt zu Wolfgang Johannes Bekh zustande, und Bekh veröffentlichte die Aussagen des Sehers 1980 in "Das dritte Weltgeschehen". 1984 nahm der Forscher Alexander Gann ebenfalls Kontakt zu dem Seher auf, und es kam zu einer Reihe von Treffen, in denen die Visionen des Sehers detailliert protokolliert wurden. Eine der ganz wenigen Quellen, die noch zu Lebzeiten detailliert dokumentiert wurden.

Seherin von Prag (1658): *113; 123*
Diese - 1951 erstmals aufgetauchte Prophezeiung - ist eine sehr detaillierte Quelle und behandelt den Zeitraum vom 17. Jh. bis etwa zum 21. Jh. Alexander Gann kommt nach seiner Untersuchung zu dem Ergebnis, daß zumindest ein Teil der Prophezeiung vor 1900 entstanden sein dürfte. Ebenso geht er davon aus, daß dem Text letztlich eine echte paranormale Begabung zugrunde liegt.

Shoko Asahara (1995): *175; 177*
"Chef" der japanischen Aum-Sekte, die 1995 den Giftgasanschlag auf die Tokioter U-Bahn verübte. Nach westlichen Medien soll er einen atomaren Krieg zwischen den USA und Japan (!) - und für 1997 den "Weltuntergang" vorhergesagt haben. In einem Lagerhaus der Sekte entdeckte man eine Filteranlage für die Atemluft, angeblich gegen Giftgase - ein interessantes Detail, wenn man an die Dreitägige Finsternis denkt!

Snow, Dr. Chet B. (um 1984): *31; 118; 177; 264; 267*
Mittels einer hypnotischen Trance führten Dr. Snow und andere Psychologen nach eigenen Angaben in den achtziger Jahren mehr als 2500 Versuchspersonen in die Zukunft. Die Aussagen der Versuchspersonen zu den Jahren um die Jahrtausendwende weisen auffällige Parallelen zu älteren Prophezeiungen auf.

Spielbähn (1689-1783): *16; 48; 56; 207; 213; 214; 217;*
Geige spielender Klosterbote der Benediktinerabtei Siegburg mit Namen Bernhard Rembold. Erstmalig 1846 in gedruckter Form herausgegeben. Der Text wurde 1950 von Dr. Theodor A. Henseler untersucht. Seiner Ansicht nach handelt es sich hierbei um eine Fälschung, bzw. Kopie älterer Prophezeiungen.

Spormaker (1545): *16; 21; 51*
Chronist der Stadt Lünen berichtete von einer Schlachtenvisionen bei Unna (Westfalen).

Steiner, Agnes (1813-1862): *17; 18; 159; 217*
Aus Perugia (Italien), Geistliche, seit früher Kindheit angeblich seherisch begabt.

Stieglitz, Erna (1894-1975): *18; 21; 31; 41; 51; 61; 66; 69; 71; 75; 87; 92; 93; 118; 121; 124; 138; 143; 156; 158; 159; 165; 170; 201; 258; 260*
Ordensfrau aus Augsburg, auch Mutter Stieglitz genannt. Da die katholische Kirche im Besitz der Niederschrift der Visionen von Mutter Erna Stieglitz ist, diese aber nicht zugänglich macht, mußte Bekh auf "mündliche Aussagen ... die auf Umwegen über mehrere (!) Mittelspersonen, welche namentlich auf keinen Fall genannt werden dürfen..." zurückgreifen., welche "dem Verfasser (Bekh) in Andeutungen und begreiflicherweise nicht im originalen Wortlaut bekanntgeworden sind." (12/234)

Einerseits ist davon auszugehen, daß das Material unvollständig vorliegt, und andererseits besteht bei mehreren Mittelspersonen die große Gefahr, daß feinere Nuancen verwischt wurden. Der Umfang der eingesetzten Atomwaffen z. B. wäre eine solche Nuance. Wenn die katholische Kirche hier blockiert, dann spricht das natürlich für die Qualität dieser Quelle.

Stockert, Joseph (1897-1975): *17; 18; 21; 41; 47; 59; 64; 75; 87; 92; 121; 128; 129; 135; 159; 212; 217; 220; 227; 238; 248*

Alexander Gann kam nach der Untersuchung dieser Quelle zu dem Ergebnis, daß sie sehr wahrscheinlich auf Scharlatanerie beruht. Die Gründe, die er dafür angibt, halte ich letztlich nicht für überzeugend. Wenn Stockert ein Scharlatan war, dann hat er sich die Dinge zumindest mit gewissem Geschick zusammengesucht. Denn es gibt eigentlich keinen Punkt, in dem er deutlich vom Trend abweicht. Motto: Selbst wenn Fälschung - stimmts dennoch!

Sun Bear (gest. 1992): *69; 113; 114; 118; 131; 140; 177; 248; 253; 264; 267*
Sun Bear war Medizinmann der Chippewa und gründete im Osten der USA den Bear Tribe, der Indianer und Nicht-Indianer willkommen heißt. Er starb am 19.6.1992.

Der Dritte Weltkrieg oder die Dreitägige Finsternis wird in seinem Buch "Die Erde liegt in unserer Hand" nicht angesprochen. Andererseits enthält das Buch keine vernünftige Erklärung für die von ihm vorhergesagte drastische Katastrophenhäufung. Vermutung: Er verschweigt da etwas.

Sybille von Prag (1868): *17; 118; 217*
Egerland, vermutlich abgewandeltes Volksgut.

T

Taigi, Anna Maria (1769-1837): *17; 18; 31; 87; 92; 217; 220; 235*
Auf Grund ihres vorbildlichen Lebenswandels 1920 seliggesprochene Familienmutter aus Rom.

Testament des Fliehenden Papstes (1701 oder 1761): *16; 21; 44; 159; 201; 203; 207; 217; 258*
Auch Wismarer Prophezeiung, da sie in Ruinen eines Klosters in Wismar entdeckt worden sein soll. Eine interessante, wenn auch etwas konfuse Quelle.

Thies, auch "Wickenthies" (1618): *16; 21; 45*
Druckschrift (Stadtarchiv Hannover) aus dem 19. Jh.. Der Seher war seinerzeit recht bekannt und hatte einen guten Ruf. Im Zusammenhang mit seinen Vorhersagen wurden im 17. Jahrhundert amtliche Vernehmungen durchgeführt, in denen zutage trat, daß auch andere Personen ähnliche Visionen hatten.

Thor, Vailant (1938): *177; 264; 267*
Autor des 1939 in den USA erschienenen Buches "Outwittig Tomorrow". Dieses Buch richtet sich an geistig Suchende und enthält einige Voraussagen mit Datumsangaben, die aus dem Inneren der Cheopspyramide abgeleitet sind.

Tölk, Michael (um 1750): *16; 21; 124*
Aus Braunau in Österreich.

Turzovka (1958): *18; 118*
Ort in Tschechien, an dem ein Waldaufseher namens Matus Latus eine Vision hatte.

U

Ubaldi, Pietro (1933): *17; 18; 21; 31; 118; 142; 217*
Italiener und Autor zahlreicher Bücher, die ihm alle eine Stimme diktiert haben soll.

Urban, Renate (geb. 1934): *18; 21; 31; 118; 159; 177; 217; 248*
Zeitgenössisches Medium aus Nordrhein-Westfalen

Uriella (1993): *31; 67; 87; 92; 118; 141; 165; 177; 217; 265; 267*
Schweizerin mit bürgerlichen Name "Erika Bertschinger". Das schillernde Haupt des christlichen Ordens Fiat Lux. In der Ordensbroschüre "Der Heiße Draht" wird öfters Bezug genommen auf

eine bevorstehende große Umwälzung. Die entscheidenden Stellen hierin sollen nicht von ihr selbst stammen - Uriella soll vielmehr nur als Medium fungieren.

V

Vallées, Marie des (1590 - 1656): *16; 217*
Stigmatisierte Französin mit schwer verständlichen Endzeitvisionen.

Valtorta, Maria (1897-1961): *264*
Italienerin aus der Toskana, die die letzten 27 Jahre ihres Lebens ans Krankenbett gefesselt verbrachte. Hauptsächlich in den Jahren 1943 bis 1951 hatte sie zahlreiche Visionen, die sie in rund 15.000 Manuskriptseiten festhielt. Neben Hildegard von Bingen und Bertha Dudde eine weitere Quelle mit detailliertem und umfangreichen Material zur Antichrist-Zeit.

W

Walraff, Helena (1755-1801): *16; 159; 170; 217*
Brüggen bei Köln, Bauersfrau.

Wellenberg (1993): *134; 165; 248*
Nordrhein-Westfalen, zeitgenössischer Visionär.

White, Ron (1976): *18; 21; 31; 75; 202; 207; 212; 217; 252; 260*
Evangelist, hatte 1976 eine Vision.

Wilkerson, David (1973): *196; 263; 267*
Amerikanischer Pastor mit endzeitlichen Visionen.

Windecke, Eberhard (1431): *16; 21; 50*
Geschichtsschreiber des Kaisers Sigismund berichtete 1431 von einer Schlachtenvision in Westfalen. Die Schlacht sollte zwei Tage und Nächte dauern.

Wudy, Sepp (um 1912): *17; 18; 31; 63; 73; 118; 126; 177; 194; 207; 227*
Sepp Wudy war Knecht in Frischwinkel (Böhmerwald) und starb als Soldat im ersten Weltkrieg. Nach ihm ist der Dritte Weltkrieg der "letzte" Krieg. Das könnte aber ein voreiliger Schluß sein, denn seine Visionen erstrecken sich nur bis kurz nach dem Dritten Weltkrieg. Interessant ist seine folgende Aussage: *"Sehen tät' ich noch mehr, aber ich kann es nicht begreifen und nicht sagen."* ... Eine gute, solide und offenbar ehrliche Quelle.

Z

Zönnchen, Wolfgang (1986): *87; 91; 92; 194; 195; 207; 217; 248; 264; 267*
Ein 1946 geborener, erfolgreicher deutscher Unternehmer vernahm plötzlich auf dem Höhepunkt seiner Karriere eine Stimme, die ihm diktierte. Er verkaufte seine Firmenanteile und widmete sich ganz der Unterstützung geistig strebender Menschen. Hin und wieder präsent in Fernsehen, Radio oder Printmedien. Mein Eindruck: Sauber!

Die kommende Weltkrise

Wie überlebt man den dritten Weltkrieg

von M. Hesemann u. H. Schnyder
aktualisierte Neuauflage 1999,
224 Seiten, mit 48 Abbildungen,
14,5 x 21 cm

ISBN 3-926388-46-3 DM 29,80

Prophetische Mahnungen an die Menschheit. Werden sich die Visionen der großen Seher erfüllen?
Mit konkreten und praktischen Hinweisen zum Überleben möglicher Krisen.

Polsprung

Prophezeiungen und wissenschaftliche Analysen

von Hans J. Andersen
2. Auflage 1998, 240 Seiten, 14,5 x 21 cm,
mit 32 Abbildungen

ISBN 3-926388-43-9 DM 29,80

Prophezeiungen und Wissenschaftler sagen Polsprünge, Polwenden und Sintfluten aufgrund kosmischer Einflüsse für die nächsten Jahre voraus. Gewaltige Umwälzungen werden die Umlaufbahn und das Gesicht der Erde drastisch verändern.
Das Buch enthält neueste Forschungsergebnisse sowie Prophezeiungen auch des „heutigen" Nostradamus. Er sagt u.a. die „Geburt" eines neuen Planeten aus der Sonne voraus.

G. Reichel Verlag, Reifenberg 85, D-91365 Weilersbach, Tel. 09194-8900, Fax 09194-4262

Der Kurs zum Selbst

In Wahrheit und Liebe von Babaji

von Roger G. Lanphear; übersetzt aus dem Amerikanischen
14,5 x 21 cm, 168 Seiten
ISBN 3-926388-35-8 DM 26,00

Wiederkehr der Engel

Ein meditatives Praxisbuch für Deinen Lichtkörper

Wolfgang Nothvogel
120 Seiten, 14,5 x 21 cm, mit farbigen Abbildungen
ISBN 3-926388-42-0 DM 29,00

Götter der Sterne

Bibel, Mythen und kosmische Besucher

von Lars A. Fischinger
1. Auflage 1997, 384 S., 14,5 x 21 cm,
ISBN 3-926388-41-2 DM 39,00

Baba Blues

Intensivtraining zum ErfolgReich Glücklich werden

Ein Kursbuch für den „Oelmann-Prozess"

von Ingeborg Oelmann
200 Seiten, 14,5 x 21 cm
ISBN 3-926388-36-6 DM 29,00

Sternensaat

Das galaktische Erbe der Menschheit

von Lyssa Royal & Keith Priest,
übersetzt aus dem Amerikanischen, 120 Seiten, 14,5 x 21 cm
ISBN 3-926388-27-7 DM 26,00

G. Reichel Verlag, Reifenberg 85, D-91365 Weilersbach, Tel. 09194-8900, Fax 09194-4262

Der Weg des Tänzers
Selbsterfahrung durch Bewegung
Bernhard Wosien

Maria Gabriele Wosien (Hrsg.)
zahlr. Abb., 17 x 24 cm, 135 Seiten
ISBN 3-926388-29-3 DM 26,00

Erkenntnisse aus Atlantis
Wandlung durch neue Energiemuster, Kristall-Heilung

von Dr. Frank Alper, übersetzt aus dem Amerikanischen
14,5 x 21 cm, 392 Seiten, zahlr. Abbild.
ISBN 3-926388-19-6 DM 36,00

Das Universelle Gesetz für das Wassermann Zeitalter

von Dr. Frank Alper, übersetzt aus dem Amerikanischen
14,5x21cm, 136 Seiten
ISBN 3-926388-21-8 DM 24,80

Mein Freund aus der Unendlichkeit
Begegnungen mit einer kosmischen Intelligenz

von Astrid Rodin
14,5 x 21 cm, 120 Seiten
ISBN 3-926388-34-X DM 21,00

Der Armstrong Report
Außerirdische und UFO´s -
Sie brauchen uns, wir sie nicht!

von Virgil Armstrong, übersetzt aus dem Amerikanischen
14,5 x 21 cm, 144 Seiten
ISBN 3-926388-24-2 DM 26,00

G. Reichel Verlag, Reifenberg 85, D-91365 Weilersbach, Tel. 09194-8900, Fax 09194-4262

Leben aus dem Sein
Ein Buch über Babaji

von Radhe Shyam
Übersetzung aus dem Amerikanischen
368 Seiten, 14 Fotos, 15 x 21 cm,
ISBN 3-926388-17-X DM 32,00

Ich bin Du - BABAJI
Botschaften des Meisters vom Himalaya

Maria Gabriele Wosien (Hrsg.)
Zusammengestellt aus Babajis Orginalreden
118 Seiten, 11 Fotos, 11,5 x 18,5 cm
ISBN 3-926388-23-4 DM 16,80

Das Buch des Lebens

v. Radha-Magdalena Bambeck
120 Seiten, Leineneinband
11 x 15,5 cm, ISBN 3-926388-13-7 DM 19,80

Babaji-Von Herz zu Herz

Gertraud Reichel (Hrsg.)
230 Seiten, 15x21 cm
ISBN 3-926388-20-X DM 24,80

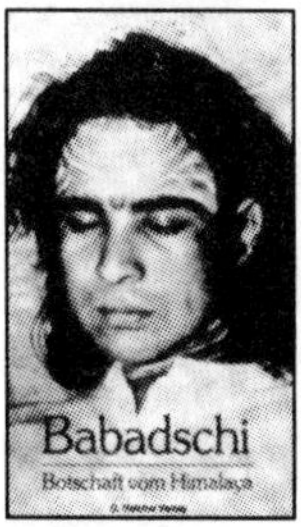

BABADSCHI
Botschaft vom Himalaya
von Maria-Gabriele Wosien, 5. Auflage, mit zahlr. Abbildungen, erweitert um das Kapitel „Der Weise Vasishta",
135 S., 11,5 x 18,5 cm, ISBN 3-926388-00-5 DM 19,80
auch in Englisch, Italienisch, Französisch, Bulgarisch und Tschechisch erschienen

---

G. Reichel Verlag, Reifenberg 85, D-91365 Weilersbach, Tel. 09194-8900, Fax 09194-4262

Das Abenteuer einer Transformation

12 Jahre bei Babaji

von Gora Devi
Übersetzung aus dem Italienischen, 216 Seiten
zahlreiche Fotos, 14,5 x 21 cm
ISBN 3-926388-28-5 DM 32,-

BABAJI spricht:

Prophezeiungen und Lehren

Orginalreden Babajis, übersetzt aus dem Englischen
190 Seiten, 6 Fotos, 11,5 x 18,5 cm
ISBN 3-926388-03-X DM 16,80

Babaji - Am Quell der Wahrheit in Haidakhan Vishwa Mahadham

von Shdema Goodmann
Übersetzung aus dem Amerikanischen
144 Seiten, 7 Fotos
11,5 x 18,5 cm, ISBN 3-926388-08-0 DM 16,80

Unergründlich tief wie das Meer: Babaji - 108 Begegnungen

Gertraud Reichel (Hrsg.)
130 Seiten, 11,5 x 18,5 cm
ISBN 3-926388-22-6 DM 18,00
auch in Englisch erhältlich

BABAJI - Pforte zum Licht

Ein Erlebnisbericht

von Gertraud Reichel, 3. Auflage 1995
168 Seiten, 9 Fotos, 14,5 x 21 cm
ISBN 3-926388-12-9 DM 19,80

Auch in Englisch und in Japanisch erschienen, Näheres auf Anfrage.

G. Reichel Verlag, Reifenberg 85, D-91365 Weilersbach, Tel. 09194-8900, Fax 09194-4262